LOS RELATOS DE JULIO CORTÁZAR EN EL CINE DE FICCIÓN (1962-2009)

Bruno López Petzoldt

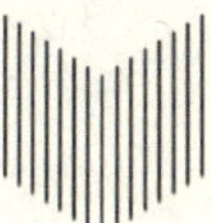

Colección Nexos y Diferencias

Estudios de la Cultura de América Latina

40

Enfrentada a los desafíos de la globalización y a los acelerados procesos de transformación de sus sociedades, pero con una creativa capacidad de asimilación, sincretismo y mestizaje de la que sus múltiples expresiones artísticas son su mejor prueba, los estudios culturales sobre América Latina necesitan de renovadas aproximaciones críticas. Una renovación capaz de superar las tradicionales dicotomías con que se representan los paradigmas del continente: civilización-barbarie, campo-ciudad, centro-periferia y las más recientes que oponen norte-sur y el discurso hegemónico al subordinado.

La realidad cultural latinoamericana más compleja, polimorfa, integrada por identidades múltiples en constante mutación e inevitablemente abiertas a los nuevos imaginarios planetarios y a los procesos interculturales que conllevan, invita a proponer nuevos espacios de mediación crítica. Espacios de mediación que, sin olvidar los nexos que histórica y culturalmente han unido las naciones entre sí, tengan en cuenta la diversidad que las diferencian y las que existen en el propio seno de sus sociedades multiculturales y de sus originales reductos identitarios, no siempre debidamente reconocidos y protegidos.

La **Colección Nexos y Diferencias** se propone, a través de la publicación de estudios sobre los aspectos más polémicos y apasionantes de este ineludible debate, contribuir a la apertura de nuevas fronteras críticas en el campo de los **estudios culturales latinoamericanos.**

Directores

LOS RELATOS DE JULIO CORTÁZAR EN EL CINE DE FICCIÓN (1962-2009)

Bruno López Petzoldt

Nexos y diferencias

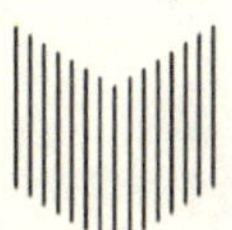

Iberoamericana • Vervuert • 2014

De esta edición:
© Iberoamericana, 2014
Amor de Dios, 1 — E-28014 Madrid
Tel.: +34 91 429 35 22
Fax: +34 91 429 53 97
info@ibero-americana.net
www.ibero-americana.net

© Vervuert, 2014
Elisabethenstr. 3-9 — D-60594 Frankfurt am Main
Tel.: +49 69 597 46 17
Fax: +49 69 597 87 43
info@ibero-americana.net
www.ibero-americana.net

ISBN 978-84-8489-812-2 (Iberoamericana)
ISBN 978-3-95487-359-3 (Vervuert)

Depósito legal: M-27859-2014

Diseño de cubierta: Carlos Zamora

Fotografía de cubierta: Pepe Fernández. Derechos reservados de Mariana Grisolia Fernández.

Diseño de interiores: Miguel Cuesta

The paper on which this book is printed meets the requirements of ISO 9706
Este libro está impreso íntegramente en papel ecológico sin cloro
Impreso en España

Índice

Agradecimientos

Deseo expresar mi especial gratitud a Inke Gunia por la dedicación y el apoyo científico y moral en la preparación así como en el desarrollo de este trabajo elaborado en la Universität Hamburg. Asimismo, deseo agradecer profundamente a Sabine Schlickers y a Knut Hickethier por las estimulantes conversaciones cinéfilo-literarias y los valiosos consejos. A Klaus Meyer-Minnemann debo inolvidables seminarios, cuyos ecos perviven en tantos hallazgos. A Manuel Antin agradezco por el entusiasmo demostrado en todo momento, así como por su infatigable paciencia. De igual modo, expreso mi gratitud a Guilherme de Almeida Prado y Roberto Gervitz por facilitarme sus obras. A Renato Pucci Jr. agradezco la siempre tan cordial disposición al diálogo. Al *Deutscher Akademischer Austauschdienst* mi agradecimiento por la concesión de las becas para realizar las investigaciones en Argentina y Brasil. A las autoridades del Museo del Cine, en Buenos Aires, agradezco el generoso acceso a los archivos de la institución.

Del lado de allá, a Vânia Kahrsch, Gisela Hubert, Hildegard Kölkes, Heike Bladauski, Christoph Schmitt, Tilmann Altenberg, y del lado de acá, a Beatriz Thomas, Irene Rojas, Frieda, Gerardo y Paola, así como a una larga nómina de amistades y colegas, doy mayúsculas gracias por acompañarme con firmeza y confianza.

1. Introducción

Reflexiones teórico-metodológicas y objetivos de la investigación

«¿Por qué no han hecho todavía una película de *Rayuela*?», le consultaron en una ocasión al autor de aquella muy conocida novela, quien respondió que sería necesario un buen director y probablemente mucho dinero (Picon Garfield 1978: 118). A cien años del nacimiento de Julio Cortázar (1914-1984) y a más de medio siglo de la publicación de aquella significativa obra de la literatura universal vale la pena reflexionar sobre el cuestionamiento aludido, así como también resulta impostergable investigar los factores que promueven —o dificultan— la creación de cine a partir de las obras de Cortázar. Más actualmente, la pregunta inicial debería ser replanteada para averiguar lo contrario, es decir, por qué se han realizado tantas películas a partir de la literatura de Cortázar y cuáles son los desafíos que plantean sus textos, puesto que a lo largo de las últimas décadas las inquietantes atmósferas de sus cuentos han sido recreadas de las páginas literarias al celuloide internacional. Numerosos coloquios, homenajes y cada vez más nutridos «ciclos de cine»[1] dedicados a la persona y la obra del escritor en distintos

1. Entre los primeros homenajes en cuyo marco se proyectaron fragmentos de una película figura un evento llevado a cabo el 15 de febrero de 1984 en el Centro Cultural San Martín de Buenos Aires con el fin de recordar al escritor fallecido días atrás en París. En la ocasión fue exhibida la escena final de *La cifra impar* (1962), de Manuel Antin. Años más tarde, en julio de 1988, la Fundación Cinemateca Argentina organizó uno de los primeros ciclos de cine dedicado a «La obra de Cortá-

rincones del planeta como, por ejemplo, Barcelona, Buenos Aires, Tokio o Nueva York, constantemente han evidenciado la existencia de un considerable conjunto de películas que, hasta este momento, no se ha convertido en objeto de estudio en relación a las obras literarias que las inspiran. De forma esporádica suelen aparecer algunos artículos críticos y otros periodísticos que abordan esta cuestión actualizando asimismo el número de películas basadas en obras de Cortázar y señalando las procedencias, pero sin examinarlas en detalle ni tampoco relacionarlas sistemáticamente entre sí (Mahieu 1980, Valdovinos 1984, Vázquez

zar en el cine». Allí fueron exhibidas *Circe* (1964), de Antin, *El perseguidor* (1965), de Osías Wilenski, *El gran embotellamiento* [*L'ingorgo*] (1979), de Luigi Comencini, y *Sinfín: la muerte no es ninguna solución* (1988), de Cristian Pauls. En 1994, a diez años del fallecimiento del escritor, se celebraron una serie de homenajes donde no faltaron las películas. En 2004, el vigésimo aniversario del fallecimiento de Cortázar motivó un renacimiento de los ciclos de cine, los cuales entonces ya incluían cortometrajes y películas documentales. Por ejemplo, la Biblioteca Nacional de Buenos Aires organizó el ciclo «Julio Cortázar a través del cine». Adelantándose a las festividades de 2004, la Biblioteca Nacional organizó este ciclo en febrero de 2003 en el marco de su actividad «Cine de verano en la Biblioteca Nacional». Fueron proyectadas en el auditorio Jorge Luis Borges (en orden de proyección): *Cortázar* (1994), documental de Tristán Bauer, *Blow-Up* (1966), de Michelangelo Antonioni, *La cifra impar* (1962), de Antin, *Diario para un cuento* (1998), de Jana Bokova, *Intimidad de los parques* (1965) y *Circe* (1964), de Antin, y también se mostró la grabación de una mesa redonda sobre cine y literatura donde participaron Julio Cortázar, Augusto Roa Bastos, Juan José Saer y Nicolás Sarquís, que fue grabada en 1978 en la Universidad de Toulouse Le Mirail (Francia). A su vez, la exposición itinerante *Presencias*, creada por la Fundación Internacional Argentina, incluye un nutrido ciclo de cine compuesto por largometrajes, cortometrajes y documentales sobre la vida y la obra del escritor. Más tarde, el Centro de Arte Moderno de Madrid alberga en 2006 el evento «Cortázar en Madrid: exposición, cine, multimedia, charlas, cuentos, taller». También el Centro Galego de Artes da Imaxe (CGAI) organizó en octubre de 2006 el ciclo «Modelo para armar: Julio Cortázar e o cine». Por su lado, el Instituto Cervantes en Tokio organizó el evento «El cine y Cortázar» en 2008. Más tarde, el Lincoln Center de Nueva York celebró en septiembre de 2009 «A tribute to Julio Cortázar», en cuyo marco se proyectaron, entre otras, la primera y la última película realizada hasta el momento a partir de un cuento de Cortázar: *La cifra impar* (1962), de Antin y *Mentiras piadosas* (2009), de Diego Sabanés. Estos representan sólo algunos ejemplos de numerosos eventos que integran el cine en el debate sobre la obra de Cortázar.

Recio 1991/1992, Félix-Didier 1994, Croce 2004, Beltzer 2005, Russo 2010).[2] En uno de estos textos incluso se reclama: «Resulta sorprendente comprobar como la creación de este escritor no ha sido asediada y transformada en Cine con la intensidad y frecuencia que merece» (Valdovinos 1984: 52). Aún así, los homenajes aludidos señalan muy claramente que el cine ha adquirido un derecho de ciudadanía irrevocable a la hora de conmemorar así como de estudiar al escritor y su obra: «Recordamos a Cortázar no sólo como creador de palabras sino como inspirador de textos cinematográficos de variadas estéticas» (Croce 2004: 3).

La continua organización de muestras de cine dedicadas a Cortázar señala también el creciente interés demostrado por los lectores y estudiosos de su obra respecto al deseo de complementar la lectura e interpretación con variadas propuestas cinematográficas las cuales abren un diálogo sumamente enriquecedor. Los críticos y estudiosos de su obra también recurren cada vez con mayor intensidad a las películas inspiradas en las obras de Cortázar a fin de examinar más a fondo ciertas particularidades de su creación literaria (Blanco-Arnejo 2003, Hammerschmidt 2007). A su vez, los lectores estrenan sus propios experimentos audiovisuales en Internet como, por ejemplo, en *YouTube*, donde puede encontrarse una abrumadora cantidad de *clips* realizados por creativos cinéfilos a partir de varios textos de Cortázar. Persiste el afán de audiovisualizar la literatura del escritor. Esto lo refuerza otro curioso proyecto que se publica en formato de libro con el título *Cuando el tiempo fue ayer: propuesta de un Guión para «Casa Tomada» de Julio Cor-*

2. Neifert dedica un capítulo a «Cortázar y el cine. El cine y Cortázar» (2003: 341 ss.). El autor ofrece un panorama sobre la biografía del escritor y aborda resumidamente su relación con el cine en tanto que espectador y crítico. También se habla de *Blow-Up* (1966), de Antonioni, y de la trilogía cortazariana de Manuel Antin que estudio en este trabajo. Por mi parte, no trataré la famosa película de Antonioni que ha sido reiteradamente examinada desde distintos ángulos: «Literary critics, philosophers, anthropologists, and a host of others, slumming from time to time in the movies, seem invariably to have felt the need to talk about this particular film» (Brunette 1998: 109). Todo lo contrario es el caso de otras películas realizadas a partir de los cuentos de Cortázar, las cuales también merecen la atención de la investigación.

tázar (Traverso 1994), que estimula a los lectores a realizar el proyecto sugerido. Tras una introducción general que contiene algunas acotaciones sobre «La casa», «Escenografía», «Perfiles psicológicos» y algunas recomendaciones dirigidas a eventuales directores, la autora esboza minuciosamente treinta y ocho escenas cinematográficas.[3] Es también llamativo el interés demostrado por los estudiantes de realización cinematográfica en textos del escritor. Reconocidas escuelas de cine en Argentina, Brasil, Italia o México han producido cortometrajes basados en los cuentos de Cortázar.[4] Resulta significativo el hecho de que se seleccionen específicamente aquellas obras literarias para la elaboración de tesis o la creación de filmes de conclusión de curso, justamente cuando los futuros realizadores deben experimentar su creatividad e ingenio en materia de dirección de cine.

A propósito de las primeras películas inspiradas en los cuentos de Cortázar y estrenadas en la década de 1960, un volumen crítico publicado en 1968 observa en el prólogo que aquellas obras de cine «testimonian estadísticamente que se trata de uno de los narradores [Cortázar] más elegidos para ser traducido en imágenes» (Tirri y Vinocur de Tirri 1968: 8).[5] Décadas más tarde, a comienzos del nuevo milenio,

3. El cuento «Casa tomada» fue recreado en el cine, por ejemplo, en un cortometraje en Australia: se titula *House Taken Over* (1997) y lo dirige Liz Hughes. También el filme argentino *Sinfín: la muerte no es ninguna solución* (1988), de Cristian Pauls, alude a diferentes aspectos del mismo cuento de Cortázar.

4. Algunos cortometrajes realizados en actividades universitarias son: *El río* (1972), del argentino Arturo Balassa, un ejercicio realizado por el entonces estudiante de cine (hoy profesor y realizador) en el Centro Experimental del Instituto Nacional de Cinematografía en Buenos Aires; *Cambio de luces* (1980), del mexicano Leopoldo Best, realizado en el Centro Universitario de Estudios Cinematográficos (CUEC) de la Universidad Nacional Autónoma de México (UNAM); *Instrucciones para John Howell* (1985), del argentino Fernando Spiner, se trata de su tesis realizada en el *Centro Sperimentale di Cinematografia* de Roma (Italia), bajo la tutela del director Gianni Amelio; *Manuscrito achado num bolso* (1988), del brasileño José Ricardo Carnelossi, realizado en el *Instituto de Arte e Comunicação Social* (IACS) de la *Universidade Federal Fluminense* (UFF) de Río de Janeiro.

5. Los autores se refieren a las películas *La cifra impar* (1962), *Circe* (1964), *Intimidad de los parques* (1965), *El perseguidor* (1965) y *Blow-Up* (1966).

una antología con el sugerente título *Cuentos de película* (2007)[6] publica cuatro relatos de Cortázar que fueron recreados en el cine. Sin revelar mayores detalles acerca de las películas en cuestión o tan siquiera documentar la siguiente afirmación, en la contratapa se asegura que «Julio Cortázar es, sin duda, uno de los autores en lengua española con más adaptaciones cinematográficas.» Cierto o no, estos síntomas insisten en destacar el creciente número de obras audiovisuales de cine y televisión forjadas a partir de la amplia repercusión internacional de la literatura de Cortázar.

Sin ninguna duda, las películas motivadas por su obra integran la historia de su recepción e interpretación. En los estudios de la recepción (Jauß 1994: 129) se concibe la historia de la literatura como un continuo proceso de producción y recepción, el cual se efectúa a través de la constante actualización de las obras por parte de los lectores así como por el trabajo de reflexión de los críticos y prosigue su curso en la producción de los escritores. Hace mucho que el cine desempeña un papel fundamental en estos procesos en la medida en que participa en la reinterpretación así como también en la difusión internacional de las obras literarias más allá del habitual círculo de lectores de un determinado autor. Y en ocasiones, este proceso de recreación —y crítica— cinematográfica aparece explícitamente en los textos literarios como, por ejemplo, ilustra muy bien el cuento «Apocalipsis de Solentiname» (*Alguien que anda por ahí*, 1977), de Cortázar, en el cual el protagonista parafrasea algunas preguntas recurrentes que hacen los periodistas, entre las cuales cita «qué pasó que *Blow-Up* era tan distinto de tu cuento», no aludiendo directamente a la conocida película de Michelangelo Antonioni, antes bien, evocando ciertas voces críticas que objetan las divergencias de la película respecto al cuento «Las babas del diablo» (*Las armas secretas*, 1959). Es muy importante integrar las películas inspiradas en Cortázar en la investigación especializada, la

6. Julio Cortázar (2007): *Cuentos de película*. Barcelona: RBA Libros. El volumen incluye los cuentos «Los buenos servicios», «Las babas del diablo», «El perseguidor» (los tres cuentos aparecen en el volumen *Las armas secretas*, 1959) y «La autopista del sur» (*Todos los fuegos el fuego*, 1966).

cual por mucho tiempo ha tratado el cine de manera accesoria al estudio de los textos del escritor.

En este trabajo estudio cinco largometrajes de ficción realizados por diferentes cineastas en distintas épocas a partir de algunos cuentos de Cortázar: *La cifra impar* (1962), *Circe* (1964) e *Intimidad de los parques* (1965), una trilogía de Manuel Antin, *A hora mágica* (1998), de Guilherme de Almeida Prado, y *Jogo subterrâneo* (2005), de Roberto Gervitz. La selección de estas películas de cine radica en su carácter sumamente representativo de diferentes modelos narrativos cinematográficos históricamente configurados en ciertos contextos y momentos. Por ello, los relatos de Cortázar no serán abordados únicamente en relación a *filmes* en particular, sino que aquellas obras literarias serán relacionadas también con variados estilos y contextos narrativos del cine de ficción. Desde esta perspectiva, más allá de una comparación intertextual de las obras fílmicas con las obras literarias precedentes, mi trabajo también se propone examinar las circunstancias en que determinados contextos históricos de cine recrean, según sus propias convenciones, los textos de Cortázar.

La selección de filmes antes expuesta también evidencia la diversidad en que las obras literarias se recrean en la gran pantalla según el marco cultural e histórico en el cual se realiza la producción cinematográfica. Bazin sostenía con razón que «no es cosa de hoy el que el cine vaya a buscar su material en la novela o el teatro; pero también es cierto que la manera de hacerlo se ha modificado» (2008a: 101). Y seguirá modificándose. Veremos que diferentes contextos y culturas cinematográficas han desarrollado —y desarrollarán en el futuro— una manera particular de audiovisualizar y reinterpretar en la pantalla las obras de Cortázar, puesto que aún aguardan numerosos textos del escritor así como desafiadores procedimientos narrativos para futuras recreaciones en cine y medios audiovisuales. Esta inherente multiplicidad del fenómeno se evapora cuando se aplica el antiguo y confuso concepto de «adaptación», caído en desuso, pero en ocasiones aún empleado para rotular las películas cuyo guión fue creado a partir de una obra de literatura. A pesar de tratarse de «un vocablo muy aceptado en todos los ámbitos, desde el académico hasta el profesional o el popular, y de ahí que toda lucha contra el mismo parezca de antemano condenada al fracaso» (Fernández 2000: 15), vale la pena insistir en sus limitaciones. Dice el cineasta portugués João Mário Grilo: «Regra geral, basta que um filme enuncie claramente que é "adaptado de..." para que sobre ele penda, imediatamente, uma *hipoteca identitária*, com o seu rosário de especificações e —pior ainda— comparações» (en: Guimarães de Sousa 2001: 27).[7] Hace rato que la investigación considera el concepto de adaptación «insostenible científicamente» (Couto Cantero 1999: 318), o bien, una etiqueta «mantenida por pura inercia» (Pérez Bowie 2004: 278) y que además el término «debe ser reemplazado» (Paz Gago 2004: 200). La antigua etiqueta aludida también es cuestionada «por la inoperancia de la misma para designar la heterogénea variedad de productos que suelen agruparse bajo ella» (Pérez Bowie 2004: 278). Además, resulta problemático reducir la naturaleza de una obra (fílmica) exclusivamente a un determinado tipo de vínculo que ésta mantiene con otra obra (literaria). McFarlane objeta con razón que la relación intertextual de una película con una obra de literatura precedente representa *una* dimensión analítica importante, pero en ningún modo es la única: «To say that a film is based on a novel is to draw attention to one —and, for many people, a crucial— element of its intertextuality, but it can never be the only one» (1996: 21). Una película de cine que recrea una obra literaria constituye, en primer lugar, una película *de cine* (Hickethier 1989: 184) cuyo potencial de significaciones y efectos se proyecta mucho más allá de cualquier fuente —textual o no— de inspiración (Schmidt 1988: 23). Desde este punto de vista, no se justifica una etiqueta que remita continuamente a una fuente textual, puesto que imágenes y sonidos cinematográficos crean nuevas dimensiones de sentido las cuales, claro está, pueden examinarse en relación a los textos de partida.

Como ya he mencionado, las películas estudiadas en este trabajo serán relacionadas también con los factores que explican su particular forma de recrear la obra de Cortázar a través de procedimientos narrativos fílmicos, encarados éstos con el instrumental analítico

7. Este trabajo respeta en todas las citas la ortografía, puntuación y cursivas que aparecen en los contextos originales.

correspondiente y de forma independiente del texto-fuente: «En la transformación fílmica de un texto anterior no hay ninguna dependencia con respecto a éste sino una igualdad entre lenguajes diversos, por lo que difícilmente el filme podrá "adaptarlo", aunque sí lo recreará, lo volverá a producir partiendo de una situación diferente» (Fernández 2000: 13). En tal sentido, la «situación diferente» o particular contexto en el cual el cine aborda la literatura merece la atención especial del investigador, dado que allí encontrará las circunstancias e implicaciones culturales e históricas que intervienen en el proceso de producción cinematográfica motivado por una obra de literatura o el estilo de un escritor. Es por ello que la metodología propuesta en este trabajo no se concentra exclusivamente en la relación intertextual de las películas con el texto-fuente que inspira el guión, sino que abre el panorama de estudio a los contextos en los cuales se inscriben las películas. Pérez Bowie destaca la superación del estrecho marco intertextual en los estudios de las películas con antecedentes literarios y observa asimismo que este procedimiento «ha proporcionado mayor rendimiento teórico a las aproximaciones más recientes» (2004: 282).

Efectúo mis estudios desde el punto de vista narratológico-comparativo y complemento este enfoque con la historia del cine con la finalidad de desentrañar las claves que configuran los relatos fílmicos que recrean los cuentos de Cortázar. Respecto a la narratividad como parámetro de comparación, McFarlane observa que «what novels and films most strikingly have in common is the potential and propensity for narrative. And narrative, at certain levels, is undeniably not only the chief factor novels and the films based on them have in common but is the chief transferable element» (1996: 12). Desde este punto de vista, la narración de una historia representa un *tertium comparationis* entre una película y una obra literaria (Kuhn 2011: 75). Pero hay que tener en cuenta que la narración es, al mismo tiempo, el fenómeno que más diferencia el cine de la literatura si se consideran las manifestaciones semióticas específicas que tienen estos medios artísticos de expresión (Paz Gago 2004: 212, Schwab 2006: 81, McFarlane 1996: 15 ss. y 2007: 16, Binder y Engel 2008: 42), así como también las circunstancias particulares de su percepción, esto es, el «contacto con el objeto artístico» (Eco 1985: 195). A la luz de estas reflexiones metodológicas profundizadas más adelante, mi trabajo se concentra en averiguar las siguientes cuestiones fundamentales:

- ¿Qué elementos de los planos de la historia y el discurso se retoman de los cuentos de Cortázar con el fin de realizar la película, cuáles se dejan aparte, y a qué factores responde esta selección?
- ¿A través de qué técnicas narrativas fílmicas se recrean en el cine los cuentos de Cortázar? Por otra parte, ¿cómo se relacionan estas técnicas narrativas con la historia del cine?
- ¿Cuáles son los nuevos potenciales de sentido sugeridos por las películas respecto a los cuentos de Cortázar?

A fin de responder estos y otros cuestionamientos que se dan por el camino, emprendo el estudio de las películas a través de la reconstrucción de las respectivas culturas cinematográficas en las cuales se inscriben y de donde se derivan las principales técnicas narrativas fílmicas empleadas en la recreación de los textos de Cortázar: (1) el cine argentino de la *Generación del 60*, (2) la narración clásica y (3) el cine posmoderno. De modo que los cuentos del escritor no solo serán encarados en contacto dialógico con *una* película de cine, sino que, sobre todo, se relacionarán con las pautas narrativas de variados contextos cinematográficos. Stam remarca con razón la dimensión histórica en el campo de los estudios comparativos cine-literatura cuando hace una importante distinción entre el cambio del *medio* de expresión, por una parte, y el cambio del *contexto* histórico, por otra: «The source novel, in this sense, can be seen as a situated utterance produced in one medium and in one historical context, then transformed into another equally situated utterance that is produced in a different context and in a different medium» (2000: 68). El nuevo contexto así como el medio cinematográfico dejan sus rastros en la narración fílmica de una nueva obra que se considera independiente de la literatura. A su vez, el cine cuenta con convenciones narrativas específicas, las cuales proceden de marcos históricos más amplios. Es por ello que algunos investigadores hacen hincapié en complementar las aproximaciones narratológicas con el estudio de los contextos culturales en los cuales se inscriben los filmes: «Si la reflexión sobre las formas, el estilo y la narratividad del filme es importante, no menos resulta pensar estos aspectos en relación con el marco cultural del que son consecuencia, sobre todo si pretendemos llegar a una interpretación que vaya más allá de la mera descripción» (Benet 2004: 290).

Considerando además que toda película «constituye el punto de convergencia de una variedad de fuerzas históricas: individuales e institucionales, fílmicas y no fílmicas» (Allen y Gomery 1995: 143), la hipótesis de trabajo estriba en que la reconstrucción de una cultura cinematográfica con sus respectivas fuerzas individuales, institucionales, fílmicas y extrafílmicas representa un procedimiento metodológico indispensable para determinar una *Umsetzungslogik* (Schwab 2006: 72) o «lógica de transferencia» al cine de los cuentos seleccionados. La reconstrucción de las culturas cinematográficas implica «explicitar as normas vigentes em um período: que alternativas estão disponíveis em relação ao que é e ao que não é permitido fazer?» (Pucci Jr. 2008a: 18 s.). De esta manera, mi trabajo se concentra asimismo en averiguar, pues, los factores y los contextos cinematográficos que subyacen a la particular configuración narrativa de las películas basadas en los cuentos de Cortázar. A través de esta metodología me propongo observar desde variados ángulos los desafíos y los problemas, pero asimismo los potenciales cinematográficos que plantean la obra y los pensamientos poetológicos del escritor. Pero no solo interesa la forma en que algunos cuentos de Cortázar fueron recreados en el Séptimo Arte, por lo cual adquieren novedosas dimensiones de sentido, sino que también resulta fundamental averiguar quiénes se interesaron en filmar sus cuentos, por qué fueron seleccionados precisamente aquellos textos, en qué momentos de la historia del cine, y cuáles fueron los factores que explican el particular interés cinematográfico por un escritor y una literatura que desafían y contradicen, con vehemencia, las principales pautas narrativas convencionales que predominan en las películas ficcionales del cine y la televisión. Siguiendo las reflexiones y la hipótesis de trabajo formuladas, mis planteamientos se concentran en averiguar de qué manera se aproximan y entran en contacto estas dimensiones:

una cultura cinematográfica

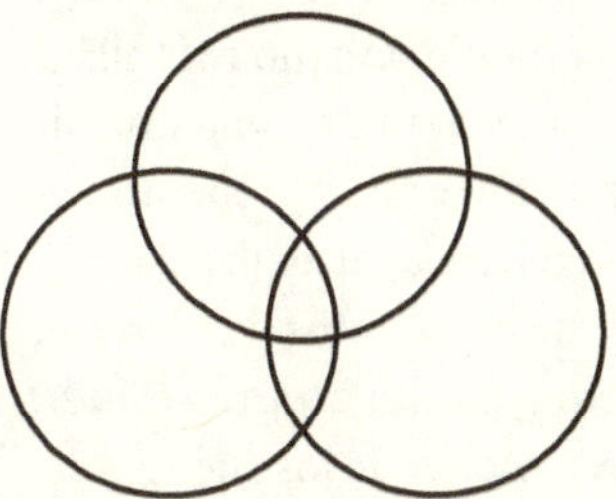

un cuento de Cortázar
(y las nociones poetológicas
del escritor)

una película de cine
(y las nociones poetológicas
de su director)

Aún en este primer capítulo de introducción, inmediatamente a continuación, recuerdo un insólito episodio —tal vez olvidado pero digno de ser evocado— ocurrido hacia la década de 1940 en la provincia de Buenos Aires y que muy probablemente represente la primera participación de Cortázar en la creación de un filme, hoy día infelizmente perdido. Luego presento algunos rasgos de los cuentos de Cortázar abordados desde el punto de vista de los estudios narratológicos. Este somero panorama introductorio a sus relatos prepara el terreno para examinar, más adelante, qué elementos de su narrativa han sido retomados por los cineastas y qué elementos han sido dejados aparte (o sistemáticamente evadidos).

El segundo capítulo expone las propuestas metodológicas que orientan mis estudios de las películas según los planteamientos teóricos anteriormente realizados. Reflexiono asimismo sobre difundidos modelos narrativos fílmicos y tipos de montaje comparables —o no— con la escritura y los pensamientos poetológicos de Cortázar. Veremos que existen algunos paralelismos entre la narrativa del escritor y el modo histórico del denominado «cine de arte y ensayo». Es en este contexto que Luis Buñuel casi filma un cuento de Cortázar con la total aprobación y el entusiasmo del cuentista. Abordo también el fenómeno del «entretenimiento cinematográfico» en relación a ciertas operaciones de lectura fílmica necesarias para captar las películas de cine. Es evidente que los procesos de recepción engloban diversos aspectos de variada y compleja índole, mucho más allá de los objetivos trazados en este trabajo, pero considero que una noción al menos básica de recepción cinematográfica y entretenimiento es fundamental para percibir más cabalmente ciertas particularidades de las películas de cine respecto al potencial de los cuentos de Cortázar.

En el tercer, cuarto y quinto capítulo estudio los procesos así como los productos de la recreación de los cuentos de Cortázar en el cine haciendo hincapié, como ya he mencionado, en examinar las propiedades del relato fílmico de las películas. Dados los objetivos propuestos, me detengo solo en los aspectos más relevantes de cada filme en relación a los textos y contextos, puesto que sería muy difícil abarcar otros múltiples ángulos de estudio. Está claro que las películas estudiadas admiten varias posibilidades de interpretación más allá de su configuración narrativa y la particular relación con Cortázar. Además, me ocupo principalmente de las películas porque la literatura de Cortázar ha sido investigada intensamente en las últimas décadas. No obstante, a los estudios de las películas anteceden algunos comentarios sobre las particularidades narrativas de los cuentos, para luego observar qué aspectos (no) fueron recreados en el cine y examinar por qué y cómo.

Cabe destacar la histórica participación —a larga distancia desde París— del escritor en la creación de una película del director argentino Manuel Antin, así como también su entusiasmo cinéfilo demostrado en numerosas cartas personales. Por cierto, Cortázar fue un asiduo espectador cuyos pensamientos sobre el cine se encuentran esparcidos en varios contextos como, por ejemplo, en sus cartas o algunas críticas.[8] A Manuel Antin le escribe en una oportunidad: «y vos sabés si soy exigente en materia de celuloide» (carta del 27 de octubre de 1963, en: *Cartas* 1, p. 625). Las significativas re-

8. Cortázar escribe, por ejemplo, una crítica sobre la película *Los olvidados* (1950), de Luis Buñuel, y también reflexiona sobre *Missing* (1982), de Constantin Costa-Gavras. Estos textos están disponibles en el volumen: Julio Cortázar (2006): *Obras completas VI: Obra crítica*. Barcelona.

flexiones cinematográficas de Cortázar revelan su relación personal con el cine y también señalan las inquietudes de un escritor de literatura ávido por experimentar con las potencialidades narrativas del Séptimo Arte. El autor no sólo participa en la creación del guión de un filme, sino que también colabora con el realizador argentino en otros proyectos de cine a través de sustanciosos comentarios y agudas críticas. Antin dirige en total tres películas *basadas* en cuatro cuentos del escritor, pero sobre todo *inspiradas* en la narrativa de los cuentos y la literatura de Cortázar. De ahí se deriva también cierta dificultad en restringir la investigación exclusivamente al marco intertextual entre una obra de cine y otra de literatura, dado que las fuerzas que motivan —y otras que posibilitan— la recreación cinematográfica trascienden claramente aquella relación puntual. Es este un fenómeno recurrente que merece la pena anticipar: los cineastas estudiados en este trabajo tal vez filman una película en base a *un cuento*, pero la inspiración o la fuerza de recrear *la obra* de Cortázar en el cine, según afirman, se produce a raíz de una lectura e interpretación más amplia de su literatura.

Finalmente, en el sexto capítulo presento las consideraciones finales respecto a los resultados obtenidos en la investigación y sobre los métodos empleados para llegar a ellos. Cierran mi trabajo algunas reflexiones sobre los síntomas de la producción cinematográfica más reciente apoyada en la literatura de Cortázar y me permito conjeturar, muy brevemente, sobre posibles rumbos de *Los relatos* en el cine.

Cortázar, Tankel, Chivilcoy y el cine Metropol: *La sombra del pasado* (1947)

Entre los primeros textos de Cortázar aprovechados para la realización de una película de ficción no figura una obra de su autoría precisamente, sino algunos diálogos escritos por el escritor cuando aún no había publicado su primer volumen de relatos. Para recordar lo que fue muy probablemente la primera incursión de Cortázar en el cine, o más concretamente, en la escritura de guiones, me remonto a la época en que ejerce la docencia en la Provincia de Buenos Aires.[9] En Chivilcoy hace buenas migas con el excéntrico fotógrafo y aficionado al cine Ignacio Tankelevich, de origen polaco, más conocido en el pueblo por Tankel, quien arriba a Chivilcoy en la misma época que Cortázar y abre un estudio fotográfico. Este fotógrafo es contemporáneo a Francisco Musitani, a quien Cortázar recuerda en un ensayo incluido en el segundo tomo de *La vuelta al día en ochenta mundos*.[10] El fotógrafo funda el estudio de cine *Oeste Film* —hecho insólito en Chivilcoy— y, tras azarosas peripecias detalladamente relatadas por la prensa local, Tankel realiza un proyecto inédito en el pueblo: el rodaje de una película de ficción. Cerani recuerda este histórico hecho en un artículo publicado en las *Crónicas del ayer chivilcoyano*:

> Si hoy, en 1975, alguien nos dijera que piensa filmar una película de largo metraje, sonora, en paso profesional de 35 milímetros, con actores locales y exiguo presupuesto, afirmaríamos que es una utopía, por no decir una locura. Sin embargo eso ocurrió aquí, en esta ciudad de Chivilcoy, hace exactamente 30 años (1975: s/p).

Se trata de la primera película rodada en Chivilcoy, en su mayoría, con actores locales y con la colaboración del entonces profesor de la Escuela Normal Julio Cortázar. Intervienen dos actores profesionales: Rosario Serrano y el galán de cine Domingo Márquez. Refiriéndose al *casting* recuerda Cerani: «Noca Tomeo fue "descubierta" una tarde mirando las vidrieras de Foto Tankel. "¡Esa es la chica buena!", exclamó don Ignacio, y minutos después la azorada futura actriz se sometía a las primeras pruebas de fotogenia, que fueron óptimas» (1975: s/p). Aunque la prensa chivilcoyana —que acompaña

9. En el período 1939-1944 Cortázar imparte clases de Historia, Geografía e Instrucción Cívica en la Escuela Normal Domingo Faustino Sarmiento de Chivilcoy. Esta institución aún guarda un legajo personal original del entonces profesor, en donde, por ejemplo, bajo «publicaciones» escribe Cortázar: «ninguna».

10. «Del gesto que consiste en ponerse el dedo índice en la sien y moverlo como quien atornilla y destornilla». Por su parte, Astarita entrega más detalles acerca de Don Francisco Musitani (*cfr.* 1997: 49 ss.).

muy entusiasmada este curioso proyecto desde el primer día de rodaje hasta el estreno— no mencione a Cortázar, otras voces confirman su participación en el guión:

> se recuerda que en cierta oportunidad el protagonista del film, Domingo Márquez, le manifestó con enojo al director Tankel: —Y dígale a ese profesor amigo suyo que cuide más los diálogos, porque ningún actor puede decir «Inés es muy buena» tal como está escrito (Grange 1993: 82).

Cortázar recibe una oferta de dictar cursos de literatura francesa en la entonces recién fundada Universidad Nacional de Cuyo (UNC) y se marcha a Mendoza en julio de 1944 (Goloboff 1998: 51), antes del inicio de la filmación de la película. Según informa la prensa local[11], el rodaje de la película empieza en agosto de 1946[12] y en diciembre del mismo año se anuncia el estreno con estas palabras:

> «Oeste Film», que es decir, Ignacio Tankel, está dando término a la filmación de la película «Sombras del pasado». [...] A principios del año próximo, nuestro vecindario y el país todo, disfrutará de una hora y media de película rodada en Chivilcoy, con argumento y diálogo excelentes, y dirección técnica y artistas que revelarán ponderables méritos. Más de un chivilcoyano desprevenido, que acuda a un cine [...] se sentirá levantado de la butaca por el entusiasmo, cuando lea en la pantalla: «Producción de Oeste Film. CHIVILCOY». Consideramos a «Sombras del pasado», un acontecimiento

---

11. El 7 de julio de 1946 el diario *La Razón* de Chivilcoy informa en un artículo titulado «El 1° de agosto se iniciará en nuestra ciudad el rodaje de una película cinematográfica»: «En estos momentos se están ultimando los preparativos para comenzar el rodaje de la película "La sombra del pasado", que tendrá lugar en sus [Ignacio Tankel] estudios, el 1° de agosto próximo». Asimismo, se mencionan los nombres de los actores y responsables del sonido, de la cámara, del decorado y se hace mención del jefe electricista. No se habla del guión.
12. Hasta el momento se han propuesto varias hipótesis contradictorias entre sí: Grange apunta que la película de Tankel fue «filmada en 1944» (1993: 82), y Astarita señala que el «rodaje se hizo totalmente en Chivilcoy en el año 1945» (1997: 63). En una de las biografías de Cortázar se dice que *La sombra del pasado* fue «estrenada en 1945, en Buenos Aires» (Herráez 2001: 70). Y Neifert imagina a Cortázar en 1946 aún en Chivilcoy (2003: 362).

para el arte, que recibe un nuevo aporte de este solar fecundo; y un acontecimiento, asimismo, para la industria local y para el «chivilcoyanismo» («Culminación de una iniciativa», en: *La razón*, Chivilcoy, 1 de diciembre de 1946, primera plana).

Por su parte, Cortázar menciona a Tankel en dos cartas enviadas a sus amistades chivilcoyanas, una escrita en Mendoza en 1944 y la otra despachada en Buenos Aires en 1946:

> ¿Quiere hacerme un pequeño favor? Visítelo a Tankel y pregúntele si recibió una certificada mía; agregue que yo le he pedido eso porque como una anterior mía se perdió en el camino, me queda la duda acerca de la segunda. Muchas gracias. (Si se cansa mucho, la invito a que tome un helado en la casa que queda justamente al lado de *chez Tankel*) (Cortázar, carta a Rosa Luisa Varzilio, 1 de noviembre de 1944).[13]

> Tal vez vaya a Chivilcoy el próximo fin de semana, para ver cómo anda la filmación de la famosa película de Tankel, que principió el domingo pasado. También deseo mucho visitar la escuela y charlar un rato con mis ex-alumnos (Cortázar, carta a Rosa Luisa Varzilio, 16 de septiembre de 1946).[14]

La correspondencia aludida así como la prensa local testimonian el azaroso proceso de gestación y rodaje de la película, el cual se produce exactamente entre agosto y diciembre de 1946. Es muy probable que las contribuciones de Cortázar para el guión de la película hayan sido enviadas por correo, puesto que *La sombra del pasado* se filma dos años después de su partida a Mendoza. Al contrario de lo afirmado por al-

---

13. Carta dirigida a Rosa Luisa Varzilio –hija de la dueña de la pensión donde se hospedaba Cortázar– enviada desde Mendoza, con fecha del 1 de noviembre de 1944. Agradezco a los familiares de Rosa Varzilio en Chivilcoy por facilitarme estos documentos. La carta permaneció inédita hasta su publicación en la nueva edición de las *Cartas* de Cortázar (Buenos Aires, 2012, Vol. 1, pp. 214-216).
14. Carta dirigida a Rosa Luisa Varzilio enviada desde Buenos Aires, con fecha del 16 de setiembre de 1946. También permaneció inédita y aparece en la nueva edición de las *Cartas* de Cortázar (Buenos Aires, 2012, Vol. 1, p. 260 s.). Expreso mi gratitud a los familiares y amigos de Rosa Varzilio en Chivilcoy por facilitarme estas cartas.

gunos autores, Cerani confirma categóricamente: «Todo Chivilcoy vio el estreno en el cine Metropol» (1975: s/p).[15] El muy esperado estreno de la película *La sombra del pasado* se celebra el domingo 25 de mayo de 1947 en el teatro —convertido en cine— Metropol de Chivilcoy.[16] La prensa chivilcoyana de la época festeja el acontecimiento cinematográfico en la sección dedicada a las «Notas Sociales» y a la vez resume el argumento del filme:

> El domingo se estrenó en nuestra ciudad «La sombra del pasado», película filmada en Chivilcoy, bajo la dirección de Ignacio Tankel y con la participación del actor de la capital federal Domingo Márquez, en el rol protagónico de galán; Nélida Solá, en el papel de dama joven [...]. La gran expectativa suscitada por la exhibición de esta producción local halló plena satisfacción el domingo [...]. La situación de un hogar modesto en contraposición con otro rico; la muerte de un usurero en circunstancias en que un pedido de reconsideración y un propósito de robo se vinculan casualmente; el conocimiento que traba el joven de la familia acomodada con la joven de la casa pobre, atormentada por la posibilidad de un crimen que no ha cometido: la comprobación y la intriga de una novia despechada, el descubrimiento de la verdad con intervención del joven rico y el triunfo final del amor aun en contra de la opinión de los padres de éste, constituyen la trama de la película [...]. El extraordinario público que asistió al estreno y los aplausos que espontáneamente brotaron de la sala al comienzo y al final de la representación, atestiguan el agrado con que fue recibida «La sombra del pasado» [...] («El Estreno de *La sombra del pasado*», en: *La Razón*, Chivilcoy, 27 de mayo de 1947).

---

15. Félix-Didier (1994: 8), Neifert (2003: 362) y Croce (2004: 3) afirman que *La sombra del pasado* nunca fue estrenada comercialmente. Probablemente estos autores se refieran al hecho de que la película de Tankel tal vez no haya entrado en los circuitos comerciales de distribución y exhibición.
16. El diario *La Razón* de Chivilcoy anuncia en primera plana de su edición del 25 de mayo de 1947: «En nuestra sección habitual, informamos acerca del estreno de la primera película filmada por la empresa productora local, Oeste Film, que dirige Ignacio Tankel, y que podrá verse hoy y mañana en el Teatro Metropol. [...] Consignamos con profunda satisfacción el estreno de hoy y mañana. Ojalá la incipiente industria cinematográfica chivilcoyana pueda apoyarse en esta experiencia, para la conquista de una reputación nacional [...]».

Ignacio Tankelevich continuó su carrera de director de cine en Buenos Aires, y en la actualidad, así como también don Francisco Musitani, permanece vivo en la memoria colectiva de Chivilcoy. La Asociación de Cine Amateur de Chivilcoy (ADECA) rinde un homenaje al «pionero del cine» de aquella localidad en 1983.[17] De la película *La sombra del pasado* —primer testimonio insólito de la participación de Cortázar en la creación de una película— no quedan rastros. Según Cerani (1975), esto se debe a un incendio que destruye las instalaciones de un laboratorio que aún guardaba algunas copias. No obstante, hacia 1975 aún quedaban esperanzas: «nosotros no perdemos la esperanza de que alguna copia esté arrumbada en el sótano de algún distribuidor o exhibidor argentino o de países limítrofes» (Cerani 1975: s/p). Más recientemente, Gerardo Panero emprende en 2004 una nueva búsqueda de la película de Tankel en la memoria de la colectividad chivilcoyana y atesora estos testimonios en el documental *Buscando la sombra del pasado*. Entre los entrevistados algunos familiares de Tankel recuerdan al *tío* Cortázar.

17. «El sábado se tributará el homenaje a Tankel», en: Diario *La Campaña*, Chivilcoy, 25 de agosto de 1983, p. 1. Agradezco a Carlos Armando Constanzo por el cordial apoyo brindado en las pesquisas realizadas en el Archivo Literario Municipal de Chivilcoy.

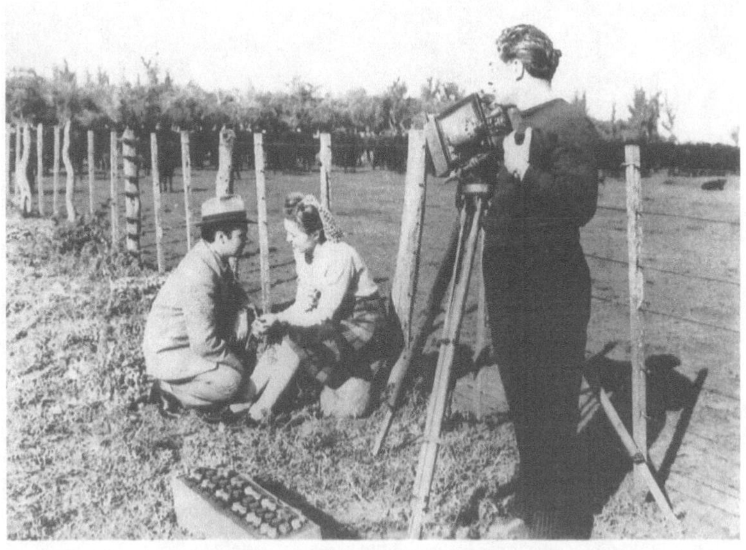

Durante el rodaje de *La sombra del pasado*. En la fotografía aparecen delante de la cámara los protagonistas del filme. (Colección particular de Ángel Sallago, colega y amigo personal de Ignacio Tankel, Chivilcoy).

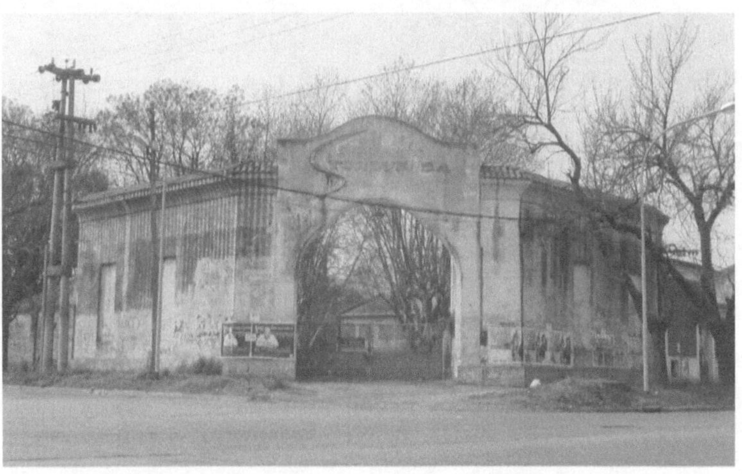

Sobre la Avenida Maipú al 400 aún quedan rastros de la fachada de *Oeste Film* en Chivilcoy, el estudio de cine donde se realizó *La sombra del pasado*.

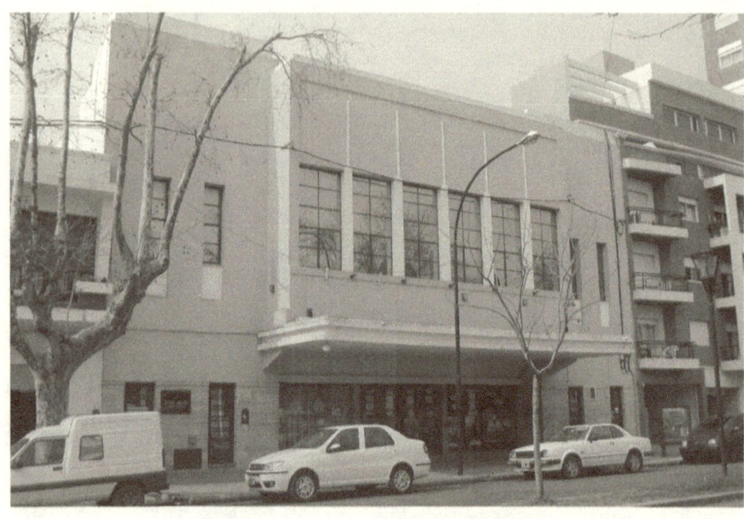

El antiguo teatro y hoy cine Metropol de Chivilcoy (Fotografías: B. L. P.).

Del sentimiento de no estar del todo: *Los relatos*

Escritas entre las décadas de 1930 y 1980 las obras de Cortázar han conquistado un lugar privilegiado en la literatura universal.[18] Sus cuentos más desconcertantes desafían astutamente la teoría literaria así como también el cine.[19] A menudo los investigadores extraen de la literatura de Cortázar ejemplos para ilustrar lúcidas excepciones o transgresiones a los modelos narrativos tradicionales.[20] Con respecto al efecto desconcertante que producen estas obras literarias, se afirma que la «lectura de los libros de Julio Cortázar suscita un malestar, una incomodidad que a la larga se hace fecunda e incitante» (Gregorich 1968: 119). Prego Gadea añade que la lectura de los relatos del escritor le provoca «una indefinible sensación de desacomodo metafísico» (en: Cortázar y Prego Gadea 2004: 117). Las obras aludidas desafían, pues, las categorías lógicas del pensamiento así como también los instrumentos de la razón. Es sabido que muchos argumentos de *Los relatos* fueron soñados por su autor como, por ejemplo, «Casa tomada»

18. Sus cuentos fueron publicados en los siguientes volúmenes independientes: *Bestiario* (1951), *Final del juego* (1956 y 1964), *Las armas secretas* (1959), *Todos los fuegos el fuego* (1966), *Octaedro* (1974), *Alguien que anda por ahí* (1977), *Queremos tanto a Glenda* (1980) y *Deshoras* (1983). El escritor reagrupa sus cuentos en las publicaciones *Relatos* (1970), así como en los volúmenes «Ritos», «Juegos» y «Pasajes» de *Los relatos* (1976). El volumen *La otra orilla* reúne cuentos escritos en el período 1937-1945 y se publica póstumamente en 1994.
19. Mahieu enfatiza la dificultad en reproducir en el cine las técnicas narrativas de Cortázar. Respecto al cuento «El perseguidor» (*Las armas secretas*, 1959) observa por ejemplo que «es casi imposible de reflejar en cine» (1980: 643). A Gimferrer de ninguna manera le parece posible concebir un filme basado en *Rayuela* (1963) o en el cuento «Usted se tendió a tu lado» (*Alguien que anda por ahí*, 1977), según afirma (2005: 30 y 86).
20. Genette se apoya en el cuento «Continuidad de los parques» (*Final del juego*, 1964) para explicar su noción de «metalepsis» (1972: 244). Pozuelo Yvancos (2004: 109 ss.) y Valles Calatrava (2008: 107) abordan, cada uno por su parte, el mismo texto para desarrollar sus observaciones. A su vez, Meyer-Minnemann emplea varios cuentos de Cortázar para explicar los procedimientos de «la narración paradójica» (2006).

(*Bestiario*, 1951), que fue una pesadilla según recuerda.[21] Otros cuentos nacen, según el escritor, en un *état second* y «de un repentino extrañamiento, de un *desplazarse* que altera el régimen "normal" de la conciencia» (Cortázar, en: *Último round* I, p. 68 y 78). La fundamental dimensión irracional representa uno de los rasgos más sobresalientes de la poética de sus cuentos y constituye asimismo una preocupación capital en el pensamiento de Cortázar, quien confiesa sin ambages: «En realidad yo me siento mucho más cómodo en un terreno que toca lo irracional. Ese es mi verdadero campo».[22] Sin embargo, precisamente lo irracional representa uno de los aspectos más cuidadosamente eludidos por varios filmes inspirados en sus cuentos.

Como lo anunciado, estas páginas introducen algunos rasgos más característicos de los cuentos de Cortázar sobre los planos de la historia y el discurso. A pesar de haber sido escritos a lo largo de varias décadas

---

21. Dice Cortázar en relación a sus sueños: «en mis largas horas de ocio, cuando profesor en Chivilcoy, me leí las *Obras Completas* de Freud en la edición española [...]. Y me fascinó. Y entonces empecé, de una manera muy primaria, a autoanalizar mis sueños [...], porque de mis sueños ha salido una buena parte de mis cuentos» (en: Cortázar y Prego Gadea 2004: 297 s.). Y a Picon Garfield le revela Cortázar, por ejemplo, la pesadilla que da origen al famoso cuento «Casa tomada» (1978: 89).
22. En: *Grandes personajes a fondo*, el programa de televisión y entrevista con Joaquín Soler Serrano, Televisión Española. Respecto a lo irracional en la obra y el pensamiento de Cortázar es importante tener en cuenta su particular visión del surrealismo, sobre el cual el escritor escribe en múltiples contextos. Pueden consultarse con provecho, por ejemplo, los ensayos «Muerte de Antonin Artaud» (1948), «Un cadáver viviente» (1949) e «Irracionalismo y eficacia» (1949); disponibles en la edición *Obras completas VI: Obra crítica* (2006), de Cortázar. Así plantea el autor: «la razón del surrealismo excede toda literatura, todo arte, todo método localizado y todo producto resultante. Surrealismo es cosmovisión, no escuela o ismo; una empresa de conquista de la realidad, [...] una reconquista de lo mal conquistado (lo conquistado a medias: con la parcelación de una ciencia, una razón razonante, una estética, una moral, una teleología)» (en: «Muerte de Antonin Artaud», p. 201 s.). Cortázar considera además «el vasto experimento surrealista [...] la más alta empresa del hombre contemporáneo como previsión y tentativa de un humanismo integrado» (en: «Irracionalismo y eficacia», p. 241).

en diferentes etapas en la creación y biografía del autor, es posible verificar una consanguinidad entre sus cuentos, puesto que «entre un libro y otro no hay alejamiento, sino concentración y complementación de unos elementos que son los que constituyen su particular cosmovisión» (Jakfalvi 2007: 18). Así, para la presentación de los cuentos que efectúo a continuación adopto una visión de conjunto. Me concentro también en las propiedades de «la narración paradójica» examinadas por Grabe, Lang y Meyer-Minnemann (2006), quienes definen sistemáticamente una serie de infracciones a convenciones narrativas vigentes o «*doxa* narrativa», entendida de la siguiente manera:

> con lo que, en un momento dado, caracterizado por una cultura particular y el devenir histórico, se considera coherente y plausible con respecto a los seres, estados, acciones, procesos e ideas narrados y/o el modo de su narración en determinadas clases de ficción literaria. [...] Siendo así, resulta, por tanto, paradójico, todo aquello que en un relato literario de ficción contravenga la *doxa* respectiva, provocando en el plano del contenido (ficción) y/o de la expresión (narración) que la obra entre, por así decirlo, en contradicción consigo misma, sea en alguna de sus partes a nivel de la historia narrada o la narración, sea en su totalidad (Meyer-Minnemann 2006: 53 s.).

Los criterios elaborados para explicar los mecanismos de la narración paradójica son imprescindibles, puesto que Cortázar «resulta ser particularmente fecundo en ejemplos de infracción paradójica de la *doxa* narrativa de los mundos de sus cuentos» (Meyer-Minnemann 2006: 57). Es importante subrayar que la paradoja señala «un momento de crisis (cognitiva)» (Lang 2006: 21) que desmonta en los textos de Cortázar una concepción lógico-racional del mundo. Teniendo en cuenta esta particularidad de la escritura y el pensamiento del escritor, considero fundamental averiguar más adelante si también el cine cuenta con un conjunto de normas convencionales a grandes rasgos equivalentes a una *doxa* narrativa literaria.

Sobre el plano narrativo de la historia de los cuentos de Cortázar llama la atención la configuración de dos dimensiones de naturaleza disímil o «dos campos semánticos antitéticos» (Sanjinés 1994: 63). A propósito del enfrentamiento —muchas veces paradójico— de estas dimensiones los investigadores sostienen «que los relatos de Cortázar están organizados alrededor de una serie de oposiciones fundamentales» (Sanjinés 1994: 59). Dichas oposiciones se manifiestan de modos muy diferentes como, por ejemplo, a través niveles de conciencia (vigilia/sueño, en «La noche boca arriba», 1956), cosmovisiones dispares (Bruno/Johnny, en «El perseguidor», 1959), planos ontológicos (realidad/ficción, en «Continuidad de los parques», 1964; realidad/imaginación, en «Liliana llorando», 1974) o épocas (Siglo xx/Imperio Romano, en «Todos los fuegos el fuego», 1966). En los cuentos de Cortázar se enfrentan por lo general «dos formas del ser, dos estados vivenciales, dos posibilidades; [...] el acontecer de dos realidades» (López Chuhurra 1967: 11). Una de estas dimensiones reúne elementos cotidianos y detalles aparentemente anodinos en la cual se expone «la rutina mecánica de la vida moderna» (Carrillo 1978: 1111). La configuración de esta dimensión permanece relativamente estable en varios cuentos de Cortázar y en las palabras de Yurkievich puede ser definida así: «Su ubicación es coetánea y corriente, y prodiga en todos los planos —acciones, ámbito, personajes y expresión— índices de actualidad que prolongan en el relato el hábitat del lector» (2004: 39). A menudo se aluden en estas dimensiones cotidianas a entidades o datos históricos del mundo extraliterario fáctico como, por ejemplo, en «El otro cielo» (*Todos los fuegos el fuego*, 1966), cuando el narrador se pregunta si votará por Perón, por Tamborini o sencillamente en blanco.[23] En «Apocalipsis de Solentiname» (*Alguien que anda por ahí*, 1977), el narrador lleva trazos biográficos del autor empírico del cuento y, como se ha dicho, hace referencia a la película *Blow-Up*. Desfilan también personajes comunes muchas veces encerrados en una rutina sofocante caracterizada por la regularidad de acciones diarias, como tomar mate y mirar las plantas del patio («El otro cielo», 1966, p. 655) o aguardar impacientemente el noticioso de la una que informa sobre «nada nuevo, temperatura en paulatino descenso, lluvias en la zona

23. Se refiere a los políticos argentinos Juan Domingo Perón (1895-1974) y José Pascual Tamborini (1886-1955). Los comicios se llevan a cabo en febrero de 1946 y resulta ganador el primero.

cordillerana» («Pesadillas», 1983, p. 1075).[24] Cortázar explica sin rodeos: «mis personajes son gente de la calle, niños, jóvenes, hombres, gente muy común» (en: Picon Garfield 1978: 14). Así, numerosos personajes llevan nombres tales como doña Luisa, la tía Poli, el petiso Juárez, el Pincho o Fernandito. Muchos personajes de los cuentos de Cortázar viven también gobernados por la Gran Costumbre, entendida ésta como «cúmulo de lo gregario, de convenciones sociales, cognoscitivas y estéticas» (Yurkievich 2004: 176). Esta dimensión de «apariencia cotidiana, doméstica y risueña» (Vargas Llosa 1994: 14) traza un mundo asaz conocido y hasta cierto punto regido por las mismas normas que rigen el mundo extraliterario fáctico. Según una tipología propuesta por Albaladejo, se trata de un «modelo de mundo de lo ficcional verosímil», que construye

> una serie de instrucciones que no son propias de la realidad efectiva, con la que, sin embargo, mantienen una relación de semejanza. De estas instrucciones dependen seres, estados, procesos, acciones e ideas que, si bien no forman parte de la mencionada realidad, tienen unas características tales que podrían perfectamente pertenecer a la misma [...] (1992: 53).

A la dimensión cotidiana recién caracterizada —u otras posibles dimensiones— muchas veces se superpone otra dimensión que amenaza el *statu quo* preliminar, lo trasciende y provoca «sutiles fallas o fisuras que dejan entrever el reverso de lo real razonable, perturbaciones inexplicables que descolocan mentalmente, irreductibles desarreglos que permiten vislumbrar fuerzas ocultas, insospechadas dimensiones» (Yurkievich 2004: 23). Si bien es posible precisar un tipo de configuración relativamente estable en varios cuentos —me refiero a lo cotidiano y aparentemente sólito—, es más difícil encontrar un denominador común que detalle la configuración de la dimensión que busca «el verdadero lenguaje y la verdadera realidad [...] censurados y relegados por la estructura racionalista y burguesa del occidente» (*Rayuela*, cap.

---

24. En este trabajo empleo la edición: Julio Cortázar (2003): *Obras completas I: Cuentos*. Barcelona.

99, p. 613). Resultaría impreciso reducir la variedad de oposiciones expuesta en los cuentos de Cortázar a una dicotomía invariable, como por ejemplo realidad/imaginación. Lo que sí es posible observar, es que una de las dimensiones reúne visos de cotidianidad y razón e infunde asimismo «un clima de confianza» (Yurkievich 1985: 14), mientras que la otra tiende hacia lo extraño, lo irracional o a lo no estrictamente mensurable según las categorías lógicas del pensamiento.[25] En tal sentido, Alazraki subraya en los cuentos de Cortázar una «tensión entre dos fuerzas opuestas —una que nace del plano temporal, otra que la niega; una que agota el espacio de la geometría, otra que la trasciende—» (2003: 50). Entre otros, Monsiváis destaca en las obras del escritor un «enfrentamiento de una razón débil con una irracionalidad lúcida» (1981: 20). Así, las perturbaciones de la aparente cotidianidad inicial tienden muchas veces hacia la representación de un «modelo de mundo de lo ficcional no verosímil» formado por «instrucciones que son distintas de la realidad efectiva y que no son semejantes a ésta, de tal manera que proyectan seres, estados, procesos, acciones e ideas que ni son ni pueden ser parte de la realidad efectiva» (Albaladejo 1992: 53).

Pero los cuentos de Cortázar dificultan una clara distinción entre los «modelos de mundo» antes presentados, puesto que las fronteras de lo estrictamente razonable o plausible se extienden o sencillamente desaparecen, vale decir, los límites de la verosimilitud se difuminan casi imperceptiblemente cediendo espacio a las excepciones más insólitas como, por ejemplo, en «Instrucciones para John Howell» o «La autopista del sur» (*Todos los fuegos el fuego*, 1966).[26] Maturo señala que

---

25. En lo referente a la noción de lo fantástico, por ejemplo, Cortázar expone algunos pensamientos generales que caracterizan su obra: «[lo fantástico] es algo muy simple, que puede suceder en plena realidad cotidiana, en este mediodía de sol, ahora entre usted y yo, o en el Métro [...]. Simplemente para mí lo fantástico es la indicación súbita de que, al margen de las leyes aristotélicas y de nuestra mente razonante, existen mecanismos perfectamente válidos, vigentes, que nuestro cerebro lógico no capta pero que en algunos momentos irrumpen y se hacen sentir» (en: González Bermejo 1978: 42).

26. Véase, por ejemplo, el estudio de «Instrucciones para John Howell» de Sanjinés (1994: 96 ss.). Respecto a lo narrado en el cuento, el crítico distingue básicamen-

en Cortázar lo «extraordinario se instala con naturalidad en la cotidianidad del vivir» (2004: 59). En sintonía con este razonamiento se remarca en los cuentos del escritor

> el convencimiento de que es imposible trazar una demarcación neta entre lo que llamamos «realidad» e «irrealidad». Para Cortázar, aquello que vagamente denominamos «irreal», es decir, todos aquellos fenómenos o acontecimientos que no se dejan explicar racionalmente, aquello que carece de pruebas, lo que no se puede medir, pesar ni tocar, pero que sí se siente o se sueña, está contenido en esa otra dimensión tan cómoda y despreocupadamente transitada a diario por el hombre y que denominamos «realidad» (Conzevoy-Cortés 1980: 354).

En las palabras de Vargas Llosa, «razón y sinrazón, sueño y vigilia, objetividad y subjetividad, historia y fantasía [pierden] su condición excluyente, sus fronteras se [eclipsan], [dejan] de ser antinomias para confundirse en una sola realidad» (1994: 16).[27] Se ensancha, pues, un modelo de mundo racional y se produce un «sentimiento de no estar del todo», como reza el título de un ensayo de Cortázar incluido en *La vuelta al día en ochenta mundos* I. El desplazamiento así como la transgresión de ciertos límites —fenómenos clave de la narración paradójica— son procedimientos que desafían el pensamiento racional y también una concepción unívoca de la realidad. La recurrencia de paradojas en la obra de Cortázar, según un razonamiento de Martyniuk, «aparece como estrategia para abordar el rechazo a la realidad unidimensional y a la narración como espejo de esa realidad, lo cual requiere presuponer otras realidades y otras estrategias narrativas» (2004: 141 s.). La significativa permeabilidad entre lo que se postula como racional o irracional —oposición dudosa en el pensamiento cortazariano— en los mundos de sus cuentos representa un fenómeno tenido muy en cuenta por la crítica especializada —menos por el

---

te dos explicaciones no excluyentes entre sí: una que no contradice las leyes habituales de la realidad cotidiana, y otra de tipo fantástico.

27. Vargas Llosa se refiere en la cita a *Rayuela*, pero sus pensamientos son válidos para explicar el funcionamiento de varios cuentos de Cortázar.

cine— así como por el propio escritor, quien desconfía de una presunta «repartición escolástica entre física y metafísica» (Cortázar, en: *La vuelta al día en ochenta mundos* I, p. 101). El sistema lógico-racional que rige soberano el pensamiento del hombre occidental constituye uno de los principales blancos de la crítica del autor: «Toda la obra de Cortázar es un esfuerzo por transcender ese *homo sapiens*» (Alazraki 1994: 98). Al respecto merece la pena recordar algunos pensamientos desarrollados por Cortázar en una conocida conferencia dictada en Cuba (1962/1963):

> Casi todos los cuentos que he escrito pertenecen al género llamado fantástico por falta de mejor nombre, y se oponen a ese falso realismo que consiste en creer que todas las cosas pueden describirse y explicarse como lo daba por sentado el optimismo filosófico y científico del siglo XVIII, es decir, dentro de un mundo regido más o menos armoniosamente por un sistema de leyes, de principios, de relaciones de causa a efecto, de psicologías definidas, de geografías bien cartografiadas. En mi caso, la sospecha de otro orden más secreto y menos comunicable, y el fecundo descubrimiento de Alfred Jarry, para quien el verdadero estudio de la realidad no residía en las leyes sino en las excepciones a esas leyes, han sido algunos de los principios orientadores de mi búsqueda personal de una literatura al margen de todo realismo demasiado ingenuo (en: «Algunos aspectos del cuento», p. 371).[28]

El enfrentamiento de dimensiones de diferentes naturalezas en la narración de una historia aún no constituye, en sí, una infracción a la *doxa* narrativa. Lo insólito y muchas veces paradójico en los cuentos de Cortázar se produce cuando aquellas dimensiones entran en contacto anulando o transgrediendo ciertos límites. Desde el punto de vista de la recepción, el emparejamiento de dimensiones dispares suscita un efecto perturbador como, por ejemplo, en «La noche boca arriba» (*Final del juego*, 1956[29]), donde sueño y vigilia cambian de si-

28. En este trabajo empleo la edición: Julio Cortázar (2006): *Obras completas VI: Obra crítica*. Barcelona.

29. La primera edición del volumen *Final del juego* (1956) aparece en México bajo el sello editorial de *Los Presentes*. Esta edición contiene los cuentos «Los venenos», «El móvil»,

lla. El desentrañamiento de las diferentes técnicas empleadas por Cortázar para confundir y entrelazar las dimensiones cotidianas e irracionales desbordaría los límites de lo propuesto en estas páginas. Por su parte, Campra (1978) explica que el contacto entre las dimensiones en diez cuentos de Cortázar se produce por medio del «pasaje». Varios pasajes distinguidos por la autora, por ejemplo, en «El otro cielo» (*Todos los fuegos el fuego*, 1966), se producen mediante procedimientos de transgresión paradójica de determinados límites: «L'azione fondamentale è definibile in tutti i casi come un passaggio: un personaggio passa da una identità a un'altra [...]; da uno spazio o da un continuum spazio-temporale a un altro [...]; da un racconto, dal sogno, dall'immaginazione o dalla memoria alla realtà» (1978: 26 s.).

Sobre el plano narrativo del discurso de los cuentos de Cortázar, es llamativo el alto grado de discontinuidad y fragmentación que exhibe la narración, en la cual constantemente se fractura el flujo temporal del relato. Esto ocasiona una estética de lo discontinuo y fragmentario: «Quebrados todos los continuos, se impone una concepción diversificadora y desintegradora de la realidad que no puede sino promover una imagen desordenada y a menudo desesperada del mundo» (Yurkievich 2007: 87). A propósito de la estructura sumamente fragmentaria de «Circe» (*Bestiario*, 1951) Mimoso-Ruiz hace una observación que caracteriza buena parte de los cuentos de Cortázar:

> Le conte est en effet fondé sur des fragments de récits, de souvenirs évoqués par le narrateur. [...] Nous assistons donc à une recherche de l'unité perdue de l'harmonie dans le récit. Le conte met en scène des événements particuliers, étranges et discontinus, qui finissent par composer une trame dont la tessiture est assez lâche, lacunaire (1978: 62 s.).

Los sucesos de una historia pueden estar ordenados de tal modo que se instaure, además de una cronología lineal, una cadena de causas y efectos como predomina en la llamada «narración clásica» del cine

---

«La noche boca arriba», «Las Ménades», «La puerta condenada», «Torito», «La banda», «Axolotl» y «Final del juego». En la edición de 1964 se suman otros cuentos.

en la cual «la causalidad es el primer principio unificador» (Bordwell 1996: 157). O al contrario, los sucesos pueden estar dispuestos de forma aleatoria sin exhibir vínculos causales evidentes. Es el caso de varios cuentos de Cortázar, como puede observarse, por ejemplo, en un fragmento que extraigo de «La isla a mediodía» (*Todos los fuegos el fuego*, 1966):

> Le hizo gracia la palabra *kalimera* y la ensayó en un cabaret con una chica pelirroja, se acostó con ella, supo de su abuelo en Odos y de unos dolores de garganta inexplicables. En Roma empezó a llover, en Beirut lo esperaba siempre Tania, había otras historias, siempre parientes o dolores; un día fue otra vez la línea de Teherán, la isla a mediodía («La isla…», p. 605).

El escritor reafirma en varios contextos su desconfianza respecto al presunto orden causal de las cosas como, por ejemplo, lo hace en el siguiente contexto:

> Insisto en desconfiar de la causalidad, esa fachada de un *establishment* ontológico que se obstina en mantener cerradas las puertas de las más vertiginosas aventuras humanas, es decir que si *después* de leer un cierto libro de Georges Bataille yo hubiera bebido una copa de vino en un café de Grignan, la chica de la bicicleta no se habría situado *antes*, con esa aura que cierne los instantes privilegiados; al establecer un enlace entre el libro y la escena, la memoria hubiera tejido la malla causal, la explicación simplificadora de toda cadena eslabonada por un condicionamiento favorable a la tranquilidad del espíritu y al rápido olvido (en: *Último round* II, p. 22 s.).

En los cuentos de Cortázar faltan muchas veces nexos de causalidad que de alguna manera expliquen la relación entre los elementos de la historia como, por ejemplo, en «Todos los fuegos el fuego» (*Todos los fuegos el fuego*, 1966): entre la serie de acontecimientos en la Roma Imperial, y otra serie de acontecimientos que ocurren en un departamento parisino del siglo XX, no hay un puente lógico que revele alguna relación causal. Lo paradójico radica, en este caso, en la ausencia de señales claras que distingan una época anterior o posterior a la otra.[30] Específicamente se trata de una simultaneización temporal de lo no simultáneo o «silepsis» (Meyer-Minnemann 2006: 54 ss.).

Respecto al amplio catálogo de instancias narrativas configuradas en los cuentos de Cortázar, me interesa destacar una en especial. Numerosos relatos plantean una determinada manera de representar la subjetividad de un personaje a través de un narrador heterodiegético anónimo que adopta la focalización interna. A diferencia de la configuración de la voz narrativa de cuentos como «Las babas del diablo», el tipo de narrador que destaco aquí se concentra exclusivamente en la narración de los sucesos, evitando reflexiones propias. El personaje focal resulta por lo general el protagonista, desde cuya perspectiva se narra la historia o una parte de ella como, por ejemplo, Isabel en «Bestiario» (*Bestiario*, 1951), Luis en «Cartas de mamá» (*Las armas secretas*, 1959), el motociclista en «La noche boca arriba» (*Final del juego*, 1956), el ingeniero del Peugeot 404 en «La autopista del sur», el *steward* Marini en «La isla a mediodía» (*Todos los fuegos el fuego*, 1966) o María Elena en «Segunda vez» (*Alguien que anda por ahí*, 1977). Estos narradores se limitan a contar las cosas tal cual son percibidas, por más insólitas que parezcan, por un personaje de la historia sin proporcionar explicaciones adicionales que aclaren los hechos. Maturo señala que en estos casos el «lenguaje de Cortázar evoca la velocidad de un film: despliega imágenes que se suceden sin comentario» (2004: 59). Pero al contrario del modelo tradicional de la narración clásica del cine de ficción, en los cuentos de Cortázar «no hay una instancia en el texto que esclarezca el significado último de situaciones, sentimientos, conductas» (Pucciarelli 1985: 273).[31]

Merece la pena detenerse también en algunos detalles del lenguaje empleado por los narradores cortazarianos. Son comunes ciertas infracciones a las normas gramaticales como, por ejemplo, en «La

30. A propósito de «Todos los fuego el fuego» dice Cortázar: «escribí el cuento sabiendo de alguna manera que esas dos historias eran la misma sin dejar de ser dos historias [...] y de ahí el título del cuento» (1973: 228).

31. Pucciarelli se refiere a «Cartas de mamá» (*Las armas secretas*, 1959), pero su observación es válida para muchos cuentos del escritor.

inmiscusión terrupta» (*Último round* II, 1969) o en «Usted se tendió a tu lado» (*Alguien que anda por ahí*, 1977). Y en «Las babas del diablo» (*Las armas secretas*, 1959) se encuentran frases como: «tú la mujer rubia eran las nubes que siguen corriendo delante de mis tus sus nuestros vuestros sus rostros» (p. 295). Cortázar anticipa en su ensayo *Teoría del túnel* (1947) una de sus preocupaciones fundamentales que acompaña su obra ficcional y crítica posterior respecto a «la duda *de que acaso las posibilidades expresivas estén imponiendo límites a lo expresable; que el verbo condicione su contenido, que la palabra esté empobreciendo su propio sentido*» (*Teoría del túnel*, p. 62).[32] El escritor manifiesta tempranamente su rebeldía «a aceptar el idioma como vehículo suficiente para su mensaje, sin advertir que ese mensaje está predeformado porque desde su origen se formula en estructuras verbales» (*Teoría del túnel*, p. 62). Desde este punto de vista, las conocidas cavilaciones iniciales del cuento «Las babas del diablo» (*Las armas secretas*, 1959) retoman aquellas reflexiones del escritor para vehicular —o no— una compleja experiencia:

> Nunca se sabrá cómo hay que contar esto, si en primera persona o en segunda, usando la tercera del plural o inventando continuamente formas que no servirán de nada. Si se pudiera decir: yo vieron subir la luna, o: nos me duele el fondo de los ojos, y sobre todo así: tú la mujer rubia eran las nubes que siguen corriendo delante de mis tus sus nuestros vuestros sus rostros. Qué diablos («Las babas...», p. 295).

Lo que aquí se pone en tela de juicio es la capacidad narradora del lenguaje tradicional así como también las competencias de la *doxa* narrativa. Se tematiza, pero a la vez se fragiliza el código literario convencional por medio del cual se intenta narrar algo: «el escritor tiene que incendiar el lenguaje, acabar con las formas coaguladas e ir todavía más allá, poner en duda la posibilidad de que este lenguaje esté todavía en contacto con lo que pretende mentar», se afirma

32. *Teoría del túnel: notas para una ubicación del surrealismo y el existencialismo* está incluido en: Julio Cortázar (2006): *Obras completas VI: Obra crítica*. Barcelona, pp. 45-125.

en *Rayuela* (cap. 99, p. 620). Sin duda estos pensamientos se pueden proyectar *mutatis mutandis* al campo del Séptimo Arte. Sobre todo si se tiene en cuenta en Cortázar la «necesidad de contar una historia con un lenguaje no institucional» (Matamoro 1994: 58). Veremos que existen culturas cinematográficas y momentos en la historia del cine en que florecen impulsos de narración a través de modos de representación «no institucionales», los cuales asimismo violan la *doxa* del cine.

Por otra parte, el párrafo anteriormente citado también representa un tipo de «fragmento exegético» (Schmid 2008: 276)[33] compuesto por comentarios y/o reflexiones metanarrativas del narrador que muchas veces acompañan el relato de los sucesos de la historia. Adviértase que el narrador de «Las babas...» aborda al inicio del cuento el proceso de su trabajosa —acaso imposible— narración sin revelar aún ningún detalle sobre lo que en el fondo desea narrar. En cambio, la frase: «La mujer habló de que nadie tenía derecho a tomar una foto sin permiso, y exigió que le entregara el rollo de película» («Las babas...», p. 303), informa sobre determinadas acciones de la diégesis. Numerosos cuentos de Cortázar exhiben una importante dimensión autorreflexiva-metanarrativa que pone de relieve —o problematiza— el proceso de narración: «Inevitable que una parte de su obra fuese una reflexión sobre el problema de escribirla» (*Rayuela*, cap. 99, p. 612), se dice a propósito de los métodos de composición de Morelli. Así, la escritura, un manuscrito, una libreta, el teclear de las máquinas Olympia Traveller de Luxe o Remington así como la abierta reflexión sobre la literatura, son motivos recurrentes en los relatos de Cortázar: «porque escribo a máquina», se especifica en «Las babas del diablo». Y en otras ocasiones se evoca el valor terapéutico que tiene el acto de escribir, como en «Liliana llorando» (*Octaedro*, 1974), cuando el narrador se divierte imaginando cosas por escrito: «Che, y decile a la enfermera que no me joda cuando escribo, es lo único que me hace olvidar el dolor aparte de tu eminente farmacopea, claro» («Liliana llorando», p. 659). Refiriéndose al modelo narrativo de «Las babas del diablo»,

33. *Exegetische Texteinheiten* (traducción mía).

en que se entrecruzan fragmentos autorreferenciales o exegéticos con la narración de los sucesos diegéticos, Maturo observa que el «Morelli que aquí asoma proporciona un nuevo goce al lector al desdoblar su experiencia haciéndole participar, a la vez, de lo contado y del contar» (2004: 58). Sin embargo, nuevamente hay que advertir que lo que en la literatura se puede considerar un goce adicional, en el campo del cine (clásico), en cambio, la tematización y sobre todo la *problematización* de los procedimientos narrativos fílmicos representa un fenómeno con un alto potencial perturbador que además contradice arraigadas convenciones.

Por último, resulta importante señalar que la mayoría de las dimensiones cotidianas e irracionales o extrañas antes examinadas no se diferencian absolutamente por lo que a su modo de representación verbal se refiere. Fuera del cine de animación, no muchas películas o géneros realistas muestran cosas imposibles con la misma naturalidad con que aparecen en los cuentos de Cortázar: «Hubo un tiempo en que yo pensaba mucho en los axolotl. [...] Ahora soy un axolotl» («Axolotl», p. 499), representa, por ejemplo, uno de los fenómenos desconcertantes que provocan cortocircuitos cuya detallada explicación llevaría densos párrafos de sesudo examen narratológico (*cfr.* Meyer-Minnemann 2006: 62). Pero también lo imaginado o lo subjetivo muchas veces se representa como si fuera real u objetivo respecto al mundo del cuento. En «La isla a mediodía» (*Todos los fuegos el fuego*, 1966) o «Liliana llorando» (*Octaedro*, 1974), por ejemplo, el curso de la narración desvía gradualmente el rumbo hacia una realidad subjetiva sin previo aviso, de manera casi imperceptible. Ambos cuentos contienen, pues, una serie de elementos que se desarrollan en los confines mentales de los protagonistas. No obstante, el modo de representación realista de lo imaginado no se distingue en absoluto del modo natural empleado para narrar las cosas reales. Las fronteras entre lo objetivo y lo imaginado se desdibujan y esta última dimensión, narrada con el idéntico código realista, tiene el mismo —o mayor— peso que la primera. De modo que «lo empírico y lo imaginario pierden su dualidad» (Sosnowski 1973: 32). Esto lo sugiere el propio narrador del cuento «La isla a mediodía» cuando reflexiona de manera reveladora: «volar tres veces por semana a mediodía sobre Xiros era tan irreal como soñar tres veces por semana que volaba a mediodía sobre Xiros» («La isla...», p. 604).[34]

A partir de lo examinado extraigo cinco rasgos distintivos muy recurrentes en los relatos de Cortázar. Según los contextos cinematográficos y los cineastas, estos rasgos pueden representar atractivos muy tentadores para la pantalla grande, o al contrario, serios problemas o impedimentos:

- el enfrentamiento de «una razón débil y una irracionalidad lúcida» (Monsiváis 1981: 20);
- la narración paradójica, es decir, las diversas infracciones de la *doxa* narrativa literaria sobre los planos de la historia y el discurso;
- la estética de lo discontinuo y fragmentario;
- la dimensión autorreflexiva y metanarrativa, esto es, diferentes formas de la tematización y/o la problematización del proceso de narración;
- y desde el punto de vista de la recepción, un efecto perturbador que «deja una indefinible sensación de desacomodo metafísico» (Prego Gadea, en: Cortázar y Prego Gadea 2004: 117).

Partiendo del pensamiento según el cual cada historia produce su propia narrabilidad, los procedimientos de la narración paradójica remiten aparentemente «a historias que o no son narrables o que al menos no lo son en la forma tradicional, esto es, mediante las técnicas narrativas determinadas por la *doxa*» (Lang 2006: 25). Se ha remarcado que los cuentos de Cortázar contienen «una denuncia de la aceptación empobrecedora de lo cotidiano» (Pucciarelli 1985: 259). La ruptura de lo cotidiano se proyecta al nivel de la expresión en la medida

34. Al personaje Marini le cautiva y atrae una isla griega llamada «Xiros», la cual consigue divisar siempre al mediodía desde el avión. Así también en «El otro cielo» (*Todos los fuegos el fuego*, 1966), lo extraño ejerce un influjo sobrenatural en el protagonista, sobre el cual escribe Alejandra Pizarnik: «Su deseo más profundo reclama el *allá*, en tanto aquí lo sujetan su madre y su novia, llamada nada más que Irma» (1968: 57). También en la vida de Marini es posible detectar un «allá» exótico e irracional encarnado por la isla, y un «aquí» doméstico, poblado por dentistas y por abuelos con dolores de garganta inexplicables.

en que se violan, pues, las normas de la coherencia narrativa y lingüística. Respecto al lenguaje en el contexto de la obra de Cortázar, Sosnowski considera que «ante un hecho que trasciende la capacidad perceptora del lenguaje —*i.e.* la comprensión racional— la ordenación lógica de las palabras es imposible» (1973: 49). Es decir, asuntos o acontecimientos que niegan una explicación lógica reclaman formas de representación no convencionales e incluso infracciones a las normas tradicionales del relato y la lengua común: «no hay palabras para eso», sostiene un personaje del cuento «El ídolo de las Cícladas» (*Final del juego*, 1964), y añade inmediatamente: «Por lo menos nuestras palabras» (p. 439). La subversión de las categorías lógicas del conocimiento y la narración, incluido el lenguaje y la gramática, pueden rastrearse desde los primeros cuentos de *Bestiario* (1951) hasta los últimos de *Deshoras* (1983) y constituyen asimismo los pilares de una visión de mundo de un escritor que reflexiona:

> Siempre me ha parecido absurdo hablar de transformar al hombre si a la vez o previamente el hombre no transforma sus instrumentos de conocimiento. ¿Cómo trasformarse si se sigue empleando el lenguaje que ya utilizaba Platón? La esencia del problema no ha cambiado; quiero decir que el tipo de problemas que suscitaron la reflexión en la Atenas del siglo V antes de Cristo sigue siendo el mismo básicamente, porque nuestras estructuras lógicas no se han modificado. La cuestión es esta: ¿Se puede hacer otra cosa, llegar a otra cosa? Más allá de la lógica, más allá de las categorías kantianas, más allá de todo el aparato intelectual de Occidente —por ejemplo, postulando el mundo como quien postula una geometría no euclidiana— ¿es posible un avance? ¿Llegaríamos a tocar un fondo más auténtico? Por supuesto, no lo sé. Pero creo que sí (Cortázar, en: Harss 1966: 288).

El conjunto de rasgos observados en estas páginas aproximan algunas obras de Cortázar —*Rayuela* a la cabeza— con los llamados «textos de gozo» definidos por Barthes en su estudio *Le plaisir du texte* (1973). Según el autor, los «textos de gozo» se oponen a los llamados «textos de placer» de la siguiente manera:

> Texto de placer: el que contenta, colma, da euforia; proviene de la cultura, no rompe con ella y está ligado a una práctica *confortable* de la lectura. Texto de

> gozo: el que pone en situación de pérdida, desmoraliza (incluso hasta un cierto aburrimiento), hace vacilar los fundamentos históricos, culturales, psicológicos del lector, la congruencia de sus gustos, de sus valores y de sus recuerdos, pone en crisis su relación con el lenguaje (2007: 11).

Barthes agrega: «*Placer del texto.* Clásicos. Cultura (cuanto más cultura, más grande y diverso será el placer). Inteligencia. Ironía. Delicadeza. Euforia. Maestría. [...] *Textos de gozo.* El placer en pedazos; la lengua en pedazos; la cultura en pedazos» (2007: 37). De manera muy parecida a esta clasificación existen culturas cinematográficas estrechamente vinculadas «al placer» del entretenimiento tradicional, y otras, quizá no tan difundidas e históricamente constantes como aquéllas, se orientan hacia «el gozo». Ambas han recreado, a su manera, los cuentos de Cortázar.

ticularmente en la creación de obras *ficcionales*, o sea, las de mayor potencial emotivo, mientras que otros medios de comunicación como la radio o la televisión ofrecen otras ofertas de géneros y contenidos.

Las convenciones de la narración fílmica así como también la estructura de una película cuentan con el potencial de producir ciertos efectos en el espectador, los cuales pueden ser agrupados básicamente en efectos «cognitivos», «emotivos» y «viscerales» (Eder 2007: 16). El primer grupo comprende los procesos pregunta-respuesta, las asunciones y la creación de hipótesis respecto al desarrollo de una historia, así como también la comprensión general de la película:

> El espectador asume, por ejemplo, que los objetos y los seres humanos siguen en su lugar incluso cuando no aparecen en la pantalla; que un personaje posee la misma entidad individual en sus sucesivas apariciones; que una película en inglés no pasará de repente al urdu. Nos damos cuenta de tales asunciones básicas sólo cuando una película las viola, como cuando el mismo personaje es interpretado por dos actores diferentes [...] (Bordwell 1996: 37).

Los efectos emotivos engloban la dimensión afectiva y las emociones que pueden causar las películas, como la ansiedad, la tensión o la alegría. Las lágrimas son el testimonio más palpable del potencial emotivo que tiene el cine. Por último, los efectos viscerales comprenden sensaciones de mareo o de vértigo suscitadas por ciertos estímulos audiovisuales como, por ejemplo, una particular puesta en escena de un precipicio fotografiado a través de vertiginosos movimientos de cámara que acentúan la rocosa profundidad del abismo.[20] Durante el visionado de un filme narrativo, los efectos cognitivos, emotivos y viscerales por lo general aparecen interligados entre sí, es decir, no operan de manera completamente independiente.

Los procesos de pregunta-respuesta, la creación de hipótesis y el juego con las expectativas respecto a los posibles rumbos de la historia del filme constituyen elementos fundamentales que mantienen la atención

20. Mikunda explica varios «efectos viscerales» producidos por la narración fílmica y detalla asimismo las estrategias que los producen (2002). Véase también Stam (2008: 6 s.).

y la tensión del espectador. Las actividades cognitivas y emocionales promueven asimismo el interés del receptor que «invierte» concentración en el proceso de visionado de una película: «The *investment* involved in following the traditional film narrative lies in the effort it takes to participate in the construction of the events of the fictional world, such as decoding causal relationships and enduring the uncertainty that exists concerning the final structure of the action» (Tan 1996: 98).[21]

La noción de «*cognitive investment*» (Tan 1996: 98) o «inversión cognitiva» (en lo sucesivo empleo mi traducción) se refiere al conjunto de operaciones mentales realizadas por los espectadores para comprender la historia de un filme representada/fragmentada en múltiples planos, imágenes y sonidos. En el ámbito del cine clásico, las películas compensan generosamente las «inversiones cognitivas» efectuadas por los espectadores a través de insólitas respuestas a la formulación de hipótesis o brindando grandes emociones en el desenlace. El espectador confía asimismo en que la concentración invertida en el proceso de visionado merece la pena y espera a cambio una «ganancia» o «return» (Tan 1996: 96 ss.). Así, las películas clásicas promueven el interés de sus espectadores mediante un continuo balance entre «inversiones y «ganancias» en la medida en que «[t]he narrative maintains the interaction between the viewer's investment and return, which is what determines the viewer's interest» (Tan 1996: 98). Las películas así como ciertas culturas cinematográficas pueden diferenciarse por provocar mayores o menores inversiones cognitivas y por producir —o no— determinadas «ganancias» a cambio: las obras de Alexander Kluge, por ejemplo, provocan un grado de inversiones cognitivas muy diferente de las suscitadas por una comedia tradicional. Si la narración de una película más ambigua provocara «inversiones cognitivas» demasiado

21. Además de la «inversión cognitiva», Tan también distingue una «inversión afectiva» relacionada con la actividad emotiva del espectador durante el proceso de visionado: «In addition to this *cognitive investment*, there is also the *affective investment* that arises because the fate of the protagonists is not in accordance with the sympathies and value concerns of the viewer, i.e., what the viewer would wish for the protagonist. Viewers must be patient, biding their time in hope, fear, and unfulfilled desire, all emotions that are not in themselves pleasant» (1996: 98).

elevadas y a cambio no reembolsara la atención y el esfuerzo invertidos, es muy probable que surja el aburrimiento en un determinado tipo de espectador habituado a otro cine.

La distinción realizada entre las operaciones de «inversión» y «ganancia» permiten examinar las convenciones del modelo del cine clásico desde el punto de vista del potencial de sus efectos en los espectadores. Así, desde la perspectiva de la recepción, es posible afirmar que la interacción de aquellas convenciones fílmicas produce un tipo de entretenimiento (Eder 2007: 18 ss.). Las reflexiones precedentes convergen en una definición que propone Eder en el ámbito de un modelo de cine *mainstream* que, como el clásico, aplica predominantemente procedimientos convencionales en obras de cine dirigidas a una audiencia masiva:

> El entretenimiento es una cualidad del proceso de recepción [cinematográfica] que se produce cuando las ganancias emotivas y viscerales percibidas por el espectador superan las inversiones cognitivas, emotivas y viscerales, y cuando estas inversiones son moderadas, es decir, no excenden ciertos límites (2007: 20, traducción mía).[22]

El autor destaca en su definición la ausencia de una posible «ganancia cognitiva», puesto que representa el criterio que diferencia el entretenimiento tradicional de otros géneros o productos mediáticos como, por ejemplo, los noticiarios, cuyos principales objetivos radican por lo general en la transmisión de información. Los límites de lo que se considera aceptable o moderado en cuanto a las «inversiones» varían de espectador en espectador (Eder 2007: 20). Hay que hacer hincapié, sin embargo, en la importancia del factor cognitivo en el entretenimiento dado que, como se verá, la captación cognitiva y la coherencia de una

---

22. Son las palabras del autor: «Unterhaltung ist eine Eigenschaft des Rezeptionsprozesses, die darin besteht, daß der vom Zuschauer empfundene affektive und viszerale Gewinn die kognitiven, affektiven und viszeralen Investitionen übersteigt und daß diese Investitionen eine gewisse Grenze nicht überschreiten» (Eder 2007: 20). Cuando en adelante empleo la noción de «entretenimiento» me refiero a esta definición que alude a un «potencial» que tienen ciertas películas.

historia producen la sensación de orientación muy característica del entretenimiento, el cual, hay insistir en ello también, es un *potencial* que surge a raíz de una particular configuración narrativa de las películas. Complementando a Eder, me parece importante remitir a lo examinado por Tan cuando postula la experiencia emocional como una de las principales expectativas que tienen los espectadores en el ámbito del cine clásico: «The most important primary motivation lies in the expectation of undergoing a highly specific emotional experience» (1996: 35).

Más allá de los posibles efectos suscitados, el visionado de una película clásica puede ser concebido también como una experiencia *coherente*: «narration organizes the viewer's knowledge of a movie's story to provide a coherent experience» (Maltby 2003: 471). Por su parte, Cortázar considera que «la coherencia es algo que siempre alegra vaya a saber por qué» (en: *Último round* I, p. 120). Además de causar cierta satisfacción, la coherencia desempeña un papel crucial en el cine, puesto que los procedimientos convencionales de la narración clásica suelen construir una historia de tal modo que el espectador consiga «captarla cognitivamente» (Wuss 1993: 114 s., Schwab 2006: 135). Acerca del modo de recepción característico del cine clásico, dice Wuss que el espectador se propone «dominar los conflictos mentalmente» y que gradualmente lo consigue en el devenir de las acciones de la historia. Este potencial que tienen las películas puede ser integrado a la definición del entretenimiento, puesto que captar cognitivamente una historia puede representar una sensación placentera que habitualmente acompaña el visionado. Así, numerosos espectadores institucionales van al cine no solo con la expectativa de *ver una película*, sino que más específicamente esperan también *comprender una historia*: «en nuestra cultura, el perceptor de un filme narrativo llega armado y activo a la tarea. Toma como objetivo central labrar una historia inteligible» (Bordwell 1996: 39). Entre los principios aplicados para interpretar una película se destaca el de la causalidad (Wuss 1993: 112), como lo explica seguidamente Bordwell en una resumida descripción del proceso de visionado de un filme clásico. La cita del autor es muy sugerente en la medida en que permite entrever divergencias fundamentales entre las expectativas tradicionales de un cierto tipo de espectador, por una parte, y los cuentos de Cortázar, por otra.

Muy pocos relatos del escritor aclaran las cuestiones que, según Bordwell, rastrea el espectador durante su visionado en tanto que experiencia coherente:

> Al intentar comprender un filme narrativo, el espectador intenta entender el *continuum* fílmico como un conjunto de acontecimientos que ocurren en escenarios definidos y unificados por principios de temporalidad y causalidad. Entender la historia del filme es entender qué sucede y dónde, cuándo y por qué sucede (1996: 34).

Subrayo estas cuestiones porque es sabido que no muchos cuentos de Cortázar admiten una clara captación cognitiva, antes por el contrario, plantean «momento[s] de crisis (cognitiva)» (Lang 2006: 21). Nos encontramos así ante uno de los puntos neurálgicos de *Los relatos* de Cortázar en el cine de ficción, puesto que la posibilidad de captación cognitiva de una historia inteligible representa un pez gordo en la institución del cine. No representa una cuestión que afecta a la narración de tal o cual película en particular, sino que constituye una muy difundida expectativa cinematográfica de histórico arraigo. Así pues, varias películas que recrean la obra de Cortázar en el cine restauran una coherencia ausente en el texto-fuente y el potencial de efectos se encuadra en el modelo de entretenimiento cinematográfico antes delineado. En el capítulo dedicado a la aproximación Cortázar-*mainstream* serán discutidos algunos ejemplos en los cuales una *incoherent experience* cortazariana, por así decirlo, se transforma en el cine en una «coherent experience» (Maltby 2003: 471).

Las consideraciones precedentes han considerado principalmente el modelo convencional de la narración clásica del cine y el modo de entretenimiento tradicional que suelen promover aquellas películas. Naturalmente, existen otros múltiples tipos de cine que «tratará[n] también de dar a la desorientación del espectador un puesto tan importante como a su orientación» (Burch 2004: 25). Es el caso del cine de arte y ensayo, por ejemplo, cuyos filmes por lo general dificultan una clara «captación cognitiva» (Wuss 1993: 114) de sus historias. Desde el punto de vista de la recepción, las películas de arte y ensayo tienen importantes puntos de contacto con las denominadas «obras abiertas»

(Eco 1984), las cuales impulsan una particular práctica del placer estético y establecen una renovada mecánica de la percepción estética (Eco 1984: 100). En el modelo del cine clásico las «inversiones cognitivas» (Tan 1996: 98) van al acecho de informaciones coherentes respecto al entramado causal de una historia, mientras que en una película de arte y ensayo, en cambio, aquel tipo de inversiones no obtendrían resultados tan unívocos, sino más ambiguos e indeterminados:

> En un contexto cultural en que la lógica tiene dos valores (el *aut aut* clásico entre *verdadero* y *falso*, entre un dato y su opuesto), no es ya aquélla el único instrumento posible del conocimiento, sino que la lógica se abre paso a muchos valores que permiten la entrada, por ejemplo, a lo *indeterminado* como resultado válido de la operación cognoscitiva. En este contexto de ideas se presenta una poética de la obra de arte que carece de resultado necesario o previsible, en la cual la libertad del intérprete juega como elemento de esa *discontinuidad* [...] (Eco 1984: 91).

Según Eco, la pluralidad de sentidos complementarios es un rasgo que caracteriza la obra abierta: «La naturaleza de la misma, su posibilidad de ser entendida de múltiples modos y de estimular soluciones distintas y complementarias, es lo que podemos definir como "apertura" de una obra narrativa» (1984: 240). Visto así, al contrario de la sensación de captar cognitivamente una historia, lo que caracteriza habitualmente el modo de recepción de una película «abierta» más ambigua o de arte y ensayo —pienso en un caso extremo como, por ejemplo, *L'année dernière à Marienbad* (1961), de Resnais—, radica en su alto potencial de sumir «al receptor en un estado de excitación y tensión interpretativa» (Eco 1984: 165). De ningún modo hay que reducir este sugestivo potencial desorientador al modo histórico de arte y ensayo exclusivamente, sino que numerosas películas y/o secuencias del cine contemporáneo también promueven múltiples «tensiones interpretativas», como ocurre con *Inland Empire* (2006), de David Lynch, que niega —y desafía— la captación cognitiva. También *A hora mágica* plantea en el ámbito del cine posmoderno variadas tensiones interpretativas que dificultan —lúdicamente— la captación cognitiva.

En adelante hago alusión a la «tensión interpretativa» (Eco 1984: 165) en oposición a la «captación cognitiva», dado que aquélla, la tensión, es el resultado de una operación de lectura fílmica que obtiene como resultado una serie de informaciones ambiguas —no excluyentes entre sí—, mientras que la «captación cognitiva» (Wuss 1993: 114) se refiere a la posibilidad de interpretar de manera más o menos coherente y clara una película a su vez construida según las normas convencionales del modelo narrativo del cine clásico.

A propósito del cuento de Cortázar «Instrucciones para John Howell» (*Todos los fuegos el fuego*, 1966), por ejemplo, Sanjinés observa que el texto «se destaca por la profusión de niveles semánticos que coexisten simultáneamente en su compacta estructura» (1994: 96). Sanjinés subraya asimismo que el relato no da una respuesta unívoca a las interrogantes que plantea el argumento (1994: 97). Al contrario, existen varias hipótesis no excluyentes que provocan precisamente una «tensión interpretativa» (Eco 1984: 165), la cual surge a raíz de la ambigüedad de las posibles interpretaciones así como de la falta de causalidades evidentes. Está claro que el cine cuenta con múltiples procedimientos narrativos para sugerir en la pantalla fenómenos análogos a los observados por Sanjinés en la literatura de Cortázar. Pero también existe la posibilidad de que los elementos del cuento se reajusten y se recreen en una película de tal modo que su potencial de recepción provoque, en el cine o la televisión, el tipo de entretenimiento tradicional así como una «coherent experience» (Maltby 2003: 471).[23] Lo que importa señalar aquí es que el potencial de entretenimiento así como la posibilidad de captación cognitiva de las películas constituyen factores decisivos cuando se examinan las fuerzas institucionales o los contextos culturales que influyen —directa o indirectamente— en una manera particular de recrear textos de literatura en el cine y la televisión. Como se ha dicho anteriormente, es muy importante

23. Véase, por ejemplo, el *telefilm Instrucciones para John Howell* (Radiotelevisión Española, 1983), de José Antonio Páramo, a partir del cuento homónimo de Cortázar. Así también el filme *Diario para un cuento* (1998), de Jana Bokova, a partir del cuento homónimo del mismo escritor.

averiguar qué factores subyacentes determinan una *Umsetzungslogik* (Schwab 2006: 72) o «lógica de transferencia» al cine de la obra literaria (de Cortázar) seleccionada. Y el entretenimiento suele ser, sin duda, uno de ellos.

En los estudios cinematográficos se han propuesto modelos de «espectador clásico» (Bordwell 1996: 165) o de «espectador institucional» (Burch 2006: 273) capacitados para decodificar el potencial de significaciones sugerido por la narración clásica o el Modo de Representación Institucional. Cuando se postula la recepción de cine desde la perspectiva de un modelo y hábito de lecturas fílmicas institucionales o clásicas, ciertas desviaciones o transgresiones de las convenciones tradicionales del cine generalmente son descritas en tanto que «molestias», que acaso confunden o perturban el visionado en detrimento del entretenimiento tradicional. Pero desde otro punto de vista, como postulando posibles modelos alternativos de espectadores («cómplices», en el sentido cortazariano de la palabra), es posible que las ambigüedades, paradojas e incoherencias de una película no se perciban tanto como perturbaciones necesariamente (con signo negativo), sino como el resultado válido y tal vez placentero (con signo positivo) de las inversiones cognitivas: si se percibiera, por ejemplo, *Inland Empire* con las expectativas de hallar soluciones coherentes a las cosas, el visionado resultaría angustiante y confuso, definitivamente no placentero. Pero si se plantea la recepción de la obra de Lynch desde el punto de vista de un modelo de lectura no institucional, que incluso favorezca las contradicciones e incoherencias, el visionado será mucho más animado. Así, lo que desde el punto de vista de un modelo de «espectador institucional» puede ser declarado irritante, representa para otros, en las palabras de Eco, «l'incanto dello smarrimento» (1994: 52).

La recepción de películas con antecedentes literarios

¿Cuál es el atractivo de ver una película cuya historia ya se conoce porque se ha leído la novela o el cuento precedente? Antes de oscurecer la sala para proyectar los cuentos de Cortázar en la pantalla grande conviene reflexionar sobre una sustancial diferencia que hay entre el modo de recepción de los espectadores que conocen la obra literaria precedente que inspira una película, por un lado, y el modo de recepción de aquéllos que desconocen el antecedente literario, por otro. Hutcheon hace una importante distinción entre lo que llama «knowing audiences» y «unknowing audiences» (2006: 120 ss.). El primer grupo está compuesto en líneas generales por una fracción de público más reducida, mientras que el segundo grupo suele representar la gran mayoría que acude a las salas sin saber que la película se basa en una obra de literatura. Más aún, «muchos documentos de la historia literaria extranjera llegan primero o exclusivamente al conocimiento del gran público por medio del cine o la televisión» (Schlickers 1995: 22). Aunque no sea muy frecuente, el modo de visionado palimpsestual de un filme en (implícita) comparación con la obra literaria es digno de ser examinado más detalladamente. Jorge Luis Borges observa en una de sus agudas críticas de cine a propósito de la película *The Informer* (1935), de John Ford: «Ignoro la frecuentada novela de la que fue extraído este film: culpa feliz que me ha permitido seguirlo, sin la continua tentación de superponer el espectáculo actual a la recordada lectura, para verificar coincidencias» (en: Cozarinsky 2002: 33).[24] Es natural que la «continua tentación» que experimenta una «knowing audience» (Hutcheon 2006: 120) intervenga constantemente en el visionado: «If we know that prior text, we always feel its presence shadowing the one we are experiencing directly» (Hutcheon 2006: 6). Sánchez Noriega apunta al respecto que «cualquier espectador de un filme que conozca la novela en que se inspira se siente autorizado para establecer una comparación que, por otra parte, surge de modo espontáneo» (2000: 18). Agrega el autor que en estos casos el texto literario proporciona un «esquema perceptivo» (2000: 130), el cual motiva la comparación espontáena durante el visionado del filme inspirado en la literatura.

---

24. La crítica se titula «El delator» y aparece en la revista *Sur*, número 11, agosto de 1935. Borges se refiere a la novela *The Informer* (1925), de Liam O'Flaherty. Un análisis comparativo que enfoca la relación entre la obra literaria aludida y la película de Ford puede encontrarse en Bluestone (1957: 65 ss.).

Entre los factores que intervienen en el visionado de una película basada en una obra literaria por parte de espectadores que han leído esta obra destaco un fenómeno que se puede designar el «efecto de anticipación», una operación cognitiva que regula la «creación de hipótesis» (Bordwell 1996: 37). Por ejemplo, la protagonista de la película *Días de odio* (1954), de Torre Nilsson, recibe una carta, la lee y se desmaya. Lentamente la cámara abandona el cuerpo yacente enfocando una ventana y no se revela el contenido de la misiva, sino solo más tarde. La creación de hipótesis de los espectadores que desconocen el cuento «Emma Zunz» (*El Aleph*, 1949), de Borges, tendría como resultado una amplia gama de conjeturas respecto a las posibles causas que motivan el desmayo de la mujer. No así aquéllos que han leído el cuento e interpretan inmediatamente que el desvanecimiento se produce porque se le comunica al personaje la muerte de su padre.[25] El efecto anticipatorio se manifiesta en la lectura del filme en la medida en que crea expectativas y constantemente sugiere posibles desarrollos de la trama cinematográfica en comparación al texto literario como, por ejemplo, lo ilustran los primeros planos del cortometraje español *La noche boca arriba* (2005), de Rubén Marquerie, basado en el cuento homónimo de Cortázar.

Al contrario del cuento de Cortázar, el cortometraje inserta los sucesos dentro de marcos espaciotemporales explícitamente definidos, los cuales distinguen una época contemporánea y otra calcolítica. Como se sabe, en el cuento tampoco hay una relación causal entre el motociclista que sufre un accidente y el indio «moteca» que aparece en la pesadilla del primero (o viceversa, el motociclista aparece en la alucinación del indio, puesto que las dimensiones se invierten paradójicamente). En el cortometraje, el motociclista del cuento es un arqueólogo que sufre un accidente y su pesadilla sufrida en un hospital se desarrolla justamente en la época calcolítica, la

25. En la mencionada obra de Borges, este dato aparece al inicio: «El catorce de enero de 1922, Emma Zunz, al volver de la fábrica de tejidos Tarbuch y Loewenthal, halló en el fondo del zaguán una carta, fechada en el Brasil, por la que supo que su padre había muerto» («Emma Zunz», p. 68).

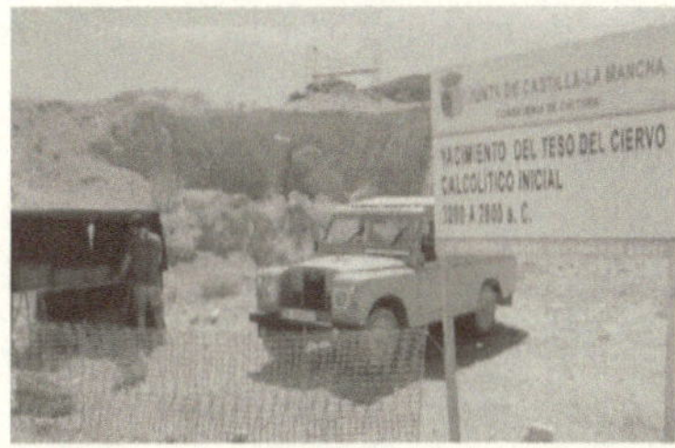

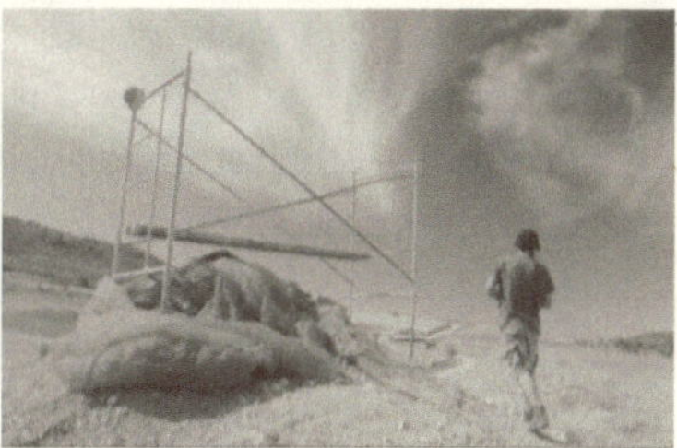

p1[28] Imágenes del cortometraje *La noche boca arriba* p2
de Rubén Marquerie.
En el primer plano del cortometraje informa un cartel:
Junta de Castilla La Mancha
Yacimiento del Teso del Ciervo: Calcolítico inicial, 3200 a 2800 a. C. 2ª Campaña (mayo-septiembre 2005).

cual estaba investigando, o sea, hay un nexo causal que vincula las épocas aludidas. Desde el primer encuadre del filme un efecto de anticipación perspicaz consigue prever lo que puede llegar a pasar unos minutos más tarde y pasa: la inversión paradójica de las épocas. Además, la composición fotográfica del plano p1 del cortometraje aún sugiere la estabilidad del mundo representado a través de la vasta proporción de tierra frente a una muy reducida franja de cielo, y también por el horizonte representado en línea recta sugiriendo con ello la estabilidad del mundo. En cambio, en p2 las proporciones de cielo y tierra se invierten, ocupando el cielo mucho más espacio que la tierra. Asimismo, el horizonte aparece inclinado, lo que se puede interpretar como indicio de inestabilidad. Digamos, en fin, que el efecto anticipatorio del espectador que recuerde «La noche boca arriba» (*Final del juego*, 1956) incide de manera sensible en su visionado del corto, desde el primer encuadre, puesto que se encauza claramente la creación de hipótesis respecto al posible desarrollo de la historia.

26. La numeración de los planos (en adelante «pX» donde X es el número) no corresponde con el orden en que aparecen en las películas, sino que se refiere al orden de aparición en este trabajo.

Otros cineastas sacan partido doble de este efecto y lo desafían, o bien, juegan con las expectativas de una «knowing audience» (Hutcheon 2006: 120) frustrándolas sistemáticamente como, por ejemplo, en *El otro Francisco* (1975), de Sergio Giral, que pone en tela de juicio el contenido y el contexto de la obra literaria precedente, la novela *Francisco* (1880), de Anselmo Suárez y Romero.[27] Pero hay razones culturales y sobre todo económicas para complacer con creces el efecto de anticipación y no desafiarlo tanto. Dice Hutcheon: «Knowing audiences have expectations —and demands» (2006: 122). Es natural que una «knowing audience» espere que la película cuente a grandes rasgos la misma historia que la obra literaria precedente: «we expect a movie adaptation to tell the same story as its source novel» (Maltby 2003: 452). Pero cabe preguntarse por qué se mantiene tan firme esta idea, puesto que no pocas películas con antecedentes literarios recorren, no sin éxito, otros creativos rumbos a través de significativos cambios. Precisamente las discrepancias y las tensiones entre el texto-fuente y su recreación cinematográfica así como las creativas transformaciones abren nuevas persepctivas de interpretación (Roloff 1995: 305). En el ámbito de los largometrajes inspirados en la obra de Cortázar podemos recordar *Sinfín: la muerte no es ninguna solución* (1988), de Cristian Pauls, que recrea el motivo del encierro en una enigmática película metacinematográfica que trata sobre un equipo de cineastas encerrado en una antigua casona en ruinas con el propósito y sobre todo la obsesión de filmar el argumento del cuento «Casa tomada». Pero las condiciones de rodaje reproducen fielmente el aislamiento y la reclusión de los protagonistas del conocido relato de Cortázar.

Entre los factores económicos que impulsan constantemente la realización de películas que recrean argumentos literarios *best-seller* hay que tener en cuenta que el «éxito de una obra literaria supone una prueba del interés del público por ese argumento y, por tanto, mitiga

27. Escrita hacia 1839 y publicada en Nueva York en 1880, la novela narra la trágica historia de amor de un esclavo africano llamado Francisco y una mulata llamada Dorotea. La obra se encuadra dentro de la llamada «novela abolicionista» de la esclavitud cubana (Rössner 2002: 156 s.).

el riesgo inversor de la industria cinematográfica» (Sánchez Noriega 2000: 50). Más aún, Hutcheon agrega que «it is not simply a matter of risk-avoidance; there is money to be made» (2006: 5). Al contrario de lo que hace el filme *El otro Francisco*, que desmonta el argumento de la novela precedente, en el ámbito del cine clásico generalmente se recrea el argumento literario con el fin de enfrentarlo al espectador con algo ya conocido y sobre todo apreciado.

Desde el punto de vista de los lectores, es importante insistir en la hipótesis de que «there must be something particularly appealing about adaptations *as adaptations*» (Hutcheon 2006: 4). Sin duda existen múltiples factores que motivan a los lectores para ir al cine a ver una película cuya historia ya conocen. Según Metz, muchos lectores incluso anticipan el potencial cinematográfico de la literatura que leen:

> El lector de la novela, siguiendo las vías propias y singulares de su deseo, había procedido de antemano a toda una disposición visual de las palabras que había leído, y cuando ve la película querría recuperarla claramente: *volver a verla*, de hecho, en virtud de la implacable fuerza de repetición que reside en el deseo [...] (2001: 111).

Hace mucho que las películas de cine y televisión inspiradas en obras de literatura forman parte integral de la cultura mediática contemporánea (Gast/Hickethier/Vollmers 1993: 12). Así también es común y habitual que lectores, escritores y cineastas se pregunten qué aspecto tendría un posible filme realizado a partir de una interesante novela que tienen en las manos (Buddecke y Hienger 1979: 14, Roloff 1995: 274):

> As to audiences, whatever their complaints about this or that violation of the original, they have continued to want to see what the books 'look like'. Constantly creating their own mental images of the world of a novel and its people, they are interested in comparing their images with those created by the film-maker (McFarlane 1996: 7).

«[P]orque me hubiera gustado ver una cosa mía en manos de Buñuel», manifiesta Cortázar aludiendo a este tipo de cinéfilas inquietudes (en: Cortázar y Prego Gadea 2004: 285). A su vez, el visionado de la película funciona como invitación a embarcarse en la lectura de la obra literaria precedente, muchas veces aún desconocida por el espectador. El mercado editorial está atento a las producciones cinematográficas basadas en la literatura y en varias ocasiones se lanzan al mercado reimpresiones de las novelas, las cuales suelen llevar fotos de la película en la tapa y la contratapa y los paratextos remiten al director o las estrellas que encarnan a los personajes.[28] Bazin sostiene en su tiempo que las estadísticas editoriales «acusan una subida vertiginosa en la venta de las obras literarias tras su adaptación al cine» (2008a: 113). La película también puede repercutir considerablemente en la previa o posterior lectura e interpretación de la obra literaria en la medida en que proyecta nuevas dimensiones de sentido, amplía líneas de interpretación o descarta otras. En algunas lúcidas ocasiones, como, por ejemplo, en *El otro Francisco*, en el cine aparecen explícitamente contradicciones o rectificaciones respecto a los temas planteados por la obra literaria precedente. A propósito de las contrapropuestas que plantean los filmes, Manuel Antin recuerda una memorable reacción de Cortázar cuando se proyecta por primera vez la película *La cifra impar* (1962) en un microcine del laboratorio bonaerense Alex.[29] Una escena muestra al personaje Luis (Lautaro Murúa) afirmando pensativo a su madre (Milagros de la Vega) que ésta se parece a Laura, la novia del hermano Nico; más aún, el personaje afirma: «Laura es como

28. Véase, por ejemplo, la nueva edición (2008) de la novela *El amor en los tiempos del cólera* (1985), de García Márquez, publicada por Random House Mondadori con las fotos de la película *Love in the Time of Cholera* (2007), de Mike Newell. O la edición *Diarios de motocicleta: notas de viaje por América Latina*, de Ernesto Guevara, publicada por Ocean Sur (2004): este libro no lleva en la tapa una foto del autor revolucionario, sino la imagen del actor mexicano que lo interpreta en la película homónima, o sea, Gael García Bernal, bajo cuya imagen puede leerse «Ernesto *Che* Guevara». La película está dirigida por Walter Salles y se estrena en 2004.

29. Sobre la primera proyección de un filme, escribe Cortázar: «ese momento terrible en que la obra se despega de uno, es vista por los demás, y entonces también uno es los demás, empieza a verla como quizá realmente es» (en: *Cartas* 2, 24 de enero de 1964, p. 679).

vos... Laura es vos...». Inmediatamente tras captar esta interpretación antiniana —una escena inexistente en el cuento «Cartas de mamá»—, Cortázar apoya la mano sobre el hombro del director y le dice: «Pibe, entendí mi cuento».[30]

Volver a experimentar en otros medios y en otras circunstancias la emoción que ha suscitado la ficción literaria encierra una importante fuente de placer (Sánchez Noriega 2000: 50).[31] En tal sentido, se argumenta que «[a]daptation into another medium becomes a means of prolonging the pleasure of the original presentation, and repeating the production of a memory» (Ellis, en: Sanders 2006: 24). Por lo que respecta al fenómeno de una gratificante reiteración del placer, son conocidas las observaciones que realiza Freud sobre la compulsión de repetir tanto en niños como en adultos en su trabajo *Jenseits des Lustprinzips* (*Más allá del principio de placer*, 1979 [1920]). Según Freud, la compulsión de repetición responde a instintos de naturaleza muy variada. Ha observado que los niños tienden a repetir en el juego todo aquéllo que les ha causado gran impresión. En el juego se hacen dueños y señores de una situación, y hasta consiguen dominar el impacto que ha causado una situación determinada. Tal es así que muchas veces también repiten lo que no necesariamente les ha causado placer (Freud 1979: 35). Pero a diferencia del adulto, el niño insiste en la «identidad» de la impresión que se repite: «Cada nueva repetición parece perfeccionar ese dominio procurado; pero ni aun la repetición de vivencias placenteras será bastante para el niño, quien se mostrará inflexible exigiendo la identidad de la impresión. Este rasgo de carácter está destinado a desaparecer más tarde» (1979: 35). Freud proyecta estas observaciones al campo de la recepción literaria y destaca las dife-

30. Antin recuerda esta anécdota en Neifert (2003: 384) y Sández (2010: 58).

31. Asimismo, Paech subraya «die Verdoppelung des Genusses an der Fiktion» o la «duplicación del placer de la ficción» producida a raíz del reencuentro (cinematográfico) de una historia ya conocida en otro medio (literario) (1997: 121). Téngase en cuenta también el éxito comercial de las películas basadas en algunas novelas dirigidas al público infanto-juvenil. Este fenómeno ilustra la fascinación producida por el reencuentro con los ídolos, aprendices de mago (*Harry Potter*) o vampiros (*Twilight*) de la ficción literaria.

rencias entre las preferencias del niño y las del adulto, quien prefiere la variación más que la identidad:

> Un chiste escuchado por segunda vez no hará casi efecto, una representación teatral no producirá jamás la segunda vez la impresión que dejó la primera; y aun será difícil mover a un adulto a releer enseguida un libro que le ha gustado mucho. En todos los casos la novedad será condición del goce. El niño, en cambio, no cejará en pedir al adulto la repetición de un juego que este le enseñó o practicó con él, hasta que el adulto, fatigado, se rehúse; y si se le ha contado una linda historia, siempre querrá escuchar esa misma en lugar de una nueva, se mostrará inflexible en cuanto a la identidad de la repetición y corregirá toda variante en que el relator haya podido incurrir y con la cual quizá pretendía granjearse un nuevo mérito (Freud 1979: 35).

Partiendo de la hipótesis de que el fenómeno de la variación encierra una fuente de placer nada despreciable, y asimismo que «la repetición, el reencuentro de la identidad, constituye por sí misma una fuente de placer» (Freud 1979: 35), cabe razonar sobre la gama de posibles variaciones que introduce la recreación cinematográfica respecto a una obra literaria precedente y conocida por los espectadores. La fundamental variación estriba, como es obvio, en el sustancial cambio del medio literario al cinematográfico: los personajes, los paisajes y los conflictos del filme tienen otro aspecto, distinto del imaginado por los lectores. Esta audiovisualización ajena que se proyecta en la pantalla entra en contacto con la recordada lectura del cuento o la novela precedente y desencadena en la mente del espectador una comparación dialógica, una continua tentación, la cual puede llegar a ser muy placentera en la medida en que se verifican analogías parciales y/o diferencias radicales: «the appeal of adaptations for audiences lies in their mixture of repetition and difference, of familiarity and novelty» (Hutcheon 2006: 114). Por más deslucida que pueda considerarse una película respecto a la obra literaria que la motiva, el posible modo de recepción dialógico que experimenta una «knowing audience» (Hutcheon 2006: 120) tiene el potencial de complementar la obra literaria con novedosas dimensiones de sentido e insólitas propuestas de interpretación. Además, el filme habitualmente multiplica el número de lectores. Son conocidos los argumentos de Bazin según los cuales resulta «absurdo indignarse por las degradaciones sufridas por las obras maestras en la pantalla, al menos en nombre de la literatura» (2008a: 113). Así pues, desde el punto de vista del proceso de recepción de filmes con antecedentes literarios Schwab considera fundamental la abierta toma de consciencia respecto al cambio del medio literario al cinematográfico y considerar, por consiguiente, la película como una posible versión o contrapropuesta cinematográfica que entra en contacto con la obra literaria a través del diálogo (2006: 41). En las palabras de Bazin, entre el filme y el texto literario «no hay en absoluto competencia ni sustitución» (2008a: 127), sino que es desde la complementariedad que pueden realizarse las lecturas más productivas.

Estas reflexiones recobran suma importancia en el ámbito de las películas realizadas a partir de los cuentos de Cortázar. Es muy probable que sus ávidos lectores en tanto que «knowing audience» (Hutcheon 2006: 120) tengan claras expectativas y sobre todo exigencias respecto al cine y especialmente al cineasta que arriesgue filmar su obra. Este tipo de preocupaciones se reflejan también en la crítica y la investigación cuando, por ejemplo, se considera el cuento «El perseguidor», de Cortázar, «casi imposible de reflejar en cine» (Mahieu 1980: 643) o cuando se escribe lo siguiente: «No parece posible [...] concebir una adaptación fílmica de obras como *Terra Nostra*, de Carlos Fuentes, *Reivindicación del conde don Julián*, de Juan Goytisolo, o *Rayuela* de Cortázar: tales obras sólo existen como textos» (Gimferrer 2005: 86). A estas percepciones subyace una noción de cine o recreación cinematográfica que *debe* reproducir —al menos aproximarse en gran medida a— las complejidades de las novelas aludidas. Pero si partimos de una idea dialógica de un tipo de cine que no sustituye ni compite con la literatura, y tampoco se proponga reproducir las complejidades estructurales, sino que complementa dimensiones de sentido a través de posibles lecturas y contrapropuestas, no habría tanto pesimismo respecto a posibles —y necesarias— versiones y variaciones fílmicas de significativas obras de literatura. Más aún cuando transcurre mucho tiempo y la película dialoga con el texto literario desde un horizonte cultural e histórico muy diferente. Dada la característica ambigüedad así como también complejidad de la obra de Cortázar, por ejemplo, existe un cierto riesgo de descalificación de aquellas películas que traducen los procedimientos de la narración paradójica según las pautas tradicionales del cine narrativo. En ningún modo estos procedimientos representan, digamos, simplificaciones de la literatura del escritor, sino que constituyen los síntomas de una cultura cinematográfica que se dirige a una masiva audiencia internacional a través de conocidas técnicas narrativas, las cuales confrontan el relato literario con una posible respuesta o solución diferente.

3. «Estimado señor Antin: su intención de filmar un cuento mío me ha alegrado mucho». Los primordios de *Los relatos* en el cine con la participación de Cortázar

> Salió una especie de cuento, que me están pasando en papel de avión y que te mandaré tan pronto esté listo. Si querés la opinión de un profano, mi mujer dice que eso en tus manos daría una película fenomenal. Yo fumo mis gauloises y no digo nada. No digo absolutamente nada. El que tiene que hablar es Manuel Antín.
>
> (Julio Cortázar a Manuel Antin, carta del 14 de octubre de 1962)[1]

> Der Filmesehende liest Erzählungen anders. Aber auch der Erzählungen schreibt, ist seinerseits ein Filmesehender.
>
> (Bertolt Brecht: *Der Dreigroschenprozeß*)[2]

---

1. Cortázar se refiere al cuento «Los pasos en las huellas», un «título provisorio» según escribe en la carta (*Cartas* 1, p. 514). El cuento se publica bajo el mismo título en *Octaedro* (1974).
2. «El espectador de cine lee relatos de manera diferente. Pero también el que escribe relatos es, a su vez, un espectador de cine» (Brecht 1967: 156, traducción mía).

Las primeras películas inspiradas en los cuentos de Cortázar se realizan dentro de un trascendental capítulo de historia cultural y cinematográfica de Argentina desarrollado en las décadas de 1950 y 1960, cuando «una numerosa cantidad de directores, productores, autores, intérpretes y técnicos hizo su entrada en la actividad con más de 400 cortos y largometrajes realizados en el formato profesional de 35mm., mientras, simultáneamente, se iniciaban nuevos críticos y ensayistas» (Feldman 1990: 7). Entre estos directores se encuentra el dramaturgo y poeta argentino Manuel Antin (n. en 1926), quien dirige las tres primeras películas basadas en cuentos de Cortázar.[3] Pero la obra de Antin trasciende esta trilogía cinematográfica cortazariana, puesto que su amplia gestión académica, artística y ejecutiva son referentes insoslayables en la historia de la cinematografía argentina.[4] Además, la participación de Cortázar a larga distancia desde Francia en la elaboración y crítica del guión de las películas *Circe* (1964) e *Intimidad de los parques* (1965), ambas de Antin, merece una atención especial. Las reflexiones acerca del cine desarrolladas por el escritor en sus cartas dirigidas al cineasta ayudan considerablemente a reconstruir la ges-

3. Además de las películas de Antin, también Osías Wilenski realiza el largometraje *El perseguidor* (1965) basado en el cuento homónimo de Cortázar.
4. Antes de dedicarse al cine, Manuel Antin (su apellido se escribe sin acento, mantengo la tilde solo cuando cito a otros autores que lo nombran con acento) escribe las siguientes obras literarias: los poemarios *La torre de la mañana* (1944), *Sirena y espiral* (1950) y *Poemas para dos ciudades* (1954); las novelas *Alta la luna* (1954) y *Los venerables todos* (1958); y varias obras de teatro, entre ellas: *El ancla de arena* (1947) (estrenada), *La sombra desnuda* (1948) (inédita), *Una ficticia verdad* (1949) (inédita), *No demasiado tarde* (1954) (estrenada) y *La desconocida en el bar* (1958) (publicada). La filmografía de Antin, incluida la trilogía cortazariana, cuenta con once largometrajes dirigidos entre 1962 y 1982 (*cfr.* Cap. 7 «Filmografía de Manuel Antin»). El director de cine es condecorado en 1986 con el Premio Leopoldo Torre Nilsson, concedido a la trayectoria cinematográfica por la Fundación Cinemateca Argentina. Obtiene el Premio Vittorio de Sica en 1987 por su contribución al arte cinematográfico. Además, Antin preside el Instituto Nacional de Cinematografía entre 1983 y 1989. Más tarde, en 1991 crea la Universidad del Cine, institución de la cual es rector. En 1993 se le otorga el Gran Premio Fondo Nacional de las Artes a la trayectoria cinematográfica. La Cinemateca Francesa le rinde un homenaje en 2012, a los cincuenta años del estreno de su filme *La cifra impar*.

tación de las películas aludidas, especialmente *Circe*, donde más anecdótica e intensa es la participación de Cortázar.[5] A casi dos décadas de haber incursionado en la escritura de diálogos para el cine —recuerdo a Ignacio Tankel y *La sombra del pasado* escrita hacia 1944 y estrenada en 1947—, su participación en la creación de películas se produce, una vez más, a través del intercambio epistolar, esta vez, transatlántico. Todo empieza en 1961 cuando Antin entra en contacto postal con el escritor —residente en París desde 1951— con el propósito de solicitar los derechos del cuento «Cartas de mamá» (*Las armas secretas*, 1959). La muy favorable respuesta de Cortázar, fechada el 31 de marzo de 1961, comienza de la siguiente manera:

> Estimado señor Antín:
> Su intención de filmar un cuento mío me ha alegrado mucho y no dudo de que los resultados serán excelentes puesto que, a juzgar por los términos de su carta, coincidimos en una cierta manera de ver las cosas y de expresar esa visión (en: *Cartas* 1, p. 434).

Aquellas coincidencias de ver las cosas se fortalecen con el tiempo y la correspondencia formal de negociación pronto se convierte en un lúcido intercambio de proyectos y reflexiones sobre el cine.[6] Asi-

---

5. Las cartas de Julio Cortázar a Manuel Antin se encuentran esparcidas en los tres volúmenes del material *Cartas* 1, 2 y 3, editado por Aurora Bernárdez (Buenos Aires, 2000). En adelante cito a partir de esta edición. Remito a las misivas detallando la fecha y el respectivo volumen [*Cartas* 1, 2, 3] así como la página en que se encuentran las que cito. En caso de no nombrarse al destinatario, éste recae sobre la persona de Manuel Antin. Por otra parte, María Lyda Canoso prepara en 1995 un material inédito titulado *Cartas de cine: de Julio Cortázar a Manuel Antin (1961-1975)*. Este trabajo incluye una entrevista a Antin que aprovecho en estas páginas.
6. Antin recuerda el intercambio en su ensayo «El primer Cortázar», donde escribe: «Es curioso. Yo, que no he conservado ni otras cartas ni las críticas relacionadas con mis películas, he guardado, sin embargo, minuciosa y prolijamente, todas las que Cortázar me escribiera desde 1960 hasta principios de los 80» (1996: 25). El cineasta recuerda también: «filmando una secuencia de "La cifra...", lo conocí personalmente [en París] e inicié una relación que duró más de cien cartas» (1996: 28).

mismo, las cartas de Cortázar adquieren progresivamente un matiz cada vez más amistoso: hacia 1961 empiezan con un cordial «Estimado señor y amigo» o «Muy estimado amigo Antín», más tarde «Querido Manuel» y en adelante «Mi querido Manuel».[7] También sus despedidas evolucionan de un discreto «Suyo, Julio Cortázar» (1961) a un coloquial y familiar «Chau, viejo, escribí en seguida. Un gran beso de los dos para Ponchi. Vos conformate con un abrazo» (1964).[8] Así también el entusiasmo cinéfilo de Cortázar a partir de la exitosa realización del primer largometraje basado en una obra de su autoría se acrecienta vertiginosamente: «nada podría hacerme más feliz que darle un hermoso tema al hombre que filmó *La cifra impar*», le confiesa por correo al director de la película en 1962 (carta del 24 de junio de 1962, en: *Cartas* 1, p. 491).[9] En consecuencia, continuamente llegan al buzón bonaerense de Antin propuestas en forma de reflexiones, temas e incluso algunos cuentos entonces inéditos —muy presumiblemente concebidos para el cine— como, por ejemplo, «Los pasos en las huellas» (*Octaedro*, 1974) aludido en el epígrafe que abre esta sección. Curiosamente, este cuento se publica doce años después de que Antin reciba el manuscrito en forma de proyecto cinematográfico vía correo postal. Resulta sumamente significativo que el argumento de «Los pasos en las huellas» nace prácticamente para Antin —lo cual significa para el cine—, y en un momento en que Cortázar demuestra gran entusiasmo cinéfilo en elaborar propuestas a fin de realizar otro largometraje con el cineasta argentino. A propósito de la creación del cuento le escribe Cortázar a Antin:

7. Los encabezamientos corresponden respectivamente a las cartas fechadas el 8 de mayo de 1961 (inédita, enviada desde Viena), el 21 de mayo de 1961, el 5 de mayo de 1962 y el 1 de agosto de 1962 (*cfr. Cartas* 1).

8. María [Ponchi] Morpurgo es la esposa de Antin. Se ocupó de la escenografía de las películas de su esposo y conoció personalmente a Aurora Bernárdez y a Julio Cortázar, quienes son los que entonces envían «un gran beso». La cálida despedida corresponde a la carta del 29 de marzo de 1964 (*Cartas* 2, p. 693).

9. Años más tarde, el autor recuerda: «nada hubiera podido hacerme más feliz que repetir, incluso en una escala mucho mayor, lo que alguna vez te dije de "La cifra impar"» (carta del 24 de marzo de 1965, en: *Cartas* 2, p. 835).

> Me trabajó muchos días una idea que primero pensé exponerte en una carta, para que me dieras tu primera impresión, y después comprendí lo de siempre: que soy incapaz de ver mis propias cosas si no las escribo por todo lo largo. Empecé académicamente una especie de exposición del asunto, lo tiré, empecé otra algo más «romanceada», y al final solté uno de esos carajos que hacen acudir a Aurora [Bernárdez] con sus grandes ojos muy abiertos, y arremetí tal como iba sintiendo el asunto (carta del 14 de octubre de 1962, en: *Cartas* 1, p. 513).

También llega a las manos del cineasta el manuscrito original de la novela entonces inédita *Divertimento* (1949/1986). Así explica Cortázar este hallazgo: «Buscando "Bruja" di con "El río", y debajo de éste (en su lecho, como diría un culto) encontré una breve novela del año 1949, que me dio por releer y que me ha dejado bastante estupefacto» (carta del 24 de junio de 1962, en: *Cartas* 1, p. 491).[10] Con relación al cuento «El río», que aparece más tarde en *Final del juego* (1964), Cortázar le escribe a Antin en 1962: «También te mando una breve historia que escribí directamente en francés y que he traducido mal que bien para vos. Se llama "El río", y se me ocurre que a lo mejor podría darte una especie de *núcleo* del cual hilvanar (con mi complicidad, si querés) un argumento completo para cine» (Cortázar, carta del 24 de junio de 1962, en: *Cartas* 1, p. 490).[11] En otra ocasión, precisamente durante la proyección de la película *El ángel exterminador* (1962), de Buñuel, el escritor retoma mentalmente, «siente con una total claridad», según anota, la idea de filmar el cuento «Los buenos servicios» (*Las armas secretas*, 1959):

> Duró un segundo, pero esa sensación era de las que valen más que toda una noche de dialéctica aristotélica. Ahora sé, gracias a Buñuel, que el tema de

---

10. La posdata de la carta informa: «No tengo copia de *Divertimento.* Va el original que es bastante desprolijo». En una carta posterior, Cortázar ruega al cineasta que, una vez leída la novela, sea devuelta por barco vía correo certificado, según escribe el 1 de agosto de 1962 (*Cartas* 1, p. 505). *Divertimento* aparece póstumamente en Buenos Aires (1986). A su vez, el cuento «Bruja» aparece en el volumen *La otra orilla* que se publica póstumamente en 1994.

11. El cuento inspira un cortometraje homónimo realizado por el cineasta argentino y profesor de cine Arturo Balassa en 1972.

> «Los buenos servicios» puede convertirse en una película alucinante y, en el fondo, absolutamente *fantástica*, en el sentido que yo le doy a lo fantástico, es decir lo inmediatamente cotidiano visto bajo una luz de [revelación]. Te cuento esto para que sepas que si un día querés hacer esa película, yo pondré todo lo que tengo para ayudarte, aunque sé que no hará falta, que a vos te basta elegir el tema y el resto lo hace tu sensibilidad y tu inteligencia (carta del 10 de julio de 1962, en: *Cartas* 1, p. 495 s.).[12]

Es digno de mención el impacto que ejerce *El ángel exterminador* en Cortázar, dado que sin duda puede ser interpretado como un efecto disparador que anima al escritor a seguir proyectando sus pensamientos a la creación y reflexión cinematográficas.[13] Dice Cortázar en la misma carta: «me ocurre tan pocas veces, es tan raro que el cine valga para mí como una experiencia realmente profunda, como eso que te da la poesía o el amor y a veces alguna novela y algún cuadro» (p. 495). Solo unos instantes después de haber visto la película de Buñuel en París, Cortázar le escribe muy entusiasmado al director Antin:

> la cosa es que hace dos horas vi *El ángel exterminador*, y estoy de vuelta en casa, y todo, absolutamente todo me da vueltas, y te estoy escribiendo con una especie de pulpo que va y viene y me arranca las palabras con las patas y las escribe por su cuenta, y todo es increíblemente hermoso y atroz y entre rojo y mujer y una especie de total locura. [...] Nunca, en esta temporada de cine conformista y Antonioni, de cine «astuto» y Chabrol, de cine «psicológico» y Fellini, te he sentido presente mientras veía películas. Pero esta noche sí, no sé exactamente por qué estabas ahí en la platea sentado entre Aurora y yo, y hubiera sido tan estupendo poder salir juntos del cine y hablar toda la noche de cine y empezar a trabajar juntos en una película, y encontrar finalmente el camino que tanto me gustaría caminar con vos alguna vez (carta del 10 de julio de 1962, en: *Cartas* 1, p. 494 s.).

---

12. El cuento «Los buenos servicios» se recrea en la televisión bajo la dirección de Claude Chabrol: *Monsieur Bébé* (1974).
13. En la actualidad el filme de Buñuel incluso se proyecta en los ciclos de cine dedicados a Cortázar como, por ejemplo, en el evento organizado por el Instituto Cervantes en Tokio en 2008, del 23/08/2008 al 03/09/2008, según informa la página en Internet de la institución.

Por otra parte, es reveladora también la confianza entonces depositada por Cortázar en el trabajo de creación artística de Antin, «el amigo de tantas aventuras fílmicas y mentales», como lo llama en 1969 (carta del 16 de noviembre de 1969, en: *Cartas* 3, p. 1365). También es evidente que el entusiasmo y la abierta predisposición por parte de Cortázar «dispuesto a cambiar, a suprimir, a agregar, a echar todo al diablo y a empezar de nuevo» (carta del 17 de junio de 1963, en: *Cartas* 1, p. 589), como le escribe al director refiriéndose al guión de *Circe*, solo se da ante proyectos con Antin. A excepción del caso de Buñuel, quien se interesa en filmar «Las Ménades» (*Final del juego* 1956), es muy probable que ningún otro proyecto cinematográfico de largometraje haya motivado tanto la complicidad de Cortázar. Sí su (desinteresado) consentimiento como, por ejemplo, la propuesta de Antonioni, quien solicita los derechos de «Las babas del diablo». En la ocasión, Antonioni le propone al autor la colaboración en la escritura de los diálogos de *Blow-Up*, oferta rechazada por Cortázar porque, así recuerda que le había comunicado al director italiano, «nos vamos a molestar mutuamente» (1978).[14] Por su parte, Antonioni refuerza sin tapujos el distanciamiento respecto al tema —y la forma— del cuento de Cortázar a cambio de resaltar en su película el fenómeno de la fotografía: «No me interesaba tanto el argumento [de "Las babas del diablo"] como el mecanismo de las fotografías. Descarté aquél y escribí uno nuevo, en el que el mecanismo asumía un peso y un significado diversos» (Antonioni 1968: 337). Para evaluar la negativa de Cortázar en este contexto en particular es importante recordar que antes de dirigir *Blow-Up* Antonioni se había destacado por su conocida *trilogia della solitudine* (*L'avventura*, 1960; *La notte* 1961; *L'eclisse*, 1962), y sumándose *Il deserto rosso* (1964), estas películas, muy celebradas por la crítica cinematográfica por cierto, ilustran claramente el estilo del realizador en sintonía con la modernidad del cine, pero en discordancia con las preocupaciones de Cortázar, como puede percibirse en sus cartas en donde el escritor se distancia abiertamente del cine del director italiano.

---

14. Véase Cortázar, Julio/Roa Bastos, Augusto/Saer, Juan José/Sarquís, Nicolás (1978): *Mesa redonda: cine y literatura*. Grabada en la Universidad de Toulouse Le Mirail en Francia (grabación audiovisual).

Otro interesante proyecto cinematográfico se extiende durante diez años a partir de 1965, cuando Cortázar hace una primera alusión al respecto, hasta aproximadamente 1975.[15] Se trata de una iniciativa de producir una película a partir de *Los premios* (1960), la primera novela publicada del escritor: «creo que con *Los premios* también se podría hacer una buena película. Mucha gente, muchos productores me hablaron de eso, luego nunca pasó nada», revela Cortázar (en: Picon Garfield 1978: 118). Hacia 1969 se baraja la idea de otorgarle la dirección a Antin, posibilidad que motiva la siguiente reacción por parte del escritor:

> desde ya te digo que eso constituye para mí una garantía total de honestidad estética; si el director eventual fuese otro, a mejores condiciones económicas yo agregaría el derecho de controlar el libro; pero te repito que si el film lo hicieras vos, ese asunto ya está resuelto de la mejor manera (carta del 16 de noviembre de 1969, en: *Cartas* 3, p. 1365).

Más tarde, en 1975 Cortázar le comunica a Antin: «Tuve, en efecto, muchas noticias sobre los planes del cine argentino vinculados con libros míos» (carta del 8 de febrero de 1975, en: *Cartas* 3, p. 1562). Pero muy pocas noticias motivan su activa participación —sobre todo su entusiasmo— como en la década de 1960. Cortázar insiste en varias cartas en la creación de equivalencias estéticas entre sus cuentos y las películas que los recrean. Como argumento más adelante, la singular cultura cinematográfica que surge en Argentina hacia fines de 1950, por una parte, y las nociones poetológicas de Antin respecto al Séptimo Arte, por otra, representan importantes factores por los cuales el trabajo de este director representa para Cortázar, en sus propias palabras, una «garantía de honestidad estética». Antin recuerda: «ni él ni yo ganamos dinero con esas películas, y los dos pudimos gozar la fe-

---

15. Concretamente me refiero a la carta del 10 de enero de 1965 (*Cartas* 2, p. 807), en la cual Cortázar menciona que le piden autorización para filmar *Los premios*, y a la del 8 de febrero de 1975, cuando escribe: «un productor de un proyecto de [Sergio] Renán sobre *Los premios* vino especialmente a verme a Viena donde yo estaba trabajando» (en: *Cartas* 3, p. 1562).

licidad de haberlas hecho» (en: Canoso 1995: 106). Y agrega más tarde: «El trabajo conjunto del escritor y el director puede dejar huellas y enseñanzas invalorables» (2009: 624). Por su lado, Cortázar remarca en una carta personal su inolvidable experiencia en el ámbito de la creación cinematográfica, la cual impulsa en el autor una cierta revalorización de las posibilidades expresivas del cine:

> Asistir al funcionamiento mental de un cineasta es algo asombroso. [...] Por ejemplo, yo adelantaba una sugestión cualquiera sobre el cuento [«Circe»], y de inmediato Antín se quedaba como en trance, los ojos perdidos en el aire, y después se convertía en una cámara, es decir que empezaba a narrar imágenes, secuencias, la una saliendo de la otra como el desarrollo de todos los elementos de un árbol, desde el tronco hasta la hoja más pequeña, para volver finalmente al tronco. Una imaginación puramente visual es algo extraordinario, y mi trabajo con Antín me ha enseñado en pocos días a ver de otra manera el cine, a verlo desde dentro y no como un mero espectáculo (carta a Jean Barnabé del 3 de junio de 1963, en: *Cartas* 1, p. 582 s.).

Teniendo en cuenta estas experiencias personales y la intensidad con que las evoca Cortázar, sin duda cabe preguntarse hasta qué punto influye en su trabajo de creación literaria «haber asistido al funcionamiento mental de un cineasta». No me refiero tanto a las alusiones explícitas o al tratamiento que tiene el cine en la obra de Cortázar —a nivel de la historia— como, por ejemplo, en el famoso cuento «Queremos tanto a Glenda», del volumen homónimo, ni tampoco a alusiones a procedimientos cinematográficos —a nivel del discurso— tales como una que extraigo del cuento «Historias que me cuento» (*Queremos tanto a Glenda*, 1980):

> [...] el lentísimo traveling desde la silueta inmóvil bajo los faros en el viraje de la montaña hasta Dilia ahora casi invisible bajo las cobijas de lana, y entonces el corte de siempre, apagar la lámpara para que solamente quedara la vaga ceniza de la noche entrando por la mirilla trasera con una que otra queja de pájaro cercano («Historias que me cuento», p. 975).

El fragmento hace referencia explícita a un tipo de movimiento de cámara cuando ésta se desliza sobre rieles (*traveling*), así como también a un tipo de montaje, para evocar procedimientos típicos de la narración fílmica. Pero más allá de estas evocaciones directas considero sustancial investigar la repercusión más global ejercida por el cine en la creación literaria de Cortázar: ¿cuál es el impacto del cine —y la escritura para el cine— en su obra? Según Peña-Ardid, «uno de los puntos más controvertidos en la confrontación cine-literatura es el análisis de sus influencias mutuas, sobre todo, cuando se considera al medio literario como receptor de las mismas» (1999: 95).[16] El escritor reflexiona sobre la influencia «subliminal» ejercida por el cine en los autores de literatura y en su obra en particular en una mesa redonda dedicada a las relaciones entre el cine y la literatura llevada a cabo con los escritores Augusto Roa Bastos, Juan José Saer y el cineasta Nicolás Sarquís en Toulouse en 1978.[17] Cortázar destaca en la ocasión la «abrumadora influencia» del cine en la vida onírica de las personas y en la suya en particular: «yo he tenido sueños que eran montajes cinematográficos», afirma entregando más detalles.[18]

16. Existen varias aproximaciones críticas que enfocan múltiples interferencias del cine en la narración literaria y viceversa. Sin dudas, la «narrativa hispanoamericana contemporánea no ha permanecido insensible al impacto del cine» (Christ 1981: 194). Este autor relaciona, por ejemplo, en su artículo la novela *Conversación en la catedral* (1969), de Vargas Llosa, con determinados tipos de montaje cinematográfico y considera que la novela «no solamente es cinematográfica en el sentido de Eisenstein, sino que también es una obra maestra del montaje» (Christ 1981: 194). Así también Kaiserkern investiga en su libro *Carlos Fuentes, Gabriel García Márquez und der Film* (1995) diversos procedimientos cinematográficos abordados *literariamente* por los escritores nombrados en el título de su trabajo. Por su parte, Peña-Ardid estudia relaciones, convergencias e influencias entre el cine y la literatura en su trabajo *Literatura y cine: una aproximación comparativa* (1999). Allí también dedica un nutrido capítulo a los principales elementos de juicio para el estudio de las interferencias del cine en la literatura. Véase también Rajewsky (2002: 29 ss.).
17. Véase Cortázar, Julio/Roa Bastos, Augusto/Saer, Juan José/Sarquís, Nicolás (1978): *Mesa redonda: cine y literatura*. Grabada en la Universidad de Toulouse Le Mirail en Francia (grabación audiovisual).
18. En su novela *Diario de Andrés Fava* (1950) Cortázar dedica una sección a la «*Influencia del cine en los sueños*», donde se lee: «Advierto que en una pesadilla de hace dos horas había un encuadre de cine; lo que es más, tuve conciencia mientras la soñada» (p. 107). *Diario de Andrés Fava* aparece póstumamente en 1995.

Esta incipiente línea de investigación sobre el impacto del cine en el pensamiento y la obra de Cortázar tiene muy en cuenta el razonamiento brechtiano según el cual el asiduo espectador de cine percibe la literatura de otra manera, pero también aquél que escribe obras literarias es, a su vez, un espectador de cine, y no cabe la menor duda de que Cortázar estuvo «enamorado del cine» como se solía autodefinir (Maturo 2004: 15). Tanto sus reflexiones sobre el cine desarrolladas en varias cartas personales como sus comentarios sobre las posibilidades de la narración fílmica, grabados en una cinta magnetofónica inédita que presento más adelante, demuestran claramente que estamos ante un escritor cuya experiencia cinematográfica —en tanto que espectador y creativo colaborador— definitivamente deja rastros en su creación literaria. Queda pendiente averiguar hasta qué punto y de qué manera. Pero el desarrollo de estos y otros cuestionamientos afines desbordarían los objetivos trazados en este trabajo y, además, merecen una investigación separada que asimismo compare la experiencia cinematográfica de Cortázar con otros escritores a fin de examinar las modalidades de interferencia cinematográfica en la expresión literaria. A continuación me concentro en la histórica cultura cinematográfica que engloba las primeras películas realizadas a partir de los cuentos de Cortázar, una efervescente época que revoluciona el cine argentino en sus respectivas vertientes de legislación, producción, realización y recepción.

El cine argentino de la *Generación del 60*

¿Es un repuesto el cine, entonces?
No. Es un aliado.
(David Viñas, 1961)[19]

La *Generación del 60* designa un movimiento integrado por jóvenes argentinos que debutan en el cine profesional hacia fines de 1950 y que dirigen sus películas más significativas del período hasta mediados

19. «Pequeño reportaje a David Viñas», en: *Tiempo de cine* 7 (1961), p. 10.

de 1960:[20] «La Generación del 60 conmovió los cimientos de la pantalla argentina» (España y Manetti 1999b: 291). El gobierno de Juan Domingo Perón es derrocado por la autodenominada «Revolución Libertadora» en septiembre de 1955 y a partir de entonces se renuevan radicalmente las estructuras cinematográficas vigentes. Tras un período de incertidumbre respecto al futuro incierto de la cinematografía nacional sumergida en una crisis, el cine argentino adquiere un nuevo perfil. Simón Feldman, uno de los cineastas pioneros del movimiento, recuerda: «eliminada la monolítica estructura de la producción regida a través de la Dirección de Espectáculos, vientos de renovación soplaron en el cine argentino» (1990: 31).[21] Refiriéndose al cine, Leopoldo Torre Nilsson proclama en una conferencia dictada poco tiempo después del derrocamiento de Perón: «Ha llegado el momento de los grandes temas» (1955, en: Couselo 1985: 47). El primer gobierno peronista sube al poder en junio de 1946 y su caída abre paso a un proceso de «modernización cultural posperonista» (Martins 2000: 2), en el cual se inscribe el cine de la *Generación del 60*.[22] Dos hitos revolucionarios representan los lindes en cuyo marco se despliega una nueva ola que reorienta sustancialmente el cine argentino: el ya mencionado derrocamiento del régimen peronista y el golpe de estado que pone fin al gobierno de Arturo Umberto Illia en junio de 1966.

Formalmente, los filmes de la *Generación del 60* reaccionan contra el modelo de la narración clásica del cine de estudios y exhiben

20. Entre los directores que integran el cine de la *Generación del 60* se encuentran (por orden alfabético): Ricardo Alventosa, Manuel Antin, Fernando Birri, Simón Feldman, David José Kohon, Rodolfo Kuhn, Lautaro Murúa, entre otros.

21. Se consideran películas inaugurales del entonces llamado nuevo cine argentino, y más tarde la *Generación del 60*, *El negoción* (1959) y especialmente *Los de la mesa 10* (1960), ambas de Feldman (España 2005: 96).

22. Martins estudia la interacción de escritores y cineastas argentinos de la *Generación del 60*. Según la autora, el proceso de «modernización cultural posperonista» se inicia principalmente en el ámbito universitario, se extiende al comunicacional y también es visible en la creación de instituciones de promoción cultural y técnica. Este clima de época se acentúa con el tiempo: «un clima cuya impronta radica tanto en la aceleración de formas inusitadas de organización y despliegue de la cultura, como en la diversificación de los modos de acceso a ella» (2000: 2).

varios rasgos del cine de arte y ensayo, como el deambular de los protagonistas por el mundo social del filme, la imprecisión en las coordenadas espaciotemporales o el característico final abierto, destacados, por ejemplo, por España (2005: 100) en uno de los filmes inaugurales del movimiento: *Los de la mesa 10* (1960), de Feldman. A todo ello se suma en el cine de Antin el llamativo tratamiento de la subjetividad de los personajes. Por otra parte, las películas de la *Generación del 60* reflejan el *Zeitgeist* de una sociedad que pasa una profunda revisión crítica a sus valores morales y sociales:

> La nueva generación concibió al cine como un medio de conocimiento de la sociedad argentina y como un espacio de reflexión acerca de la argentinidad y no como un soporte pasivo para la transmisión de valores nacionales residentes en algún lugar abstracto. Frente a un país transformado social, política y económicamente, los jóvenes cineastas y los críticos acusaron al cine de estudios de una inautenticidad que permanecía atada a formas y modos anacrónicos de concebir lo propio (Félix-Didier 2003: 31).

El cine argentino de la *Generación del 60* tiene una etapa de gestación y primeros largometrajes a partir del período 1955-61, un apogeo hacia 1962-65 y su ocaso se produce hacia 1966. Resulta muy importante señalar que la trilogía cortazariana de Antin se inserta precisamente en la etapa considerada «el apogeo». Extraigo estos períodos de la valiosa publicación *La Generación del 60* (Feldman 1990), pionera en la materia, que constituye un documento testimonial de primera mano que aborda exclusivamente el tema.[23] «¿Qué es lo que

23. Además de los trabajos de Feldman (1990) y Martins (2000), son imprescindibles para el estudio de la *Generación del 60* dos tomos editados por Fernando Martín Peña bajo el título común *Generaciones 60-90: cine argentino independiente* (2003). El primer tomo correspondiente a la *Generación del 60* e incluye entrevistas a los principales representantes como, por ejemplo, Ricardo Alventosa, Manuel Antin, Fernando Birri, Leonardo Favio, Simón Feldman, David José Kohon, Rodolfo Kuhn, José A. Martínez Suárez, Lautaro Murúa, entre otros. También es fundamental el volumen *Cine argentino: modernidad y vanguardias: 1957-1983* (2005), dirigido por Claudio España. Por lo general, el cine de la *Generación del 60* es tratado en subcapítulos de las historias del cine argentino (*cfr.* Santos 1971,

caracteriza como grupo a los cineastas integrantes de esa llamada *generación del 60*?», cuestiona el autor en la introducción y detalla a renglón seguido:

> todos y cada uno de ellos irrumpieron en nuestro cine para ampliar el registro temático de la época; todos y cada uno de ellos antepusieron la necesidad de expresarse y expresar su contorno más allá de fórmulas anquilosadas y de corte comercial; todos y cada uno de ellos debieron sufrir impedimentos hoy inexistentes: dificultades crediticias para los «primerizos», de calificación, de censura y de los vaivenes socio-políticos. [...] en su conjunto, protagonizaron un período de gran fermento creativo y de reconocimiento internacional (Feldman 1990: 9).

Estos cineastas reaccionan contra los modelos narrativos clásicos vigentes en las décadas anteriores: «El cine de los jóvenes realizadores significó un cambio en el plano formal, con un uso renovado del lenguaje cinematográfico, y en el de los temas y modos narrativos» (Félix-Didier 2003: 30). Pero los integrantes del movimiento no ponen en marcha un programa o un manifiesto como, por ejemplo, el *New American Cinema* o el Nuevo Cine Alemán.[24] En cambio, la diversidad en cuanto a

---

Getino 2005, Maranghello 2005, Jakubowicz y Radetich 2006, Peña 2012, entre otros). Domingo di Núbila (1959/1960), por su parte, traza en detalle los factores que preparan el camino para el nuevo cine argentino de la década de 1960.

24. Los cineastas que integran el grupo estadounidense independiente *New American Cinema Group*, elaboran una declaración unánime publicada el 30 de setiembre de 1960. Entre los puntos anotados se encuentran ideas como, por ejemplo: «El cine oficial de todo el mundo está perdiendo fuerza. Es moralmente corrupto, estéticamente decadente, temáticamente superficial y temperamentalmente aburrido. [...] 1. Creemos que el cine es una expresión personal indivisible. Por tanto, rechazamos la interferencia de productores, distribuidores e inversores hasta que nuestro trabajo esté listo para ser proyectado en la pantalla. 2. Rechazamos la censura. Nunca apoyaremos ninguna ley de censura. No aceptamos reliquias tales como el permiso de exhibición. Ningún libro, obra de teatro o poema, ninguna pieza de música necesita permiso de nadie. [...] 3. Estamos buscando nuevas formas de financiación, estamos trabajando en la reorganización de los métodos de inversión, estamos estableciendo las base[s] de una industria fílmica libre» («Declaración del *New American Cinema Group*», en: Romaguera i Ramió y Alsina

sus estilos y los temas tratados en sus películas constituye una de las características más sobresalientes que identifica el corpus cinematográfico de la época. No se funda un grupo propiamente dicho, sino que las circunstancias culturales y políticas vigentes favorecen la formación de cineastas individuales que comparten la voluntad de renovación formal y temática del cine de su tiempo. Antin recuerda que la «generación del 60 fue una suma de individualidades que conservaron su independencia en todo momento y la resguardaron celosamente» (en: Neifert 2003: 382). Así lo concibe también José Antonio Martínez Suárez, el director de *Dar la cara* (1962), considerada una de las películas paradigmáticas del movimiento y basada en la novela homónima de David Viñas, la cual se publica más tarde en 1963: «Nosotros supimos que éramos un movimiento porque nos lo dijeron después. En ese momento no lo sabíamos y mucho menos que nos llamábamos "la Generación del 60". [...] Yo siempre he dicho que en ese entonces cada cual cuidaba su propia quintita» (en: Peña 2003: 205, t. 1).

La denominación «generación» se impone finalmente en la historia del cine argentino hacia fines de la década de 1970 (España 2005: 94).[25] En un principio se emplea la noción general «nuevo cine argentino», como otros importantes contextos de transición en la cinematografía mundial como, por ejemplo, el *Cinema Novo Brasileiro*, la *Nouvelle Vague* francesa o el mencionado *New American Cinema*. No es de extrañarse que en una de las películas centrales de la *Generación del 60*, *Los de la mesa 10* (1960), de Feldman, se filtre una evocación directa al cine francés cuando uno de los personajes pregunta duran-

Thevenet 2007: 281 s.). Por otra parte, el Manifiesto de Oberhausen, que inaugura el Nuevo Cine Alemán, incluye reflexiones tales como: «Este Nuevo Cine necesita nuevas libertades. Libertad frente a los convencionalismos usuales de la profesión. Libertad con respecto a las influencias de socios comerciales. Libertad con respecto a la tutela de ciertos intereses» («Manifiesto de Oberhausen», 28 de febrero de 1962, en: Romaguera i Ramió y Alsina Thevenet 2007: 298).

25. Uno de los empleos más prematuros de la noción de «generación» ya se encuentra, sin embargo, en 1962 y proviene de la pluma de Salvador Sammaritano, quien publica en la revista *Tiempo de cine* 9 un «Diccionario de la nueva generación argentina. I: Realizadores» (p. 3 ss.).

te un baile: «¿Nunca vieron una película francesa?, esos sí que saben divertirse… En una película francesa, yo me acercaría a vos, te hablaría de la nada, te pasaría la mano por el cuello…». Es digno de recordar también que en la edición número uno de la revista *Tiempo de cine* en agosto de 1960, una publicación del famoso cineclub *Núcleo*, aparecen transcripciones en castellano de la película francesa *Hiroshima mon amour* (1959), de Resnais, lo cual es muy significativo.

Los jóvenes cineastas también tematizan en sus películas las tensiones y transiciones del cine nacional contemporáneo en contraste al anterior modelo comercial de estudios como, por ejemplo, en *Dar la cara* (1962), de Martínez Suárez, cuando se hace referencia crítica al «negocio» que significó el cine en los años anteriores a 1955: «Es que ustedes no quieren entender… El cine es un negocio», explica un personaje a un grupo de jóvenes ávidos por renovar sustancialmente el estilo de las películas. Esta idea evoca antiguos productores del cine argentino, mientras que el espíritu renovador de los jóvenes realizadores refleja los intereses de la nueva generación de cineastas.

En cuanto a la variedad de fuerzas históricas individuales e institucionales, fílmicas y no fílmicas, las cuales configuran la cultura cinematográfica argentina de la *Generación del 60* y en cuyo marco se realizan los primeros filmes inspirados en la literatura de Cortázar, destaco cinco factores elementales ampliados inmediatamente:

- la particular formación profesional autodidacta de los jóvenes cineastas;
- el marco legislativo favorable que abre el camino para
- la forma de producción independiente de cine, la cual, a su vez, propicia
- la transición de un «cine espectáculo» a un «cine expresión» (Torre Nilsson 1965 y 1968, en: Couselo 1985: 80 y 86 ss.);
- y la recreación masiva de obras literarias argentinas en el cine de la época.

El historiador y crítico de cine Mahieu sostiene que, respecto al cine argentino de las décadas anteriores, el cine de la nueva generación «proviene de una evolución crítica distinta, de una evolución cultural diferente» (1966: 58). El método autodidacta de aprendizaje de cine fuera de los estudios y lejos del método industrial identifica plenamente a la nueva generación de cineastas en la medida en que «se inició en la dirección una generación que no había trabajado en la industria» (Maranghello 2005: 150). Hacia mediados de la década de 1950 la enseñanza de realización cinematográfica en instituciones especializadas aún no se encuentra consolidada y difundida en Argentina.[26] Los directores adquirían sus conocimientos en el seno de una producción industrial del cine de estudios. Mahieu argumenta que el empirismo en la formación profesional «dio resultados en la formación de buenos cuadros en el campo artesanal (sonidistas, iluminadores, compaginadores) [pero] era harto insuficiente en la esfera de la expresión» (1966: 24). El propio Torre Nilsson, considerado por Salvador Sammaritano uno de los precursores o «padres inmediatos»[27] de la nueva generación, no permanece ajeno a estas costumbres, según manifiesta el reconocido cineasta:

> Comencé a trabajar en el set al lado de mi padre (Leopoldo Torres Ríos) alrededor de los quince años. Cumplí allí una experiencia diversa, desde ayudante de dirección hasta asistente de compaginación. [...] Antes de iniciarme en el cine no cumplí ningún aprendizaje teórico o técnico (Torre Nilsson 1968, en: Couselo 1985: 86 y 88).

No habiendo aún muchas posibilidades de formación profesional cinematográfica en el país, los cinéfilos con mayores aspiraciones que

---

26. Entre las primeras instituciones que dictan cursos de cinematografía en Argentina se encuentra el Instituto Cine-Fotográfico de la Universidad Nacional de Tucumán (UNT) creado en 1946. Otra institución considerada pionera es el Departamento de Cinematografía en La Plata creado en 1956 y dependiente de la Escuela Superior de Bellas Artes. Más conocido es el Instituto de Cinematografía de la Universidad Nacional del Litoral fundado en 1956 (también conocido como Escuela Documental de Santa Fe) impulsado por el conocido documentalista Fernando Birri.
27. Fernando Ayala y Leopoldo Torre Nilsson están considerados por Sammaritano en su «Diccionario de la nueva generación argentina» (*Tiempo de cine* 9, 1962) los «padres inmediatos de esta nueva generación» (p. 3).

no salen de la Argentina para estudiar, como lo hacen en su momento Fernando Birri (Italia), Rodolfo Kuhn (Estados Unidos), Humberto Ríos y Simón Feldman (Francia), por ejemplo, recurren a la ávida lectura de revistas y libros especializados en cine que se publican por aquella época.[28] Semejante a los *Cahiers du Cinéma* en Francia, surgen en Argentina las revistas *Gente de cine* (desde 1951), publicada por el cineclub homónimo, *Cinedrama* (desde 1952), *Cuadernos de cine* (desde 1954), *Cinecrítica* (desde 1960) o *Tiempo de cine* (desde 1960) (Feldman 1990: 19), ésta última publicada por el legendario cineclub *Núcleo*, inaugurado en 1954 (Félix-Didier 2003: 22). Se suman, además, las revistas italianas (*Bianco e Nero*), las francesas (*Cahiers*, *Positif*) e inglesas (*Sight and Sound*) atesoradas en la Cinemateca Argentina fundada en octubre de 1949 (España 2005: 63). La cultura cinematográfica argentina dialoga con pensamientos internacionales sobre el cine moderno. A su vez, la crítica europea maneja entonces la noción de *politique des auteurs* forjada en la década de 1950 por críticos de *Cahiers du Cinéma*, y se discute asimismo la idea de la *caméra-stylo* concebida unos años antes por Alexandre Astruc (1948). Astruc escribe que «el cine se apartará poco a poco de la tiranía de lo visual, de la imagen por la imagen, de la anécdota inmediata, de lo concreto, para convertirse en un medio de escritura tan flexible y tan sutil como el del lenguaje escrito» (2007: 221). Los futuros directores rioplatenses se apropian de estos pensamientos y más tarde experimentan lo razonado por Astruc: «La puesta en escena ya no es un medio de ilustrar o presentar una escena, sino una auténtica *escritura*. El autor escribe con su cámara de la misma manera que el escritor escribe con una estilográfica» (2007: 224).

28. En lo referente a los libros sobre cine publicados en aquella época y digeridos por los jóvenes cineastas, España destaca la colección de volúmenes *Losange*, que entonces publica en lengua castellana estudios fundamentales sobre cinematografía (2005: 63). También cabe resaltar el papel de una incipiente crítica especializada en materia de cine. Así, la sección de Espectáculos del diario *La Nación*, por ejemplo, adquiere mayor espacio a partir de 1956. Durante el peronismo los diarios habían reducido considerablemente el número de páginas y Espectáculos «había sido especialmente castigada» (España 2005: 97).

A la lectura crítica sobre cine se suma el trascendental papel desempeñado por las trasnochadas en los cineclubes,[29] y más adelante la realización de cortometrajes. Los cinéfilos acuden asiduamente a las sesiones y los debates de cineclubes donde se proyectan valiosas películas extranjeras, entre ellas las obras maestras cuya entrada al país había sido restringida años atrás por la política proteccionista peronista.[30] Los espectadores de vocación cinéfila, entre ellos Manuel Antin, y los productores aficionados entran en contacto compartiendo codo a codo las butacas de los cineclubes. Es curioso que también los «espectadores argentinos pudieron aprender al mismo tiempo que los directores, y someterlos a una dura compulsa» (Bottone 1964: 20). Antin se remonta a aquella época:

> Antes de ser director, fui espectador. Veía las glorias de la historia del cine en esas noches del cineclub Gente de Cine, que eran verdaderas orgías intelectuales [...]. Esa relación con Rodolfo [Kuhn] me acercó al cine, al cual yo estaba vinculado por razones intelectuales, era un cineasta espectador. A mí esa condición de espectador frecuente me dio una sabiduría histórico-estético-cinematográfica enorme. Iba cinco veces por semana al cine y mis amigos se entretenían mucho conmigo en las sobremesas de café después del cine Capitol (en: Peña 2003: 41 s., t. 1).

---

29. Reproduzco una definición de «cineclub» manejada en aquella época: «Toda aquella asociación no comercial que tenga por fines exclusivos el contribuir, por todos los medios, al desarrollo de la cultura, los estudios históricos y la técnica del arte cinematográfico, al desenvolvimiento de los intercambios culturales cinematográficos entre los pueblos y a un mayor acrecentamiento y difusión del film experimental, y cuyo principal objetivo consista en la proyección de películas en funciones no públicas» (en: Feldman 1990: 18).
30. En 1947 se promulga la ley de protección 12.999 que, por una parte, obliga la proyección de un determinado número de películas argentinas, y, por otra, limita la entrada de películas extranjeras al país (Maranghello 2005: 113). España y Manetti observan al respecto: «El período comprendido entre 1949 y 1955 es representativo de fórmulas de respuesta populista —el cine recibía desde 1947 (Ley 12.999, de 1947, y Ley 13.651, de 1949) una sobreprotección financiera— y de difusión extremada, al mismo tiempo que aumentan las restricciones para el ingreso de bienes del exterior —películas norteamericanas y europeas entre ellos—» (1999a: 269). Véanse también Maranghello (1984) y Kriger (2009).

Simultáneamente a esta particular gestación artístico-profesional de los nuevos realizadores, lo que definitivamente da un impulso al cine argentino son las «Nuevas Normas Legales que Regirán la Cinematografía Nacional», publicadas en el Boletín Oficial de la República Argentina en enero de 1957. Me refiero específicamente al Decreto-Ley Número 62, el cual dispone lo siguiente:

> CONSIDERANDO: Que la cinematografía argentina se encuentra afectada en la actualidad por diversos factores que dificultan su normal desenvolvimiento; [...] es menester establecer nuevas normas legales en reemplazo de las existentes que, al mismo tiempo que aseguren el fomento de la industria cinematográfica, dé lugar a una elevación de la calidad artística y la integren como un eficiente medio de educación y difusión de nuestra cultura, incluso en el exterior (Decreto-Ley Número 62, en: Boletín Oficial de la República Argentina, 9 de enero de 1957, p. 1).

Además, el artículo cuarto de dicha ley dispone para el «cinematógrafo» los mismos derechos de libre expresión que la Constitución Nacional garantiza a la prensa. El sexto artículo determina asimismo la creación del Instituto Nacional de Cinematografía (INC). Entre las disposiciones más polémicas del famoso Decreto-Ley 62/57 se encuentra la «De la exhibición obligatoria», que establece lo siguiente:

> Art. 7° – El Instituto Nacional de Cinematografía por conducto de la Comisión Nacional Calificadora, que funcionará como un organismo del mismo, procederá a calificar las películas nacionales sobre la base de su calidad artística, cultural, o de medio de difusión y educación, en las siguientes categorías: A) – películas cuya exhibición será obligatoria con derecho a todos los beneficios de este decreto-ley; B) – películas cuya exhibición no será obligatoria en ningún caso, y sin derecho a los beneficios de este decreto-ley.
>
> La misma comisión determinará, asimismo, qué películas calificadas en la categoría "B" no son aptas para la exportación (Decreto-Ley Número 62, en: Boletín Oficial de la República Argentina, 9 de enero de 1957, p. 1 s.).

Es evidente que una calificación «B» deja una película abandonada a su suerte, o como anota el historiador España, si las películas entraban en la categoría B, «quedaban a la buena de Dios» (2005: 96).[31] Ahora bien, lo que promueve la producción independiente de cine es la creación de un Fondo de Fomento Cinematográfico con créditos y subsidios para la realización de películas. La ventaja del modo independiente de producción respecto al anterior modo de producción industrial de cine estriba en que cada película se presupuesta en virtud de los cálculos específicos de *una* producción en particular sin tener que considerarse los altos costos de un estudio en funcionamiento como, por ejemplo, los causados por la contratación fija del personal técnico, el mantenimiento de la infraestructura o los alquileres (di Núbila 1959/1960: 247, t. 2). Naturalmente, con el respaldo económico de una ley, las películas no dependen exclusivamente de sus recaudaciones en la taquilla, siempre y cuando hayan sido calificadas «A», esto es, de exhibición obligatoria. Se conceden créditos hasta a directores noveles incluso para viajar al extranjero, como es el caso de Antin, que viaja a Francia para filmar su primer largometraje *La cifra impar* (1962). Destaco este detalle porque el hecho de otorgar la responsabilidad de dirigir una *opera prima* a un joven —y poeta— constituye algo difícil de imaginar en el anterior gobierno y sistema industrial de producción cinematográfica, durante el cual muchos guiones debían ser revisados y aprobados, como recuerda Torre Nilsson. El director no olvida las trabas que le ponen al guión de su película *El crimen de Oribe* (1950) realizada con su padre Torres Ríos a partir de *El perjurio de la nieve* (1944), de Adolfo Bioy Casares: este guión «estuvo durante tres años en cajones de escritorios, rechazado por los Estudios EFA. Me acuerdo que uno de sus directivos me dijo: "¿Quiere hacer como un cuadro de Picasso, que no lo entiende nadie?"» (Torre Nilsson 1977, en: Couselo 1985: 124). La película se rueda finalmente y

31. El historiador acentúa que la «calificación B atentó hasta el cansancio contra el cine independiente y la pantalla más crítica, realista y estética. A la distancia, se percibe como un modo de censura, nefasta institución que no iba a tardar en dejar asomar el solapado cuerpo» (España 2005: 99). El autor se refiere a determinadas leyes de censura que expongo más adelante cuando analizo los filmes de Antin.

España explica las consecuencias que tiene el trastorno de las normas tradicionales del entretenimiento cinematográfico: «*El crimen de Oribe* fue un fracaso comercial, porque el público se acercaba, con olfato adiestrado, a las historias que terminaban como lo deseaba, es decir, como se le había enseñado que debían terminar en el cine» (2005: 110).

La singular formación profesional de los realizadores, por una parte, y el nuevo marco legal que se propone explícitamente «la elevación de la calidad artística» del cine, por otra, generan condiciones propicias para que se produzca en Argentina una transición de un «cine espectáculo», dirigido a una audiencia masiva, hacia un «cine expresión», según las categorías forjadas por Torre Nilsson.[32] El cineasta destaca un tipo de cine «que proviene de una concepción personal en el sentido del arte. [...] el [cine] de creación personal, exige la participación vital y total del director» (1968, en: Couselo 1985: 86 s.). Y en lo concerniente a los cineclubes, Mahieu enfatiza su fundamental papel cuando interpreta que alcanzaron «a potenciar en los futuros realizadores un examen crítico del lenguaje cinematográfico. Igualmente despertó en los escritores la noción, a veces olvidada por los intelectuales, de la potencialidad del cine como medio de examen y comprensión de la realidad» (1966: 54). En Argentina se produce un insólito acercamiento entre el cine y el ámbito de la cultura: «Por primera vez, el cine nacional había intentado una integración con el proceso cultural nacional» (Dos Santos 1971: 101). En este sentido, Calistro asevera lapidariamente: «El cine se intelectualiza» (1984: 118). Su afirmación sintetiza lo interpretado por varios historiadores respecto a la *Generación del 60* cuyas nuevas propuestas estéticas atraen a un público que había vuelto la espalda al cine tradicional de las épocas precedentes. Refiriéndose al cine de las décadas anteriores, Mahieu explica: «El aislamiento cultural fue la norma; sin comunicación directa con los sectores más avanzados de la literatura o el pensamiento modernos» (1966: 24). Según Feldman, una de las características de períodos que anteceden a la *Generación*

32. Veáse, por ejemplo, «Uno quiere hacer todo» (1968, en: Couselo 1985: 86-88).

del 60 radica precisamente en una cierta división entre la industria del cine, por un lado, y la actividad intelectual, por otro: «cada una de las cuales parecía desarrollarse por carriles distintos», según afirma (1990: 13).[33]

El novedoso clima atrae a varios escritores cuya participación en la creación de películas había sido muy escasa hasta aquel momento. Jorge Luis Borges, Beatriz Guido, Augusto Roa Bastos, Juan José Saer y David Viñas, por ejemplo, trabajan conjuntamente con los cineastas del 60 enriqueciendo las pantallas grandes con impulsos formales y temáticos.[34] Por lo que respecta a Antin, el clima de época incluso consigue volcar completamente su vocación de la pluma literaria a la claqueta: «escribí hasta que un día comencé con el cine», revela el director (en: Canoso 1995: 64). Los procedimientos narrativos que se experimentan en la mesa de montar —habituales en el campo de la literatura, menos en el cine argentino de la época— remueven intensamente el veterano modelo narrativo del cine de estudios. Los críticos de cine asocian inmediatamente las nuevas formas fílmicas propuestas por los *autores* de cine con la literatura: «El film es literario», escribe, por ejemplo, el crítico de *La razón* acerca de *La cifra impar*.[35] Otro artículo con el sugerente título «Película argentina con clave literaria», publicado en 1962 por el entonces recién aparecido periódico *Primera Plana*, escribe a propósito del estilo ensayado por Antin en su primer largometraje: «*La cifra impar* es una obra deliberadamente literaria, lo

33. Torre Nilsson recuerda al respecto: «En aquellos tiempos, en el ámbito cinematográfico, la palabra "intelectual" era una mala palabra. Ser joven e intelectual era mala palabra, inaceptable en los estudios y en las distribuidoras. Era condenarse a ser un director maldito» (1977, en: Couselo 1985: 122). Sammaritano complementa por su parte: «hace veinte años era bastante mal mirado que un ayudante de dirección o un cameraman leyesen un libro y el hecho de concurrir a un cine-club era ocultado como la visita a un lugar prohibido» (1970: 64).

34. Martins aborda en su trabajo las sinergias literario-cinematográficas entre los siguientes escritores y cineastas: David Viñas y José Martínez Suárez, Beatriz Guido y Leopoldo Torre Nilsson, Julio Cortázar y Manuel Antin, Juan José Saer y Nicolás Sarquís, Jorge Luis Borges y Hugo Santiago (2000).

35. «Valiosa y retórica», en: *La razón*, 16 de noviembre de 1962, p. 11.

que no le impide ser, al mismo tiempo, un fecundo ejemplo de cine» (*Primera Plana* 1962).[36] Otros críticos «apuntan que más que un cineasta [Manuel Antin] es un literato que ha tomado el cine como medio de expresión» (*La Prensa* 1964).[37]

Cabe destacar que los directores no solo abordan casi exclusivamente obras literarias argentinas, sino que favorecen escritores contemporáneos: «se escribe y se filma lo escrito; se escribe y se filma en/por/para esa contemporaneidad» (Martins 2000: 22, véase también di Núbila 1959/1960: 252, t. 2). En las décadas anteriores, especialmente entre 1943 y 1955, en cambio, desfilan en la pantalla grande argentina los clásicos de la literatura extranjera (Kriger 2009: 65), puesto que era problemático abordar temas de actualidad política, según recuerda, por ejemplo, el cineasta Martínez Suárez: «Para evitar compromisos se recurría a [...] Shakespeare, Dostoievsky, Tolstoi, Daudet, Wilde. Al mismo tiempo, cuando se intentaba hablar de temas locales, intervenía la Secretaría de Información y Prensa» (en: Martins 2000: 40). Torre Nilsson denuncia por su parte: «empezamos a ser tutelados por el estado, empezamos a no poder mostrar determinados ambientes porque eran muy pobres o eran deprimentes. Todos los argentinos teníamos que vivir en casas con teléfono blanco, muy lujosas, no podía haber argentinos tristes o abatidos» (1970, en: Couselo 1985: 91). El cine se había alejado hasta tal punto de la realidad argentina que incluso algunos personajes empleaban el *tú* en vez del *vos* porteño (Bottone 1964: 17). Por el contrario, los cineastas del 60 salen a las calles de la ciudad en busca de una «Buenos Aires documentalizada en su cotidianidad, opuesta a la chatura de los decorados y bastidores de los estudios» (Martins 2000: 10).

Estas son, pues, las principales fuerzas históricas individuales e institucionales, fílmicas y no fílmicas que convulsionan el panorama cinematográfico argentino de mediados del siglo XX e impulsan un

---

36. «*La cifra impar*: película argentina con clave literaria», en: *Primera Plana*, 27 de noviembre de 1962, p. 37.

37. «Manuel Antin, un director muy elogiado y discutido», en: *La Prensa*, 29 de abril de 1964, p. 16.

significativo ajuste de cuentas con los anquilosados esquemas convencionales del cine de estudios. Por aquellos años se produce un cambio en la noción de entretenimiento cinematográfico: «La noción de espectáculo, de entretenimiento, pasa así a un segundo plano», anota Mahieu tocando dos conceptos clave (1966: 58). También di Núbila observa que a partir de 1955 «varios directores y productores se esmeraron en levantar el nivel del film de puro entretenimiento, se esforzaron por apartarse de la falsedad, reintrodujeron elementos de la realidad que inyectaron verosimilitud a varias películas» (1959/1960: 181, t. 2). Pero el viraje estilístico y temático de las películas representa un difícil cambio en los hábitos de recepción. Muchos espectadores de la época no sintonizan la onda promovida por la *Generación del 60* y desaprueban las innovaciones (Maranghello 2005: 165). Como señala España, «el olfato» de los espectadores había sido adiestrado por las convenciones narrativas tradicionales del cine. Precisamente dentro de este histórico contexto Antin encuentra un volumen de cuentos titulado *Bestiario* y las consecuencias de este hallazgo se examinan inmediatamente.

El montaje y las trampas de la memoria: el primer cine de Manuel Antin

> Un día fui a visitar a un amigo profesor de literatura y mientras lo esperaba, empecé a buscar libros en su biblioteca hasta que descolgué uno que se llamaba *Bestiario*. [...] Descubrí que eso era exactamente lo que yo quería escribir. Entonces si esto es lo que yo quiero escribir, me dije, éste es el escritor que tengo que filmar.
>
> (Manuel Antin, en: Peña 2003: 42, t. 1)

Reconstruida a grandes rasgos la cultura cinematográfica en cuyo marco surge la histórica trilogía cortazariana de Antin, a continuación examino las particularidades que distinguen las primeras películas del director.[38] Resulta importante resaltar que Antin aborda los cuentos de Cortázar cuando la prensa argentina, al reseñar la película *La cifra impar* (1962), por ejemplo, aún presenta al escritor como «cuentista y novelista argentino residente en París» (*Clarín* 1962)[39], es decir, antes de que el nombre y las obras de Cortázar cobren la resonancia que adquieren más tarde tras la publicación de *Rayuela* en 1963. Al respecto recuerda Francisco Porrúa que hacia 1958 solo algunos iniciados tenían conocimiento del primer volumen de cuentos publicado por Cortázar en 1951:

> En ciertos círculos subterráneos de Buenos Aires, entre gente como Aldo Pellegrini y otros surrealistas, se hablaba de que en alguna parte de la ciudad estaba sepultado un libro llamado *Bestiario*, cuya lectura era una experiencia memorable. Casi toda la edición (unos quinientos ejemplares) yacía en los depósitos de Sudamericana (1994, en: Goloboff 1998: 135).

Así pues, lo que por aquella época motiva a Antin a seleccionar precisamente la literatura de Cortázar para su debut en el cine de largometraje de ninguna manera estriba en aprovechar la fama de un difundido *best-seller*, sino que más allá de la contemporaneidad de los temas y las obras literarias —rasgos característicos del cine de la *Generación del 60*—, una de las motivaciones principales del cineasta radica en una afinidad muy especial respecto a la arquitectura narrativa cortazariana y además en su convicción respecto al cine de la época «como un discurso al que hay que ajustar, modernizar, dotarlo de nuevas formas expresivas, una operación que los textos cortazarianos le facilitarían» (Martins 2000: 93). Es reveladora la opinión de un cronista que considera «osado» el proyecto de recrear en el cine —de la época— un cuento de Cortázar: «Ingresar al curioso mundo que propo-

38. Además de la trilogía cortazariana me refiero también a las películas *Los venerables todos* (1962), recreación de una novela propia de Antin, y *Castigo al traidor* (1966) que recrea el cuento «Encuentro con el traidor» (*El baldío*, 1966) de Augusto Roa Bastos.

39. «*La cifra impar*: una madura prueba de estilo», en: *Clarín*, 16 de noviembre de 1962, p. 12.

ne el escritor Julio Cortázar en su cuento "Cartas de mamá", y rescatar del mismo un relato cinematográfico implica una actitud ambiciosa y osada» (*La razón* 1962).[40] Como se verá, la consecuencia de este ambicioso proyecto consiste en que *La cifra impar* estrena en las pantallas argentinas novedosos estilos de narración y montaje.

Entre los procedimientos narrativos más sobresalientes de la poética cinematográfica antiniana se encuentra la constante fractura espaciotemporal del flujo narrativo fílmico por medio del corte, y éste muchas veces asociado a un *flashback.* Como se sabe, se trata de un procedimiento que revive un tiempo pasado cuyo presente se actualiza inmediatamente en las imágenes. Dice Morin a propósito del *flashback* cinematográfico: «El presente y el pasado tienen el mismo tiempo» (2001: 59), y agrega que el arte del montaje y los *flashbacks* representan «el *cocktail* de los pasados y presentes en la misma temporalidad» (2001: 60). Especialmente el cine clásico ha desarrollado una serie de recursos que configuran el *flashback* de modo que no cause la desorientación del espectador, antes por el contrario; mientras que el cine de arte y ensayo, así como el cine sesentista de Antin, no exhibe aquellas huellas clásicas que anuncian y justifican un salto temporal. De este modo, el grado de abstracción sugerido por los *flashbacks* no convencionales va *in crescendo* desde *La cifra impar* (1962) hasta *Intimidad de los parques* (1965). Si bien es posible abstraer *grosso modo* la relación temporal existente entre las secuencias montadas en la primera película aludida, esta operación de lectura fílmica se vuelve más compleja en *Circe* y aún mayor será la dificultad en *Intimidad.*

Estos procedimientos narrativos empleados insistentemente por Antin responden a su idea de emplear el cine no para la representación objetiva de una historia lineal y coherente, sino como instrumento para aproximarse al funcionamiento psíquico y a la memoria, la cual se caracteriza por relacionar asuntos según el criterio aleatorio de la (libre) asociación (Martins 2000: 95). Antin expone tempranamente algunos pensamientos poetológicos que subyacen a sus primeras películas dirigidas en la década de 1960 en un sustancioso reportaje que

40. «Valiosa y retórica», en: *La razón*, 16 de noviembre de 1962, p. 11.

le hace la revista *Tiempo de cine* en 1962. En este contexto también revela que su inquietud en lo relativo a la representación cinematográfica de la subjetividad ligada a una temporalidad no convencional se remonta a su anterior actividad literaria, según afirma:

> Si algo tiene una importancia exagerada en la vida de los hombres, ese algo es la memoria. Para mí la memoria es una especie de vehículo permanente; en el tranvía, en el cuarto de baño, en el jardín de la vecina, en todas partes, están funcionando sobre mí episodios que han sucedido ya y otros que quizá no sucedan nunca o que sucederán después. Creo que la mente del hombre es una especie de integración total, de rompecabezas. Desde muy joven, cuando escribía mis primeras tentativas teatrales y literarias, me preocupaba la importancia del tiempo y su influencia sobre cada uno de nosotros, sobre nuestros sentimientos, sobre nuestras reacciones. No creo que la vida se dé como se cuenta en muchas películas, de una manera directa; se van produciendo fenómenos y acontecimientos que se mezclan, se escuchan palabras o se producen situaciones un poco fantasmales. [...] desde 1945, época en que escribí mi primera obra de teatro, el problema del tiempo me preocupa intensamente (en: *Tiempo de cine* 12, 1962, p. 6).[41]

Teniendo en cuenta las técnicas narrativas de los cuentos de Cortázar, y muy en particular las de los seleccionados por Antin para filmar, obsérvese que estos textos exhiben un tratamiento ambiguo del tiempo, así como también abordan precisamente la memoria. Además, el azar y la asociación de ideas son principios que concatenan los sucesos unos con otros. Como examino más adelante, tanto en «Circe» (*Bestiario*, 1951) como en «Cartas de mamá» (*Las armas secretas*, 1959), por ejemplo, los narradores van hilando los retazos de una historia según los pliegues de su a veces frágil memoria. Adviértase claramente que aquí confluyen los intereses particulares del director en cuanto al tratamiento de la memoria y el montaje, por una parte, y el espíritu vanguardista de una época en la cual se promueven

41. «Reportaje a Manuel Antin» por Franco Mogni. La pregunta que le hace el entrevistador al cineasta sintetiza la reacción de un espectador desprevenido ante la arquitectura narrativa del cine sesentista de Antin: «¿Por qué los caminos indirectos, la supresión del tiempo, de la cronología, en tus films?».

nuevas formas de contar historias en el cine, por otra.[42] Pero también es evidente que los cuatro cuentos de Cortázar que inspiran la trilogía de Antin tienen importantes puntos de contacto en los contenidos a nivel de la historia: «Cartas de mamá», «Circe», «El ídolo de las Cícladas» y «Continuidad de los parques» tienen en común que cada uno plantea en mayor o menor grado el erotismo ligado a la fatalidad (*eros-thanatos*). Además, los cuentos aludidos también contienen una *cifra impar* respecto al número de amantes: más de un hombre gira, fatalmente, alrededor de una sola mujer deseada. La película *Intimidad de los parques* (1965) empieza con el siguiente epígrafe: «Antiguas leyendas cuentan esta historia: la mujer que se niega al amor se convierte en piedra». Sández interpreta que esta inscripción resume el eje temático que vertebra las películas de Antin basadas en las obras de Cortázar: «Los dos pilares sobre los que se levantan las películas de ese primer período son las pasiones traicionadas y el rol que cumple la memoria como depositaria —y también traicionera— del tiempo en la existencia humana» (2010: 124). Y si además consideramos el contexto histórico de la *Generación del 60* es posible observar que el amor y la sexualidad estaban, por así decirlo, en el aire por aquellos años, como por ejemplo en la inaugural película *Los de la mesa 10* que retrata una sociedad tradicionalista que reprime el noviazgo, así como también dificulta el matrimonio de una joven pareja dejándola prácticamente sin perspectivas.

Los procedimientos narrativos empleados por Antin para articular en su cine los cuentos de Cortázar desmontan de forma radical las normas del Modo de Representación Institucional (Oubiña

42. Antin reflexiona más actualmente en un ensayo acerca de sus diferentes experiencias como «director-adaptador» (2009: 625), entre las cuales observa, por ejemplo, uno de los sentidos que tienen, desde su punto de vista, las recreaciones cinematográficas: «haber encontrado un texto representativo del propio estilo, del propio querer decir, es el caso de mis películas realizadas a base de narraciones de escritores, llámense Cortázar, Roa Bastos, Güiraldes o Hudson, por orden de aparición y cada uno en su ámbito. Todas ellas transmiten o convierten en imágenes algo propio de mí que en la realidad o en la abstracción me había sucedido» (2009: 624).

1994: 15). Respecto a sus filmes posteriores al ciclo cortazariano sostiene Antin que se trata de un «cine con menos fantasmas. [...] Están más cerca del espectáculo que del pensamiento, que de la imaginación. El cine de *La cifra impar*, *Los venerables todos*, *Circe*, *Intimidad de los parques*, está más cerca de la imaginación que de la realidad» (en: Canoso 1995: 115). A diferencia del modelo convencional de la narración clásica que disimula las marcas de la enunciación, diversas estrategias empleadas por Antin en su trilogía cortazariana ponen de relieve el plano de la expresión fílmica a través del «montaje discursivo y de correspondencias» (Amiel 2005) así como de *flashbacks* no convencionales. Estos elementos enfatizan la construcción de la narración la cual se convierte en objeto de hipótesis del espectador, y se aproxima a lo que Bordwell designa la «narración paramétrica» (1996: 274 ss.), a saber, un estilo fílmico que acentúa los elementos expresivos a lo largo de la película hasta el punto de recobrar tanta importancia como el argumento.

Los criterios expuestos a continuación sirven para abordar los llamativos *flashbacks* de *La cifra impar*, *Circe* e *Intimidad de los parques*. Deleuze define el *flashback* cinematográfico como «un circuito cerrado que va del presente al pasado y que luego nos trae de nuevo al presente» (2004: 72). En ocasiones, «se trata de una multiplicidad de circuitos donde cada uno recorre una zona de recuerdos y retorna a un estado cada vez más profundo, cada vez más inexorable de la situación presente» (2004: 72). Deleuze añade que pueden «desarrollarse circuitos cada vez más vastos que corresponden a capas cada vez más profundas de la realidad y a niveles cada vez más altos de la memoria o el pensamiento» (2004: 98). La marcha atrás fílmica puede manifestarse como un salto en el tiempo independientemente de la memoria de un personaje como, por ejemplo, cuando unos títulos informan «6 meses atrás», o bien, el *flashback* puede estar relacionado con el recuerdo o el relato de uno o varios personajes, como ocurre en *Citizen Kane* (1941), de Orson Welles.[43] También es posible que un *flashback*

43. Dice Bordwell: «A flashback in a classical Hollywood film is typically initiated by a character's remembering the past or recounting past events to a listen-

y/o una ramificación espaciotemporal pasen desapercibidos por el espectador. En este caso, solo una atenta memoria espectadora consigue captar *a posteriori* el momento en que se produce el desvío hacia un pasado concreto o un presente paralelo como, por ejemplo, en el filme *Inland Empire*.

Como se ha señalado, en ocasiones un *flashback* se asocia al relato intradiegético (de algún recuerdo) de un personaje. En el ámbito de la literatura narrativa los narradores intradiegéticos se sirven habitualmente del mismo material de expresión verbal también usado por los narradores extradiegéticos para narrar, o sea, hay «una homogeneidad del material» (Gaudreault y Jost 1995: 58). En el cine, en cambio, las películas tienen la opción de audiovisualización del relato verbal intradiegético de algún personaje. En este caso, las palabras del personaje sufren una transcodificación de lo verbal a una representación audiovisual. Cuando la instancia narrativa fílmica de una película ilustra con imágenes y sonidos lo que un personaje recuerda, y/o lo que narra a otro, desde la perspectiva narratológica se presentan configuraciones ambiguas (Gaudreault y Jost 1995: 60).[44] Veamos algunas posibilidades en algunos casos no excluyentes:[45]

- lo mostrado es una audiovisualización que corresponde a lo recordado o relatado por *el personaje* que relata y/o recuerda;

---

er» (2004: 215). Por ejemplo, la famosa película *Citizen Kane* reconstruye la biografía de Charles Foster Kane a partir del testimonio de algunos personajes muy cercanos a aquél. *A Letter to Three Wives* (1949), de Joseph L. Mankievicz, *Rashomon* (1950), de Akira Kurosawa, o *Strategia del ragno* (1970), de Bernardo Bertolucci, también representan ejemplos en los cuales se audiovisualizan subrelatos (o recuerdos) de personajes.

44. Véanse también las teorizaciones de «focalización», «ocularización» y «auricularización» en el cine propuestas por Gaudreault y Jost (1995: 139 ss.), Schlickers (1997:145 ss. y especialmente 2009) y Kuhn (2011: 122 ss.).

45. Por ejemplo, en *The Straight Story* (1999), de Lynch, un personaje relata al protagonista en la barra de un bar sus experiencias en una guerra. La instancia narrativa fílmica no visualiza este subrelato, pero se oyen aviones y bombas *en off*. Este *flashback* sonoro ilustra la triple ambigüedad planteada arriba, es decir, ninguna de las posibilidades puede ser excluida a favor de otra.

- o lo mostrado corresponde a una audiovisualización de lo que *el interlocutor o narratario intradiegético* —en caso de estar uno presente— imagina al oír el relato (Schlickers 1997: 351), como se verá, por ejemplo, en *Intimidad de los parques*;
- o lo mostrado es una audiovisualización autónoma e independiente respecto a lo recordado o relatado por el o los personaje(s). En ocasiones, esta posibilidad actúa como rectificación como, por ejemplo, en la película *L'homme qui ment* (1968), de Robbe-Grillet, en la cual una audiovisualización muestra en ocasiones algo muy diferente de lo narrado *en off* por un personaje (...mentiroso).

Pero las películas no solo audiovisualizan recuerdos, sino que también pueden representar fantasías o acontecimientos hipotéticos que se desarrollan en la mente de algún personaje, como sucede en algunas escenas que calculan los detalles de un posible asalto en el filme *El aura* (2005), de Fabián Bielinsky. Muy resumidamente, un corte puede sugerir una sucesión temporal inmediata entre los planos yuxtapuestos (*cfr.* «montaje narrativo», Amiel 2005), pero también puede transportar a momentos futuros (*flash-forward*) o pasados (*flashback*), o bien, puede introducir imágenes subjetivas o sueños sin un marco espaciotemporal específico. Tanto el *flashback* como la audiovisualización de fantasías son procedimientos narrativos que exigen al espectador una serie de comunes acuerdos o pactos adicionales como, por ejemplo, ilustra el hecho de que raras veces se ven recuerdos desde el punto de vista del personaje que está recordando (cámara subjetiva), sino que la representación de su recuerdo también lo muestra al personaje desde afuera, como una persona más. Además, las alucinaciones, los sueños y los recuerdos aparecen generalmente con fondos musicales y enfocados desde distintos ángulos o con efectos especiales.

Los siguientes cuestionamientos señalan algunos criterios analíticos para examinar posibles configuraciones del *flashback* en el cine narrativo:

- Según la motivación: ¿por qué se interrumpe el orden cronológico de una película?[46] En *Citizen Kane* (1941), por ejemplo, la cronología se interrumpe porque un periodista recibe la tarea de investigar la vida de Charles Foster Kane, cuyos amigos más allegados relatan capítulos de su biografía y para ello se remontan al pasado.
- Según el plano ontológico de lo audiovisualizado: ¿cuál es la naturaleza o plano ontológico de lo mostrado (deseo, experiencia vivida, sueño, etc.)? En *Fresas salvajes* (1957), de Bergman, por ejemplo, aparecen recuerdos de experiencias vividas así como también sueños, claramente distinguidos unos de otros. La propia voz *en off* del protagonista desambigua lo recordado, lo alucinado y lo soñado.
- Según la fuente del conocimiento u horizonte cognitivo: ¿a quién se le atribuyen las informaciones incluidas en el *flashback*? En *Rashomon* (1950), de Akira Kurosawa, por ejemplo, cada uno de los *flashbacks* está relacionado a grandes rasgos al recuerdo (o a la versión) de *un* personaje determinado.
- Según la marcación: ¿existe una señal de alerta o un código audiovisual que anuncie el *flashback* o la entrada al mundo subjetivo de un personaje como, por ejemplo, un fundido acompañado de un primer plano del rostro? Ténganse en cuenta, por ejemplo, *8 ½* (1963), de Fellini, donde varias secuencias no exhiben una frontera divisoria evidente entre alucinación y mundo objetivo.

Si resulta difícil dar una respuesta más o menos clara a estos criterios se produce una «tensión interpretativa» (Eco 1984: 165) en la medida en que se plantean varios caminos de interpretación. O al contrario, el grado de ambigüedad puede ser reducido enormemente si

46. Entre sus reflexiones sobre el *flashback* Deleuze observa: «El problema del flash-back es que tiene que recibir su necesidad de otra parte, así como las imágenes recuerdo deben recibir de otra parte la marca interna del pasado. Es preciso que la historia no se pueda contar en presente. Es preciso, por tanto, que alguna otra cosa justifique o imponga el flash-back y marque o autentifique la imagen-recuerdo» (2004: 72 s.).

es posible deducir una respuesta a cada una de estas cuestiones, como ocurre en la película *Slumdog Millionaire* (2008), de Danny Boyle. Cada una de las «zonas de recuerdo» (Deleuze 2004: 72) exploradas por el filme revela en qué circunstancias el protagonista reúne los conocimientos necesarios para responder con éxito las preguntas de un concurso televisivo. Hay motivaciones evidentes que justifican el salto temporal para explicar con lujo de detalles las habilidades del protagonista. Además, una serie de códigos cinematográficos actúan con eficacia para que los *flashbacks* de ninguna manera perturben la «captación cognitiva» (Wuss 1993: 114) de la historia, antes por el contrario, los *flashbacks* garantizan una «coherent experience» (Maltby 2003: 471). Las películas de Antin que recrean los cuentos de Cortázar, en cambio, exploran otras posibilidades negando una semejante configuración del *flashback*; y en ello radica una de las características centrales que identifica su cine.

«Cartas de mamá» (1959)

El cuento «Cartas de mamá» (*CdM*) encabeza el volumen *Las armas secretas* (1959) y se encuentra al inicio del volumen «Ritos», que es el primero de la serie *Los relatos*. Esta repetida posición liminar del cuento lo destaca como puerta de entrada a la narrativa breve del escritor. Al respecto se interpreta que *CdM* «reúne algunos de los temas más tratados por Cortázar: el doble, los sueños, la precaria diferenciación entre lo real y lo irreal, la locura, la reversibilidad de la muerte» (Blanco-Arnejo 2003: 493). Por su parte, Goloboff remarca que *Las armas secretas* de Cortázar «contiene algunos de los textos que son indispensables para entender el conjunto de su obra» (1998: 109). Así pues, la mayoría de los cuentos del volumen se desarrolla en un espacio cotidiano, «pero con incursión de situaciones que podríamos denominar absurdas, en tanto concentran características que tienen semejanza con aquello que es imposible aprehender y controlar por medio de la inteligencia lógica» (Jakfalvi 2007: 34).

Las armas secretas es además uno de los volúmenes de Cortázar más abordado por el cine y la televisión. Cuatro de los cinco cuentos del libro fueron recreados en las pantallas en varias ocasiones: Antin recrea «Cartas de mamá» en la película *La cifra impar* (1962), y más tarde, Miguel Picazo dirige a partir del mismo relato un *telefilm* para Radiotelevisión Española en 1979. El mismo Cortázar apoya la idea de filmar «Los buenos servicios» que, según le escribe a Antin, «puede convertirse en una película alucinante» (carta del 10 de julio de 1962, en: *Cartas* 1, p. 495). Lo filma Claude Chabrol dentro de la serie de televisión *Histoires insolites* bajo el título *Monsieur Bébé* (1974). Como es bien sabido, «Las babas del diablo» inspira *Blow-Up* (1966), de Antonioni, y «El perseguidor» motiva la creación de una película homónima estrenada en Argentina en 1965 bajo la dirección de Osías Wilenski.

CdM trata, precisamente, el poder de la memoria y el frustrado intento de su negación. El acto de recordar un pasado oscuro, así como también el simulacro de silenciarlo, aparecen explícitamente en el contenido del cuento y se reflejan también en el discurso, dado que el narrador se instala en la subjetividad del protagonista para relatar desde allí los vaivenes de su inconsciente. Estos fenómenos sin duda atraen la atención de cineasta Antin, concentrado por aquella época en ensayar en el cine sus reflexiones sobre la representación de la memoria en un momento histórico propicio en que se promueven nuevas formas de expresión fílmica. Desde las primeras líneas del cuento se disparan recuerdos reprimidos por el protagonista y que están motivados por las cartas de su madre que lo transportan a tiempos pretéritos con todos los aromas y sentimientos:

> Muy bien hubiera podido llamarse libertad condicional. Cada vez que la portera le entregaba un sobre, a Luis le bastaba reconocer la minúscula cara familiar de José de San Martín para comprender que otra vez más habría de franquear el puente. San Martín, Rivadavia, pero esos nombres eran también imágenes de calles y de cosas, Rivadavia al seis mil quinientos, el caserón de Flores, mamá, el café de San Martín y Corrientes donde lo esperaban a veces los amigos, donde el mazagrán tenía un leve gusto a aceite de ricino (*CdM*, p. 251).

La libertad condicional alude a la situación de encierro en la cual se encuentra el protagonista con su mujer, un matrimonio argentino residente en París que vive allí una suerte de «fachada de armonía convencional» (Pucciarelli 1985: 259). La asfixiante vida cotidiana que llevan Laura y Luis —así se llama la pareja— recuerda la rutina mecánica de los hermanos del cuento «Casa tomada» (*Bestiario*, 1951). Así, de manera análoga a los ruidos extraños que desalojan a los hermanos de su casona, un elemento explícitamente anunciado en el título «Cartas de mamá» trastorna la aparente estabilidad de las cosas y desata el conflicto central.

Antes de mudarse a Francia, en Buenos Aires, Luis conquista a Laura, quien entonces era la novia de su hermano Nico, muy enfermo de tisis. Más tarde la pareja contrae matrimonio y el profundo remordimiento que nace de esta situación representa uno de los ejes centrales del cuento: «Luis se casa con la novia de su hermano, casi su cuñada, su hermana política. De ese acto en cierto modo incestuoso proviene la raíz de su sentimiento de culpa» (Blanco-Arnejo 2003: 494). Nico muere en plena luna de miel de los recién casados, que más tarde deciden marcharse lejos de Argentina y lejos de la familia del esposo ofendida por el escándalo del casamiento. La anciana madre de Luis se queda sola en una casona desde donde le envía cartas a su hijo informándole sobre trivialidades como, por ejemplo, el estado de salud del perro Boby, la clavícula de la tía Matilde o el gato sarnoso de la vecina, entre otras. Al otro lado del océano, en París, el hondo sentimiento de culpa impide a los cónyuges nombrarlo al difunto hermano y antiguo novio respectivamente. Nico representa un «territorio prohibido» (*CdM*, p. 257), «un pacto involuntario de silencio» (*CdM*, p. 260), dado que un tácito acuerdo prohíbe mencionar su nombre:

> Pero Laura seguía callando el nombre de Nico, y cada vez que lo callaba, en el momento preciso en que hubiera sido natural que lo dijera y exactamente lo callaba, Luis sentía otra vez la presencia de Nico en el jardín de Flores, escuchaba su tos discreta preparando el más perfecto regalo de bodas imaginable, su muerte en plena luna de miel de la que había sido su novia, del que había sido su hermano (*CdM*, p. 258).

El silenciamiento de la memoria se refuerza sugestivamente en el plano de la expresión a través de las numerosas frases entre paréntesis del texto. Y como es costumbre en los cuentos de Cortázar, «el cine» aparece como una distracción cotidiana entre otras actividades habituales cuya sofocante regularidad se refuerza aún más a través de la ironía del narrador cuando detalla, por ejemplo, que la «vida seguiría igual, la oficina, el cine por las noches, Laura siempre tranquila, bondadosa, atenta a sus deseos» (*CdM*, p. 253). O cuando revela que Laura y Luis «[i]ban al cine como siempre, hacían el amor como siempre» (*CdM*, p. 262), e insiste: «Iban mucho al cine, mucho a los bosques, conocían cada vez mejor París. Habían tenido suerte, la vida era sorprendentemente fácil, el trabajo pasable, el departamento bonito, las películas excelentes. Entonces llegaba carta de mamá» (*CdM*, p. 255). Esta particular expresión enfatiza el impacto desconcertante que tiene el correo de Buenos Aires en la vida de Luis. Las cartas lo devuelven «al pasado como un duro rebote de pelota» (*CdM*, p. 251), una metáfora literalmente visualizada por la película de Antin. A la distancia geográfica que separa a la anciana remitente y los destinatarios, se suma otra distancia temporal, puesto que las cartas parecen provenir de un pasado sombrío que oprime al protagonista.

«Esta mañana Nico preguntó por ustedes», escribe la madre de Luis en una ocasión. Este sencillo comentario de la señora es el detonante del conflicto central porque desobedece el riguroso tabú. Fallecido hace dos años en Buenos Aires, es obvio que Nico no pudo haber preguntado por ellos, así que, en primer lugar, Luis aplica automáticamente el pensamiento racional y concluye que acaso se trate de un error o una confusión de nombres y medita: «Laura no debía leer la carta de mamá. Por más ridículo que fuese el error, la confusión de nombres (mamá habría querido escribir "Víctor" y había puesto "Nico"), de todos modos Laura se afligiría, sería estúpido» (*CdM*, p. 252). Entonces afloran en el cuento fuerzas ocultas que cuestionan los sentimientos más íntimos de los protagonistas respecto a su rutinaria vida matrimonial así como también al trágico pasado bonaerense que se traduce en culpa y remordimiento moral. A su vez, las cartas, como los ruidos extraños en «Casa tomada», trastornan un orden construido escrupulosamente y son como «aperturas sobre el extrañamiento, instancias de una descolocación desde la cual lo sólito cesa de ser tranquilizador porque nada es sólito apenas se lo somete a un escrutinio sigiloso y sostenido» (Cortázar, *La vuelta al día en ochenta mundos* I, p. 41).

El punto culminante del cuento también llega por correo: otra carta de *mamá* anuncia la supuesta partida de Nico a París y especifica además el día y la hora de su arribo a la estación ferroviaria de Saint-Lazare. Un extraño impulso irracional mueve a los cónyuges desconcertados para ir a la estación por separado y a escondidas el uno del otro, presumiblemente para esperar a Nico. En la estación descubren a un pasajero que se le parece mucho: «naturalmente el hombre era un desconocido, lo vieron de frente cuando puso la valija en el suelo para buscar el billete y entregarlo al del portillo» (*CdM*, p. 268). Por la noche del mismo día, Laura niega haber estado en la estación, pero cuando su esposo le pregunta llanamente: «¿A vos no te parece que está mucho más flaco?» (*CdM*, p. 269), aquélla le responde sin tapujos: «un poco. Uno va cambiando...», frase enigmática que cierra el cuento justo cuando la dimensión irracional, anunciada por las cartas y los tiempos de Buenos Aires, parece haberse instalado en el departamento y en la vida del matrimonio.

Sobre el plano narrativo del discurso del cuento llama la atención una construcción temporal que borra las fronteras convencionales entre el pasado, el presente, el futuro y la imaginación. La voz narradora del cuento corresponde al tipo destacado en la introducción, es decir, se trata de una instancia anónima que adopta la focalización interna de Luis para concatenar —muchas veces según el principio de la asociación de ideas— cuestionamientos, temores, recuerdos y una gama de procesos mentales, en suma, el «narrador en tercera persona se mete en la mente de Luis, desempolva sus recuerdos y dramatiza sus luchas internas» (Blanco-Arnejo 2003: 496). Pucciarelli resalta un aspecto fundamental que la película de Antin amplía a través de sugestivos procedimientos fílmicos: «En la memoria del personaje [Luis], el pasado gravita con tanta actualidad como el presente» (1985: 274). De modo que lo narrado no se ordena de forma cronológica según causalidades evidentes, sino que el flujo temporal discontinuo de la narración se fractura continuamente, y se intercalan además conjeturas y recuerdos que exploran diversas zonas de pasado. Se deduce por ello que la conciencia de Luis «es el hilo conductor del relato» (Pucciarelli 1985: 259). Este aspecto se relaciona bastante con el cine de arte y ensayo en lo referente a la particular representación de la subjetividad de los personajes en el cine.

A modo de ejemplo transcribo del cuento un significativo pasaje que sintetiza en gran medida la estructura de *CdM*. Además, identifico en la cita los diferentes presentes de la narración que se actualizan sobre el eje temporal del cuento [a, b, c, d, x, y, z]. En el gráfico más abajo enumero cada uno de los saltos temporales que efectúa el narrador en el fragmento seleccionado. La representación gráfica ilustra la circularidad temporal urdida por la instancia narradora del cuento que, instalada en la conciencia de Luis, entreteje fragmentos del pasado bonaerense y los fusiona con los retazos de un descolorido presente parisino:

> [a] Cuando volvió a almorzar, traía intacta la carta en el bolsillo. [...] Llevaban más de dos años en París, [b] habían salido de Buenos Aires apenas dos meses después de [c] la muerte de Nico, pero en realidad Luis se había considerado como ausente desde [d] el día mismo de su casamiento con Laura. [x] Una tarde, después de hablar con Nico que estaba ya enfermo, se había jurado escapar de la Argentina, del caserón de Flores, de mamá y los perros y su hermano (que ya estaba enfermo). [y] En aquellos meses todo había girado en torno a él como las figuras de una danza: Nico, Laura, mamá, los perros, el jardín. [...] Todo había sido brutal en esos días: su casamiento, [b] la partida sin remilgos ni consideraciones para con mamá, el olvido de todos los deberes sociales, de los amigos entre sorprendidos y desencantados. [...] [a] Pero Luis no quería acordarse de lo que había sido [b] la tarde de la despedida, las valijas, el taxi en la puerta, la casa ahí con [z] toda la infancia, el jardín donde Nico y él habían jugado a la guerra, los dos perros indiferentes y estúpidos. [a] Ahora era casi capaz de olvidarse de todo eso (*CdM*, p. 255).

Las vagas referencias temporales [x] «una tarde», [y] «en aquellos meses» y [z] «toda la infancia» reflejan ciertas imprecisiones que suelen caracterizar el acto de recordar cuando la mente evoca una situación específica sin respetar tanto las coordenadas temporales exactas de lo recordado, muy al contrario de la profusión de pormenores que se evoca. Es llamativa también la cantidad de veces que se alude a la

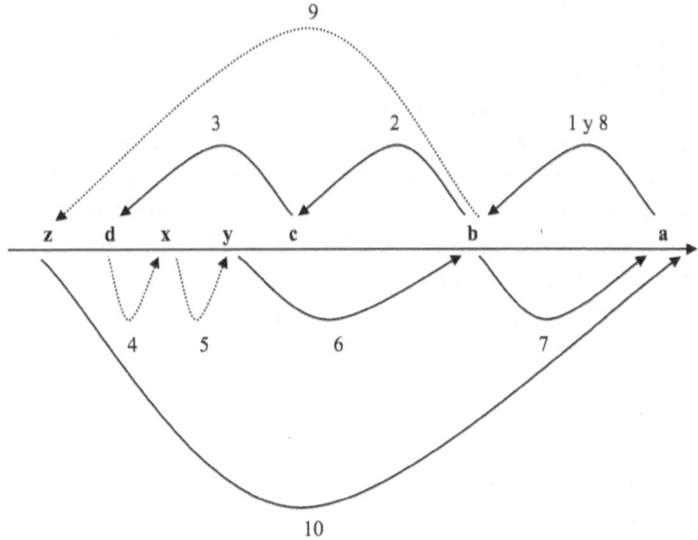

salida o la huida de Buenos Aires:[47] las expresiones «habían salido», «la partida sin remilgos», «la tarde de la despedida» constantemente remiten al exilio voluntario de los personajes que aparece como una especie de epicentro desde donde parten las ramificaciones de la memoria. Sin dudas esta representación temporal circular que además relata una historia ambigua en la cual predomina el tratamiento introspectivo de traumas y temores representa un desafío desde el punto de vista de las estructuras y *flashbacks* tradicionales del cine narrativo.

47. Weitzdörfer relaciona *CdM* con la biografía de Cortázar y argumenta que el cuento refleja su exilio a mediados del siglo XX (1986).

La cifra impar (1962)

La película de Antin representa una provocación en varios sentidos. La crítica de cine de la época opina: «Adaptar "Cartas de mamá" al cine, es un desafío», dado que la «literatura de Julio Cortázar [...] no se presta para una transposición lineal a la imagen cinematográfica» (*Clarín* 1962).[48] Por ello interpreta Mahieu que por aquella época la «elección de Cortázar como fuente era una de estas transgresiones de la regla tradicional» (1980: 641). Martins amplía el panorama contra el cual reacciona el filme de Antin:

> Contra los folklorismos inertes esperados por unos y otros, contra el imaginario europeo cuya expectativa era la representación de lo «autóctono» y lo «pintoresco», contra los críticos y otros cineastas locales que sólo concebían como válidas las temáticas urdidas alrededor del tango, lo gauchesco, lo histórico nacional o el conflicto socio-político (de modo tal de expresar así «lo verdaderamente nuestro», «lo auténticamente argentino»), en fin, frente a todo reduccionismo estéril, Antín se posiciona recurriendo a Cortázar (2000: 77 s.).

Merece la pena recordar que el volumen *Las armas secretas* sale de la imprenta el mismo año del estreno de la película *Hiroshima mon amour* (1959), de Resnais. Como se sabe, el cineasta francés dirige más tarde *L'année dernière à Marienbad* (1961) y ambas películas aludidas reaccionan contra el modelo tradicional del cine clásico privilegiando una ambigua representación de lo subjetivo, del tiempo y la memoria. A propósito de ciertas críticas que por aquella época decretan un estilo «europeizante» así como también observan ciertas «influencias» de Resnais en el cine de Antin, el cineasta argentino responde en la revista *Tiempo de cine*: «Si alguna de las personas que han encontrado influencias de *Marienbad* en *La cifra impar* leyera el libro cinematográfico hecho más de un año antes de que yo pudiera ver *Marienbad* comprendería que el del tiempo no es un problema presta-

48. «*La cifra impar*: una madura prueba de estilo», en: *Clarín*, 16 de noviembre de 1962, p. 12.

do» (en: *Tiempo de cine* 12, 1962, p. 6). En el mismo contexto añade el director que en *La cifra impar* trabajó «respetando no a Resnais sino a Cortázar». Más actualmente, Antin retoma esta cuestión con estos pensamientos:

> descubrí a esos directores [Alain Resnais, Alain Robbe-Grillet] después de haber filmado *La cifra impar*. Cortázar me hablaba de ellos en algunas de las cartas y decía que éramos todos —él como escritor incluido— de la misma especie. Creo que en efecto había una poética común. Pero era eso: una poética de época, por un lado, y una sensibilidad afín entre distintos intelectuales, por otro. En ningún momento hubo una influencia directa (en: Sández 2010: 55).[49]

Más allá de presuntas «influencias» o paralelismos, es importante notar que coinciden en un momento histórico un relato de literatura que trata las trampas de la memoria y un cineasta preocupado en la representación cinematográfica de las actividades psíquicas a través del montaje, precisamente en una época del cine argentino que, a su vez, se caracteriza por desmontar las rígidas estructuras narrativas del modelo clásico del cine, entre ellas, la representación del tiempo. Como he mencionado, el cuento —y la literatura— de Cortázar niegan una clara continuidad narrativa coherente que enlaza sucesos según el principio de la causalidad. Y hay que recordar que el primer cine de Antin en el contexto de la *Generación del 60* también reacciona en el terreno cinematográfico contra aquellos principios narrativos. Así recuerda Antin el nacimiento del proyecto de *La cifra impar*:

> Una noche con esos amigos y sus respectivas esposas, después de haber ido al cine, tomamos un café en Le Petit Café, al que íbamos normalmente, en Santa Fe casi esquina Callao, al lado del Grand Splendid, y les conté el cuento «Cartas de mamá», de Cortázar, haciéndoles creer que era una película que había visto en privado. Fui armando la historia cinematográficamente, como la imaginaba, y me dijeron al unísono: «Ese es el tipo de película que vos de-

49. Oubiña destaca las principales diferencias entre el cine de Antin y de Resnais (1994: 15 ss.).

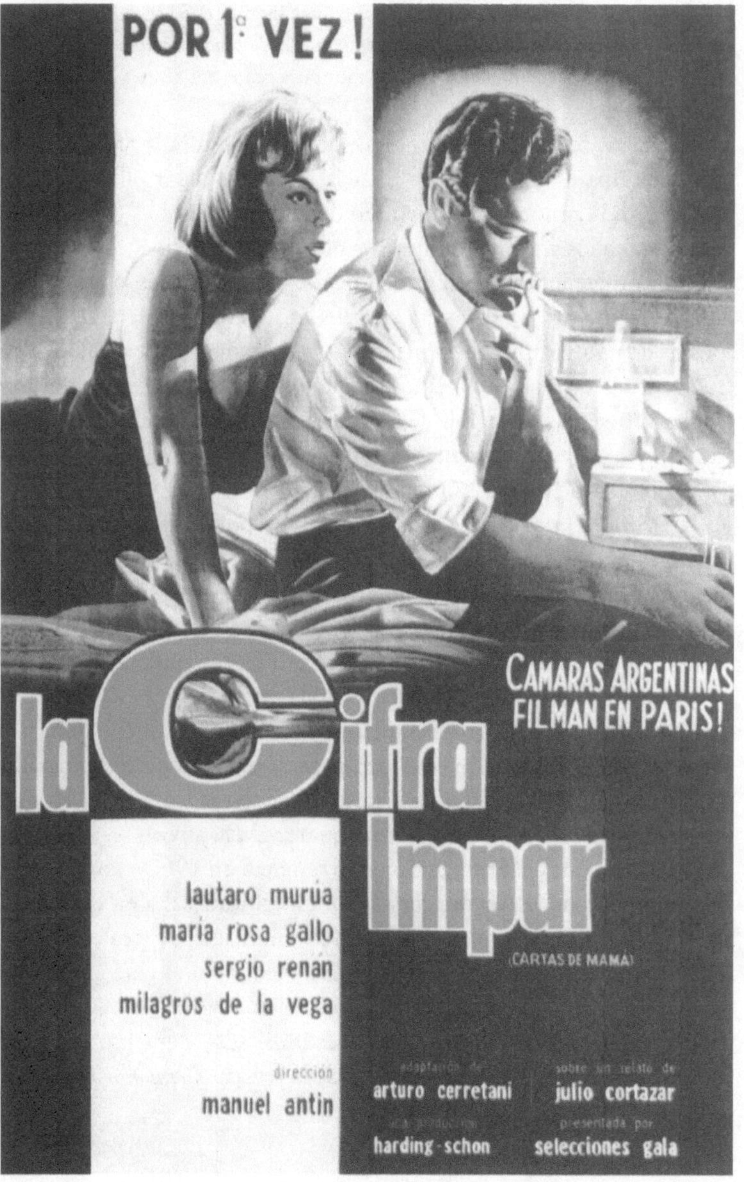

Afiche histórico de *La cifra impar* de Manuel Antin.

> bés filmar». Entonces me reí y les dije: «Bueno, si quieren lo hacemos, porque no es una película que vi, sino un cuento que leí de Julio Cortázar», un escritor al que hasta ese momento conocía muy poca gente (en: Sández 2010: 51).

El afiche del primer largometraje de Antin destaca la presencia pionera de cámaras argentinas en Francia, donde se desarrolla gran parte del cuento. Como es muy bien sabido, precisamente en Francia surge por aquellos años una influyente nueva ola en el cine. El cuento de Cortázar menciona, no sin ironía, que los protagonistas «iban mucho al cine» y que «las películas eran excelentes», pero más bien con el propósito de resaltar un hábito mecánico, y no tanto para evocar la *Nouvelle Vague*. Y en sintonía con lo expresado por Antin en la cita más arriba, la discreta mención de Cortázar en la parte inferior del afiche responde a criterios formales, menos con el objetivo de poner de relieve el nombre de un escritor famoso.

Celebrada por la crítica de cine contemporánea al estreno nada menos como «una de las obras estilísticamente más perfectas del cine nacional» (*Clarín*, 1962),[50] y con un cotizado elenco prominente integrado por María Rosa Gallo, Milagros de la Vega, Lautaro Murúa y Sergio Renán, *La cifra impar* impacta profundamente en la historia del cine argentino. La película se estrena en noviembre de 1962 enmarcándose así en lo que Feldman denomina «el apogeo» de la *Generación del 60*. Más aún, el autor considera 1962 «uno de los años *pico* en cuanto a trascendencia y variedad de temas y estilos» (Feldman 1990: 65). *Dar la cara*, de Martínez Suárez, y *Los jóvenes viejos*, de Rodolfo Kuhn, por ejemplo, también se estrenan en 1962 y ambas obras llevan el sello de la *Generación del 60*. La crítica resalta en el filme de Antin sobre todo el ambicioso plano de enunciación, recalcando que se trata de «una construcción narrativa inédita en el cine argentino» (Feldman 1990: 65). Entre los códigos cinematográficos más destacados se encuentra un montaje entonces inusitado, elemento expresivo que llama la atención de los críticos de la revista *Tiempo de cine*, en la

---

50. «*La cifra impar*: una madura prueba de estilo», en: *Clarín*, 16 de noviembre de 1962, p. 12.

cual se afirma que *La cifra impar* exhibe un montaje «pocas veces tan expresivo en la historia del cine argentino» y que «Antín ha revitalizado el lenguaje del cine argentino» (*Tiempo de cine*, 1962).[51]

La cifra impar no solo recrea los principales elementos diegéticos del plano narrativo de la historia de *CdM*, sino que también recrea la estructura discontinua y fragmentaria del plano narrativo del discurso del cuento.[52] Además, el principio de concatenación ambiguo que conecta varias escenas de la película según asociaciones o ecos a distancia es muy semejante al empleado por Cortázar para enlazar los acontecimientos en el cuento. Esto haciendo referencia intertextual a la obra literaria precedente, pero desde otro punto de vista, también es posible argumentar que la película articula la poética cinematográfica antiniana vinculada a la representación ambigua de la memoria a través de un estilo de montaje innovador. Esta equivalencia estética entre el cuento y el filme llama la atención de la prensa que, como se ha señalado, había calificado de «osada» la idea de llevar al cine la narrativa de Cortázar. El periódico *Primera Plana* advierte: «lo que sobre todo parece importarle a Antín es encontrar las exactas equivalencias visuales del estilo de Cortázar, y esa tarea no implica —por cierto— una servidumbre; por lo contrario, es un difícil ejercicio de creación» (*Primera Plana*, 1962).[53] En este sentido, se ha argumentado que la dirección y el montaje logran en *La cifra impar* una cualidad pocas veces conseguida en el cine consistente en «hallar el mecanismo cinematográfico apropiado para que la intransferible expresión literaria [...] se dé en nuevos términos, equivalentes al original, no en la forma, sino en su efecto sensible» (Mahieu 1980: 642). Pero los códigos cinematográficos —sobre todo el montaje— provocan «efectos sensibles» comple-

---

51. «Talento irregular», en: *Tiempo de cine* 12 (1962), p. 31.

52. Está claro que un largometraje tiene la posibilidad de añadir acontecimientos al cuento como, por ejemplo, el doloroso proceso de separación de Laura y Nico —sugestivamente tratado por la fotografía del filme—, el intento fallido de suicidio por parte de Nico o su pedido de esperar hasta su pronosticada muerte para que se realice finalmente la boda de su hermano con Laura.

53. «*La cifra impar*: película argentina con clave literaria», en: *Primera Plana*, 27 de noviembre de 1962, p. 37.

tamente diferentes a los que un texto es capaz de provocar. De manera que si bien es cierto que *La cifra impar* recrea la estructura temporal circular del cuento de Cortázar, hay que tener en cuenta que los cortes y *flashbacks* de Antin suscitan «inversiones cognitivas» (Tan 1996: 98) específicas respecto a *CdM*.

En el cuento de Cortázar el pasado de Buenos Aires está exclusivamente ligado a la memoria del personaje Luis. En cambio, los *flashbacks* de la película plantean su inherente ambigüedad antes detallada. En el ámbito de la literatura narrativa, un narrador puede comunicar explícitamente el motivo por el cual una determinada acción se enlaza con otra, o bien, desencadena tal o cual recuerdo específico en la mente de un personaje como, por ejemplo, la frase: «Luis *sentía* otra vez la presencia de Nico en el jardín de Flores», en la cual el verbo que subrayo en cursivas funciona como nexo que explica una relación causal entre dos cosas. En el cine, en cambio, el corte que yuxtapone dos imágenes —sin una relación causal y/o espaciotemporal evidente— calla la clave que revela el tipo específico de concatenación y solo una atenta «inversión cognitiva» (Tan 1996: 98) a cargo del espectador intenta abstraer las posibles relaciones entre las imágenes o las escenas montadas. Si, por ejemplo, se monta una imagen de Luis caminando por las calles de París con una imagen de Nico en el jardín de Flores, es muy probable que la primera interpretación —altamente condicionada por el Modo de Representación Institucional en tanto competencia de lectura cinematográfica— sugiera que se trata de dos acciones *simultáneas* que tienen lugar sobre un mismo plano ontológico, y no que la segunda sea producto de la imaginación o «el sentimiento» del personaje que aparece en la primera imagen.

Hechas estas distinciones, procedo a examinar las particularidades más sobresalientes de la *opera prima* de Antin. Además del montaje, serán examinados la *mise-en-scène*, el uso dramático del sonido y la ambigüedad que se deriva del conjunto de procedimientos cinematográficos que sugieren el sofocante clima de encierro de los personajes en una temporalidad absolutamente no convencional. Antes, cabe observar brevemente el cambio del título respecto al cuento Cortázar: el coloquial «Cartas de mamá» evoca el elemento causante —el arma secreta— de la descolocación y el extrañamiento, mientras que *La ci-*

fra impar se concentra en la configuración asimétrica formada por los personajes descolocados y extrañados. Sin embargo, hay que notar la ambigüedad porque el triángulo (amoroso) puede estar compuesto por Laura-Luis-Nico, pero también es posible conjeturar las posibles configuraciones alternativas *mamá*-Laura-Nico, *mamá*-Luis-Nico o *mamá*-Laura-Luis, dependiendo de la arista del conflicto que se quiera ponderar. De todos modos, «la cifra impar» acentúa la disonancia provocada por un elemento que perturba la armonía y la simetría del par.

La reveladora primera secuencia de *La cifra impar* se desarrolla en el oscuro interior del caserón de la madre en Buenos Aires, a diferencia del cuento que evoca la capital argentina desde París. Al principio observamos a *mamá* (Milagros de la Vega) dirigiéndose con su perro a la planta baja de la casa por una espaciosa escalera. Se oyen las voces *en off* de niños reclamando su pelota que fue a parar al jardín de la casa. Estas voces juveniles contrastan con el sombrío ambiente mostrado por un encuadre que enfoca en picado el descenso de la solitaria dama a través de los barrotes metálicos de una balaustrada que parece encerrarla (p3). Truenan once campanadas de reloj —una cifra impar— que, sin embargo, no hacen más que acentuar el silencio que reina en la casa. Doña Lía —así se llama *mamá* en la película— abre un cajón y escribe una carta sobre un escritorio en donde también descansa un portarretrato con las fotos de una pareja, por un lado (Laura y Luis), y de un muchacho (Nico), por otro. La banda sonora revela el contenido de la carta que se está escribiendo a través de la voz *en off* de la señora. Se oyen dos frases: una sobre la salud del perro y la otra sobre el jardinero. Luego de una breve pausa, la pluma se abastece de tinta y pólvora para disparar a quemarropa: «Esta mañana Nico preguntó por ustedes».

Inmediatamente cambia el ángulo de cámara y una inquietante música dodecafónica introduce notablemente el drama de la película en la medida en que enfatiza la misteriosa frase anteriormente citada. El ángulo enfoca el rostro de Milagros de la Vega en primer plano contrapicado, un ángulo enigmático y fantasmal el cual parece provenir desde la misma carta, como si se tratara de una cámara subjetiva que supone la perspectiva de la misiva que mira al remitente que la está creando (p4). Estos códigos cinematográficos subrayan el carácter controvertido de la frase escrita por doña Lía y oída por el espectador (la oirá *en off* varias veces a lo largo del filme). El extraño ángulo fotográfico que sigue inmediatamente a la susodicha frase, la mímica y la mirada extrovertida del personaje, la música dodecafónica y los títulos de la película que se imprimen a un costado en el mencionado encuadre, destacan la quiebra del tabú. Por otra parte, estos procedimientos producen significaciones exclusivamente cinematográficas las cuales despiertan la sospecha incluso de un espectador que no conoce el cuento, concretamente, que no está familiarizado con la aparentemente ingenua frase «Esta mañana Nico preguntó por ustedes».

A continuación, la primera secuencia discontinua del filme alterna fragmentos de París y Buenos Aires, pero todavía pertenecientes a grandes rasgos al mismo plano temporal. Por debajo de la puerta de un modesto departamento parisino se desliza la correspondencia del día. Luis (Lautaro Murúa) la recoge y abre inmediatamente un sobre en particular. Laura (María Rosa Gallo) le consulta si ha llegado algo importante y su marido guarda inmediatamente la carta que venía en el sobre y miente: «No, nada..., folletos». Este intento de ocultar algo a la esposa y el rutinario intercambio de monosílabos revelan la tensión que hay en el ambiente, y en el matrimonio. Desde cuartos separados fluye un semidiálogo cuando, antes de salir a la calle, Luis reclama la cantidad de cerraduras que tiene la puerta: «¿de qué tenés miedo?» —cuestiona—, «ladrones no hay, y los fantasmas no abren, se filtran». Su comentario irónico cosecha el asombro de su mujer, quien repite extrañada: «se filtran...». Luis sale del departamento al trabajo llevando la carta en su bolsillo. La mujer se peina delante de un espejo cuando vuelven a oírse once campanadas de reloj, idénticas a las que han caracterizado el caserón de Buenos Aires. Se plantea aquí una atmósfera acústica ambigua muy característica de la película cuya banda sonora exige del espectador la misma atención que las imágenes y el montaje.

Es evidente que no hay un reloj semejante en el departamento y tampoco un campanario de iglesia por ahí cerca. Además, vuelve exactamente la misma cantidad impar de campanadas que han tronado en la primera secuencia. El origen del sonido y la relación semántica que mantiene con la escena son ciertamente ambiguos. El sonido proviene de fuera de campo y como aparentemente no complementa nada

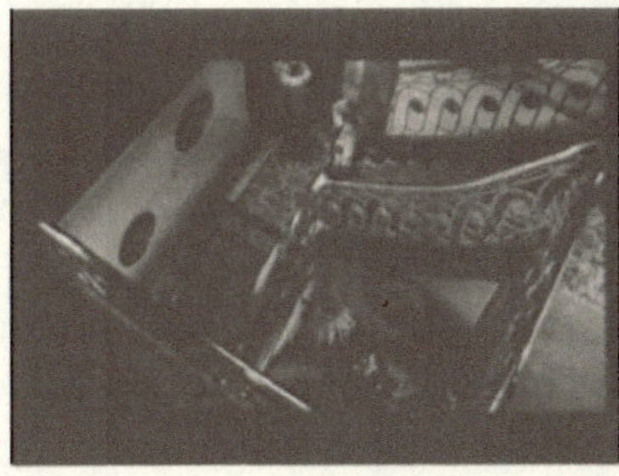
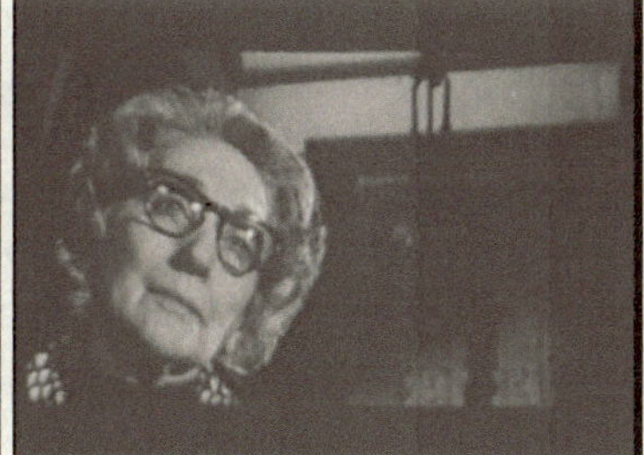

p3 Imágenes de *La cifra impar* de Manuel Antin. p4
En Buenos Aires, *mamá* (Milagros de la Vega) baja con su mascota por la escalera. La sombra de la balaustrada se proyecta en la pared como encerrando al personaje en p3.

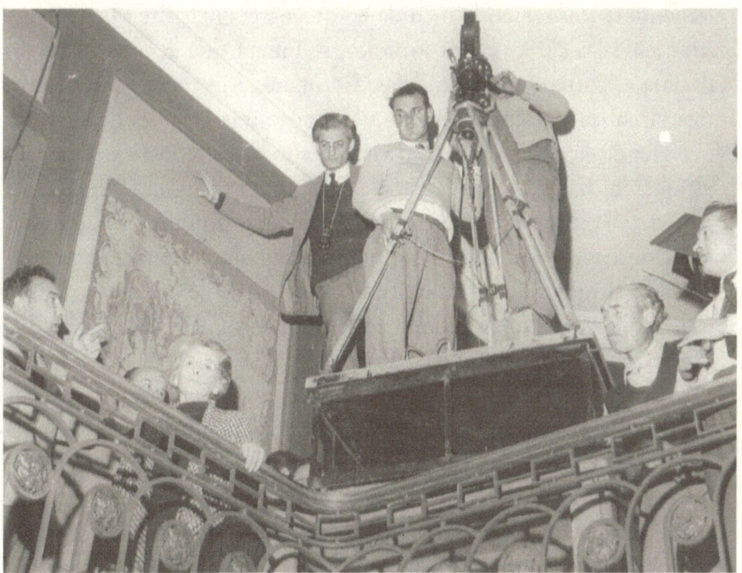

Durante el rodaje de *La cifra impar*: apoyado por la pared, Manuel Antin dirige la escena del descenso de la señora.

explícito en la escena, cuenta con un potencial de significación propio —que interpreto inmediatamente— y se ordena dentro del contrapunto en la casilla que corresponde al sonido diegético IV a (sonido diegético/ fuera de campo/ contrapunto) dentro del cuadro anteriormente expuesto. Es posible deducir, pues, que la fuente del sonido se encuentra en Buenos Aires en la casona de la madre de Luis. Las campanadas vuelven constantemente a lo largo de la película y simbolizan los tiempos de Buenos Aires, los de *mamá*, los de Nico, en otras palabras, aluden el tiempo pasado convertido en oscuro remordimiento que actúa en la conciencia del matrimonio de Laura y Luis. En cierta medida, las campanadas también tienen un matiz lúgubre.

Parece que Laura percibe o imagina las campanadas y se dirige a una cómoda en donde se enfrenta con un portarretrato con la foto de la suegra. De un cajón recoge varias cartas de doña Lía cuya voz *en off* narra las trivialidades usuales: «siempre tomo saridón... los chicos de la calle siempre tiran la pelota al jardín». En este caso, el sonido complementa la imagen en la medida en que en el encuadre pueden verse claramente las cartas y, por lo tanto, se infiere que la voz de la señora relata el contenido de aquéllas. Entonces la instancia narrativa fílmica visualiza por corte directo a la madre tras las rejas de su jardín devolviendo la pelota que, a su vez, da «un duro rebote» en una calle despoblada. Estas imágenes están como suspendidas en el tiempo y el espacio de la historia del filme, dado que no promueven el flujo de la narración hacia adelante, sino que muestran algo que puede estar sucediendo simultáneamente en Buenos Aires, o bien, aconteció antes de que se redacte la carta cuyo contenido se sigue oyendo *en off*. La cronología del filme empieza a descomponerse.

Mientras continúan oyéndose las frases epistolares inconexas de la señora, Luis camina por las calles de París dirigiéndose al trabajo, luego toma el autobús, es decir, si en un principio fue posible conjeturar que solo Laura es quien pasa revista mental al contenido de las cartas y somos testigos de lo que está pasando por su cabeza (sonido diegético interior), dicha inferencia debe ampliarse puesto que también a Luis pueden atribuírsele la evocación de los fragmentos que resuenan *en off* y en contrapunto IV a (sonido diegético/ fuera de campo/ contrapunto). El relato de la señora culmina precisamente con la frase que lanza la manzana de la discordia («Esta mañana...»), y se enlaza con el *bonjour* del compañero de Luis, que lo saluda cuando éste llega a la agencia donde trabaja. No obstante, a esta temprana altura de la película,

Laura aún no está enterada del *lapsus* epistolar de doña Lía en lo relativo a la mención de Nico, dado que esta frase comprometedora se encuentra en la carta que Luis había ocultado en la primera escena. Por lo tanto, solo esta última frase se encuentra fuera del alcance de Laura. Pero también cabe la posibilidad de que la instancia narrativa fílmica ilustre el ensimismamiento de Laura y Luis, y deje fluir por su cuenta el contenido de las cartas sin que éste necesariamente sea recordado por los personajes. Ninguna posibilidad puede ser completamente excluida y precisamente en ello radica una de las riquezas expresivas de *La cifra impar*, obra que entreteje imágenes y sonidos ambiguos los cuales fusionan recuerdos, cartas, Buenos Aires y París. Los sonidos de Buenos Aires (las cartas, el reloj) impregnan el espacio psíquico, doméstico y laboral del matrimonio a lo largo del filme. Desde el principio de la película es posible percibir la omnipresencia visual y sonora del mundo y del tiempo de *mamá* —y de Nico— que invaden la vida cotidiana de Laura y Luis. Es muy importante subrayar que, por su especificidad semiótica, el cine puede representar de manera simultánea imágenes presentes con sonidos cuya fuente viene de un pasado creando así una fusión de dimensiones temporales diferentes.

En adelante son fragmentos del pasado —mera referencia puesto que las imágenes actuales no pueden ser conjugadas en pretérito— los que se intercalan en el presente de los protagonistas en París. En la agencia donde trabaja, Luis busca, abstraído, explicaciones racionales para el *lapsus* epistolar de su madre (p5). Su único colega de trabajo Tossier le pregunta qué le pasa, y esta consulta da pie para que Luis revele finalmente el argumento central de la película en la medida en que su psicorrelato sintetiza cuál es el conflicto, y por otra parte se aclara la cuestión para una «unknowing audience» (Hutcheon 2006: 120) no familiarizada con el cuento de Cortázar:

> Lo que me pasa es... Nico. Nico es mi hermano, y murió hace dos años. Nunca hablo de él con nadie. Sobre todo no hablo de él con Laura. Entonces, Tossier, si Nico está muerto, ¿quién preguntó por Laura y por mí? ¿Víctor, mi primo Víctor? ¿o quizá el tío Emilio? Estaba por borrar *Nico* para poner *Víctor* en su lugar y poder mostrarle la carta a Laura. No se entiende mucho, pero este error de mamá es como si un rebote de pelota me devolviese al pasa-

do, como si *nos* devolviese al pasado, a Laura y a mí. Las cartas de mamá son siempre una alteración del tiempo...

A su vez, la instancia narrativa fílmica visualiza las cavilaciones de Luis, quien prácticamente se responde a sí mismo, o sea, sus palabras no se dirigen tanto a su colega, puesto que no llegan a pronunciarse sino en los confines de la mente del personaje. Entre las imágenes que ilustran los pensamientos de Luis (p6, p7, p8), se encuentran planos sueltos que corresponden a escenas desarrollas más adelante (p6 y p8), y su reaparición en el transcurso del filme a través del «montaje de correspondencias» (Amiel 2005) produce una sensación de *déjà-vu* así como provoca los efectos típicos de aquel tipo de montaje.

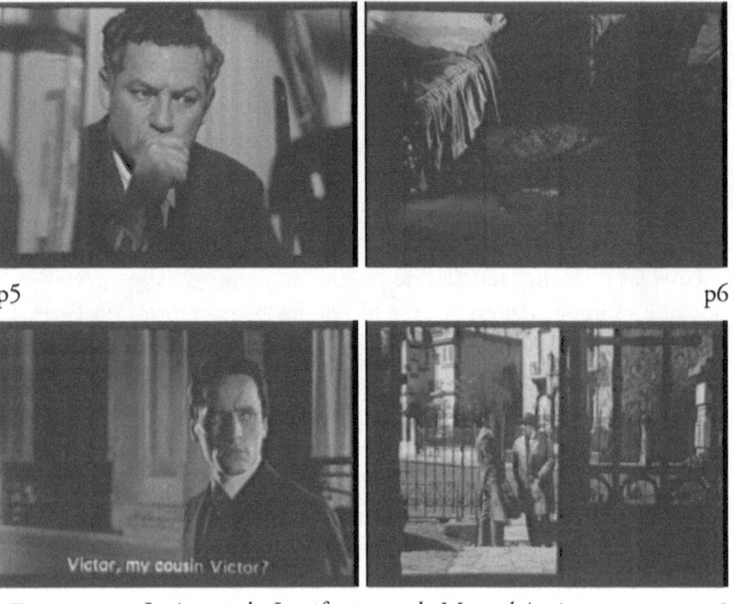

p5 p6

p7 Imágenes de *La cifra impar* de Manuel Antin. p8

P6, p7 y p8 pueden ser leídos como *flashbacks* asociados a la memoria de Luis (Lautaro Murúa), y claramente motivados por el cuestionamiento del personaje respecto al *lapsus* de su madre; p6 reproduce exactamente el punto de vista del personaje recordador, mientras que p8 lo muestra al sujeto que recuerda desde afuera, una convención común en la representación de los recuerdos en el cine.

La narración de Luis pasa revista sobre su vida con Laura en París y un «montaje discursivo» (Amiel 2005) dispara imágenes cuyas ambiguas coordenadas sobre el eje temporal de la historia no se pueden averiguar con exactitud. Pueden representar acciones simultáneas, pasadas o incluso futuras respecto al momento en que Luis reflexiona sobre el impacto de las cartas. Por ello, estas imágenes abren un paréntesis en el fluir del tiempo objetivo de la historia y desarticulan la cronología de la narración. A las reflexiones de Luis acompañan las imágenes del «duro rebote de pelota» (Buenos Aires), Laura por las calles de París, el escritorio de doña Lía (Buenos Aires), la cómoda con las cartas y el retrato de *mamá* en París, los cónyuges como encarcelados por los barrotes de su cama matrimonial, y Laura despertando de una pesadilla gritando «¡mamá...!», justo cuando el relato de Luis pronuncia «cartas de...». Esta metalepsis en lo que al sonido se refiere se produce por causa del contacto paradójico de dos escenas completamente distantes en términos espacio-temporales. Por otra parte, lo que le confiere cohesión a esta serie de imágenes sueltas es el relato verbal *en off* de Luis, el cual desambigua el potencial de significaciones que tiene la sucesión de estas imágenes.

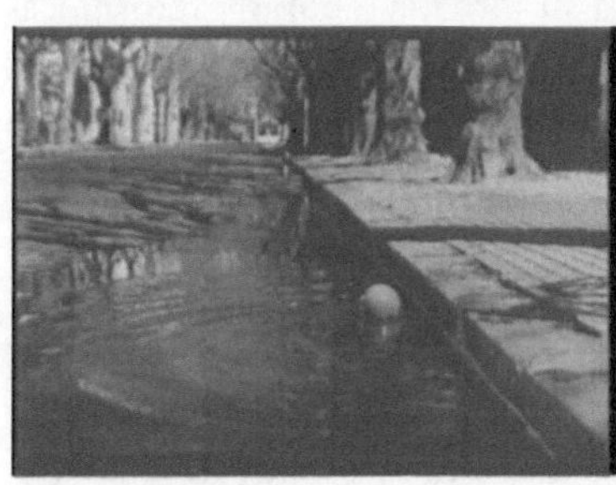

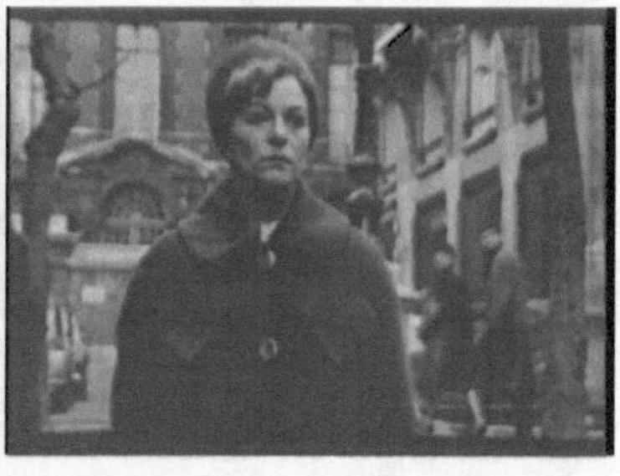

p9 – Buenos Aires

París: Laura por las calles – p10

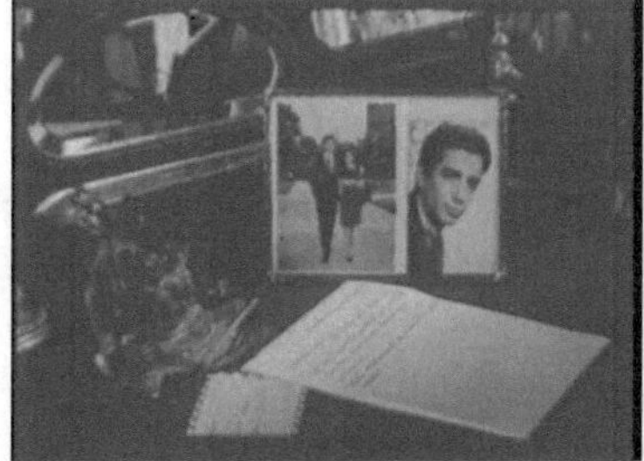

p11 – Buenos Aires: el escritorio de *mamá*

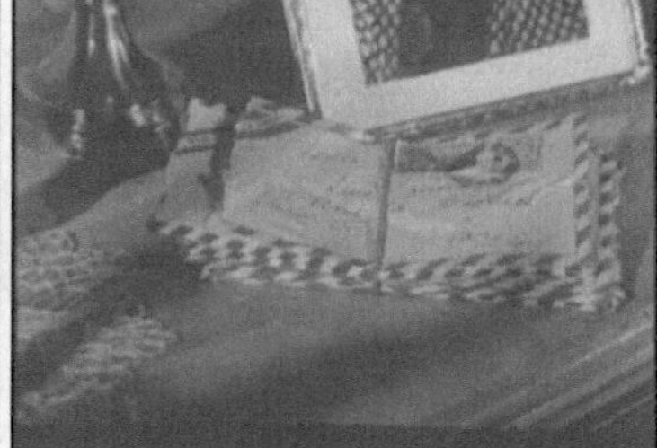

París: las cartas sobre la cómoda – p12

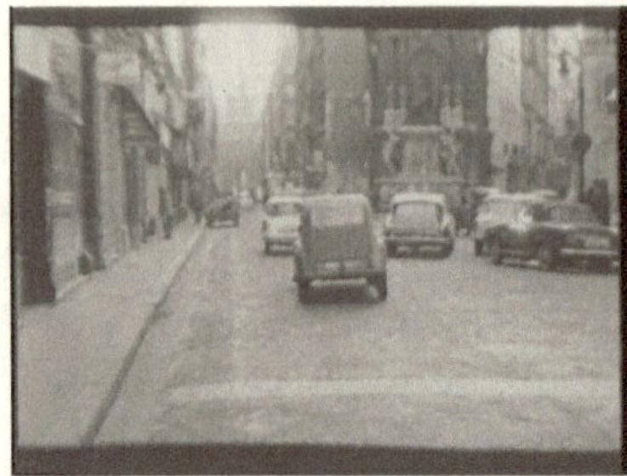
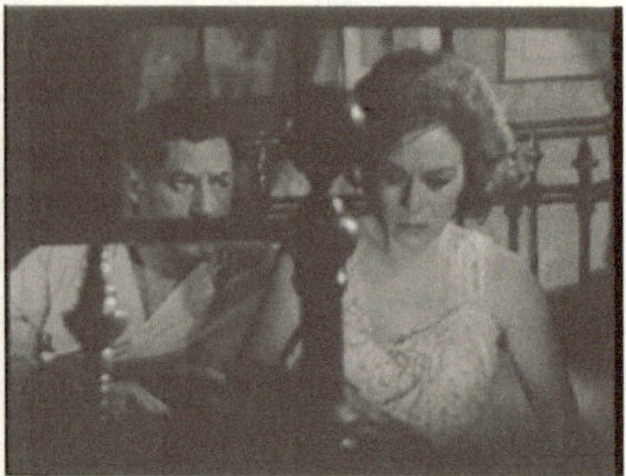

p13 – París Imágenes de *La cifra impar* de Manuel Antin. París – p14
P14 entra en contacto o cortocircuito metaléptico con p5, dado que Laura (María Rosa Gallo) completa una frase como si estuviera dialogando con los pensamientos de su esposo.

Hasta este momento han quebrado el flujo temporal de la narración imágenes y sonidos sueltos e inconexos, es decir, aún no se ha producido un *flashback* más extenso que contenga varias escenas. Mientras desfilaban las imágenes impresas más arriba, el tiempo de la historia transcurre aceleradamente y Luis, que había llegado unos minutos antes a su trabajo, finaliza su jornada laboral y retorna caminando a casa. En plena vía pública el personaje retorna a pasar revista mental al contenido trivial de las cartas de su madre y esto motiva un recuerdo específico que lo asalta al personaje que se detiene, así parece, para recordar. «¿Qué ocurre cuando buscamos un recuerdo? —plantea Deleuze cuando reflexiona sobre el *flashback* asociado a la memoria de un personaje y prosigue— Primero tenemos que instalarnos en el pasado en general, y después debemos elegir entre las regiones: ¿en cuál creemos que está escondido el recuerdo, acurrucado, esperándonos, sustrayéndose?» (2004: 136). En sintonía con estas reflexiones, *La cifra impar* introduce primeramente algunas situaciones generales respecto al pasado bonaerense, y hacia el final de la película, como veremos, se concentran los recuerdos más dramáticos, los responsables del hondo sentimiento de culpa de Laura y Luis. Es muy significativo —teniendo en cuenta el razonamiento de Deleuze— que el primer *flashback* extenso del filme actualiza precisamente el momento en que Luis conoce a Laura en un baile, cuando aquélla aún era novia de su hermano Nico. En la calle, Luis ironiza las banalidades escritas por su madre (literalmente se transcriben las siguientes líneas del cuento transmitidas *en off* por la voz del personaje): «Sí, mamá, sí, pobre Boby sarnoso, mamá. Pobre Boby, pobre Luis, cuánta sarna, mamá. Un baile del club de Flores, mamá, fui porque él insistía, me imagino que quería darse corte con su conquista» (*CdM*, p. 260).[54] Este pensamiento motiva un *flashback* asociado, aparentemente, a la memoria de Luis.

Pero antes de que se actualice la referida escena del baile, el salto temporal hace una brevísima escala en un recuerdo posterior a dicho evento, donde aparecen conversando Doña Lía y su hijo Luis (p15). Éste le comenta a su madre, con las mismas palabras del cuento de Cortázar, que conoció a Laura en un baile: «Uno charla un rato, simpatiza, cómo no va a bailar esa pieza con la novia del hermano, oh, novia es mucho decir, Luis, supongo que puedo llamarlo Luis, verdad» (*CdM*, p. 260). Nótese que, en la cita, a partir de la exclamación «oh» el discurso directo libre corresponde a lo dicho por Laura en el baile, mientras que la primera parte de la frase la expresa Luis. Así, la palabra «novia» opera de puente que asocia dos situaciones distantes en términos espaciotemporales. El montaje de la película también emplea este tipo de enlace por ecos a distancia y el flujo temporal de la narración se fractura nuevamente para visualizar la fiesta donde los entonces cuñados Laura y Luis entran en contacto la primera vez. Paradójicamente, Laura pronuncia la palabra «novia» como si estuviera dialogando con la escena anterior, situada espaciotemporalmente apartada, y este eco, que vincula dos escenas no por causalidad o cronología, sino por asociación, refleja los mecanismos característicos del acto de recordar algo a partir de un estímulo que opera como resorte. Desde el punto de vista narratológico, entre estas escenas se produce una silepsis o «contigüización paradójica de tiempos y espacios» (Meyer-Minnemann 2006: 61).

54. En la película se opta por «quería darse importancia con su conquista». Subrepticiamente se intercala «pobre Luis», *lapsus* que acentúa la autocompasión y el sinsentido existencial que sufre el personaje.

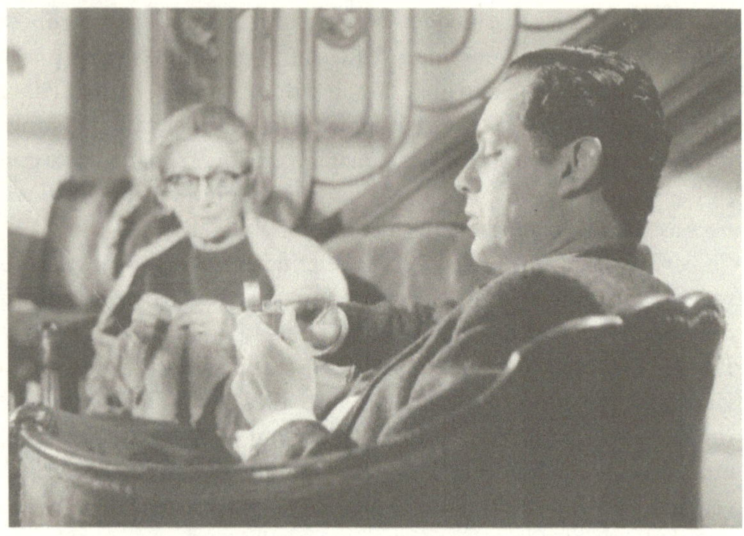

p15 — Imagen de *La cifra impar* de Manuel Antin.

Entonces se muestra el coqueteo de Laura y Luis en la pista de baile. Llama la atención que la fotografía encuadre juntos y por medio de una dinámica cámara en mano a la pareja bailando, y por separado a Nico, ya muy enfermo. Después del baile, las oscuras siluetas de Laura y Nico, que entonces aún son novios, se desvanecen en la profundidad de una calle en penumbras. Más tarde, en una escena que muestra una conversación en el jardín de la casa de *mamá*, el encuadre los enfoca detrás de gruesos barrotes que mutilan sus cuerpos. Los códigos fotográficos vaticinan de esta forma la extinción de la relación amorosa de Laura y Nico, y sugieren también a lo largo de la película el motivo del encierro de los personajes atormentados por el remordimiento.

Más tarde, Laura visita por primera vez la casa de doña Lía donde conversa con Nico en el jardín. Es decir, todavía se desarrolla el *flashback* probablemente disparado por la memoria de Luis. Pero, desde el punto de vista narratológico se plantea la siguiente cuestión paradójica: durante la visita de Laura al caserón de Flores se narran sucesos que no están al alcance del conocimiento de Luis, dado que

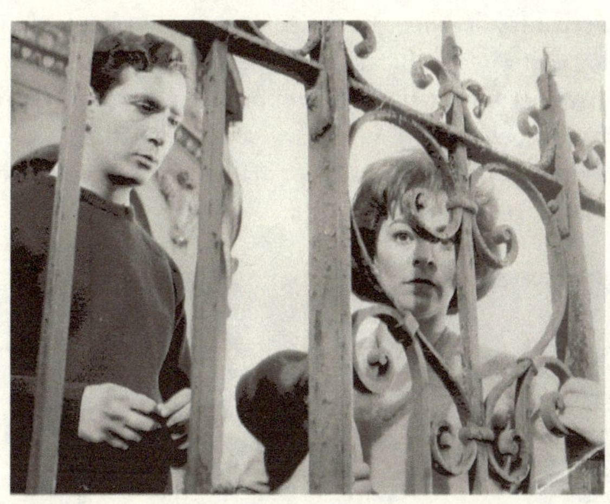

p16 — Nico (Sergio Renán) y Laura (María Rosa Gallo) aparecen encerrados en el jardín. Imagen de *La cifra impar* de Manuel Antin.

éste no está presente —se ausenta en cámara en una escena anterior—, por lo tanto, el personaje está lógicamente inhabilitado para recordar algo que no vio ni escuchó. Si bien fue posible conjeturar en un principio que estamos transitando por los recuerdos de Luis, en este punto de la narración el *flashback* se independiza convirtiéndose en una memoria ambigua o indeterminada, al contrario del cuento *CdM,* donde los recuerdos siempre están asociados al conocimiento del protagonista.

Antes de que la película retome el curso de la narración de lo que pasa en París, se muestra también el primer acercamiento amoroso entre Laura y Luis. Se trata de una escena añadida al cuento *CdM* y de carácter premonitorio en el filme. Estacionados con el coche frente a un paso a nivel, la pareja aguarda el paso del tren. Entonces la señal de advertencia «PARE» fotografiada en picado, la barrera cerrando el paso de los automovilistas y el sonido de un penetrante campaneo que anuncia el cruce del tren —el peligro— actúan, en su conjunto, como una especie de advertencia a las consciencias de los personajes respecto al paso que están dando con su incipiente romance a espaldas de Nico. Luego se retoma el presente de París por uno de los cortes más radicales de la película: recién enamorados en Buenos Aires, la fotografía encuadra juntos a los tórtolos mimándose dentro del coche (p17), y en París se los encuadra a los cónyuges mirando en direcciones opuestas y enjaulados tras los gruesos barrotes de su lecho matrimonial (p18).

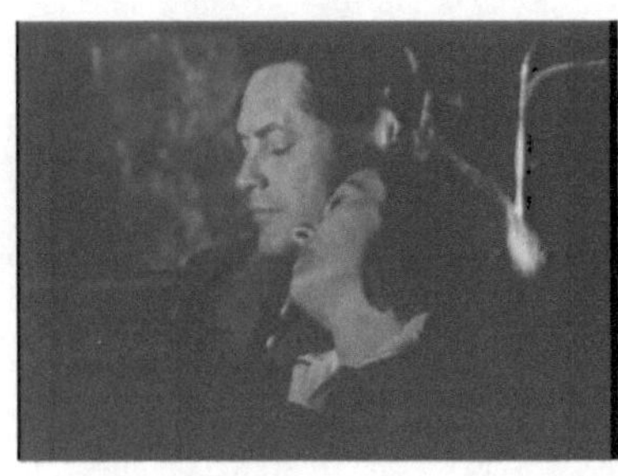

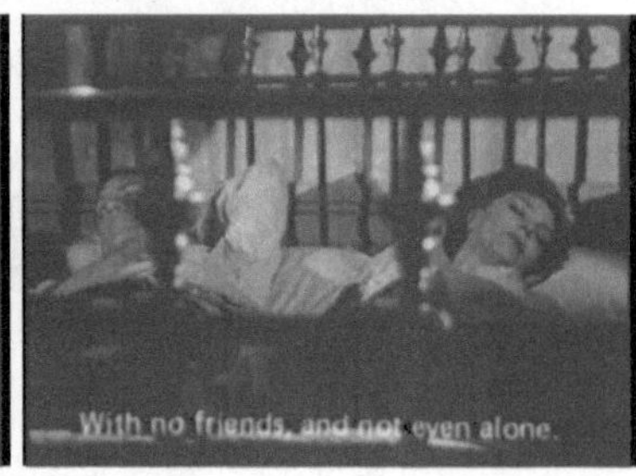

p17 – Buenos Aires Imágenes de *La cifra impar* de Manuel Antin. p18 – París

En París, los cónyuges están tras las rejas de su culpa y aparecen enjaulados en y por su lecho matrimonial erguido sobre el difunto Nico: «Empezaron a fingir que dormían» (*CdM*, p. 262), dice el narrador en el cuento de Cortázar.

La instancia narrativa del filme no retoma más o menos el punto espaciotemporal del cual partió el *flashback* (Luis charlando con su madre o Luis meditabundo por una calle parisina), como en la mayoría de los *flashbacks* convencionales (por ejemplo, *Forrest Gump*, 1994, de Robert Zemeckis, donde existe un punto concreto desde donde parten los recuerdos: el banco de una plaza), sino que desembarcamos completamente en otra situación, y hay que reorientarse inmediatamente. La siguiente ilustración visualiza los saltos temporales en torno al primer *flashback* extenso de *La cifra impar* que se produce en París en plena vía pública (presente «a»). Primero se muestra brevemente un fragmento de una conversación de doña Lía con su hijo Luis (presente «b»). Otro *flashback* actualiza inmediatamente las escenas correspondientes al baile en Flores (presente «c»), siguen las escenas de la primera visita de Laura a la casa de Luis (presente «d»), las cuales se desarrollan cronológicamente hasta la escena del paso a nivel (presente «e»). Mientras que un *flashback* convencional clásico devolvería una situación inicial, que designo punto de orientación espaciotemporal (por ejemplo, el banco de una plaza en *Forrest Gump*), en la narración de *La cifra impar* no se retoma nuevamente el presente «b», ni tampoco el presente «a» desde donde se partió inicialmente, sino que la narración desemboca en un presente «x» completamente indeterminado respecto a sus coordenadas temporales en la historia. Es patente la analogía que hay entre la película y el cuento de Cortázar respecto a las complejas estructuras temporales:

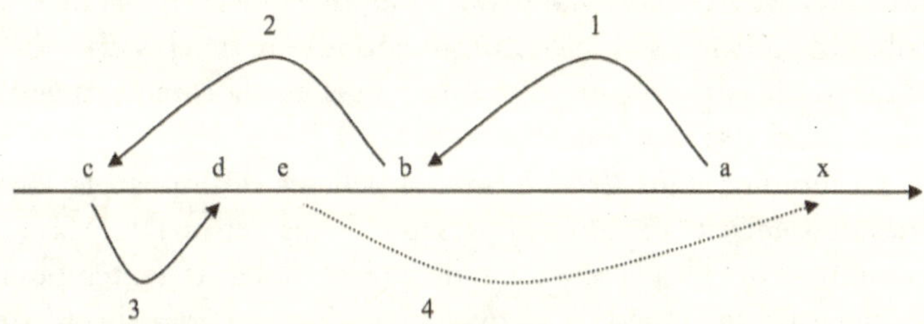

a = Luis meditabundo por una calle parisina;
b = conversación de doña Lía y Luis sobre el baile, «uno simpatiza, charla un poco...»;
c = baile donde se conocen Laura y Luis;
d = visita de Laura a la casa de Nico y Luis (y *mamá*);
e = Laura y Luis mimándose en un coche en Buenos Aires;
x = Laura y Luis aparecen enjaulados en su cama matrimonial en París.

Otro sugerente *affront* al modelo de representación temporal convencional del cine se produce cuando Laura recuerda algo que se audiovisualiza. No obstante, ocurre algo no muy frecuente en el cine de ficción puesto que el *flashback* se inserta *entre* dos frases de Laura, es decir, desde el punto de vista del fluir del tiempo objetivo, la narración del recuerdo ocupa mucho más tiempo del que pudo haber transcurrido entre las frases proferidas por aquélla. Se trata de un recuerdo motivado por asociación: Laura se acuerda de una conversación con Nico en Buenos Aires en el momento preciso en que su esposo le hace la misma pregunta que entonces le hace aquél: «Laura, ¿qué te pasa?». Esta pregunta desencadena un recuerdo que entra con un movimiento de cámara y por corte directo. Las frases de Laura que encuadran el recuerdo audiovisualizado son: (1) Nada, qué puede pasarme... y (2) ¿puede pasarme algo? (min. 0:30:20). Entre estas dos lacónicas frases, la narración fílmica abre un paréntesis en el tiempo de los relojes convencionales a fin de dar rienda suelta al tiempo psicológico del personaje que recuerda (y niega a su marido que recuerda algo). A diferencia del primer *flashback* antes graficado, este sí retoma el curso de la narración exactamente en el punto donde se lo había fracturado. Pero, según la *doxa* narrativa, se supone que la escena tuvo que haber continuado su lógico fluir mientras se narra el *flashback*. Sin embargo, la conversación de Laura y Luis queda como suspendida hasta retomarse su narración.

El montaje y los *flashbacks* de la película difuminan las claras fronteras entre el pasado y el presente de los personajes. Más aún, el montaje provoca la sensación de que las dimensiones temporales se invierten en la medida en que el pasado representa el verdadero presente nunca asimilado integralmente o fracasadamente evadido por Laura y Luis. Así lo interpreta, por ejemplo, una crítica de la película, la cual observa que el «pasado, en *La cifra impar*, no es nunca retrospectivo, sino actual: no es un tiempo puesto entre paréntesis, sino uno de los rostros del presente» (*Clarín*, 1962).[55] Se ha dicho que la instancia narrativa fílmica tiene la posibilidad de fundir —simultáneamente— imágenes actuales con sonidos fuera de campo cuya fuente diegética se encuentra en el pasado o en el futuro respecto a lo que se está mostrando. Así, por ejemplo, la voz *en off* de Luis reflexiona a lo largo de la película sobre su vida y sobre el significado que tienen las cartas de su madre mientras desfi-

55. «*La cifra impar*: una madura prueba de estilo», en: *Clarín*, 16 de noviembre de 1962, p. 12.

lan por la pantalla imágenes cuya ubicación espaciotemporal es completamente ambigua. El siguiente esquema muestra sobre el eje temporal de la película la disposición de los *flashbacks* así como la de las secuencias que incluyen imágenes sueltas correspondientes al pasado bonaerense, asociadas probablemente a la memoria de los personajes.

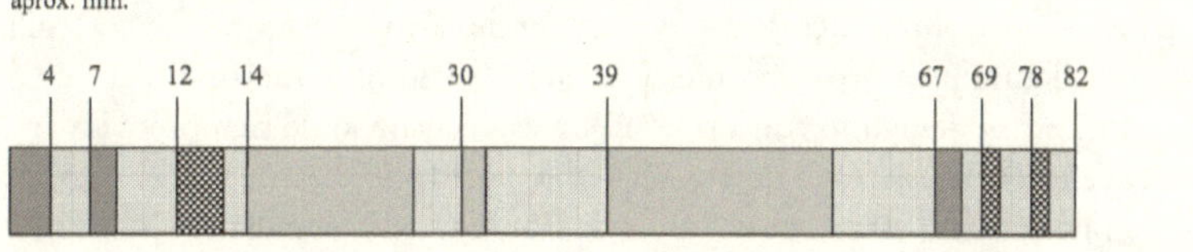

= *Mamá* en Buenos Aires (tiempo simultáneo al de París).

= secuencias correspondientes a París.

= secuencias de París con recuerdos sueltos de Buenos Aires que irrumpen y fracturan el flujo temporal de la narración fílmica.

= *flashbacks* que desarrollan tiempos de Buenos Aires, anteriores al viaje a París de Laura y Luis.

En el ámbito de las películas clásicas se instaura generalmente desde el inicio un flujo temporal narrativo que se proyecta sin muchos sobresaltos hasta la clausura final. Así, la creación de hipótesis del espectador se concentra predominantemente en el *qué pasará después*, y en menor grado en el *qué pasó*. Precisamente estas interrogantes se invierten en *La cifra impar* dado que las escenas correspondientes al presente parisino aparecen como estáticas, mientras que las zonas del recuerdo bonaerense son las que provocan mayor interés. Obsérvese, por ejemplo, esta conversación del matrimonio durante el desayuno:

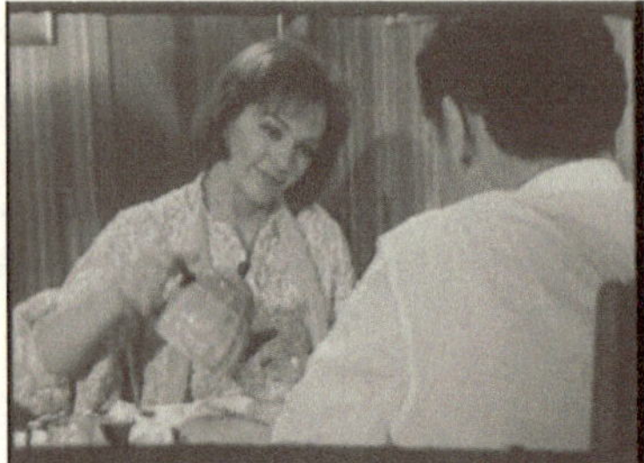
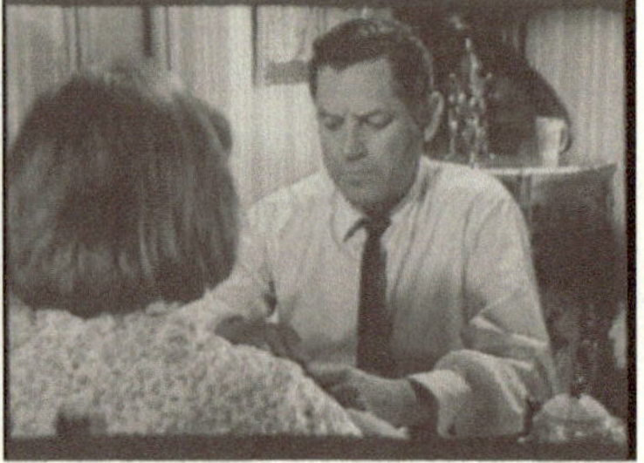

p19 Imágenes de *La cifra impar* de Manuel Antin. p20
Laura pasa revista irónica a la Gran Costumbre matrimonial durante el desayuno con Luis: «¿Querés decirme lo de siempre? ¿En la agencia qué…? ¿Algo de Tossier? Una partida de canasta con él y con su mujer para esta noche… Bois de Boulogne de mañana… Cine con Tyrone Power o Tom y Jerry… Ah, ¿te escribió tu mamá?...». La escena recuerda lejanamente una conocida secuencia de *Citizen Kane* que representa la decadencia matrimonial del protagonista por medio de un encadenamiento de escenas matinales cada vez menos románticas enlazadas por fundidos.

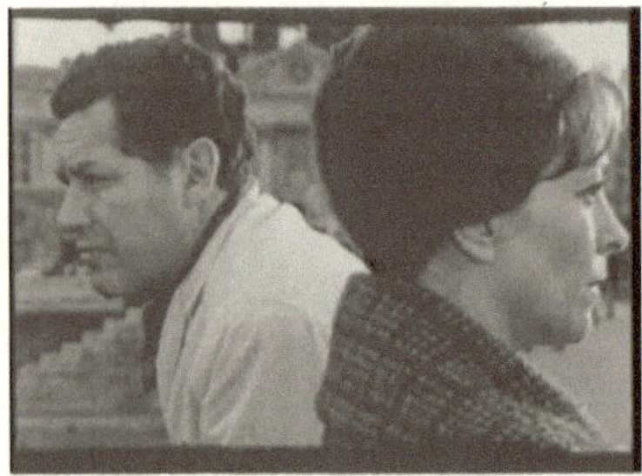
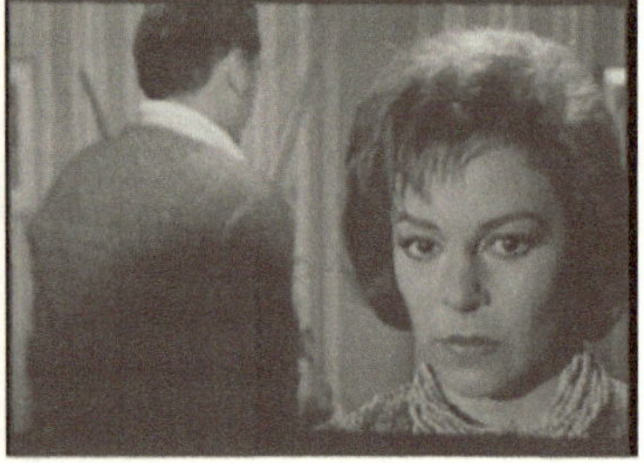

p21 Lautaro Murúa y María Rosa Gallo en *La cifra impar* de Manuel Antin. p22
P21 y p22 corresponden a escenas diferentes, pero la analogía respecto a la puesta en escena y las miradas desencontradas es manifiesta. Asimismo, este modo evita el tradicional plano/contraplano en la representación de diálogos.

Entre los motivos del cuento sustancialmente enriquecidos por la *mise-en-scène* de la película se destaca la incomunicación de la pareja, una idea continuamente sugerida por los encuadres y las miradas de los personajes, las cuales se desencuentran cuando dialogan. Los personajes no se miran a los ojos, pues, cuando hablan, ni siquiera cuando tocan frontalmente el tabú «Nico».

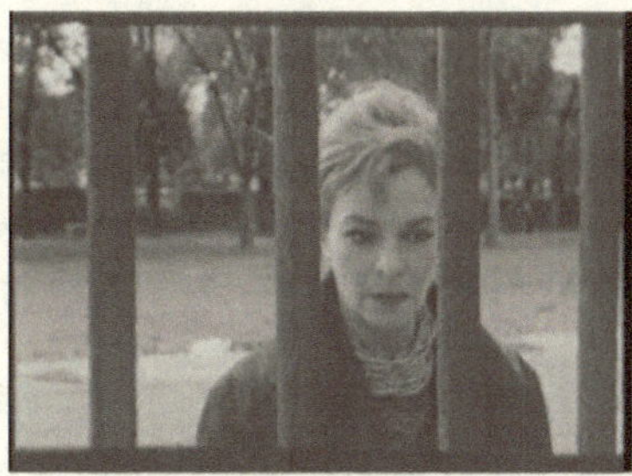
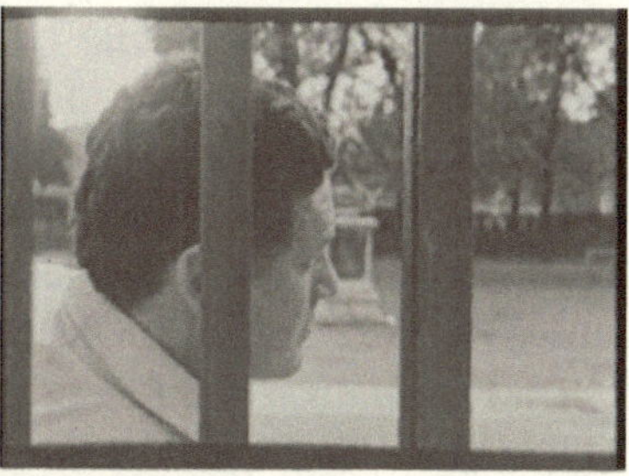

p23 Imágenes de *La cifra impar* de Manuel Antin. p24
En París, la pareja aparece en planos separados por un corte —un rasgo estilístico que acentúa la distancia entre los personajes— y detrás de gruesas rejas, las cuales nuevamente sugieren el encierro. En esta escena, el paneo de la cámara, que gira sobre su eje a la derecha, abandona al matrimonio y enfoca una calle y una vereda despobladas sugiriendo o mostrando directamente, pues, el vacío de la incomunicación.

Las imágenes y los sonidos de la dimensión bonaerense se filtran de manera no convencional e incluso paradójica en el acontecer parisino hasta confundirse plenamente en la actualidad psíquica de los personajes como, por ejemplo, en la celebrada escena final de la película que examino inmediatamente. Laura y Luis acuden por separado a la estación de tren el día indicado por una carta de *mamá*, la cual informa sobre la supuesta llegada de Nico a París. Entonces les invaden a los protagonistas recuerdos sueltos o *mindscreens* que aparecen como relámpagos en la narración a través del «montaje discursivo y de correspondencias» (Amiel 2005) que enfatizan la inestabilidad emocional de los personajes. Naturalmente, se reconoce de inmediato que las imágenes sueltas que fracturan sensiblemente el flujo de la narración corresponden a escenas ya mostradas; por lo tanto, representan también una sensación del «duro rebote de pelota». Vuelven a oírse las campanadas del reloj de Buenos Aires *en off* (sonido diegético/ fuera de campo/ contrapunto) y el caos de imágenes fragmentarias puede ser atribuido a la memoria de cada uno de los dos personajes. Ahora los brevísimos *flashbacks* ya no se remontan a un pasado en general para buscar recuerdos como al comienzo de la película, sino que inmediatamente aparecen imágenes puntuales que recuerdan momentos clave respecto a lo que pasó con Nico en Buenos Aires. Las situaciones recordadas simbolizan traumas no superados por los personajes y reflejan también el sentimiento de culpa que aflora por asociación. La densa nube de humo de la gigantesca locomotora que acaba de entrar al andén parece evaporar definitivamente la vaga ilusión del fantasmal arribo de Nico.

Al final, Luis redacta una carta a su madre conjeturando *en off*: «Nico llegó. No hacía falta que llegase porque estaba en todas partes, mamá. Aquí es como si siempre hubiese un tercer cubierto en la mesa y un tercer cuerpo en la cama». *La cifra impar* comienza y termina con la escritura de cartas cuyos contenidos ambiguos tratan un conflicto que hacia el final de la película, lejos de disiparse, se instala más profundamente. El último muy significativo plano del filme enfoca en picado a la pareja en su lecho, cuya imagen se esfuma en la oscuridad cuando el esposo apaga la luz del velador. Las penumbras apagan al matrimonio en la cama y en la pantalla oscura se imprime «FIN», como una provocación. En las palabras de España: «El film comienza y concluye sin que pareciera haber ocurrido nada» (2005: 135).

Se me pregunta qué es "La cifra impar" y contesto. "La cifra impar" es uno de los tantos enfoques de lo que puede ser una anécdota en la pantalla de un cine, un sufrimiento, una manera de sentir, un caso lógico, una película construida con elementos literarios; la transfiguración serena de una circunstancia violenta que corroe a los personajes y que al mismo tiempo elabora un desenlace que no existe, etcétera. Pero, por sobre todo eso, es también una expresión de estilo y una posibilidad de metáfora sin la cual, a mi modo de ver, no hay cine.

Manuel Antin
1961

Manuscrito de Manuel Antin con pensamientos sobre su *opera prima*.

Hay que recordar que *La cifra impar* es una *opera prima* y ciertamente resulta «sorprendente que un director novel, que hace su primera experiencia en el largometraje, exhiba un grado de madurez y un dominio de los resortes técnicos como los que revela Manuel Antín en este film» (*La prensa* 1962).[56] Así lo interpreta también otro cronista que alude «a la madurez conceptual, a la seguridad técnica, a la destreza, en cierto modo insólita, con que este debutante maneja los secretos del cine y los subordina a sus necesidades expresivas» (*Clarín*, 1962).[57] «Qué piensa de *La cifra impar*, su primer cuento trasladado al cine?», le consultan a Cortázar en una entrevista, y el autor responde:

> Admitido el mal mayor (intrusión de la literatura en el cine), hay los que saben transponer y los que fotografían novelas a todo trapo. Para suerte mía, Manuel Antín figura entre los primeros: «La cifra impar» conserva las calidades (en el sentido pictórico) de mi cuento, sin sacrificar ningún valor estrictamente cinematográfico. La dificultad de toda transposición está precisamente en eso, y me parece que Antín ha logrado el máximo de fidelidad sin renunciar a la idea, a la vez compleja y rigurosa, que él se hace del cine («Entrevista a larga distancia», en: *El Mundo*, 14 de abril de 1964, p. 16).

Finalmente, es digno de recordar también el primer encuentro personal entre Antin y Cortázar, el cual se produce casualmente durante el rodaje de *La cifra impar* en París. Así lo recuerda el director:

> [...] comenzada la filmación, estaba un día en la Place Fu[r]stenberg cerca de la iglesia de Saint-Germain-des-Prés, tirado en el suelo, filmando una escena de *La cifra impar* en la que María Rosa Gallo se acercaba a cámara caminando por el costado de unas vidrieras. De pronto tenía a mi lado dos enormes pies, levanté la cabeza y vi a ese gigante que era Julio Cortázar (en: Félix-Didier 1994: 8).

56. «La cifra impar», en: *La Prensa*, 16 de noviembre de 1962, p.10.
57. «*La cifra impar*: una madura prueba de estilo», en: *Clarín*, 16 de noviembre de 1962, p. 12.

«Circe» (1951), de Cortázar

El título del cuento del volumen *Bestiario* (1951) que inspira la próxima película remite a lo sobrenatural[58], mientras que la historia del relato de Cortázar se desarrolla en pleno barrio de Almagro, en las confiterías de Rivadavia, en la plaza Once o en «el Munich de Cangallo y Pueyrredón». Múltiples referencias al mundo extraliterario fáctico retratan una inconfundible ciudad de Buenos Aires muy familiar. Hay que recordar que precisamente el rescate de una Buenos Aires actual fue una de las principales preocupaciones de los directores de la *Generación del 60*:

> Es en esa búsqueda de un tono argentino y en esa necesidad de pertenencia que debe inscribirse el registro fiel y obsesivo de Buenos Aires. Una de las características de este nuevo cine es la presencia de la ciudad como tema y en los personajes. Ausente en la cinematografía anterior, la ciudad de Buenos Aires aparece en el cine clásico reconstruida y reinventada en estudios, aludida en imágenes de archivo o simplemente negada. En cambio, los cineastas de los 60 rescatan la ciudad real y la aprovechan dramáticamente como casi nunca lo habían hecho sus antecesores, con ejemplos extremos en los casos de *Prisioneros de una noche* ([David José] Kohon, 1960) e *Invasión* ([Hugo] Santiago, 1969) (Félix-Didier 2003: 31).

El narrador anónimo del cuento hace una vaga referencia temporal cuando se refiere al calor «de esos diciembres del veintitantos» (*C*, p. 217) y alude a la histórica pelea de boxeo de Luis Angel Firpo

58. Circe, «la de hermosos cabellos, potente deidad de habla humana», es la hechicera mítica que convierte en cerdos a los hombres de Ulises en el décimo canto de *La odisea.* Cuando solicitan una reseña de la película para la participación en el Festival de Cine de Berlín en 1964, Cortázar le escribe a Antin: «Mirá, lo de la "explicación" previa de *Circe* es típico de los alemanes. ¿Qué cuernos le podemos explicar? Estuve releyendo *La Odisea,* cosa que jamás se me había ocurrido hacer en los tiempos en que escribí el cuento, y encontré algunas frases que, más o menos cocinadas, podrían dar un texto que aclarara ligeramente lo que ha de seguir. Yo te copio aquí lo que se me ocurre a toda máquina, mezclando Homero con Cortázar, en proporción de 85 a 15» (carta del 16 de mayo de 1964, en: *Cartas* 2, p. 714). El cuento reaparece en el volumen «Ritos» de *Los relatos.*

vs. Jack Dempsey de 1923 —sufrida por Cortázar en Banfield a través de la radio— que causa en el cuento «una humillada melancolía casi colonial» (*C*, p. 207).[59] A propósito de la atmósfera del cuento Cortázar manifiesta que «es un Buenos Aires que yo respiré» (en: González Bermejo 1978: 12). Son conocidas las difíciles circunstancias en que se encuentra el autor cuando escribe «Circe», así como también el efecto terapéutico de la escritura revelados por Cortázar en repetidas ocasiones. Según sus testimonios, «Circe» representa uno «de esos cuentos [que] representan una especie de autopsicoanálisis» (en: Harss 1966: 269). El relato fue escrito durante una etapa muy fatigosa durante la cual el escritor realiza exámenes para aprobar un curso de traducción pública y pasa por una «pequeña neurosis» consistente en sospechar bichos raros en su comida: «Eso me dio la idea del cuento, la idea de un alimento inmundo. Y cuando lo escribí, por cierto que sin proponérmelo como cura, descubrí que había obrado como un exorcismo porque me curé inmediatamente» (en: Harss 1966: 270).[60]

A la protagonista pequeñoburguesa del cuento Delia Mañara, cuyo apellido admite una asociación anagramática con la noción de maraña, o sea, enredo o lío, se le mueren dos novios: Rolo y Héctor. El prime-

---

59. Cortázar narra el episodio autobiográfico en *La vuelta al día en ochenta mundos* II: «En 1923 los argentinos escuchamos en transmisión casi directa desde el Polo Grounds de New York, el relato del combate en que Jack Dempsey retuvo el campeonato mundial de peso pesado al poner fuera de combate a Luis Angel Firpo en el segundo *round*. Yo tenía nueve años, vivía en el pueblo de Banfield, y mi familia era la única del barrio que lucía una radio caracterizada por una antena exterior realmente inmensa [...]. Buena parte del vecindario se había instalado en el patio con visible azoramiento de mi madre [...]. Fue nuestra noche triste; yo, con mis nueve años, lloré abrazado a mi tío y a varios vecinos ultrajados en su fibra patria» (p. 124 ss.). En otro lugar Cortázar añade: «sentí eso como una especie de tragedia nacional porque hubo una crisis de histeria en la Argentina» (en: Picon Garfield 1978: 107). En su trabajo sobre la radiofonía argentina *Locos por la radio*, Matallana recuerda: «Para ese acontecimiento [la transmisión de la pela de Luis Ángel Firpo y Jack Dempsey], miles de aparatos de radio se vendieron para poder sintonizar el fenómeno deportivo» (2006: 13). Por su lado, Deschamps enfoca la vida de Cortázar en Banfield en su libro *Julio Cortázar en Banfield: infancia y adolescencia* (2004).

60. Cortázar revela más detalles al respecto en González Bermejo (1978: 31 s.).

ro muere de un síncope en el zaguán de la casa de los Mañara tras una visita a la novia y el segundo comete suicidio tirándose al río despertando con su muerte la desconfianza —acaso la convicción— del barrio respecto «a la muchacha que había matado a sus dos novios» (*C*, p. 207). Delia es un personaje de carácter sumamente ensimismado que se dedica a la minuciosa elaboración de licores y bombones con rellenos de todo tipo. Todo el barrio de Almagro escudriña posibles causalidades que a toda costa expliquen —racionalmente— la extraña muerte de dos pretendientes seguidos. Mario, el tercer novio y futuro esposo, debe combatir contra múltiples advertencias y rumores del barrio y hasta de su propia familia, la cual también desconfía de Delia.

La escena final del cuento parece sugerir una *posible* relación causal —criminal— entre Delia y la misteriosa muerte de sus anteriores pretendientes, puesto que Mario descubre restos de una cucaracha en el relleno de un bombón ofrecido por aquélla. Pero el final ambiguo absolutamente no revela una solución clara y coherente a los conflictos planteados por el cuento, antes por el contrario. Tampoco es posible determinar con precisión las motivaciones psicológicas de Delia, aspecto que se refuerza por un narrador que describe las acciones del personaje desde afuera, sin penetrar en sus pensamientos. En las palabras de Maturo, «Circe, Delia Mañara, [...] encarna la atracción maligna e inferiorizante de la mujer» (2004: 52). A su vez, Alazraki especifica las incógnitas que el cuento deja sin respuesta y que, por otra parte, una película de corte clásico presumiblemente aclararía en detalle:

> ¿Ha matado Delia a sus dos novios como se rumorea en el barrio, o se trata solamente de una coincidencia? ¿Hay alguna relación entre estas muertes y la afición de Delia a los licores y bombones? El último descubrimiento de Mario de la cucaracha en el bombón preparado por Delia, ¿confirma los chismes? Y finalmente: ¿sobrevive Mario a los hechizos confitados de Delia? (1983: 165).

Sobre el plano narrativo del discurso llama la atención que los ambientes, las conversaciones más íntimas e incluso los más recónditos sabores de los bombones, tales como «un sabor a mandarina, levísimo, viniendo desde lo más hondo del chocolate» (*C*, p. 213), están descritos con lujo de detalles por un narrador homodiegético que, sin embargo, abiertamente declara no acordarse bien de los personajes ni de la historia que está relatando: «Yo me acuerdo mal de Delia, pero era fina y rubia, demasiado lenta en sus gestos (yo tenía doce años, el tiempo y las cosas son lentas entonces)» (*C*, p. 207). Asimismo: «Yo me acuerdo mal de Mario, pero dicen que hacía linda pareja con Delia» (*C*, p. 209). En otro «fragmento exegético» (Schmid 2008: 276) confiesa: «Ahora ya es más difícil hablar de esto, está mezclado con otras historias que uno agrega a base de olvidos menores, de falsedades mínimas que tejen y tejen por detrás de los recuerdos» (*C*, p. 211). Pareciera que esta frase del cuento dialoga con las reflexiones cinematográficas de Antin acerca de su noción de memoria como «episodios que han sucedido ya y otros que quizá no sucedan nunca o que sucederán después» (en: *Tiempo de cine* 12, 1962, p. 6).

El cuento plantea desde el punto de vista narratológico una contradicción o un caso de «paralepsis» (Genette 1972: 211 s.) en la medida en que el narrador reconoce manifiestamente sus limitaciones, pero sin embargo suministra una profusa cantidad de detalles, incluso pormenoriza los sabores «más hondos» de los bombones.[61] Es así que se configura una voz narradora —y una memoria— poco o nada confiables.[62] Para expresar sus recuerdos, el narrador se apoya en chismes y rumores de barrio, e incluso en un «papelito arrancado al borde de *Crítica*» (*C*, p. 209). En otra ocasión señala que «los muchachos del café Rubí estaban de acuerdo» (*C*, p. 209), revelando otra de sus presuntas fuentes cuyo grado de credibilidad también es dudoso, al menos discutible. En suma, el narrador reconstruye un mosaico de rumores y entreteje las voces del barrio que reproducen los extraños acontecimientos.

En cuanto a la estructura temporal y al modo no causal de concatenación de las cosas, es llamativo el alto grado de circularidad y dis-

---

61. Genette denomina «paralepsis» al exceso de información que suministra un narrador más allá de lo que le posibilita lógicamente el modo de la focalización dominante. El autor enfoca este fenómeno dentro de las posibles alteraciones que se pueden producir en los relatos en cuanto a la focalización.

62. El concepto de *unreliable narrator* lo propone Wayne C. Booth (1961). A su vez, Martinez y Scheffel sugieren más criterios analíticos para el estudio de la llamada narración no confiable (2005: 95 ss.).

continuidad así como las conexiones por asociación como, por ejemplo, ilustra el siguiente fragmento, en el cual subrayo en negritas la idea que opera de nexo entre los retazos de recuerdo:

> A veces salía sola hasta el antiguo barrio, donde Héctor la había festejado. Madre Celeste la vio pasar una tarde y cerró con ostensible desprecio las persianas. Un **gato** seguía a Delia, todos los **animales** se mostraban siempre sometidos a Delia, no se sabía si era cariño o dominación, le andaban cerca sin que ella los mirara. Mario notó una vez que un **perro** se apartaba cuando Delia iba a acariciarlo. Ella lo llamó (era en el Once, de tarde) y el perro vino manso, tal vez contento, hasta sus dedos. La madre decía que Delia había jugado con **arañas** cuando chiquita. Todos se asombraban, hasta Mario que les tenía poco miedo. Y las **mariposas** venían a su pelo —Mario vio dos en una sola tarde, en San Isidro—, pero Delia las ahuyentaba con un gesto liviano. Héctor le había regalado un **conejo** blanco, que **murió** pronto, antes que Héctor. Pero **Héctor se tiró** en Puerto Nuevo, un domingo de madrugada. Fue entonces cuando Mario oyó los primeros chismes (*C*, p. 208, resaltados míos).

Las imágenes o los recuerdos sueltos («a veces», «una tarde», «un domingo», etc.) se enlazan unos a otros según la asociación de ideas: primero los animales despiertan recuerdos análogos, luego la muerte del conejo blanco se asocia con el suicidio de Héctor que, a su vez, se engarza con los chismes que pregonan aquel episodio y así sucesivamente. La fragmentada temporalidad del cuento aparece estrechamente vinculada a la subjetividad del narrador cuya técnica narrativa se define explícitamente en el texto cuando se menciona que los chismes —como un tipo de montaje de cine— «anexaban episodios indiferentes para darles un sentido» (*C*, p. 209), y que: «Sin darse cuenta, Mario juntaba pedazos de episodios» (*C*, p. 210). La historia de Delia Mañara, sus novios y el barrio, aparece quebrada por el prisma de una memoria anónima cuyo propio acto de recordar, ambiguo, enmarañado, fragmentario, se tematiza en el relato. Como se ha mencionado, el funcionamiento de la memoria y sus posibles formas de representación en el cine y la literatura representan preocupaciones centrales en la obra de Antin, y los fenómenos anteriormente resaltados en el cuento de Cortázar sin duda influyen en su decisión de abordar, precisamente en aquel momento histórico, el cuento «Circe».

Circe (1964), de Antin

> [S]e me ocurre que *Circe*, sin renuncia alguna, obligará al público, por lo menos a una gran parte del público, a tirarse de cabeza, a quemar las etapas, a entrar en el mundo Antín como un buen día entró en el mundo Orson Welles o en el mundo [Kenji] Mizoguchi.
>
> (Julio Cortázar, 1964)[63]

El cuento «Circe» figura entre las primeras obras de Cortázar seleccionados por Antin para su debut en el cine de largometraje. No obstante, la complejidad narrativa del relato literario hace esperar y perfeccionarse primero al entonces ávido espectador cineclubista: «Me pareció difícil empezar una obra cinematográfica haciendo "Circe", entonces busqué otro cuento de él [Cortázar] que tuviera alguna relación conmigo, que yo podría haber escrito si yo hubiera escrito bien, y eso fue "Cartas de mamá"» (en: Peña 2003: 42, t. 1).[64] Por cierto, en el caso de «Circe» no solamente el manejo del tiempo y la memoria llaman la atención del cineasta, sino que también una circunstancia particular influye de alguna manera para que seleccione precisamente aquel relato:

> [...] leí un cuento, «Circe», que me pareció la historia de mi vida... yo en ese momento tenía una novia muy elusiva, en esa época se llamaban novias de zaguán. Y me hacía sufrir mucho mi novia de zaguán. Sentí que había una enorme relación entre ese personaje monstruoso, esa bruja maldita, y esta novia mía (Antin, en: Peña 2003: 42, t. 1).

---

63. Carta a Manuel Antin del 7 de enero de 1964, en: *Cartas* 2, p. 673.
64. Antes de dirigir su primer largometraje *La cifra impar*, Antin trabaja en el ámbito del cortometraje actuando primero de productor y guionista del corto *Contracampo* (1958), de Rodolfo Kuhn. Al año siguiente escribe el guión del corto *Luz, cámara, acción* (1959) del mismo cineasta. Luego, en 1960 escribe y dirige su primer corto: *Biografías*. Después de rodar *La cifra impar* y antes de llevar a cabo *Circe*, Antin dirige la película *Los verenables todos* (1962), basada en una novela homónima de su autoría escrita en 1958.

El proyecto de realización de una segunda película es el fruto de una prolongada tertulia epistolar intercontinental entre el escritor y Antin inmediatamente posterior al celebrado estreno de *La cifra impar*. Varias posibilidades son barajadas por correo hasta que finalmente se cristaliza la decisión de llevar al cine «Circe», hecho que provoca la siguiente reacción de Cortázar:

> Tu idea de filmar «Circe» me llena de secreto entusiasmo (lo de secreto es relativo, porque Aurora sabe cuánto me emociona esa posibilidad); desde luego, si te sigue interesando la idea, como me decís, contás plenamente conmigo para cualquier cosa (carta del 11 de abril de 1963, en: *Cartas* 1, p. 554 s.).

«Cualquier cosa» consiste específicamente en la creación de los diálogos para el guión de la película, cuyo primer esbozo fue compuesto, esta vez presencialmente, por Antin y Cortázar bajo las palmeras de los jardines del hotel *Villa Balbi* en Sestri Levante (Italia) hacia fines de mayo de 1963. Pocos días antes de este encuentro Cortázar pone el punto final a las revisiones de *Rayuela*.[65] En aquella ocasión, Antin acompaña su segundo largometraje *Los venerables todos* (1962) al Fes-

65. En una carta dirigida a Jean Barnabé, Cortázar recuerda el trabajo con Antin de la siguiente manera: «Más arriba le hablé de Sestri Levante. Bueno, usted sabe que un joven director de cine argentino, Manuel Antín, hizo un film con "Cartas de mamá". Este año presentó otra película suya basada en una novela que había escrito hace unos años, y se prepara a filmar otra con ese alegre y estimulante cuento mío que se llama "Circe". El hombre tiene coraje, como usted ve. Además es inteligente, ambicioso (en un sentido espiritual, que es el único que me interesa) y choca con la incomprensión y el snobismo habitual en la crítica y el público. Por esas razones yo me he hecho buen amigo de él, y acepté que me invitaran oficialmente al festival de Sestri pues en esa forma [...] yo podía trabajar con Antín en el guión de "Circe". Hemos pasado así toda esta semana, y estoy muy contento de haber ido. [...] Antes de irme a Italia, terminé de corregir las últimas pruebas de mi novela, y las envié por avión al editor» (carta del 3 de junio de 1963, en: *Cartas* 1, p. 582 s.). Según Herráez, el escritor termina la revisión de *Rayuela* en París, el 21 de mayo de 1963 (2001: 176). Pocos días después parte con su esposa Aurora Bernárdez con destino a Sestri Levante al encuentro de Antin, y *Circe*.

tival de Cine Latinoamericano de Sestri Levante y también al de Cannes, donde la película representa a Argentina.[66] Antin y Cortázar llevan cada uno bajo el brazo una copia del esbozo del guión de *Circe* a sus casas, y el escritor se pone a redactar con vivo entusiasmo los diálogos: «apenas volví a París pasé a máquina tu guión, y me puse a trabajar», le escribe al director (carta del 17 de junio de 1963, en: *Cartas* 1, p. 587). A la versión definitiva de los diálogos enviada por Cortázar desde Francia acompaña una valiosísima cinta magnetofónica donde el autor registra sustanciosos comentarios personales sobre la narración de la película así como también sobre su propia experiencia como guionista de cine.[67] Esta fonocarta, musicalmente introducidas por los sonidos de una flauta ejecutada por Cortázar, no solo contiene observaciones sobre *Circe*, sino que también una serie de anécdotas, reflexiones sobre el cine de la época, sobre pintura moderna, su histórico viaje a Cuba y otros asuntos. A propósito de su trabajo como guionista, el escritor confiesa:

> Me resulta muy extraño hacer diálogos para cine. Por momentos es un poco como si estuviera manejando un auto con los ojos vendados. Me faltan mis propias descripciones, mi propia manera de situar la cosa. Es complicado, al mismo tiempo es muy fascinante. Lo hago realmente con mucho gusto [...] (cinta magnetofónica a Manuel Antin, min. 0:09:20).

---

66. Antin explica: «*Los venerables todos* fue presentada en el Festival de Cannes y en Suecia, en 1963, pero, en Argentina, sólo pudo ser estrenada veintidós años después de su realización, en agosto de 1984, en una emisión televisiva del programa Función Privada de ATC» (en: Sández 2010: 66). En Cannes sale victorioso con la palma de oro Luchino Visconti con *Il gattopardo* (1963).

67. Así le explica Cortázar al cineasta: «mientras trabajaba, tenía a mi lado el grabador y, cada vez que me parecía necesario, te iba haciendo un comentario oral paralelo, para explicarte ciertas intenciones y, en el fondo, para tener un poco la impresión de que continuábamos el diálogo de Sestri Levante. Ahora que los diálogos y la cinta están terminados, creo que esta última tiene su importancia para vos, y que de ninguna manera deberías ponerte a trabajar sobre los diálogos sin escuchar todo lo que te digo de viva voz» (carta del 17 de junio de 1963, en: *Cartas* 1, p. 587 s.).

Entre los factores que estimulan a Cortázar a participar en la creación de una película merece la pena destacar su idea de experimentar técnicas narrativas en el campo de la narración cinematográfica precisamente en un clima de época y con un director que promueven múltiples transgresiones al modelo narrativo tradicional del cine. Así, «gracias al desafío que le proponían los guiones, Cortázar comenzaba a reflexionar ya no sólo literaria, sino también cinematográficamente y buscaba traducir sus impresiones fantásticas en un lenguaje fotográfico e icónico» (Sández 2010: 122). La notable cultura cinematográfica del espectador Cortázar se complementa ahora con su activa participación en el proceso de creación de cine, y como lo anteriormente conjeturado, es de suponer que aquellas creativas actividades cinéfilas dejan rastros en su producción literaria.

La experiencia de crear guiones con Antin en Sestri Levante representa un grato recuerdo evocado por Cortázar en varias ocasiones como, por ejemplo, cuando le escribe al cineasta: «Nada, nada reemplazará jamás esas reposeras bajo los árboles del Hotel Balbi» (carta del 18 de julio de 1963, en: *Cartas* 1, p. 590). Más tarde propone: «Démosle a estas cartas un nuevo valor de diálogo en dos reposeras» (carta del 23 de julio de 1964, en: *Cartas* 2, p. 724). Llegados los diálogos de Cortázar y la cinta magnetofónica a las manos de Antin en Buenos Aires, se abre nuevamente un nutrido intercambio epistolar de críticas donde se vuelven a discutir algunas escenas hasta que finalmente le escribe satisfecho el autor al cineasta: «Ahora estoy seguro de que "Circe" va a ser lo que vos y yo quisimos que fuera» (carta del 30 de julio de 1963, en: *Cartas* 1, p. 610).[68] Sin embargo, por esos azares inexplicables que tiene la vida, probablemente Cortázar nunca tuvo la ocasión de ver la película en cuyo guión tan intensamente trabajó. Hecho que lamenta muchas veces, como ocurre muchos años más tarde en una

68. Las más sugerentes críticas y contrapropuestas de Cortázar al nuevo libro cinematográfico de Antin se encuentran en la carta del 18 de julio de 1963 (*Cartas* 1, p. 590 ss.), en la cual el autor acusa recibo de dicho libro, comenta algunas escenas y además le expresa al director: «he visto cómo has refinado y elaborado y prismatizado montones de cosas, me parece casi como si hubiera asistido a la proyección y estuviera todavía bajo el impacto».

carta: «Unos argentinos de paso por París me dijeron haber visto en la televisión tu película *Circe*, esa que yo no vi jamás, y que por cierto les había gustado. [...] Me acuerdo que ese film lo hiciste a puro pulmón» (carta del 16 de noviembre de 1969, en: *Cartas* 3, p. 1364).[69]

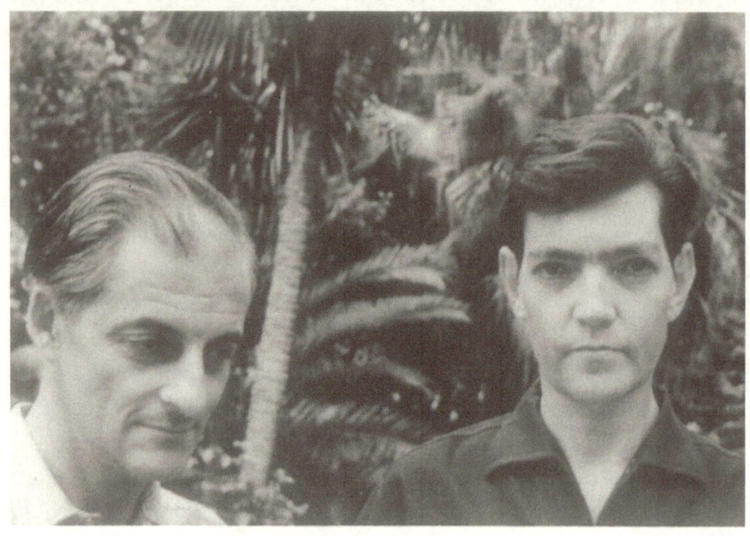

Manuel Antin y Julio Cortázar creando el guión de la película *Circe* en Sestri Levante en 1963.

69. Más tarde, cuando se prepara el guión de la siguiente película, *Intimidad de los parques*, Cortázar escribe al director: «Una noche lo tuvimos en casa a Novais Teixeira [...]. Se preparaba a irse a Venecia, a "cubrir" el festival, y me dijo que había dificultades para la introducción de la copia de *Circe* en Francia. Me quedé tristón, porque tengo tantas ganas de ver nuestra película (aramos, dijo el mosquito). Espero que la proyección no se haga en mi ausencia, o que en todo caso quede una copia en París para que yo pueda conseguir luego una proyección. ¿Por qué no inventás las copias en microfilm, que se puedan mandar en un sobre? El cine es un arte anacrónico, Manuel: cada vez que veo esas bolsas llenas de latas me da la impresión de los ladrillos babilónicos» (carta del 5 de setiembre de 1964, en: *Cartas* 2, p. 760).

La película *Circe* retoma muy claramente la narrativa discontinua y fragmentaria de *La cifra impar* (1962) y *Los venerables todos* (1962). Más aún, la ambigüedad y las «tensiones interpretativas» (Eco 1984: 165) producidas por los *flashbacks* y por el frecuente «montaje discursivo» (Amiel 2005) resultan mucho mayores respecto a las películas anteriores. En lo referente a su recepción crítica en la época del estreno *Circe* divide a la prensa argentina cuyos juicios resultan más moderados en comparación a los que otrora han celebrado la *opera prima* del director: «Pocos film[s] argentinos han dividido tanto a la crítica», escribe *Tiempo de cine* (1965) acerca de *Circe.*[70] Por otra parte, los críticos destacan —como también se había señalado en *La cifra*— la equivalencia estética del filme *Circe* respecto al cuento precedente de Cortázar como, por ejemplo, apunta *La Nación*: «Si Cortázar supo crear una historia de profunda significación poética en la que todo está dado a través de un clima de irrealidad que es la propia vida real transfigurada, Antin ha sabido visualizar con maestría ese proceso y narrarlo en imágenes» (1964).[71] Es preciso argüir, sin embargo, que la narración de la película que «visualiza», vale decir, recrea el cuento produce efectos específicamente cinematográficos examinados a continuación.

Por otra parte, teniendo en cuenta la cultura cinematográfica de la *Generación del 60*, la película de Antin amplía del cuento de Cortázar motivos muy atrayentes desde el punto de vista del cine argentino de la época. A partir de la película considerada inaugural del movimiento, *Los de la mesa 10* (1960), y teniendo en cuenta, además, las paradigmáticas *Tres veces Ana* (1961) y *Prisioneros de una noche* (1962), ambas de David José Kohon, así como también *Los jóvenes viejos* (1962), de Rodolfo Kuhn, estas películas tienen en común el tratamiento del noviazgo y la sexualidad desde la perspectiva de los jóvenes:

> Una de las características más sobresalientes de los films de la Generación [del 60] fue la elección del punto de vista de los jóvenes, de sus preocu-

70. «Inquieta y presuntuosa», en: *Tiempo de cine* 18/19 (1965), p. 51.
71. «Una obra depurada y de calidad formal», en: *La Nación*, 3 de mayo de 1964, p. 10.

> paciones, miedos y certezas, narrados desde una perspectiva nueva, hasta entonces omitida de la representación. En el cine argentino industrial, los jóvenes aparecían en los films tal como querían verlos sus mayores (Félix-Didier 2003: 30).

El desplazamiento del foco de interés de la película de Antin hacia motivos de la sexualidad así como la femineidad se reflejan claramente en una reveladora sinopsis de la película reproducida en un documento oficial del Instituto Nacional de Cinematografía (INC), el cual expone el argumento de *Circe* precisamente en estas palabras: «La crueldad femenina y la perversidad sexual de una joven moderna que destruye a sus amantes... Un film inquieto, actual, sobre una mujer que reproduce en nuestra época a la hechicera mitológica» (Instituto Nacional de Cinematografía, s/f, Museo del Cine, Buenos Aires).

Como *La cifra impar*, la película comienza con un breve pero significativo prólogo protagonizado por tres muchachos que actúan como portavoces del barrio, entre los cuales se encuentra Mario (Alberto Argibay).[72] Hay que remitir nuevamente al contexto histórico de la *Generación del 60* para señalar que «Mario —y sus amigos— encarna al típico personaje fílmico de la época: pensativo, angustiado, errante, algo perdido e indeciso; en rebeldía contra sus progenitores» (Sández 2010: 130). En la primera escena de la película los amigos rumorean abiertamente contra Mario: «Este no le tiene miedo ni al río ni al escalón del zaguán.» Entonces se cambia abruptamente el tema y Mario comenta que, refiriéndose a su vocación profesional, trabajará en el estudio jurídico del padre y que algún día será juez: «si antes no te caes en el zaguán», agrega socarronamente el joven que acaba de entrar en campo por la izquierda. Luego, tras un corte directo, vemos a los mismos muchachos en un café pidiendo unos tragos («un martini, un café, otro martini») y hablando sobre «una piba», o sea, se trata el mismo asunto que en la escena anterior.

---

72. Entonces Argibay ya había protagonizado una película considerada paradigmática de la *Generación del 60*: *Alias Gardelito* (1961), de Lautaro Murúa (éste, a su vez, interpreta al personaje Luis en *La cifra impar*).

Otro corte directo devuelve a los jóvenes charlando sobre lo mismo en una calle poco iluminada. De manera análoga al cuento de Cortázar, se van juntando, pues, «pedazos de episodios», pero la banda sonora del filme desarrolla una conversación lineal no fragmentaria y sin sobresaltos, pese a los cambios de escena, un fenómeno recurrente en la película.

Además de exponer puntualmente las claves del argumento, esta breve secuencia inicial plantea dos cuestiones fundamentales que caracterizan el desarrollo del filme: en primer lugar, se les otorga al «zaguán» y al «río» —lugares donde han perdido la vida los novios de Delia— una relevancia siniestra, además se conjetura que acaso la fatalidad siga su curso cíclico y que ahora vuelva sobre Mario. En segundo lugar, a nivel del discurso fílmico se configura una representación espaciotemporal no convencional dado que una conversación se desarrolla a lo largo de tres lugares diferentes (en la calle, en un café y otra vez en la calle) sin que su hilo temático se interrumpa o al menos se altere mínimamente por causa del desplazamiento de los personajes de un espacio a otro. Es como si se tratara de una misma conversación repetida en distintos puntos del barrio. En ocasiones, incluso dentro de una misma escena, se producen cortes abruptos o *jump cuts* que fracturan sensiblemente la continuidad narrativa y sugieren asimismo una configuración alternativa al tiempo convencional.

«¿Qué pensás vos de los muchachos que se murieron?», es la pregunta que se le hace a Mario en la penumbra de la calle, el plano del prólogo que sigue a la escena del café. Esta pregunta funciona como una motivación para el disparo del primer *flashback* del filme que nos transporta inmediatamente por corte directo al zaguán fatal —ya aludido en la conversación inicial— donde aparece el primer novio Rolo (Sergio Renán) sufriendo el síncope que lo lleva a la tumba. «Que se le muera un novio está bien...», continúan rumoreando los muchachos cuya voz *en off* proviene ahora de una dimensión futura respecto a la imagen actual que, a su vez, no puede ser atribuida sino a una imaginación colectiva del barrio, o bien, se trata de un *flashback* independiente respecto a la memoria de los muchachos. En otras palabras, en el plano que muestra la caída de Rolo confluyen básicamente dos temporalidades diferentes: sobre la banda de sonido fluye el diálogo de los muchachos y, a su vez, la imagen corresponde a un acontecimiento pasado respecto al origen espaciotemporal de las voces que se escuchan *en off*. Obsérvese que la caída de Rolo en el zaguán no puede ser recordada por algún personaje en particular, tampoco por Mario, puesto que ninguno de los muchachos fue testigo ocular de lo que se está mostrando. En el mismo plano que muestra a Rolo desvaneciéndose en el zaguán aparece traspirando a su lado Delia (Graciela Borges) y, como en *La cifra impar*, la música de la banda sonora acompaña los títulos de la película, los cuales se imprimen precisamente a un costado del rostro de la mujer que desencadena el conflicto.

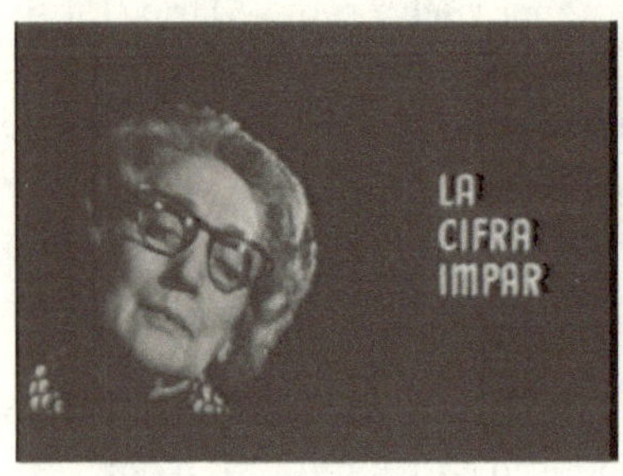

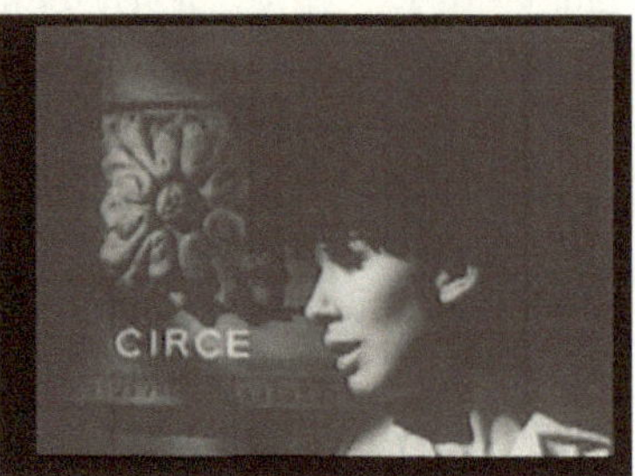

p25 – Imagen de *La cifra impar* Imagen de *Circe* – p26

Llama la atención la analogía entre estos planos que revelan el título de las películas de Antin. A la izquierda, Milagros de la Vega, y a la derecha, Graciela Borges interpreta a *Circe*.

Con razón observa Damiani que la película *Circe* complementa y enriquece el —probable— punto de vista masculino del cuento de Cortázar, poniendo de relieve los motivos femeninos: «Es como si Cortázar guionista hiciera una autocrítica genérica de su propio texto y el film interpretara los silencios o puntos de indeterminación del cuento en cuanto a Delia» (2005: 45). En la interpretación de Sández, numerosos motivos visuales caracterizan más íntimamente al personaje de Delia, como la mujer frente al espejo o continuamente fotografiada delante o detrás de una ventana: «Si en el cuento estos dos espacios están apenas mencionados, la película les otorga un lugar protagónico con el fin de convertirlos en puntuaciones dramáticas de la historia y de conducir al espectador por los pasajes íntimos de la conciencia de la joven» (2005: 40).

Después del prólogo y la presentación de los créditos iniciales de la película se produce una muy sugestiva «tensión interpretativa» (Eco 1984: 165) a través de una construcción narrativa ambigua, la cual en gran medida determina la interpretación o contrapropuesta cinematográfica del cuento: Delia y Mario deambulan por los pasillos en penumbras de la casa en cuyo zaguán acaba de caerse muerto Rolo en el *flashback*. Se infiere entonces que la instancia narrativa fílmica retoma una dimensión temporal posterior a las muertes de Rolo y Héctor. La serie de encuadres muestra una especie de persecución de Mario a Delia sin representar el espacio en su totalidad, desatendiendo una convención del cine clásico según la cual un *establishing shot* brinda primeramente una orientación espacial respecto al lugar en el cual se desarrolla la acción. Los personajes entran y salen constantemente del encuadre y la cámara los persigue a cada paso, incapaz de prever sus salidas, un rasgo fotográfico dominante en el filme. En esta escena se viola otra convención fotográfica tradicional del cine según la cual la composición, por lo general, anticipa la entrada, la salida o un determinado movimiento de los personajes para garantizarse así una continuidad como, por ejemplo, veremos más adelante en la sección dedicada al filme *Jogo subterrâneo*. Especialmente Delia, esquiva e inasible, desaparece constantemente de los encuadres a lo largo del filme y la cámara no la retiene ni la puede controlar, como tampoco la han podido controlar sus amantes, dos fallecidos y uno vivo. Mario toca el tema de los novios fallecidos («Delia, vos no tuviste la menor culpa, ni con Rolo ni con Héctor») y Delia le responde: «siempre me dicen lo mismo».

Este diálogo fluye mientras que, reflejado en un espejo, el interlocutor de la conversación ya no es Mario, sino Héctor (Walter Vidarte), el segundo novio que se había tirado al río. A su vez, Héctor le consuela a Delia por no tener la culpa del fallecimiento del primer pretendiente: «es una cosa que le puede pasar a cualquiera», dice comprensivo. Entonces Delia sale de campo — corte — y vuelve a entrar en el siguiente encuadre, el cual se incorpora con la misma naturalidad que los anteriores formando una cadena. Se oyen las últimas palabras de Héctor, que provienen del plano anterior, cuando aparece ahora Rolo conversando con

Héctor: Te hacés demasiada mala sangre, ya viste lo que dijo hoy tu viejo, es una cosa que le puede pasar a cualquiera. Yo mismo tuve un amigo, Suárez, que… ya te lo conté, ¿no?, el que se le murió la novia antes del casamiento…

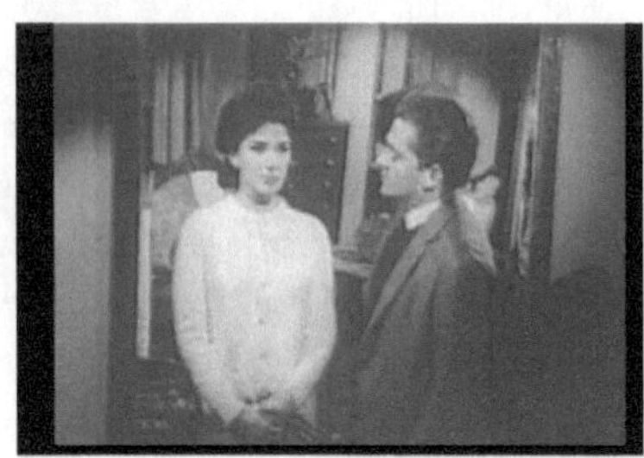

p27 – Delia con Héctor (Walter Vidarte)

Delia: Ese conejo me gustaba. Si lo hubieras traído lo tendría en el patio y no estaríamos discutiendo.
Rolo: Pero me pedís milagros Delia, ¿qué querés que haga?, lo vendieron esta misma mañana. Había otro, pero no tenía los ojos colorados como vos querías.
Delia: A mí me gustaba el blanco.
Rolo: Bueno, me prometieron conseguir uno igual en estos días. Vos sabés que yo te hago todos los gustos…

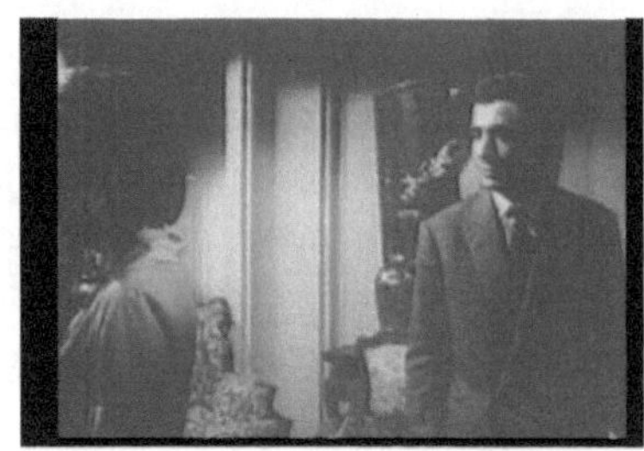

p28 – con Rolo (Sergio Renán)

Delia: Sea como sea, cada vez me siento más sola.
Mario: ¿Hasta cuándo vas a seguir acusándote de lo que no hiciste? La culpa, la culpa, siempre la culpa es tuya.

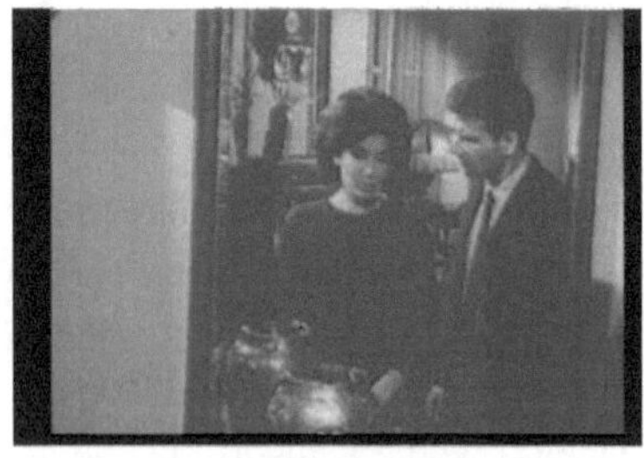

p29 – con Mario (Alberto Argibay)
Imágenes de Circe de Manuel Antin

Delia sobre un conejo blanco. Finalmente, el siguiente plano devuelve a Mario cuya imagen aparece reflejada en un espejo. Entonces replica Delia: «sea como sea, cada vez me siento más sola».

La dificultad en dar una respuesta clara a los criterios analíticos del *flashback* anteriormente formulados cede el terreno a la ambigüedad y a la especulación en la medida en que esta secuencia motiva un inquietante modo de recepción que niega, pues, una posible «captación cognitiva» (Wuss 1993: 114) provocando, como ya he mencionado, un momento de tensión interpretativa: ¿cuál es el principio de concatenación que enlaza estos fragmentos unos con otros descomponiendo la cronología de la historia?, ¿es Delia quien recuerda conversaciones de análoga trivialidad con sus otros dos novios?, o ¿es Mario el que reacciona ante la frase «siempre me dicen la misma cosa» e imagina a sus desventurados antecesores en una situación similar a la actual?, o más probablemente, ¿es la instancia narrativa fílmica que construye —independientemente de la memoria y la imaginación de los personajes— una conversación virtual y atemporal a base de analogías y asociaciones?[73] Desde el punto de vista de la recepción, las «inversiones cognitivas» (Tan 1996: 98) darían como posibles resultados una serie de hipótesis no excluyentes entre sí, es decir, de ninguna manera un resultado unívoco, puesto que la película entreteje una conversación virtual través de «una conexión de fragmentos heterogéneos que entran en una relación de extraña fluidez» (Oubiña 1994: 23). El «montaje discursivo» (Amiel 2005) de estas escenas sugiere una simultaneización temporal y/o espacial de lo no simultáneo, un procedimiento de la narración paradójica denominado «silepsis» (Meyer-Minnemann 2006: 54).

En lo relativo a los detalles visuales, es significativo el espejo que enmarca a Mario en numerosos encuadres a lo largo del filme, así en p29, cuando se lo presenta al personaje dentro de un marco como si

73. El grado de ambigüedad de los *flashbacks* de *Circe* es mayor que el suscitado por el filme *La cifra impar*, aspecto señalado también por la revista *Tiempo de cine*: «Pero era más funcional el modo como *La cifra impar* incorporaba las furtivas imágenes del pasado en la realidad mental de los protagonistas; allí las imágenes pretéritas podían ser entendidas perfectamente como obsesiones o pesadillas» («Inquieta y presuntuosa», en: *Tiempo de cine* 18/19, 1965, p. 50).

se tratara de una fotografía en un portarretrato, es decir, reemplazable. Pero el espejo también lo desdobla en sus fantasmas antecesores en el frustrado —acaso fatal— intento de posesión de la mujer amada. Según opina una crítica contemporánea al estreno del filme, el hombre aparece desamparado a la merced de la inextricable voluntad femenina: «en *Circe*, el hombre es un mero objeto copernicano que da vueltas alrededor de la mujer y se somete voluntariamente a ella» (*Primera Plana* 1964).[74]

La fusión de los tres amantes masculinos en uno solo representa una línea de interpretación del cuento insistentemente sugerida por la puesta en escena y el montaje de la película de Antin (y Cortázar). Así, por ejemplo, otra escena visualiza nuevamente la caída de Rolo en el zaguán e inmediatamente después suena el timbre (min. 0:39:00). Delia se acerca a la puerta y un corte muestra quién espera del otro lado: es Héctor. La mujer abre la puerta pero el que ingresa al zaguán finalmente es Mario. El montaje construye esta secuencia de forma continua y lineal como si fuera una misma persona la que anuncia su llegada y entra a la casa, sin embargo, es a través de una silepsis que se produce, nuevamente, una simultaneización de lo no simultáneo. Esta visión cíclica del tiempo confiere a Mario el aura de desdicha de sus antecesores y subraya asimismo la advertencia proferida al inicio de la película: «si antes no te caés en el zaguán». Hacia el final del filme se repite una situación idéntica cuando la cámara gira lentamente sobre su eje y cada vez que enfoca a Delia, ésta se encuentra con un novio diferente que le susurra cosas al oído (min. 01:06:30). En un principio, en Sestri Levante, Antin y Cortázar incluso conversan sobre la posibilidad de que el papel de los tres novios de Delia esté interpretado por *un* solo actor, hecho que Antin descarta más tarde. Por su parte, Cortázar reacciona al respecto en una carta:

> El reparto del que me hablás me parece excelente, aunque me llevé una gran sorpresa: la de comprobar que, finalmente, te resolviste a emplear a tres actores diferentes para los tres muchachos. O yo estoy perjudicado por el aire

74. «La tela de Penélope», en: *Primera Plana*, 5 de mayo de 1964, p. 41.

> italiano, o hasta lo último habíamos pensado en utilizar a un solo actor vestido y quizá caracterizado con la suficiente habilidad para crear la sensación de los dos muertos y del vivo. Supongo que no te habrá sido posible llevar eso a la práctica, y ya me lo explicarás [...] (carta del 27 de octubre de 1963, en: *Cartas* 1, p. 625).

Los *flashbacks* que constantemente muestran la caída de Rolo en el zaguán y el salto suicida de Héctor al río fracturan sensiblemente la continuidad narrativa en distintos puntos de la película sin una motivación aparente ni mucho menos una marcación. Es posible interpretar que aquellas imágenes encarnan la memoria colectiva del barrio. De este modo, los *flashbacks* equivalen a los chismes, las voces y «papelitos recordados» del cuento. Damiani interpreta que las imágenes recurrentes de las muertes de Rolo y Héctor «pueden atribuirse tanto al peso que ejercen los recuerdos del pasado sobre Delia como a los rumores materializados en imágenes» (2005: 45). Visto así, los saltos temporales de *Circe* —y también de *Intimidad de los parques*— no exploran zonas de recuerdo con el objetivo de dar respuestas claras a los problemas, sino que para acentuarlos, acaso para crearlos.

La película de Antin no solo recrea la estructura fragmentaria del cuento de Cortázar, sino que también experimenta en el cine el principio de concatenación basado en la asociación de ideas a través del «montaje discursivo» y el «montaje de correspondencias» (Amiel 2005): «¿te parece que mañana hará buen tiempo?», averigua en una ocasión Delia, evadiendo, como de costumbre, un tema espinoso relativo a sus antiguos amantes. Luego expresa su deseo de pasear en yate con Mario: «esas son cosas que uno ve solamente en el cine», agrega (min. 0:33:20). Inmediatamente se asocia *el yate* con las *aguas* del río y el corte dispara un primer plano de Rolo cayendo en el zaguán. Otro plano muestra a Héctor segundos antes de tirarse al *río*, y las *aguas* del río inundan finalmente el siguiente plano cuando se oye *en off* la aparentemente ingenua consulta de Delia a bordo de un yate: «¿es muy hondo el río?». La referencia explícita que hace Delia al cine y los cortes del montaje discursivo actúan como marcas autorreferenciales que llaman la atención sobre el medio cinematográfico. Por otra parte, la cadena de asociaciones del agua y el suicidio fue propuesta por Cortázar en la cinta magnetofónica que le envía al director. Son muy significativas las palabras de Cortázar porque ilustran cómo el escritor complementa su escritura con las imágenes del cine:

> me vas a tener que perdonar mis continuas intromisiones en el campo de la imagen, pero es que, de todas maneras, el esquema que hicimos en Sestri y que vos ya habrás releído y con el cual estarás trabajando, es un esquema, desde luego, por razones obvias, muy somero. De manera que de repente yo no puedo avanzar en un diálogo sin imaginar situaciones, movimientos, desplazamientos... Casi siempre trato de que coincidan exactamente con lo que vos has hecho, pero otras veces tengo yo que inventar, por lo menos provisionalmente, una situación o una imagen, ¿no? Por ejemplo, mirá, para darte una idea, antes del momento del yate, antes de que los cuatro estén en el yate o suban, no sé eso todavía cómo lo voy a dialogar, Mario y Delia, que han estado hablando, ella de golpe le pregunta, para cambiar de tema, porque él ha estado insistiendo, como verás cuando lo leas, ella le dice:
> [Cortázar reproduce el diálogo] [...] —¿Es muy hondo el río?
> Ahora, cuando yo escribí esa pregunta, naturalmente vi una imagen paralela que vos también vas a ver. Vi, o una referencia a Héctor ahogado en ese río, o una repetición de alguna de las escenas de cuando Mario va y se pasea por el lugar donde había ocurrido el suicidio. Bueno, eso yo lo señalé al margen, es para que veas que a veces me tengo que apoyar en una imagen que yo mismo me imagino en el momento porque si no, el diálogo funciona completamente en el vacío y vos mismo no podrías quizá guiarte bien. En fin, todo esto ya se sabe que es con la más amplia y total libertad, que para eso estamos en la Argentina (Cortázar, cinta magnetofónica a Manuel Antin, 1963, min. 0:34:00).

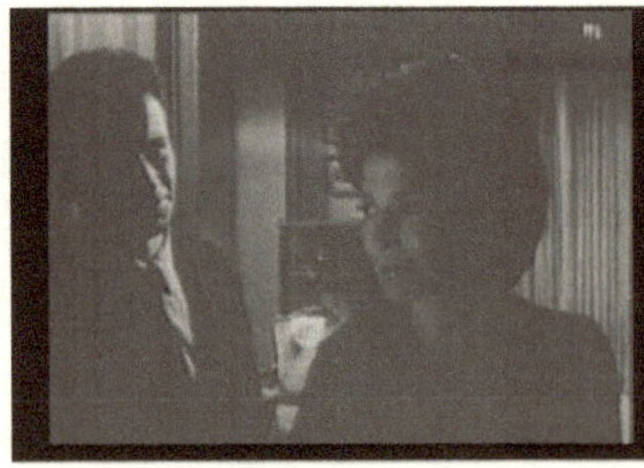

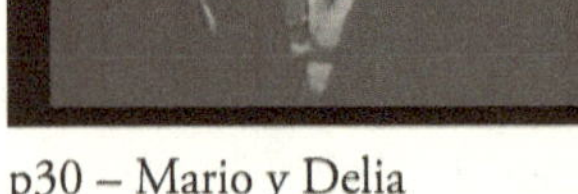

p30 – Mario y Delia

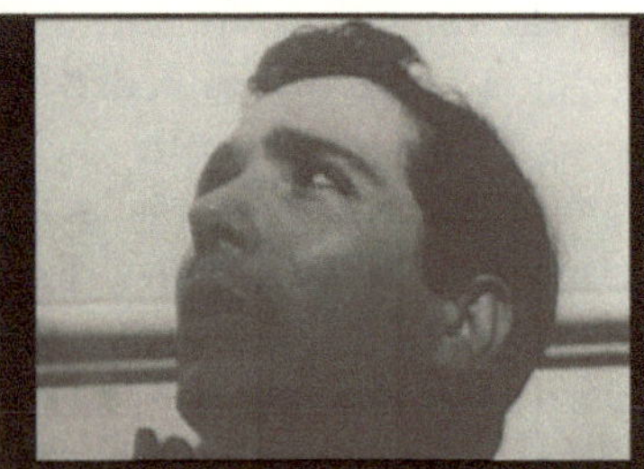

Rolo cae en el zaguán – p31

Delia: ¿Te parece que mañana hará buen tiempo?
Mario: ¿Por qué cambiás de tema?

Delia: Tonto… estaba pensando en un paseo en *yacht.* Nunca estuve en un *yacht.* Esas son cosas que uno ve solamente en el cine…

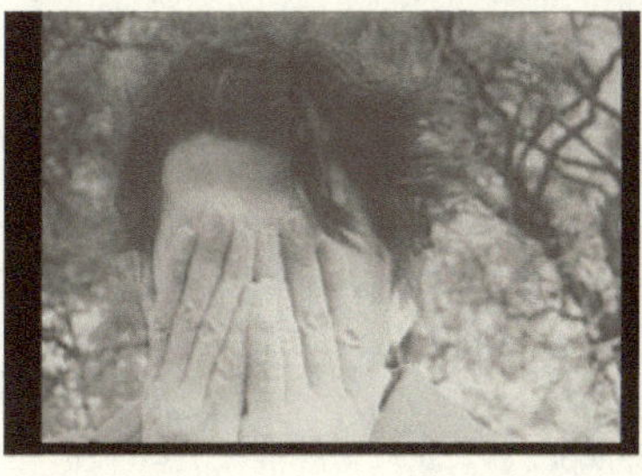
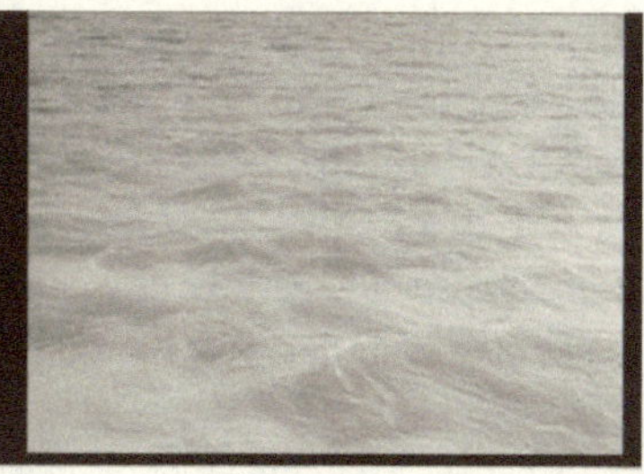

p32 – Héctor antes de saltar al río las aguas del río – p33
Imágenes de *Circe* de Manuel Antin.

Es un eco a distancia que entrelaza dos escenas diferentes en otro momento del filme cuando dialogan Delia y Mario en casa de la primera: «ese Rolo no me *importa* nada…», dice Mario, cuya imagen se refleja, nuevamente, en un espejo (min. 0:21:15). Inmediatamente un corte muestra a la madre del personaje que, en su casa, es decir, en otra parte, parece retomar el hilo de la conversación del hijo —ausente— e inquiere a su esposo: «¿y lo de Héctor? ¿tampoco le *importa* la muerte de Héctor?», el padre discute y la madre contraataca: «es que Héctor se suicidó, Vicente, y nadie se lo pudo *explicar* nunca», sobre este mismo plano se oye la voz *en off* de Delia cuestionando: «¿qué es lo que querés que te *explique*?», y el corte retoma inmediatamente la anterior escena-marco en la cual dialogaban Mario y Delia. Hay que recordar que los *flashbacks* de la película, así como también este principio de concatenación ambiguo basado en asociaciones y ecos —menos en la causalidad—, no solo constituyen equivalencias estéticas respecto al cuento «Circe», sino que también articulan la idea antiniana del cine como una herramienta para la representación de procedimientos psíquicos.

Se ha dicho que la película amplía el motivo de la femineidad, mientras que en el cuento de Cortázar es tratado superficialmente. Entre los factores más significativos en este sentido se encuentra un personaje femenino añadido. A la sombría introversión de Delia se opone Raquel (Beatriz Matar), «como contracara de Delia» (Sández 2010: 130), una mujer que encarna el espíritu liberal de la década de 1960 y que seduce a Mario. A propósito de este personaje Cortázar opina: «La introducción de Raquel es muy acertada, y yo creo que, en efecto, le da más cuerpo a Mario y también, por contraluz, a Delia» (carta del 18 de julio de 1963, en: *Cartas* 1, p. 593).[75] Literalmente, pues, contrastan las atmósferas luminosas y la música —preferentemente diegética— que caracterizan a Raquel, por una parte, y las penumbras y la música exclusivamente extradiegética que marcan las escenas de Delia, por otra. En las palabras de Sández, las protagonistas femeninas aludidas

> representan a dos modelos de mujer que por esos años los directores buscaban retratar; por un lado, Raquel [...] es la mujer transgresora y moderna de los 60, cuya actitud liberal, fácil y fálica atrae a la vez que desconcierta a los hombres; por el otro, la Circe porteña es más difícil de encasillar por su proyección mitológica, pero, en el contexto social del film, mantiene una actitud que oscila entre el estereotipo de la feminidad todavía celosa de su virginidad [...] y cierto aire de mujer fatal, demoníaca y peligrosa, oculta detrás de una máscara angelical (2010: 130 s.).

Antin complementa: «Circe era una forma de ser de aquellos tiempos» (en: Sández 2010: 77). Raquel y Mario se conocen en un baile en el cual, como es obvio, se oye música (min. 0:25:14). Cuando estos personajes se retiran de la fiesta en un coche, la música sigue oyéndose mientras que aquéllos dialogan en el interior del automóvil a leguas de la fuente del sonido (diegético). Se supone entonces la simultaneidad temporal de los que aún bailan y los que discretamente se retiraron de la fiesta a fin de conocerse mejor en privado. Pero cuando la misma música acompaña con toda naturalidad las siguientes escenas —diurnas— que muestran a la pareja ya no besándose en el coche, sino

75. No obstante, al comentario conclusivo citado arriba le preceden estas cavilaciones: «RAQUEL: Bueno, sí. Que Mario tenga una aventura con Raquel (cuya vulgaridad desmesurada me ha consternado, no te oculto) me parece incluso necesario para darle más materia al personaje de Mario, y contrapesar esa atracción excesivamente unilateral de Delia» (Cortázar, carta del 18 de julio de 1963, en: *Cartas* 1, p. 592).

a bordo de un yate —probablemente días después—, el sonido transgrede claramente una frontera espaciotemporal y también la banda sonora de la película exhibe procedimientos de la narración paradójica, como también fue observado en *La cifra impar*.

El sonido adquiere un potencial de significación propio e independiente de las imágenes: la música de fondo que acompaña la pasión de Raquel y Mario, y que se proyecta paradójicamente desde la fiesta hasta las escenas del yate al día siguiente o días después, parece vaticinar la fugacidad de un amor casual nacido en un baile, cuyo vestigio musical aún se percibe. Además, mientras que Raquel y Mario se besan en el coche aparece una ráfaga (p36) (*flashforward*) que adelanta un plano de la próxima escena del yate donde aparecen charlando con Julio y Susana, dos amigos de Mario. Las imágenes del yate también se incorporan aprovechando una asociación sonora —un eco a distancia— consistente en la palabra «zonzo» proferida por Raquel y repetida por Susana al inicio de la escena que prolonga el romance sobre las aguas del río.

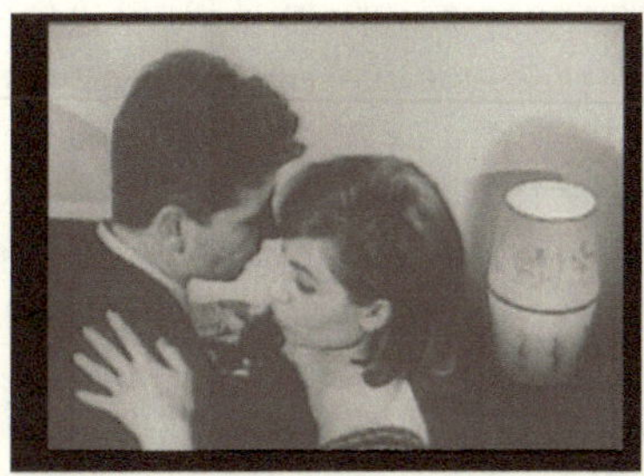

p34 – sonido: música del baile

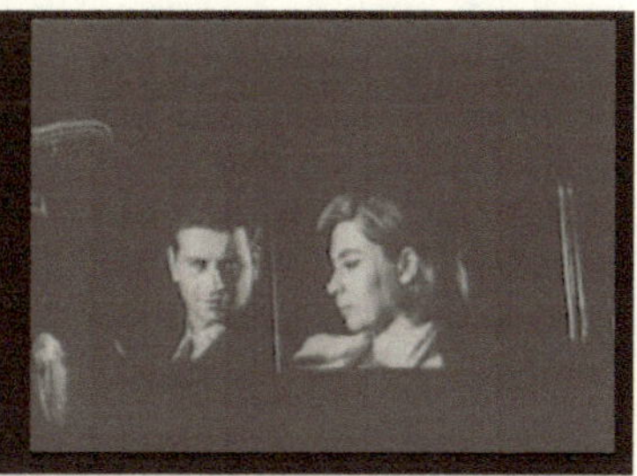

sonido: música del baile – p35

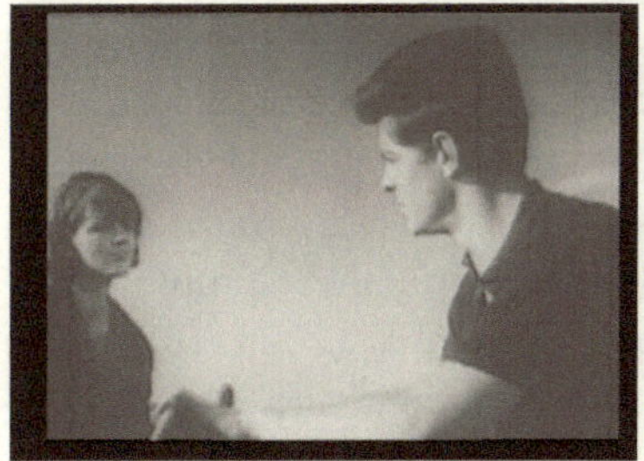

p36 – *flashforward*: Susana y Julio

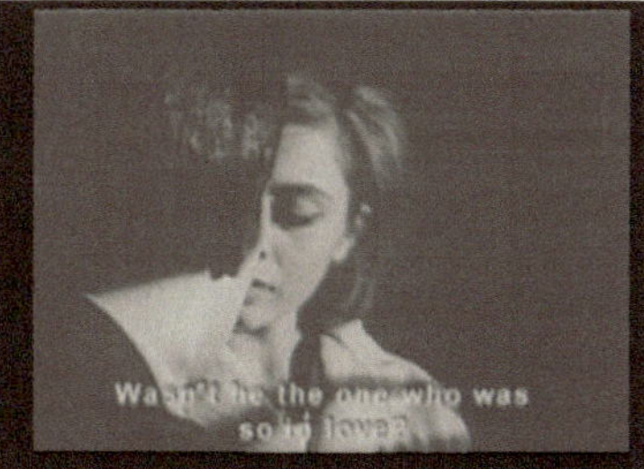

sonido: diálogo de Susana y Julio, que corresponde a una dimensión temporal futura respecto a p37 – p37

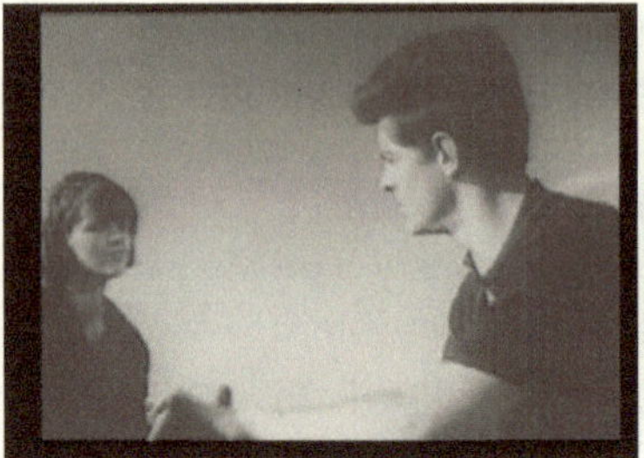

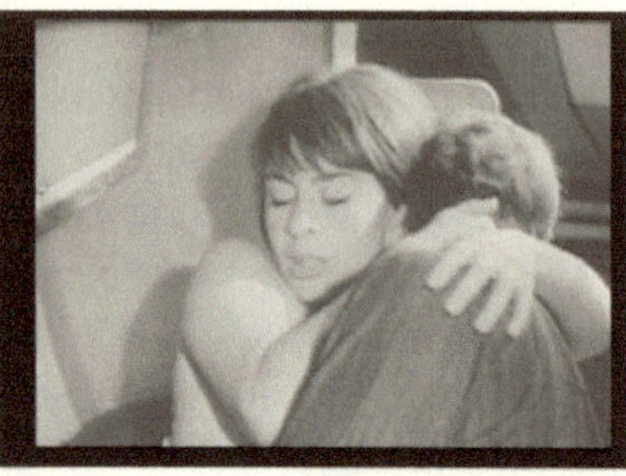

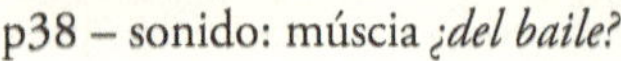

p38 – sonido: múscia *¿del baile?*

sonido: la banda sonora se independiza de la escena del baile y transgrede una frontera espaciotemporal – p39

Imágenes de *Circe* de Manuel Antin con Beatriz Matar y Alberto Argibay.

El contraste entre la apasionada Raquel y el hermetismo de Delia se enfatiza con las atmósferas luminosas y las bandas sonoras que caracterizan a estas mujeres. Sin embargo, a Mario le atrae inexplicablemente el clima misterioso y perverso que envuelve a Delia, cuyo extraño comportamiento va más allá de todo realismo psicológico: «el film no intenta hallar una motivación para el comportamiento de Delia, ni justificar el misterio que la rodea» (Oubiña 1994: 21 s.). Esto lo acentúa Cortázar en la cinta magnetofónica cuando insiste en que el personaje de Delia debe ser caracterizado de manera ambigua. Por otra parte, los encuadres que enfocan a la mujer detrás de barrotes infranqueables remarcan la frontera que hay entre dos mundos, el de su casa y el de afuera, y acentúan asimismo la incapacidad del personaje a entregarse plenamente: «no soy libre, Mario, estoy atada a algo, a mí misma», confiesa Delia. Esta negación al amor culmina en un ritual de autoadoración narcisista frente al espejo en la soledad de su cuarto, que Sández interpreta de la siguiente manera: «Ante la frustración sexual que su negativa provoca en el hombre, la joven siente liberada la represión de su propio erotismo como goce por el sufrimiento de la víctima» (2005: 40). Por su parte, Maranghello postula el siguiente cuestionamiento como «pregunta central» del filme: «¿Qué puede hacer una mujer con su propio deseo?» (2005: 170).

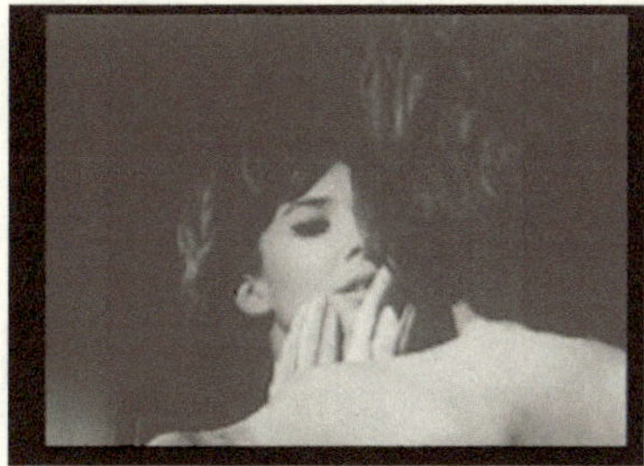
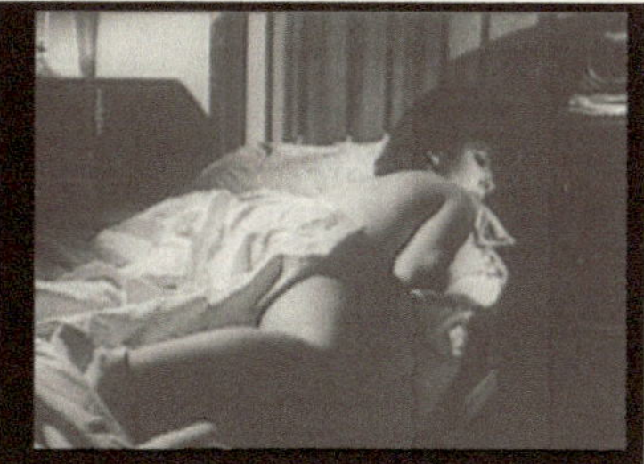

p40 Imágenes de *Circe* de Manuel Antin. p41
Delia (Graciela Borges) parece acariciar y besar sensualmente su reflejo especular, luego, su cuerpo desnudo ligeramente tapado yace sobre la cama. La escena produce un escándalo por aquella época.

Acusada de ser «pornográfica», esta escena corrió seriamente el riesgo de ser mutilada por orden del entonces recién aparecido «Consejo Nacional Honorario de Calificación Cinematográfica», creado por un polémico Decreto Ley Número 8.205 en setiembre de 1963, el cual dispone, entre varias otras cosas, lo siguiente:

> Artículo 1° – No podrá restringirse la libertad de expresión cinematográfica en cualquiera de sus manifestaciones, salvo cuando razones educacionales o el resguardo de la moral pública, las buenas costumbres o la seguridad nacional así lo requieran, en cuyo caso el Consejo Nacional Honorario de Calificación Cinematográfica podrá disponer cortes en las películas que le sean sometidas para su calificación en virtud de lo dispuesto por el presente decreto. [...]
> Artículo 3° – Ninguna producción argentina o extranjera podrá ser exhibida en el territorio del país sin tener previamente el certificado de calificación otorgado por el Consejo Nacional Honorario de Calificación Cinematográfica (Decreto Ley Número 8.205, en: Boletín Oficial de la República Argentina, 3 de octubre de 1963, p. 8).[76]

---

76. La revista *Tiempo de Cine* publica un artículo —el primero del volumen— titulado «Otra vez la censura» en donde critica duramente el nuevo Decreto Ley 8.205. Reproduzco algunos fragmentos: «En la práctica, este Consejo [Nacional Honorario de Calificación Cinematográfica] tiene la facultad de prohibir cual-

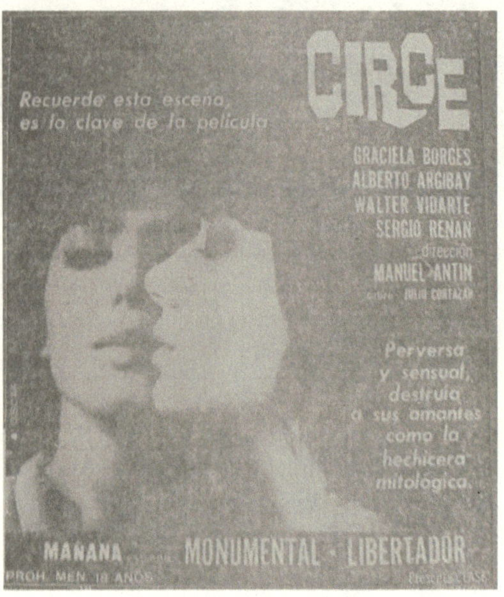

La Prensa, 29 de abril de 1964, p. 16.

quier película que se le ocurra, sin tomar en cuenta los valores artísticos que una obra tenga. [...] La del director es la única tijera lícita. El público tiene el derecho de juzgar una obra tal como fue concebida, y el autor el de que se respeten los fueros de la creación. Las personas mayores de dieciocho años tienen capacidad para discernir por sí solas qué está bien y qué está mal. Por eso la implantación del derecho a cortar una película por medio de un Consejo sin la mínima competencia cinematográfica, suena a despropósito legal y a verdadera aberración humana. *Tiempo de cine* expresa aquí su repudio al Decreto-Ley 8205/63, por entender que viola el derecho de la libertad de expresión consagrado por la Constitución Nacional, y confía en que el nuevo gobierno constitucional adoptará medidas para su inmediata derogación» (*Tiempo de cine* 16, 1963, p. 3).

Pero la escena y el ritual de *Circe* quedan intactos gracias a las firmes argumentaciones de Antin contra algunos miembros del consejo.[77] El clima impuesto por la censura y esta experiencia del cineasta Antin respecto a posibles cortes que amenazaron su obra recobran suma importancia para comprender una de las facetas de su próximo —no menos polémico— filme *Intimidad de los parques.* Por otra parte, la prensa contemporánea saca partido doble del conflicto y ventila la polémica de *Circe* como, por ejemplo, en un artículo titulado: «El film casi prohibido se podrá ver el jueves».[78] El diario *La Prensa* incluso imprime una foto de la escena de la discordia y recomienda a sus lectores: «Recuerde esta escena, es la clave de la película».

De manera análoga al final de *La cifra impar*, la última escena de *Circe* emplea el «montaje discursivo» (Amiel 2005), pero no solo para reflejar la inestabilidad psíquica de los personajes, sino que también para concentrar en pocos minutos una idea que el filme venía sugiriendo en su transcurso: la fusión de todos los amantes masculinos (Rolo, Héctor, Mario) y femeninos (Delia, Raquel). Decidido finalmente el casamiento de Delia y Mario, éstos se citan en la casa de

---

77. La reacción de Cortázar ante la noticia de la posible censura de la escena puede leerse en la carta del 16 de marzo de 1964 donde escribe: «Te imaginás cómo te acompaño en la batalla que estás librando, y huelga decirte que si en algo puedo ayudar, no tenés más que mandarme los elementos de juicio suficientes, y contás conmigo para cualquier manifestación de solidaridad que pueda convenir. Hay veces en que lamento no tener una columna en algún diario [...] Por un párrafo de tu carta, tengo la impresión de que quizá, pasado un tiempo, puedas conseguir que *Circe* salga a la pantalla tal como la quisimos vos y yo» (en: *Cartas* 2, p. 686).

78. Dice este artículo: «Esta turbadora *Circe* agitó las aguas de la polémica antes de que el público conociera su rostro. En cierto modo, el mito continuó su hechizo. El tercer film de Manuel Antin, uno de los directores de mayor prestigio del nuevo cine argentino, estuvo a punto de no ser exhibido. La censura insistía en el corte de una escena que juzgó pornográfica. Por su parte, el realizador afirmó que no era pornográfica y que de ningún modo podía cortarla por tratarse de una secuencia esencial que hace directamente a la interpretación de la naturaleza de la protagonista. Finalmente las aguas se aquietaron, y el público podrá conocer hasta qué punto es osada la pintura de esta Circe 1964, casi fatal» (Artículo periodístico de la época sin dato bibliográfico / Archivo del Museo del Cine, Buenos Aires, pliego: «Manuel Antin»).

aquélla. Mientras que el futuro esposo espera en las penumbras a su novia que fue a traer unos bombones, las voces de rumores («¡asesina!») y de los muchachos invaden los pensamientos de Mario: «que se le muera un novio está bien... pero los dos que tuvo». Cuando finalmente entra en campo Delia con los bombones, el montaje discursivo intercala en la narración imágenes como relámpagos que asocian a Delia con Raquel, y a Mario con Rolo y Héctor. Y para el espectador que conoce el cuento «Circe», se suma un condimento al menú de suspenso provocado por la escena final: Mario no tritura el bombón ni tampoco descubre una cucaracha, como lo hace el personaje en la obra de Cortázar, sino que apenas lo sujeta entre los dedos e interroga insistentemente: «¿Delia, de qué es este bombón, pero, qué hay en este bombón?». Un efecto de anticipación probablemente informe a la «knowing audience» (Hutcheon 2006: 120) sobre un posible desenlace, pero no se cumple el final del relato de Cortázar. La narración incorpora una escena —ambigua en su ubicación temporal— en la cual Mario retoma una conversación telefónica con Raquel. La enmarañada lámpara de araña en el techo enfocada por la cámara probablemente aluda a las ramificaciones del tiempo. Finalmente, se encadenan fugazmente las imágenes de *todos los amantes el amante* de la película para dejar a los espectadores enfrentados con el sórdido zaguán de piedra, sobre el cual se imprime la palabra «FIN». Pero no se resuelve nada. Este final ambiguo y sin concesiones deja inalterable el desarrollo cíclico de los hechos y, lejos de presentar una clausura de la historia, finaliza con la simbólica imagen del zaguán, el cual remite a la idea de la fatalidad ligada al amor (*eros-thanatos*).

Más allá del desplazamiento del foco de atención hacia ciertos motivos que permanecen latentes en el cuento, es llamativa la diversidad y el alto grado de infracciones al modelo convencional de la narración del cine por parte del filme *Circe*, que incluso desafía las normas morales del Consejo Nacional Honorario de Calificación Cinematográfica. Sin embargo, la película recrea un cuento que no exhibe tantos procedimientos de la narración paradójica. En gran medida esto se debe al espíritu revolucionario que impera por aquella época y que reacciona contra los procedimientos narrativos tradicionales del «cine espectáculo» (Torre Nilsson). Antin experimenta en su tercer largometraje un estilo ensayado tanto en su anterior actividad literaria como en sus filmes precedentes. En este sentido, una crítica contemporánea al estreno de *Circe* observa un mayor grado de abstracción respecto a sus filmes anteriores: «Es obvio que Antín quiere ejercitar su estilo, llevarlo hasta las últimas consecuencias» (*Primera Plana* 1964).[79]

Cada uno a su manera, el cuento de Cortázar y el filme de Antin (y de Cortázar) abordan, pues, la memoria y su cinematógrafo: los recuerdos. Pero el relato «Circe» (1951) no representa una estructura narrativa inédita en el campo de la literatura de la época, muy al contrario de lo experimentado por la película *Circe* teniendo en cuenta la cinematografía argentina. Si un narrador homodiegético declara abiertamente acordarse a medias de la historia que está contando, esto justifica y hasta motiva una narración zigzagueante, quebrada por el prisma de una subjetividad que va asociando recuerdos sueltos. En la película de Antin, el montaje discursivo y de correspondencias, así como también varios motivos visuales y ecos a distancia son procedimientos narrativos que se desvían claramente de las normas convencionales del relato fílmico y se inscriben en una época de renovación. En un momento de abierta reacción contra el modelo de narración clásica del cine durante el apogeo de la *Generación del 60* es notable que la revista *Tiempo de cine*, uno de los faros críticos cinematográficos de la época, opine lo siguiente acerca de la película *Circe*: «Varios de estos recursos, sin un sentido que los justifique, parecen errores de continuidad. [...] Suele confundir la expresión cinematográfica con el rebuscamiento técnico y esto le da al film una apariencia molesta» (*Tiempo de cine* 1965).[80] A esta crítica subyace una concepción más tradicional del cine, desde cuya perspectiva el montaje discursivo representa «errores de continuidad» y que esto incluso perturba la continuidad lineal de la historia. Del otro lado del océano, la película se exhibe en el Festival Internacional de Berlín de 1964 donde la crítica interpreta una metáfora en la medida en que «Circe era la Argentina, un país solitario habituado a autosatisfacerse» (Antin, en: Sández 2010: 76). En la actua-

79. «La tela de Penélope», en: *Primera Plana*, 5 de mayo de 1964, p. 41.
80. «Inquieta y presuntuosa», en: *Tiempo de cine* 18/19 (1965), p. 51.

lidad, los historiadores de cine consideran la película «aún hoy inquietante» (España 2005: 136). Sobre todo juicio de valor, es notable como convergen en una película —y en un momento histórico—, el cuento «Circe», los temas característicos del cine de la *Generación del 60* (la ciudad de Buenos Aires, los jóvenes, los noviazgos, la sexualidad, las «novias de zaguán», la sociedad) y la poética cinematográfica antiniana respecto a la ambigua representación de la memoria y sus trampas.

«El ídolo de las Cícladas» y «Continuidad de los parques» (1964) en el cine: *un magnífico riesgo*

> El rodaje de una película puede compararse con un trayecto en diligencia por el oeste: al principio todos esperan hacer un viaje estupendo pero pronto empiezan a preguntarse si llegarán algún día a su destino.
>
> (François Truffaut: *La nuit américaine*, 1973)

Las azarosas circunstancias de creación y acogida crítica de la película que cierra el ciclo cortazariano de Antin son dignas de consideración para su estudio, desde la conflictiva gestación epistolar de la idea de rodarla hasta su revoltoso estreno en un cine limeño desmantelado por los frustrados espectadores. Antin propone por correo la idea de fusionar los cuentos «El ídolo de las Cícladas» con «Continuidad de los parques» (ambos de *Final del juego*, 1964)[81] en una sola película. En ambos cuentos una obra de arte repercute fatalmente en la vida de los protagonistas. La absoluta reserva de Cortázar a propósito de esta curiosa propuesta de Antin contrasta con su habitual entusiasmo cinéfilo que ha demostrado en los proyectos anteriores: «le tengo miedo a esta película. No se lo tuve a las anteriores, pero a ésta sí. De muy poco depende que sea tu obra maestra... o que se venga abajo», le escribe al

81. Tras la reagrupación de los cuentos efectuada por el autor, «El ídolo de las Cícladas» reaparece en el volumen «Ritos» y «Continuidad de los parques» en «Juegos» de *Los relatos*.

cineasta (carta del 4 de agosto de 1964, en: *Cartas* 2, p. 732). Resulta muy interesante observar que el proyecto cinematográfico motiva relecturas de sus cuentos, y que las discrepancias del escritor en torno al proyecto de cine proponen líneas de reinterpretación de sus textos:

> Comprendo que hacer intervenir una fuerza maligna y sobrenatural es particularmente difícil en el cine, y que en esos casos se está siempre un poco al borde de las «películas de miedo». Pero precisamente en eso está, para mí, el magnífico riesgo de adaptar mi cuento [«El ídolo de las Cícladas»] (Cortázar, en: carta del 23 de julio de 1964, en: *Cartas* 2, p. 723).

Muy resumidamente, el cuento «El ídolo de las Cícladas» (*EIdC*) narra el hallazgo de una estatuilla de un antiguo ídolo durante una expedición a Grecia efectuada por Somoza, un arqueólogo aficionado de origen rioplatense residente en París, y un matrimonio francés compuesto por Thérèse y Morand.[82] Durante una excursión se alude a ciertas miradas de Somoza a la mujer de Morand, y al posible deseo adúltero del arqueólogo; un asunto que «Continuidad de los parques» aborda más directamente. De regreso a Francia, la estatuilla ejerce un extraño influjo sobre los personajes y desencadena un sangriento ritual que provoca el sacrificio mortal de los protagonistas. Somoza intenta matar con un hachazo a Morand pero termina siendo el primer sacrificado, puesto que el segundo sabe defenderse sagazmente de la amenaza letal y el hachazo cae sobre la frente del agresor. Al final, todo indica que también Thérèse sucumbe al sacrificio provocado por el ídolo, puesto que el cuento termina con la imagen de la sangrienta hacha homicida en las manos de Morand, quien espera ansioso la llegada de su esposa al lugar de los hechos. Queda a cargo del lector, pues, la tarea de ejecutar la última escena del ritual.

Sobre el plano narrativo del discurso, la voz narradora anónima del cuento se concentra en reproducir las percepciones de Morand, es decir, adopta la focalización interna del personaje y, conforme a su pensamiento, va hilando las cosas siguiendo sus asociaciones. Así, en el fragmento más abajo, por ejemplo, una mirada involuntaria de Mo-

82. Cortázar recuerda la génesis del cuento en Picon Garfield (1978: 106).

rand a la reliquia desenterrada despierta el recuerdo o *flashback* del hallazgo. El cuento articula nuevamente los mecanismos de la memoria tan privilegiados por Antin en sus filmes sobre los relatos de Cortázar:

> Morand prefería no mirarlo [a Somoza], pero entonces recaía en la contemplación involuntaria de la estatuilla sobre la columna, y era como volver a aquella tarde dorada de cigarras y de olor a hierbas en que increíblemente Somoza y él la habían desenterrado en la isla. Se acordaba de cómo Thérèse, unos metros más allá sobre el peñón desde donde se alcanzaba a distinguir el litoral de Paros, había vuelto la cabeza al oír el grito de Somoza [...]. Casi sin transición Morand recordó las horas siguientes, la noche en las tiendas de campaña a orillas del torrente, la sombra de Thérèse caminando bajo la luna entre los olivos [...] («El ídolo de las Cícladas», p. 439 s.).

De manera semejante al contraste de cosmovisiones de Bruno y Johnny en el cuento «El perseguidor» (*Las armas secretas*, 1959), en *EIdC* se enfrentan abiertamente la racionalidad de Morand y la sensibilidad poética de Somoza. El primero reclama constantemente una explicación coherente sobre el verdadero sentido que encierra la estatuilla griega: «¿no podrías hacer un esfuerzo para explicarme aunque creas que nada de eso se puede explicar?» (*EIdC*, p. 444), mientras que Somoza argumenta por su lado que «había que desandar cinco mil años de caminos equivocados» (*EIdC*, p. 444). Además, el narrador del cuento representa las respuestas de Somoza de acuerdo a la focalización interna asociada a la percepción racional de Morand y, desde su punto de vista superficial, se aluden a «esas explicaciones que se perdían en seguida más allá de la inteligencia» (*EIdC*, p. 439).

También se describen los gestos que hace el arqueólogo Somoza y se reproduce exactamente lo que consigue ver Morand desde su mirada superficial o ceguera, la cual ignora completamente la dimensión metafísica de la cuestión: «Morand miró en la dirección que mostraba el dedo de Somoza [...]. Vio madera, yeso, piedra, martillos, polvo, la sombra de los árboles contra los cristales. El dedo parecía señalar un rincón del taller donde no había nada, apenas un trapo sucio en el piso» (*EIdC*, p. 441). Morand insiste en reducir los fenómenos a categorías lingüísticas comunes y explicables racionalmente, pero Somoza acentúa por su parte la inoperancia de las estructuras verbales tradicionales: «no hay palabras para eso» (*EldC*, p. 439). El cuento aborda la idea del fracaso lingüístico ante fenómenos que trascienden la comprensión racional y, por tanto, su traducción en palabras estructuradas lógicamente resulta imposible (Sosnowski 1973: 49). Desde este punto de vista, tal vez sea conveniente preguntarse hasta qué punto el polémico filme *Intimidad de los parques* también se apoya en la idea de la negación de convenciones tradicionales para la narración fílmica de asuntos que trascienden el pensamiento racional.

La realidad constituye para Morand sencillamente todo lo que se puede ver y tocar, esto es, «madera, yeso, polvo y un trapo sucio», mientras que el horizonte intelectual y la sensibilidad de Somoza van mucho más allá de lo estrictamente tangible o racionalmente comprensible. Semejante al misterio de la isla egea Xiros que cautiva al personaje Marini en «La isla a mediodía» (*Todos los fuegos el fuego*, 1966), la estatuilla del ídolo griego despierta una fuerza inmemorial que, en este caso, recae letalmente sobre tres personajes. Además, tanto Marini como Somoza están considerados por los demás personajes —racionales— de los cuentos como «el loco de la isla» y «pobre loco» respectivamente. Los personajes Johnny, Somoza, Marini y Oliveira, éste último de *Rayuela*, por ejemplo, simbolizan en la literatura de Cortázar vectores que apuntan hacia aquellos espacios castrados por una tradición positivista la cual reduce el conocimiento del hombre a lo estrictamente empírico quitándole valor positivo a todo lo que trasciende el plano racional (Sosnowski 1973: 11).

El segundo cuento que se incorpora en el argumento de la última película de la trilogía cortazariana de Antin es «Continuidad de los parques» (*Final del juego*, 1964)[83], que trata un tema capital en el pensamiento de Cortázar: el acto de leer ficciones. Este compacto cuento de dos ceñidos párrafos reaparece en el volumen «Juegos» de *Los relatos* y está considerado uno de los más significativos en lo que se refiere

83. «Continuidad de los parques» se publica por primera vez en la revista *Grillo de papel*, número 4, año 1960, según informa Yurkievich en el volumen Julio Cortázar (2003): *Obras completas I: Cuentos*, p. 1119.

a la concepción de literatura del escritor (Epple 1976: 165). Fue estudiado desde variadas perspectivas teóricas (*cfr*. Pozuelo Yvancos 2004: 109 ss.), narratológicas (*cfr*. Genette 1972: 244, Filinich 1996), lexicales (*cfr*. Lagmanovich 1988/1989), lúdicas (*cfr*. Epple 1976), entre otras, así como también se ha convertido en «one of the most anthologized stories in college textbooks» (Lunn y Albrecht 1997: 227). Pero hay que recordar que la película *Intimidad* aborda el texto antes de su reconocida trayectoria en la investigación. «Continuidad de los parques» (*CdP*) contiene aparentemetne dos historias diferentes: la de un lector y la de una novela leída por aquél. Paradójicamente, en el relato de Cortázar se esfuman los límites espaciotemporales y simbólicos que separan aquellas dimensiones y ambas historias convergen en una sola. La voz de un narrador heterodiegético narra la historia de un acomodado hacendero que se deleita con los últimos capítulos de una cautivante novela. Este placentero acto de lectura del protagonista se describe sugerentemente: «la ilusión novelesca lo ganó casi enseguida. Gozaba del placer casi perverso de irse desgajando línea a línea de lo que lo rodeaba, y sentir a la vez que su cabeza descansaba cómodamente en el terciopelo del alto respaldo» (*CdP*, p. 393). Este lector resulta ser víctima fatal de una intriga maquinada por los amantes adúlteros —entre ellos su propia esposa— de la obra literaria que tiene en las manos. Como sucede en «El ídolo...», la acción final queda suspendida con el arma homicida, un puñal, en manos del personaje novelesco —intradiegético— a punto de cometer el crimen.

La focalización se instala en la percepción del personaje-lector y gradualmente, como un lento *zoom-in*, la voz narradora se va concentrando en el relato de la novela leída: «Primero entraba la mujer, recelosa; ahora llegaba el amante, lastimada la cara por el chicotazo de una rama» (*CdP*, p. 393). Esta sugestiva frase fusiona los tiempos que corresponden al acto de lectura del personaje («ahora»), por un lado, y los tiempos que corresponden a las acciones de la novela, señaladas por el imperfecto («entraba», «llegaba»), por otro (Filinich 1996: 117). Pero la compenetración con «la ilusión novelesca» percibida por el personaje-lector llega a tal punto de que se produce una «convergencia en un mismo acto narrativo [...] de la narración de una historia y *simultáneamente* de su recepción por el lector» (Pozuelo Yvancos 2004: 115). En otras palabras, «la lectura de una novela es simultáneamente su narración» (2004: 111). Al final se produce una metalepsis vertical *in corpore* cuando el amante intradiegético de la novela transgrede una frontera espaciotemporal y ontológica impuesta por el plano narrativo ficcional respecto al mundo del cuento, puesto que la trama del asesinato no puede pertenecer al mundo de la novela leída y —al mismo tiempo— al mundo de su lector. Este procedimiento paradójico anula las jerarquías implícitamente establecidas al principio del relato entre sucesos situados a un nivel diegético superior respecto a ciertas acciones novelescas desarrollados a un nivel intradiegético inferior (Meyer-Minnemann 2006: 62). Además, la lectura de una novela es siempre un acto lógicamente posterior a los acontecimientos narrados en ella. Sin embargo, en *CdP* también se subvierten estos límites: «La almendra semántica de este cuento es la continuidad entre mundo narrativo y mundo, al crear un personaje lector que vive el acontecimiento hasta el extremo de ser finalmente la víctima de ese acontecimiento» (Pozuelo Yvancos 2004: 118). Y en la interpretación de Filinich: «Entre el mundo de la literatura y el de la vida no hay márgenes precisos, los espacios son continuos. [...] toda lectura tiene un efecto sobre el lector, lo transforma, lo convoca a ser partícipe en la interpretación del sentido de la trama» (1996: 118). Cortázar anticipa el argumento de este conocido cuento en su novela *Diario de Andrés Fava* (1950):

> Nunca pude escribir bien el relato que mostraría esta imbricación de la literatura y lo objetivo, y a la vez el voluntario desgajarse de aquélla, que *en el fondo odia el realismo*. La idea es la de un hombre sentado en un sofá verde junto a un ventanal sobre el parque, leyendo una novela donde una mujer encuentra furtivamente a su amante, conviene en la necesidad de asesinar al marido para quedar libres, y sube las escaleras que la llevarán a la habitación donde el marido, sentado en un sofá verde, junto a un ventanal, lee una novela... (*Diario de Andrés Fava*, p. 104 s.).

La insatisfacción respecto a la forma definitiva del relato *CdP* se mantiene vigente hasta más allá de su publicación definitiva en 1964, según lo recuerda el escritor: «yo, que no escribo nunca dos veces un cuento, ese lo he reescrito quince veces y todavía no estoy satisfecho.

Creo que le faltan aún elementos de ritmo y de tensión para que pueda llegar a ser diminutamente perfecto» (en: González Bermejo 1978: 104). Visto así, no es de sorprender, pues, el recelo manifestado por el autor respecto a la idea de recrear en el cine precisamente esta obra. Por otra parte, es evidente que Cortázar retrata al inicio de *CdP* la típica postura del «lector pasivo», arrellanado en su sillón favorito como dice el cuento, y también recrea, no sin ironía, las técnicas de la «ilusión novelesca» agudamente combatidos en su obra ensayística y ficcional, especialmente en *Rayuela* en donde argumenta Morelli: «me pregunto si alguna vez conseguiré hacer sentir que el verdadero y único personaje que me interesa es el lector, en la medida en que algo de lo que escribo debería contribuir a mutarlo, a desplazarlo, a extrañarlo, a enajenarlo» (cap. 97, p. 608). Otro «capítulo prescindible» de la novela expone:

> Morelli entiende que el mero escribir estético es un escamoteo y una mentira, que acaba por suscitar al lector-hembra, al tipo que no quiere problemas sino soluciones, o falsos problemas ajenos que le permiten sufrir cómodamente sentado en su sillón, sin comprometerse en el drama que también debería ser el suyo (*Rayuela*, cap. 99, p. 611).[84]

...y lo es, en *CdP*. Retomando ahora el «magnífico riesgo» que según Cortázar implica el nuevo proyecto cinematográfico de Antin, considero que la selección —y la fusión— de estos complejos cuentos a fin realizar una película constituye en sí un hecho muy significativo. Hay que recordar que el proyecto de recrear en cine el cuento «Circe» fue postergado por Antin a raíz de su compleja estructura narrativa. Su nueva idea de reunir elementos de *EldC* y *CdP* —en un solo argumento de cine— revela un síntoma de afianzamiento en la dirección de cine conquistado en poco tiempo a lo largo de su intensa actividad. Y desde el punto de vista del cine argentino de la época, cabe recordar que en épocas anteriores a la *Generación del 60* se rechazan proyectos como, por ejemplo, *El crimen de Oribe*, de Torre Nilsson y Torres

84. En el cuento «Instrucciones para John Howell» (*Todos los fuegos el fuego*, 1966) el drama termina siendo literalmente el de un espectador de teatro obligado a moverse de su butaca al escenario e interpretar un papel.

Ríos, a partir de *El perjurio de la nieve*, de Bioy Casares, cuya negativa se apoyó en la argumentación de que «nadie entendería la película» (Torre Nilsson 1977, en: Couselo 1985: 124). Muy difícil sería imaginar entonces una propuesta de argumento cinematográfico en base a la síntesis de textos como *EIdC* y *CdP*. Y menos con las exigencias de Cortázar, quien advierte reiteradamente a Antin acerca del riesgo que significa este proyecto cuando insiste:

> Bueno, Manuel: yo leí dos veces el guión, la primera de un saque, y la segunda lápiz en mano. Aurora lo leyó una vez, con el mate en la boca. [...] Primero, el guión es magnífico. Yo creo que de ahí va a salir una gran película. Pero sigo creyendo que es tu obra más comprometida, más peligrosamente resbaladiza. Un error, y nos vamos al agua. La cosa es demasiado extrema, toca terrenos demasiado hondos como para tolerar un margen de aciertos relativos. Clavás la flecha en el medio del blanco o perdés todo. Yo creo que vos también lo sabés, y por eso habrá que seguir afinando cada faceta de nuestro misterioso poliedro de mármol (cómo soy cuando me pongo, ¿eh?) (carta del 14 de agosto de 1964, en: *Cartas* 2, p. 735).

Sin embargo, como se ha dicho, la primera reacción del escritor ante la idea fue muy diferente. Su rotunda negativa respecto al primer bosquejo del guión propuesto, incluido el mismo título de la película «*Intimidad* de los parques», fue categórica. Cortázar hace hincapié en que la película reproduzca el sentido profundo —esto se aclara inmediatamente— del cuento «El ídolo de las Cícladas». Asimismo, de ninguna manera aprueba la combinación de *CdP* en el argumento de la película. Los siguientes pensamientos de Cortázar desarrollados en otra carta escrita a puño y letra durante un receso en la UNESCO proponen una línea de interpretación de su cuento:

> Bueno...
>
> *No.*
>
> Así, redondo, de amigo a amigo. [...] Las razones son varias, pero todas giran en torno a una que es capital: vos has eliminado toda motivación *sobrenatural* del drama, y lo has situado en un terreno erótico-psicológico. También lo hiciste en *La cifra*, pero allí no pasaba nada *tremebundo*. [...] Te lo voy a decir con una imagen: nadie se desnuda y lame un hacha sin estar *poseído*. En mi

> cuento, el ídolo es activo, es el que exige los sacrificios. [...] Pienso que por temperamento y preferencias personales, no te gustan l[a]s soluciones de orden fantástico o sobrenatural. Si es así, no filmes «El ídolo», porque el cuento sólo tiene fuerza en la medida en que el ídolo desencadena el juego de fuerzas (carta del 23 de julio de 1964, en: *Cartas* 2, p. 723).

Las cartas de cine van y vienen como de costumbre de Buenos Aires a París y viceversa hasta que finalmente Cortázar acepta a regañadientes la última versión del libro cinematográfico continuamente revisado e incluso aprueba la incorporación de *CdP*. Pero más tarde, cuando finalmente ve la película no escatima en manifestar su profunda decepción: «Tengo que rendirme a la evidencia de que no has conseguido transmitir tus intenciones, que hay una obra muy hermosa pero muy fragmentaria, de la que se sale con un sentimiento desagradable de frustración. [...] Te espero en otra película, tal como te encontré en *La cifra impar*» (carta del 21 de marzo de 1965, en: *Cartas* 2, p. 851). En otra ocasión confiesa: «Pero no sé mentir, y tu film me parece que no sólo está lejos de mí —lo que tendría poca importancia— sino de vos mismo como director y como artista» (carta del 24 de marzo de 1965, en: *Cartas* 2, p. 835). Vayamos ahora a esta memorable obra del cine argentino que provoca la insatisfacción de Cortázar así como la de una parte de los espectadores y la crítica, pero sin embargo cautiva extraordinariamente a otros a lo largo de la historia de su recepción.

Cine, tiempo y censura: *Intimidad de los parques* (1965)

> —¿Has contado los días, viejo? —dijo Fushía—. Yo he perdido la noción del tiempo.
> —Qué te importa el tiempo, para qué sirve eso —dijo Aquilino.
> (Mario Vargas Llosa: *La casa verde*, 1965)

Realizada hacia el ocaso de la *Generación del 60* cuando algunos críticos incluso dan por acabado este palpitante capítulo de cine, *Intimidad de los parques* cosecha una crítica bastante contradictoria. Algunas voces celebran «un film delicioso para los amantes del cine: condenadamente cerebral, rigurosamente artístico y decididamente no comercial» (*Confirmado* 1965)[85], mientras que otras plumas periodísticas menos entusiasmadas condenan una película «evidentemente ambiciosa, pero más evidentemente fallida» (*La prensa* 1965).[86] El diario *La Razón* califica de «escabrosos» precisamente aquellos elementos que otros críticos e historiadores elogian en una película que deliberadamente desconcierta los instrumentos de la razón y que descompone el Modo de Representación Institucional implícitamente pretendido por el cronista que escribe: «Antín apela a una forma narrativa escabrosa: corta la continuidad temporal, mezcla episodios simultáneos, intercala el pasado en el presente, abandona y retoma escenas» (*La Razón* 1965).[87] Aunque evidentemente no fue su voluntad, este crítico sintetiza con eficacia las técnicas narrativas empleadas por Antin en *La cifra impar* (1962), *Los venerables todos* (1962) y *Circe* (1964), es decir, no es ninguna novedad, pues, que el cineasta rechace el «montaje narrativo» (Amiel 2005) para la representación de una historia lineal y coherente: «La película no emplea fórmulas narrativas de corte tradicional», razona el crítico de *La Nación* a propósito de *Intimidad*, más aún, advierte una «rebeldía contra los cánones de la narrativa tradicional» (1965).[88]

Ahora bien, al hojear un lector cinéfilo de aquella época las páginas de otro diario de la misma fecha, 28 de julio de 1965, se encontraba con una reseña que sin embargo elogia «un tratamiento del tiempo que borra sus fronteras habituales y lo sumerge en un flujo donde intervienen la imaginación, el pensamiento, e inclusive la presencia de una temporalidad resguardada a través de los siglos y dotada de mágica calidad» (*Clarín* 1965).[89] Como lo señala muy

85. «Antín: el difícil cine de los argentinos», en: *Confirmado*, 16 de julio de 1965, p. 48. El artículo cita una crítica publicada en el diario *La Prensa*, de Lima.
86. «Intimidad de los parques», en: *La Prensa*, 28 de julio de 1965, p. 24.
87. «El artificio como estilo narrativo», en: *La Razón*, 28 de julio de 1965, p. 13.
88. «Experiencia formal de Manuel Antín», en: *La Nación*, 28 de julio de 1965, p. 10.
89. «*Intimidad de los parques*: calidad y densidad en un film de Antín», en: *Clarín*, 28 de julio de 1965, p. 19.

bien un artículo sugestivamente titulado «Antín: el difícil cine de los argentinos», y que menciona esta contradictoria recepción crítica, se trata de una «violenta oscilación entre el deslumbramiento y el rechazo» (*Confirmado* 1965).[90] Esta última parece haber sido la sensación de algunos espectadores que destruyen una sala de proyección después del estreno de la película en Lima, según informa en su momento la prensa argentina:

> Un suceso penoso acaba de demostrar la absoluta carencia de sensibilidad estética y hasta de un elemental respeto por un esfuerzo de creación artística, cuando al no comprender el lenguaje moderno del primer film peruano, *Intimidad de los parques*, los espectadores tradujeron su desorientación en actos de befa y violencia. En el cine Sáenz Peña de El Callao, el público llegó a romper las butacas (*Confirmado* 1965).[91]

Antin recuerda el curioso episodio en estas palabras: «Se produjo una revuelta dentro de la sala de exhibición, los espectadores incendiaron las butacas del cine y salieron en estampida, se armó una trifulca de proporciones, nunca entendí por qué tanto» (en: Sández 2010: 80). Décadas más tarde, Mahieu sentencia «un fracaso notorio» a propósito de *Intimidad* y asimismo critica «una estructura poco feliz, cuyo hermetismo original conduce a una vacilante confusión» (1980: 644). Sin embargo, precisamente una vacilante confusión en tanto que «tensión interpretativa» (Eco 1984: 165) constituye uno de los efectos más sugestivos de la película, que además coindice, desde el punto de vista de la recepción, con el característico potencial perturbador y desacomodo metafísico de los cuentos de Cortázar.

Intimidad de los parques se rueda en Perú: en Cuzco, en Lima y en la cumbre de Machu Picchu. Según lo manifestado por el director de la película en un reportaje que le hace *La Nación* por aquella época, su objetivo fue ambientar la película en un escenario «más cercano a

90. «Antín: el difícil cine de los argentinos», en: *Confirmado*, 16 de julio de 1965, p. 48.
91. «Antín: el difícil cine de los argentinos», en: *Confirmado*, 16 de julio de 1965, p. 48. Según lo apuntado por el autor del artículo, el citado fragmento proviene del periódico peruano *El Comercio Gráfico*.

nuestra sensibilidad de americanos» (Antin, en: *La Nación* 1965).[92] Esta decisión de desplazar los sucesos centrales del cuento «El ídolo de las Cícladas» —ocurridos en Grecia— a las ruinas incaicas obliga al director a buscar co-productores en aquel país, de lo contrario, la financiación de la película hubiera sido muy difícil. Es evidente que el traslado de los sucesos a la *Grecia sudamericana* también exige, desde el punto de vista del contenido, un replanteamiento de los rituales conforme a la cultura incaica, una cuestión intensamente discutida en los debates epistolares de Antin y Cortázar.[93] Solucionadas las formalidades burocráticas de producción, se procede al rodaje bajo las exigencias de un apretado presupuesto pero con la actuación de un cotizado elenco internacional compuesto por Dora Baret, Ricardo Blume y Francisco Rabal; éste último ya había trabajado, por ejemplo, con Antonioni, Buñuel y Torre Nilsson.[94] Teniendo en cuenta las diferentes nacionalidades de estos actores, un elemento auditivo sumamente atractivo de *Intimidad de los parques* estriba en el respectivo acento argentino, peruano y español de la lengua castellana pronunciado por los actores. Esta sonora diversidad de acentos hispánicos pronunciados precisamente en las vertiginosas alturas incaicas de profunda raigambre cultural precolombina representa, por ejemplo, uno de los más sugerentes motivos audiovisuales ignorados por aquella parte de la crítica académica y periodística obstinada en condenar «el hermetismo» de la obra de Antin.

Más allá de toda «motivación sobrenatural del drama» reclamada por Cortázar en sus cartas, el verdadero maleficio que recae sobre la producción radica en el *sacrificio* del cuarenta por ciento de los negativos rodados y por tanto inutilizables en los laboratorios en Buenos Aires.

---

92. «Dos personajes en Machu Picchu: el hombre y la piedra», en: *La Nación*, 26 de julio de 1965, p. 16.

93. Véase, por ejemplo, la carta del 14 de agosto de 1964, en: *Cartas* 2, p. 736 s.

94. Rabal interpreta papeles en películas como *Viridiana* (1961), de Buñuel, y en *L'eclisse* (1962), de Antonioni, donde actúa junto a Monica Vitti y Alain Delon. En el ámbito del cine argentino actúa en *La mano en la trampa* (1961), de Torre Nilsson, recreación de la novela de Beatriz Guido, y en *Hijo de hombre* (1961), de Lucas Demare, recreación de la novela homónima de Augusto Roa Bastos.

Según el reporte técnico, el daño irreparable de los negativos ocurre debido a problemas de estática causados por la altura del rodaje (Machu Picchu) y también a los frecuentes cambios de temperatura a la que habían sido sometidos: «Una parte velada por los efectos de la altura y la mayoría, porque la temperatura generó la aparición de hongos de humedad en los negativos», explica Antin (en: Sández 2010: 78). En gran medida esta desventura ocasiona el estilo tan elíptico y discontinuo del filme, puesto que debían montarse de forma repetida algunas secuencias sobrevivientes para aprovecharse el mayor metraje posible a fin de que *Intimidad de los parques* alcance el estatus de largometraje. Con ello, la película tendría derecho a competir por los premios otorgados por el Instituto Nacional de Cinematografía (INC).[95] Varias secuencias de la película quedaron truncas a causa de la pérdida de escenas filmadas, es decir, faltan los puentes lógicos que aclaran las causalidades, hecho que, naturalmente, eleva el grado de ambigüedad. Pero desde el punto de vista analítico resultaría demasiado fácil atribuir exclusivamente al infortunio empírico la estructura de la película, además sería navegar contra la corriente propuesta deliberadamente por el montaje final y por el autor de la película. El accidente fotográfico sufrido por los negativos tal vez tenga cierto valor anecdótico que haya promovido quizá un estilo más radical de lo previamente planeado, pero de ninguna manera es un argumento para descalificar la obra o sencillamente olvidarla.

Intimidad de los parques descompone más radicalmente el modelo temporal y coherente de la narración clásica convencional y contrapone una «*narración acrónica*, en donde el tiempo no resulta una especificidad diferencial» (Oubiña 1994: 26). Este «caleidoscopio de la memoria» (1994: 24) representa «una *figura* que posee una lógica más allá del tiempo: como si los individuos y las cosas pertenecieran a una constelación en donde las *interacciones* se prolongaran y trascendieran

95. En su artículo tercero, el Decreto-Ley Número 62 de 1957 dispone: «Se considerarán películas de largo metraje a aquellas cuyo tiempo de exhibición no sea inferior a sesenta minutos» (Decreto Ley Número 62, en: Boletín Oficial de la República Argentina, 9 de enero de 1957, p. 1). *Intimidad de los parques* tiene aproximadamente 66 minutos de duración.

en una *superación*, más allá de la realidad psicológica y del tiempo histórico» (1994: 26). Por su parte, Sández observa que Antin «demuestra una altísima conciencia de la cámara como un recurso estilográfico que posibilita la creación de un lenguaje renovador» (2010: 131). *Intimidad* experimenta con mayor ambigüedad e intensidad las nociones de Antin respecto a la memoria —y sus trampas—, la cual comprende, según se ha observado, «episodios que han sucedido ya y otros que quizá no sucedan nunca o que sucederán después» (en: *Tiempo de cine* 12, 1962, p. 6). Más actualmente, el cineasta recuerda su filme *Intimidad* «casi como el resultado de una obsesión» (en: Sández 2010: 58). Es por ello que lo observado por Peña a propósito de *Los venerables todos* (1962) puede ser aplicado también a *Intimidad*, puesto que las

> experimentaciones formales [de Antin] respondían a una necesidad expresiva personal, que le exigía librarse de las ataduras narrativas convencionales para trabajar con materiales esencialmente abstractos (la soledad, la memoria, la sensualidad, el miedo). Su cine de este período funciona «sin red», asumiendo los riesgos de su mayor o menor inspiración (2012: 157).

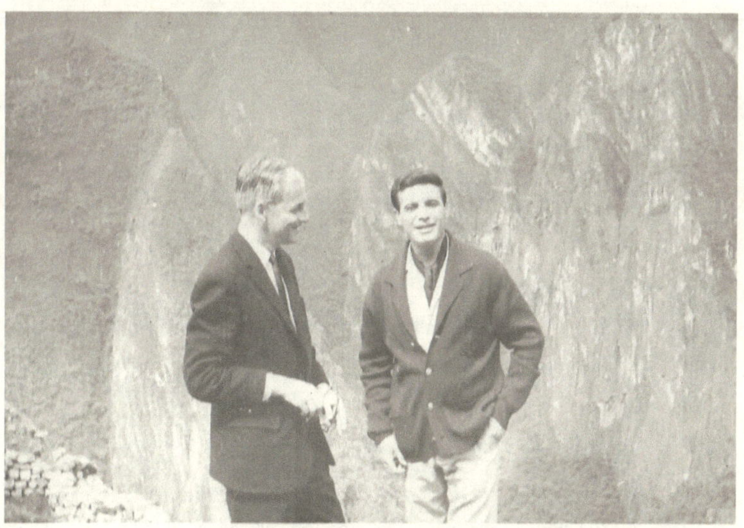

Manuel Antin y Francisco Rabal en las alturas de Machu Picchu durante el rodaje de *Intimidad de los parques*.

Las escenas de *Intimidad* pueden agruparse básicamente en tres secuencias que, como ilustro más abajo, se ordenan de manera no cronológica, discontinua y fragmentaria a lo largo de la película. Estas tres secuencias se diferencian según el criterio de espacio, tiempo y plano ontológico en el cual se desarrollan las acciones. Así, las dos primeras secuencias contienen seres, estados, procesos, acciones e ideas que pueden adscribirse a la ficción de primer grado, es decir, lo que dentro del mundo de la película se postula como lo real. En cambio, la tercera secuencia representa la ficción de segundo grado, es decir, lo que aparenta ser ficcional respecto al mundo de la película (en la tercera secuencia se recrea el argumento de «Continuidad de los parques» a través de un libro leído por uno de los protagonistas). Además, la atmósfera ancestral sugerida por las ruinas incaicas de Machu Picchu así como por la estatua rescatada —continuamente evocada por los personajes— activan una cuarta dimensión implícita basada en el tiempo inmemorial de los antepasados nativos del Perú, un tema latente en el filme. Las escenas aparecen sobre el plano narrativo del discurso fílmico dispuestas de la siguiente manera:

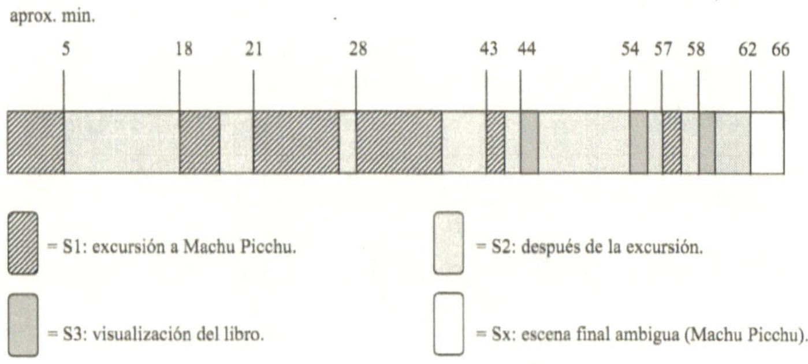

- (S1) Contiene las escenas que corresponden a una excursión realizada a Cuzco y Machu Picchu por los protagonistas: Teresa (Dora Baret), su pareja y más tarde marido Héctor (Francisco Rabal) y un amigo llamado Mario (Ricardo Blume), el Somoza de la película.

S1 comprende paseos a monumentos históricos, el deambular de los personajes por las ruinas incaicas, el coqueteo de Teresa y Mario jugando en una playa así como el hallazgo de la estatuilla de piedra en las ruinas de Machu Picchu por parte de Mario.

- (S2) Contiene las escenas que muestran lo que pasa después de la excursión, cuando los personajes están de regreso. Se desarrollan preferentemente en ambientes cerrados y urbanos como, por ejemplo, en el interior de casas particulares donde discuten, siempre ambiguamente, tanto los esposos entre sí como Mario y Héctor. La película termina como el cuento «El ídolo de las Cícladas», o sea, no se muestra explícitamente la muerte de Teresa.
- (S3) Esta secuencia se diferencia de las anteriores por su nivel diegético: las escenas comprenden la audiovisualización de lo leído por Héctor en un libro de ficción que le regala Teresa. La tapa del libro con el título *Final del juego* aparece explícitamente. Como argumento más adelante, S3 refleja paradójicamente a S1 y S2.
- (Sx) La última escena de la película muestra a Teresa vestida de blanco y caminando sola por las ruinas de Machu Picchu. La escena es ambigua en la medida en que puede simbolizar la liberación de la mujer después de ser asesinada por Héctor.

El principio narrativo que enlaza las escenas es ambiguo y se orienta claramente hacia el «montaje de correspondencias», un «montaje por repeticiones, por reanudaciones, por similitudes» (Amiel 2005: 127). En el texto «El ídolo de las Cícladas» la historia aparece relatada a través del filtro racional de Morand, desde cuyo punto de vista se explican los hechos. En el filme de Antin, en cambio, falta un filtro semejante que de alguna manera aclare el desarrollo tan ambiguo, circular y elíptico de las cosas.

Como ilustra el esquema más arriba, así como *La cifra impar* y *Circe*, *Intimidad* también empieza con un prólogo que de entrada enfrenta al espectador con las alturas de Machu Picchu, imágenes que inmediatamente despiertan la memoria de una cultura y una cosmovisión desaparecidas. Este breve prólogo expone cronológicamente las acciones más importantes de S1, que son la llegada de los personajes a Machu Picchu y el hallazgo de la estatua por parte de Mario. En adelante, el montaje de la película mezcla escenas que corresponden a las tres secuencias de manera discontinua de tal modo que su interrumpida concatenación no desarrolla un conflicto concreto que se disipa al final. La película plantea una visión ambigua de la realidad en donde la sucesión de las escenas se produce por analogía, por asociación de ideas y ecos a distancia sugestivamente producidos por el montaje de correspondencias. Esta singular ambigüedad hizo que a lo largo de la historia de la recepción del filme hayan sido propuestas variadas interpretaciones posibles, las cuales motivan también reinterpretaciones de los cuentos de Cortázar. Además, los *flashbacks* aparecen sin aclarar los criterios analíticos antes examinados y tampoco se distingue el tiempo en sus respectivas categorías habituales de pasado y presente, sino que la narración remite más bien a una concepción del tiempo no cronológico, en la medida en que «nunca hay sucesión de presentes que pasan, sino simultaneidad de un presente de pasado, de un presente de presente, de un presente de futuro que hacen del tiempo algo terrible, inexplicable» (Deleuze 2004: 139). Como muy bien reprocha una reseña contra *Intimidad de los parques* publicada por *La Prensa*, se trata de «un montaje distorsionado, que poco ayuda a la comprensión de la película» (1965)[96]. Si bien es posible argumentar —con razón— que el montaje dificulta la «captación cognitiva» (Wuss 1993: 114) de la historia, es fundamental reconocer asimismo que esta lúcida negación implica al mismo tiempo una apertura hacia otros potenciales de interpretación más allá de la coherencia. Pero las manifestaciones críticas de la época ayudan a identificar lo que entonces resulta novedoso y perturbador a la vez, en un momento de tensión y transición de estilos cinematográficos.

Las escenas de *Intimidad de los parques* giran como satélites en torno al epicentro de la historia —el hallazgo del ídolo— continuamente evocado por los personajes: «algo importante sucedió ese día, que no sé... nada lo explica del todo», medita Teresa en una memorable escena desarrollada en una plaza de toros que examino más adelante. También Mario sostiene: «desde que volvimos del viaje pasan cosas raras». El rescate

96. «Intimidad de los parques», en: *La Prensa*, 28 de julio de 1965, p. 24.

de la reliquia de piedra se muestra al principio de la película y la misma escena se repite hacia la mitad, que constituye el centro de la película. Pero cuando desembarcamos los espectadores nuevamente en esta escena que ya se conoce, se la percibe desde un horizonte diferente, puesto que se dispone de más informaciones respecto a las extrañas consecuencias que tendrá la reliquia desenterrada en la vida de los personajes.

Muy lejos de representarse los diálogos de forma convencional a través de planos y contraplanos, los interlocutores deambulan dentro de un mismo encuadre saliendo y entrando en él sin que la cámara siga o anticipe sus movimientos, por el contrario. Las miradas así como los diálogos cifrados, evasivos y oblicuos, se desencuentran a lo largo de la película sin que se instale un conflicto claro que pueda solucionarse. En varias ocasiones, como ilustran los planos más abajo, *jump-cuts* fracturan la integridad temporal de las escenas que representan una conversación, la cual aparentemente sigue su curso normal a pesar del corte. Pero es evidente que falta un trozo de película, en otras palabras, parece que *se corta algo*:

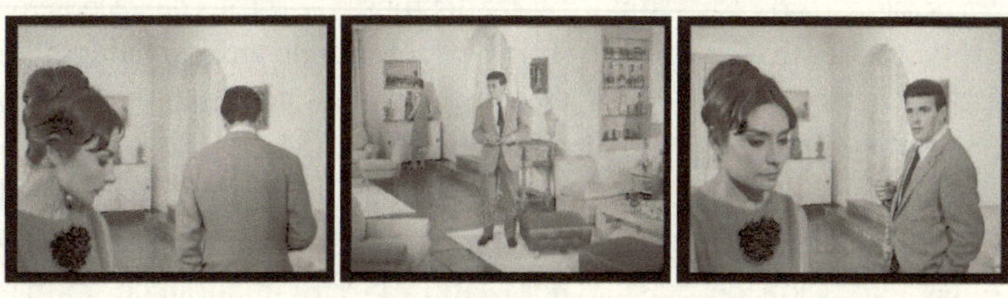

p42 p43 p44

Dora Baret y Francisco Rabal en *Intimidad de los parques* de Manuel Antin. Las miradas de los personajes se desencuentran y apuntan hacia direcciones opuestas, un rasgo recurrente en el cine antiniano de los 60. Además, adviértanse los *jump-cuts*: p42, p43 y p44 aparecen yuxtapuestos por corte directo en la película (min. 0:11:15-0:12:10/S2).

En la escena, Teresa y Héctor discuten de manera demasiado evasiva, evitando llamar las cosas directamente por su nombre: «me irrita la indiferencia con que...», exclama Teresa. Héctor se vuelve y le responde: «dilo..., ¡dilo!». Pero la mujer no dice absolutamente nada y sale fuera de campo. El que responde es Mario, cuyas palabras *en off* provienen de otra escena y otro tiempo completamente. Es palpable que en el mundo de la película los personajes evaden una cuestión así como también se percibe que la propia instancia narrativa fílmica extradiegética *está cortando* algo a través de invasivos *jump cuts*. Antes de proponer una línea de interpretación al posible enigma que encierran estos cortes sospechosos que perturban el devenir natural de la historia, amplío otros asuntos que considero igualmente fundamentales.

De manera semejante a la caracterización del personaje Somoza en el cuento de Cortázar, Mario aparece en *Intimidad de los parques* como un hombre muy dado al arte y la cultura. Por su lado, Héctor —el Morand de la película— afirma estar interesado en cosas «más serias». Una de las escenas que trata claramente este contraste de mentalidades muestra un elegante brindis que se lleva a cabo en los jardines de un museo exactamente un mes después de la excursión a Machu Picchu (S2). Teresa le murmura a Mario a propósito del ambiente demasiado burgués infundido por los distinguidos invitados: «gente absurda… *¿eh?*» Sin embargo, su esposo Héctor forma parte íntegra de este grupo de consumidores ocasionales de arte reunidos *fuera* del museo —y lejos de los objetos expuestos dentro— bebiendo tragos y conversando amenamente sobre futuras fiestas y otras trivialidades. En otra ocasión, durante un paseo por antiguos monumentos históricos de Cuzco (S1), Mario le consulta entusiasmado a Héctor: «¿no sientes otro mundo que te rodea?», y aquél le responde llanamente que siente frío, que prefiere volver. Estas reveladoras percepciones expresadas por Mario y Héctor implican dos formas diferentes de captar el mundo.

«Lo ves todo tan superficialmente», le reclama más tarde Teresa a su marido Héctor. Y cuando la mujer le obsequia una obra literaria a su esposo, éste hojea las páginas de manera indiferente y reacciona: «¿y por qué un libro? qué gracioso…». Este libro contiene, pues, la historia del cuento «Continuidad de los parques». Como se ha mostrado en el esquema más arriba, la audiovisualización del contenido del libro (S3) se encuentra fragmentada en tres momentos de la película. Pero las imágenes que ilustran este contenido aparecen sin una marcación convencional que suele anunciar y diferenciar el nuevo nivel intradiegético, es decir, de manera análoga a lo que ocurre en el texto de Cortázar, las imágenes que corres-

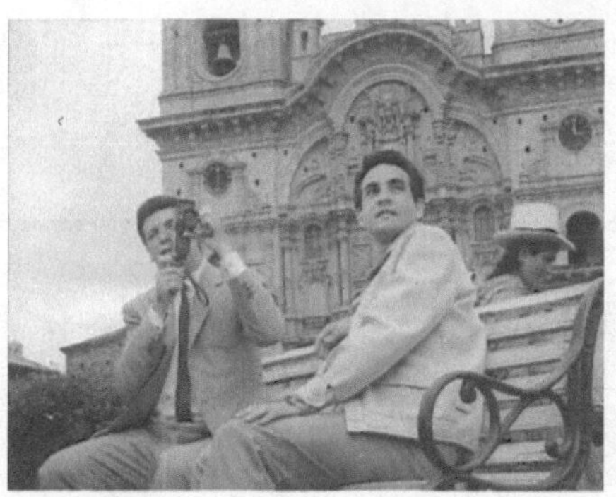

p45 – Imagen de *Intimidad de los parques* de Manuel Antin. El plano muestra a Héctor (Francisco Rabal) filmando como un turista y a su lado aparece sentado Mario (Ricardo Blume). Al fondo se levanta la histórica catedral de Cuzco y una habitante nativa pasa por detrás de los personajes.

ponden a S3 se incorporan fluidamente por corte directo sin distinguirse de los demás sucesos reales (S1 y S2) respecto al mundo de la película. De modo que desaparecen los límites entre ficción y realidad que asimismo pierden su dualidad en cuanto a la forma de su representación.

Acostados los esposos en su cama matrimonial, Héctor lee algunos pasajes de la obra en voz alta (min. 0:20:45/S2). La cámara se aproxima lentamente al rostro meditabundo de Teresa y un *flashback* retoma la excursión efectuada por los personajes (S1). Pareciera que estas imágenes del recuerdo ilustran el contenido del libro, y no la memoria del personaje. Pero el *flashback* muestra el coqueteo de Teresa y Mario en una playa (S1) que, como se ha dicho, parecen los protagonistas del texto literario que se está leyendo. Luego aparece el deambular de los personajes por las ruinas de Machu Picchu cuando la mirada acechante de Héctor persigue en todo momento a su pareja Teresa. Es decir, todavía no se visualiza estrictamente lo que se está leyendo y se puede inferir que la historia leída en voz alta —fragmentos del cuento «Continuidad de los parques»— motiva un recuerdo específico en la mente de Teresa a propósito de una situación análoga que ha vivido hace poco (o está viviendo). Asimismo, este *flashback*, en cuyo marco se repite la escena del hallazgo del ídolo, no retoma el punto de referencia espaciotemporal —la cama— desde donde partió el recuerdo, sino que se pierde por otras sinuosas ramificaciones de la historia y el tiempo.

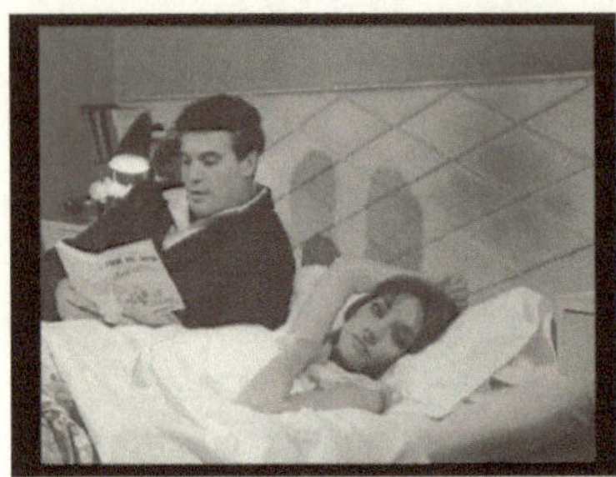

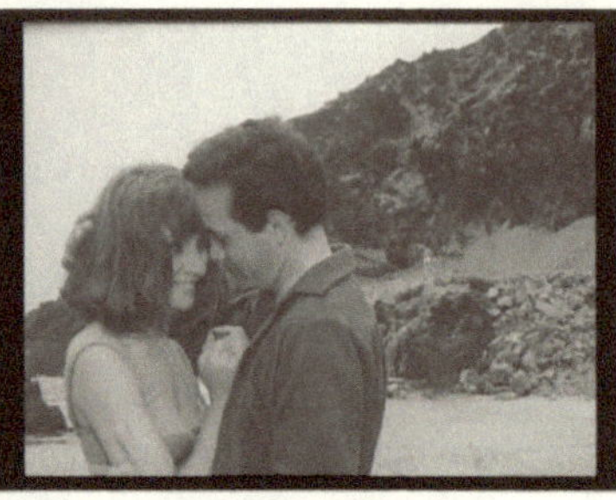

p46 Imágenes de *Intimidad de los parques* de Manuel Antin. p47
Héctor lee un libro. La cámara se acerca lentamente al rostro de su esposa ensimismada, atenta a lo que oye. Son estos los rasgos convencionales con los cuales las películas suelen anunciar la entrada al mundo subjetivo o la audiovisualización del contenido de un libro. Pero *Intimidad* no sigue esta convención que ilustraría lo que se está leyendo, sino que activa un recuerdo (S1). En p47 aparece al fondo Héctor, pequeñísimo, o sea, insignificante, jugando con una pelota mientras que Mario aparece *jugando* con Teresa. Así, Héctor es testigo de «un encuentro que se produce en la playa».

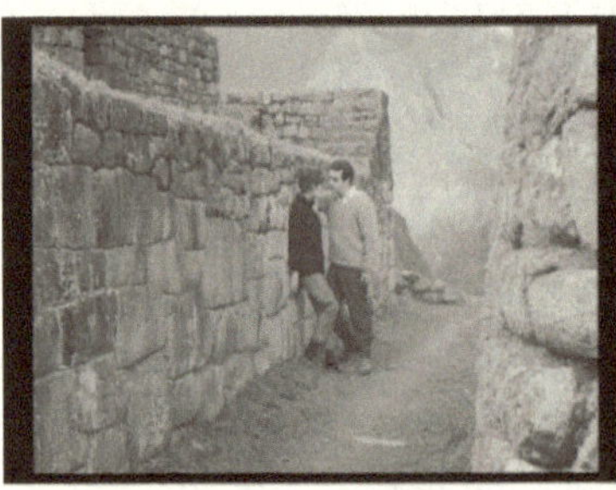

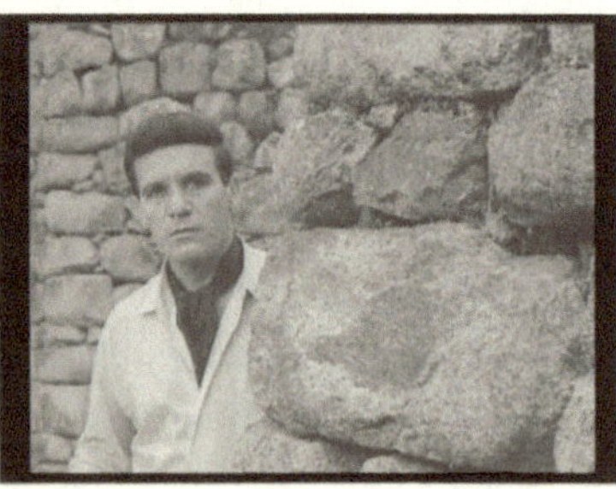

p48 Imágenes de *Intimidad de los parques* de Manuel Antin. p49
En el *flashback*, Héctor mira receloso el flirteo de Teresa y Mario en las ruinas de Machu Picchu (S1). Por otra parte, según la *doxa* narrativa, se supone que la lectura del libro en la cama matrimonial continúa su lógico fluir, hecho que se deja sin responder claramente.

Resulta reveladora la forma narrativa fílmica en que se incorpora el argumento de «Continuidad de los parques» en la película de Antin. En otra ocasión fluye *en off* la lectura de Héctor, «palabra a palabra fue testigo del último encuentro en la playa»[97], mientras que las imágenes muestran al personaje en Machu Picchu como si fuera, paradójicamente, lector y protagonista del cuento al mismo tiempo. Además, precisamente en «una playa» se produce un encuentro de Teresa con Mario (p47). De modo que el contenido de un cuento que aparece en el filme explícitamente como tal, y que lógicamente se encuentra a un nivel diegético inferior respecto a Teresa, Héctor y Mario, se confunde con la vida de estos personajes a través de una representación ambigua que borra los límites entre aquellas dimensiones narrativas.

Más adelante cuando Héctor retoma la lectura del libro (min. 0:42:10/S2), cuestiona impaciente a su mujer: «¿quieres que te siga leyendo o no?». Teresa mira frontalmente a la cámara y sus pensamientos fluyen *en off*, casi como en secreto: «sigue leyendo si quieres, pero yo conozco ese cuento. Hay un hombre sentado en un sillón leyendo una novela, en la novela una mujer y su amante quieren ser libres…». Desde el punto de vista de la recepción, una «knowing audience» (Hutcheon 2006: 120) que recuerde el argumento de «Continuidad de los parques» muy probablemente empiece a conjeturar sospechas respecto a los posibles roles del «amante» y del «lector» en la película de Antin. Más aún, la mirada frontal y las palabras de Teresa funcionan como una invitación para evocar directamente el argumento del cuento de Cortázar, puesto que allí se encuentran ciertos temas adúlteros cuya representación *Intimidad* está esquivando. Luego de resumirse la trama de la historia *en off*, Teresa repite en voz alta: «palabra a palabra, fue testigo del último encuentro en la playa», señalándole a su esposo el punto donde fue interrumpida la lectura. Nuevamente, en vez de visualizar el contenido de lo leído, un *flashback* actualiza otra escena de Machu Picchu (min. 0:43:00/S1). *Es como si algo o alguien prohibiera la representación o audiovisualización directa del cuento que se está leyendo.* En esta escena del *flashback* aparecen Teresa y Héctor

97. En el cuento de Cortázar se lee «en la cabaña del monte» (*CdP*, p. 393).

dialogando (S1), pero cuando se retoma poco tiempo después la lectura del cuento (S2) con las palabras «el diálogo anhelante corría por las páginas como un arroyo de serpientes», éstas fluyen como una prolongación del anterior diálogo y parece que aluden a la conversación de Teresa y Héctor en Machu Picchu, y no al diálogo de los personajes del texto de ficción que se está leyendo. Como en el cuento de Cortázar, estas estrategias fílmicas anulan las jerarquías implícitas entre los niveles diegéticos de S1-S2 y S3 de modo que Teresa y Héctor parecen ser, paradójicamente, lectores y protagonistas de una misma historia. La audiovisualización del cuento que lee Héctor se produce más tarde muy fugazmente —casi se podría decir que clandestinamente— por medio de imágenes que ilustran finalmente el contenido del libro, o más bien lo que imagina Teresa inspirada a partir de aquella lectura.

Como se ha mencionado anteriormente, a diferencia de los subrelatos intradiegéticos en la narración literaria y en particular en «Continuidad de los parques», el cine puede audiovisualizar lo leído por un personaje, Héctor en este caso. En la literatura, los narradores (o lectores) intradiegéticos vehiculan sus relatos por lo general con el mismo material semiótico —lingüístico— que la narración extradiegética, mientras que las películas pueden mostrar en imágenes y sonidos lo leído o relatado verbalmente. Además, se ha explicado que en el cuento de Cortázar se produce una metalepsis vertical *in corpore*. Por su parte, *Intimidad de los parques* también intercala los sucesos (S3) leídos por Héctor de manera paradójica, pero Antin da otra vuelta de tuerca y añade un procedimiento que explico inmediatamente.

Intimidad abre una dimensión explícitamente ficcional (S3) respecto al mundo de la película a través de una obra literaria que refleja el conflicto amoroso real (S1 y S2). Las escenas de S3 se intercalan en la narración del filme por medio de un procedimiento de la narración paradójica que se encuentra dentro de los llamados fenómenos de desdoblamiento vertical, a saber, representan procedimientos de reflejo paradójico de lo mismo en lo otro (Meyer-Minnemann 2006: 57). Este desdoblamiento vertical o «epanalepsis» se produce cuando «un elemento de la historia narrada (o la historia narrada en su totalidad) se ve reflejado en otra historia (en algún elemento de ésta o en su totalidad) a un nivel diegético inferior o superior a su propio nivel» (Meyer-Minnemann 2006: 58).[98] Así, la historia leída por Héctor refleja el triángulo amoroso compuesto por Teresa-Héctor-Mario. Pero la cuestión se complica más aún, puesto que un personaje de la historia leída y representada (S3) también está interpretado por Ricardo Blume, el mismo actor que desempeña el papel de Mario en S1 y S2. Este fenómeno específicamente cinematográfico da una pista que desambigua la cuestión sobre el origen cognitivo de la audiovisualización de lo leído en voz alta por Héctor: aquellas imágenes pueden ser atribuidas a la imaginación de Teresa, o mejor, a su deseo de ser libre con Mario, e imagina a éste último asesinando a su esposo para concretar su anhelo. El hecho de que Teresa recuerde su coqueteo con aquél cuando empieza la lectura del libro refuerza esta hipótesis.

Se puede cuestionar con razón por qué *Intimidad de los parques* recurre a tantas artimañas para insinuar constantemente el motivo del adulterio, jamás pronunciado abiertamente, antes por el contrario, mutilado y encubierto a cada instante. Las obras literarias de Cortázar recreadas en la película se insertan en un período histórico y político muy particular del cine argentino. Este nuevo contexto confiere a las películas antinianas basadas en los cuentos de Cortázar nuevos códigos culturales y significaciones ausentes en aquellos textos. Resulta muy difícil captar el potencial de significación que contiene *Intimidad de los parques* sin tener en cuenta, pues, una cinematografía amenazada por diversas circunstancias adversas y un clima cada vez más desfavorable para la realización de cine. Así, por ejemplo, los laberintos de las ruinas incaicas por donde deambulan los personajes reflejan la estructura circular de la propia historia del filme. Desde el punto de vista histórico, aquellos laberintos pueden ser leídos también como la metáfora de un movimiento cinematográfico en crisis errando hacia su ocaso, quizá buscando una salida. De igual forma, en una escena representada al estilo documental que muestra una procesión religiosa que acompasa sensiblemente el devenir de la historia, Teresa se pierde errabunda en la muchedumbre sin entrar en contacto con ningún de-

98. La película *A hora mágica* configura un procedimiento paradójico bastante parecido, pero con otros propósitos y un potencial de efectos muy diferente.

voto. Esta serie de motivos audiovisuales reflejan una narrativa fílmica errante buscando una (nueva) expresión.

Intimidad de los parques refleja metafóricamente la cultura cinematográfica de un período acorralado por una censura cada vez más invasiva. Además, las inestabilidades políticas de la década no pasan desapercibidas por un cine acosado por controles estatales. Como se sabe, en junio de 1966 Arturo Umberto Illia es derrocado por un golpe militar que instala a Juan Carlos Onganía en el poder. Este golpe ya se venía anunciando públicamente un tiempo atrás (Eggers Brass 2004: 575 ss.). La inseguridad genera por aquellos años un clima de ninguna manera apto para proyectos cinematográficos (Feldman 1990: 95). Y en 1968 un nuevo decreto oficializa por escrito ciertas normas y restricciones que sin embargo ya circulaban hace algún tiempo atrás: la nueva ley 18.019 crea un «Ente de Calificación Cinematográfica» y determina entre otras cosas lo siguiente:

> Artículo 1° – No podrá restringirse en todo el ámbito del país la libertad de expresión cinematográfica en cualquiera de sus manifestaciones y cualquiera sea el medio de exhibición que se utilice, salvo cuando razones educacionales o el resguardo de la moral pública, las buenas costumbres o la seguridad nacional así lo requieran, en cuyo caso el Organismo de aplicación podrá disponer prohibiciones y cortes en las películas y colas que sean sometidas para su calificación en virtud de lo dispuesto por la presente ley. [...]
>
> Artículo 2° – Quedan prohibidas las escenas o películas en las que se incurra en las siguientes faltas:
> a) La justificación del adulterio y, en general, de cuanto atente contra el matrimonio y la familia;
> b) La justificación del aborto, la prostitución y las perversiones sexuales;
> c) La presentación de escenas lascivas o que repugnen a la moral y las buenas costumbres;
> d) La apología del delito;
> e) Las que nieguen el deber de defender a la Patria y el derecho de sus autoridades a exigirlo;
> f) Las que comprometan la seguridad nacional, afecten las relaciones con países amigos o lesionen el interés de las instituciones fundamentales del Estado (Ley Número 18.019, en: Boletín Oficial de la República Argentina, 7 de enero de 1969, p. 2).

«Era normal en esa época que las películas se censuraran y se cortaran escenas», recuerda Antin cuando evoca el conflictivo contexto de su anterior película *Circe* (1964) por la cual había luchado contra la censura para estrenarla sin mutilaciones (en: Sández 2010: 76). *Intimidad de los parques* anticipa la tijera de los censores «cortando» las partes más comprometedoras, de modo que los cortes tan característicos del cine de Antin de la década de 1960 no sólo sugieren en *Intimidad* una (a)temporalidad cíclica que recorre los sinuosos resquicios de una memoria indescifrable, sino que además aluden a —incluso anticipan— las mutilaciones realizadas por la censura de la época. Evidentemente no se corta nada en la película, a lo que me refiero es que este capítulo del cine argentino aparece metafóricamente reflejado en *Intimidad de los parques* a través de procedimientos que ponen al descubierto las prohibiciones antes expuestas, especialmente primera «falta» del segundo artículo de la Ley 18.019 que restringe el adulterio. La película de Antin se balancea astutamente sobre la cuerda floja desafiando a la acechante censura en la medida en que insinúa, pero nunca trata explícitamente la entonces polémica cuestión del adulterio. En el momento preciso de tratarlo o de nombrarlo, se lo corta literalmente como, por ejemplo, por *jump cuts* (*cfr.* p42/ p43/ p44). El adulterio aparece solapada e indirectamente como presunta trama de un texto literario ambiguo (S3) sobre una pareja adúltera («Continuidad de los parques»), pero cuando se asoma en la vida de los protagonistas lectores del texto varias estrategias esquivan su tratamiento explícito. *Intimidad* está codificada por múltiples procedimientos que encubren las cosas. Más allá de la caracterización de los personajes, el recurrente motivo de los barrotes (*cfr.* p50, p52, p54) sugiere lo encerrado pero también lo vedado, vale decir, que en el fondo se está mostrando, pues, una historia prohibida. Efecto que también se refleja a nivel del discurso fílmico por medio de *jumps cuts* y otras estrategias que aluden a cortes de escenas mutiladas y a la prohibición de expresar algo concretamente: «¡No lo digas!», advierte Teresa en una escena que comento más adelante. La película plantea un doble drama: el que se desarrolla a nivel de la confusa trama narrada y el que afecta a la imposibilidad de narrar las cosas en un clima signado por la censura.

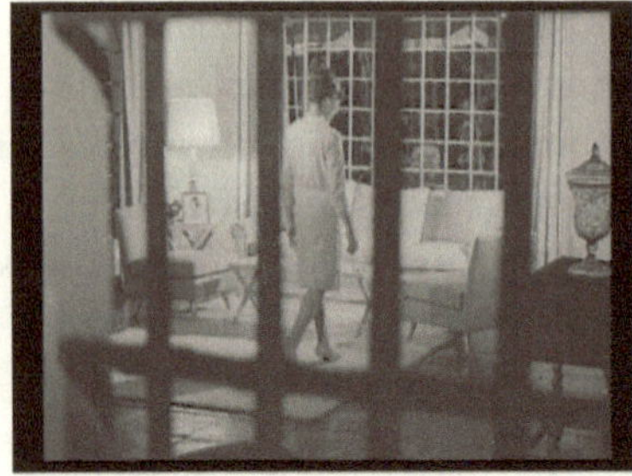

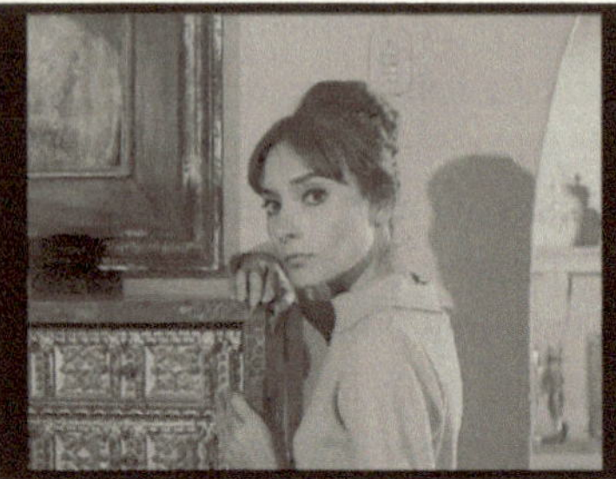

p50 Imágenes de *Intimidad de los parques* de Manuel Antin. p51
Los barrotes presentes en varios encuadres de *Intimidad* connotan que se está mostrando una historia prohibida. En p51 la mirada frontal de Teresa (Dora Baret) acompaña su relato interior *en off*—como en secreto— del cuento «Continuidad de los parques».

A la luz de estas reflexiones examino a continuación una de las secuencias más enigmáticas e impactantes de la película en la cual convergen el lenguaje cifrado y poético de los personajes así como la sigilosa pero evidente evasión del adulterio. Teresa se encuentra con Mario en una plaza de toros para conversar (min. 0:45:42/S2). Probablemente es un encuentro furtivo. Mientras que el toro herido combate contra su torero ante las galerías repletas donde bulle una multitud eufórica —la furia taurina encarna una metáfora visual de Eros dolido y agonizante—, los personajes dialogan serenamente, entrando y saliendo de los encuadres. Melodiosos violines contrastan con las imágenes del sangriento combate animal pero acompañan, sin embargo, una conversación mucho más cercana a la poesía lírica, rica en lítotes y metáforas, que a diálogos convencionales (que podrían ser mecánicamente mutilados en caso de tocar directamente asuntos vedados por la censura). Las miradas de los personajes se desencuentran así como también sus diálogos, los cuales fluyen sin esclarecerse en absoluto lo que está pasando, lo que pasó, por qué y cómo. Fotografiada detrás de gruesos barrotes, o sea, encerrada, Teresa confía a Mario: «Héctor me acosa, no puedo soportar que piense que...» (p52), entonces un corte le interrumpe y muestra el toro que arremete contra su matador en la arena, o bien, metafóricamente vemos como la película *torea* a la censura. Luego entra en campo Mario, que también aparece enfocado detrás de los barrotes: «las sospechas suelen tener esa virtud, la de crear cosas que no existen» (p54), responde enigmático, y el corte muestra una nueva acometida violenta del toro lastimado. Esta frase ambigua presumiblemente haga alusión a una crítica que circulaba por aquellos años en los círculos cinematográficos según la cual los censores «creaban cosas que no existen» en las películas cuyas escenas, supuestamente inmorales, se cortaban sin discreción. Los personajes aparecen como prisioneros tocando muy tangencialmente los temas entonces prohibidos: «no lo digas...», interrumpe más adelante Teresa, evitando que Mario desarrolle una cuestión de temática análoga.

Mario prosigue siempre en tono ambiguo: «No te parece peor esta lucha contra el absurdo», y ante el bramido del público, el toro cae abatido finalmente. Sin embargo, en el siguiente plano, Teresa y Mario toman asiento en las graderías desiertas en donde rememoran nuevamente el momento del hallazgo de la estatuilla, hecho que motiva una serie de confusiones entre una pareja y un solitario arqueólogo. Lo que Teresa y Mario tratan en esta conversación sinuosa mantenida en las graderías de la plaza de toros es, concretamente, el turbio destino de su amor prohibido al margen del matrimonio de Teresa y Héctor. Pero los personajes se sirven de un lenguaje ambiguo cuyas lítotes incluso evocan la fuerza sobrenatural de la antigua estatua desenterrada (otro posible chivo expiatorio ante la censura). El punto culminante de esta escena es el momento cuando Mario le pide a Teresa un beso íntimo —esto sería otro indicio más evidente que apuntaría al adulterio—, pero la mujer (casada) se niega y sale de campo, espantada. La cámara enfoca entonces la profundidad de un corredor simbólicamente vacío (p58), el cual parece señalar *el vacío* como alternativa a las estrictas normas de la censura. Finalmente, la voz *en off* de Mario hasta parece desafiar directamente a los censores cuando hace la siguiente pregunta retórica: «y si nos hubiéramos besado, *¿qué...?*».

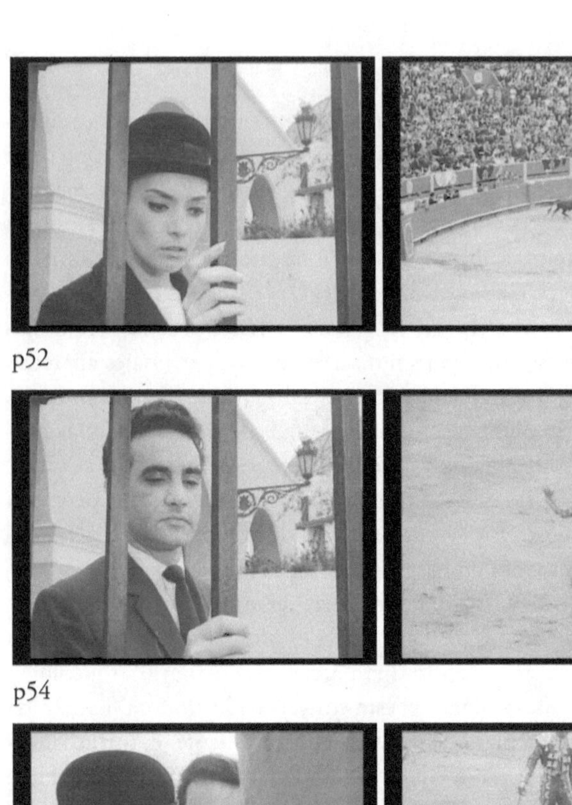

p52 p53

p54 p55

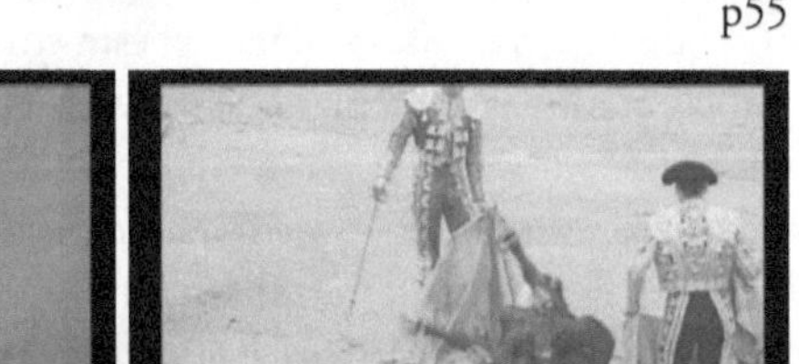

p56 p57

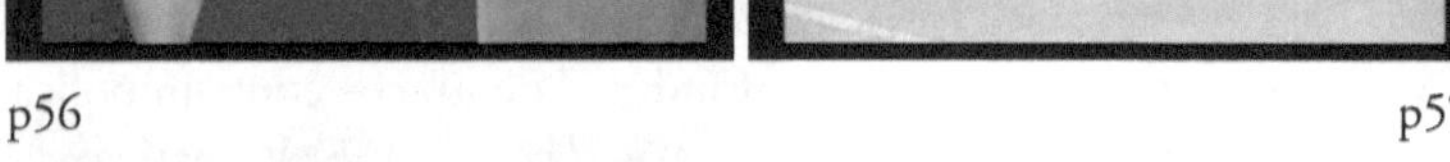

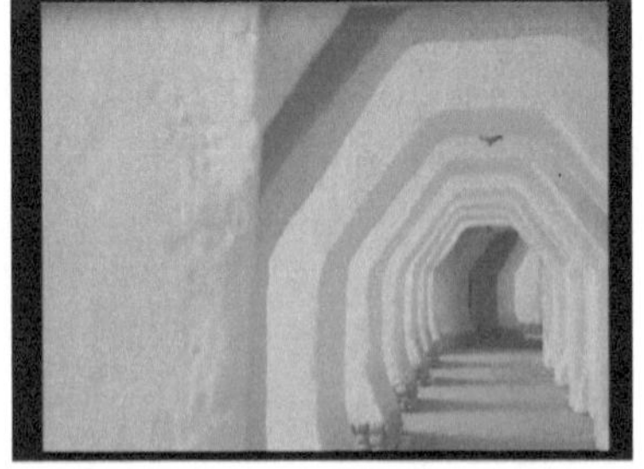

p58

Dora Baret y Ricardo Blume en *Intimidad de los parques* de Manuel Antin.

4. Cortázar *mainstream*: el manuscrito y el juego

Lo que a primera vista suena como una contradicción o una provocación, admite sin embargo enfoques basados en la búsqueda de relaciones de complementariedad y diálogo en vez de acentuar las diferencias, acaso las presuntas traiciones. Es sabido que los cuentos de Cortázar así como los pensamientos poetológicos del escritor reaccionan abiertamente contra la *doxa* de la literatura y el lenguaje y también contra las convenciones tradicionales del cine narrativo. Pero de ninguna manera estos rasgos restringen la literatura de Cortázar exclusivamente a un modelo cinematográfico que, a su vez, también contradiga las normas del Modo de Representación Institucional del cine. Así pues, este capítulo aborda una película contemporánea que, al contrario, articula las normas narrativas del modelo del cine clásico y está basada en uno de los relatos más paradigmáticos de la literatura de Cortázar considerado una continuación de *Rayuela* (Scholz 1976: 447). Desde dos contextos culturales y narrativos bastante diferentes, «Manuscrito hallado en un bolsillo» (*MhB*), del volumen *Octaedro* (1974), y la película *Jogo subterrâneo* (2005), dirigida por el brasileño Roberto Gervitz (n. en 1957), ponen a dura prueba la *ludendi facultas* del hombre contemporáneo. Además, en ambas obras se desata una lucha existencial de Eros contra Fortuna. Pero es muy reveladora la sinopsis que hacen los productores de la película cuando formulan claramente que «*Jogo Subterrâneo* é uma inusitada história de amor» («Sinopse», en: *Notas de produção* 2004: s/p)[1] —con lo cual se perfila también el género con sus expectativas (drama romántico)—, mientras que el autor del cuento sintetiza su relato resaltando lo lúdico cuando afirma que «"Manuscrito hallado en un bolsillo", que está en *Octaedro* es un juego de vida o muerte que se juega en el metro de París» (en: Yurkievich 2004: 88).

Por otra parte, en el capítulo anterior se han examinado películas argentinas prácticamente coetáneas a los cuentos de un escritor también argentino y además compatriota del director. Merece la pena recordar el cuento «Circe», por ejemplo, que incluso trata asuntos característicos del contexto cinematográfico de la *Generación del 60*, además de poner en práctica procedimientos narrativos muy afines a las preocupaciones del realizador Antin respecto a la representación de la memoria. La película brasileña *Jogo subterrâneo*, en cambio, se realiza en el siglo XXI a tres décadas de la publicación del cuento de Cortázar, y cuya historia se inserta en otro país y en otra cultura (cinematográfica). Este significativo hecho invita a sospechar que en la literatura de Cortázar existen elementos cuya actualidad sigue latente y que tampoco han agotado su potencial cinematográfico. Pero también señala que hay atractivas cuestiones en su obra que encierran potenciales cinematográficos transnacionales y transculturales. De lo contrario, sería difícil explicar por qué se filma *MhB* (dos veces) en Brasil[2]; «Casa tomada» (*Bestiario*, 1951) en Australia[3], «Ómnibus» (ídem) en Rumania[4],

1. En este capítulo empleo el material *Jogo Subterrâneo: Notas de produção* (2004), preparado por Vagalume Produções Cinematográficas para la promoción de la película. Además de una entrevista al director de la película Roberto Gervitz incluida en este material (*Notas de produção*), en un anexo se encuentra una segunda entrevista realizada por José Geraldo Couto. Cuando me refiero a esta segunda fuente, la denomino *Entrevista*. Dado que no hay paginación, tan sólo indico las fuentes cuando las cito.
2. José Ricardo Carnelossi filma el cuento en el *Instituto de Arte e Comunicação Social* (IACS) de la *Universidade Federal Fluminense* (UFF) de Río de Janeiro. Su cortometraje se titula *Manuscrito achado num bolso* (1988).
3. *House taken over* (1997), cortometraje de Liz Hughes.
4. *Autobusas* (1992), mediometraje de Vytautas Balsys.

«El otro cielo» (*Todos los fuegos el fuego*, 1966) en Alemania[5] o «Instrucciones para John Howell» (ídem)[6] y «La noche boca arriba» (*Final del juego*, 1956) en España[7], sólo por mencionar algunos ejemplos.

Es evidente que los contextos cinematográficos no solo aplican nuevos códigos narrativos a los argumentos del escritor, sino que también los recrean a través de nuevos códigos culturales. Hutcheon pone de relieve este fenómeno cuando aborda lo que denomina «Transcultural Adaptation» y examina posibles transformaciones que se producen a raíz de nuevos marcos culturales (*cfr.* 2006: 145 ss.). En lo referente a posibles atractivos transculturales de *MhB*, el cuento de Cortázar contiene al menos dos elementos centrales que tienen una relevancia casi universal: el juego y el símbolo del laberinto (del metro). Respecto a lo primero, se ha interpretado el motivo del juego en *Octaedro* «as a metaphor for the human condition» (Whitehurst 1988: 74). Resulta inevitable remitir a las convicciones de Huizinga respecto a la raíz lúdica de las prácticas culturales, la cual se remonta a la formación y la evolución de las civilizaciones más arcaicas. Afirma el historiador que «la cultura surge en forma de juego, que la cultura, al principio, se juega» (Huizinga 2008: 67). No es el momento de discutir más a fondo las hipótesis de este autor, tampoco a quienes relativizan sus planteamientos, sino que importa señalar, al menos someramente, ciertas ideas que, en sintonía con las de Cortázar en lo relativo a lo lúdico, conciben el juego «como uno de los elementos espirituales más fundamentales de la vida» (Huizinga 2008: 46). Sin ninguna duda, el juego bajo tierra, el moderno laberinto subterráneo con sus infinitas combinaciones posibles, la ambigüedad del concepto de «destino», el encuentro y desencuentro efímero, casual o premeditado, representan motivos muy atractivos para la creación de las tensiones emocionales y el entretenimiento característicos del cine de ficción. Merece la pena recordar el filme *Moebius* (1996), de Gustavo Mosquera, que aborda una temática metafísica relacionada con el subte en Buenos Aires y cu-

5. *Der gläserne Himmel* (1987), largometraje de Nina Grosse.
6. *Instrucciones para John Howell* (1983), *telefilm* de José Antonio Páramo.
7. *La noche boca arriba* (2005), cortometraje de Rubén Marquerie.

yas reflexiones iniciales meditan sobre el «laberinto» del metro íntimamente relacionado con el azar y el juego:

> El subterráneo es, sin duda, un símbolo de los tiempos que corren, un laberinto donde en silencio nos cruzamos con nuestros semejantes, sin saber quiénes son y a dónde van. Cientos de andenes en los que aprovechamos para establecer un balance, rever una situación e intentar abordar, más que un tren, un cambio de vida. Es un extraño juego en el que nos sumergimos por infinitos túneles sin darnos cuenta de que en cada trasbordo estamos cambiando definitivamente nuestro destino.

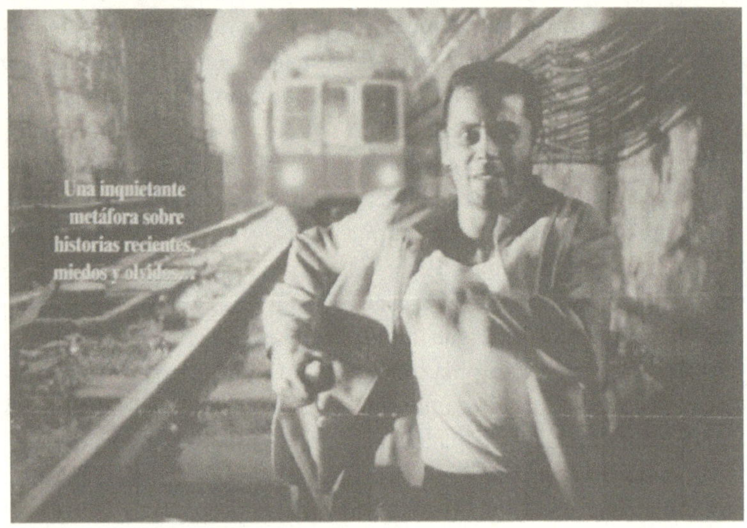

Moebius (1996) de Gustavo Mosquera.

Antes de examinar las obras de Cortázar y Gervitz, es necesario reflexionar también sobre la manera de enfocar la relación y la recreación de la literatura de Cortázar en el ámbito del modelo narrativo del cine clásico. Se ha dicho que la narración clásica del cine está concebida para ser apreciada y comprendida por una masiva audiencia internacional. Es este un cine que aplica las principales convenciones del cine narrativo de ficción a fin de promover un tipo de entretenimiento, vale decir, un modo de experiencia cinematográfica coherente que se caracteriza por la posibilidad de «captación cognitiva» (Wuss 1993: 114) de las historias representadas y asimismo por estimular ciertas ganancias emotivas a cambio de una moderada «inversión cognitiva» (Tan 1996: 98). Por otra parte, las relaciones históricas entre la «industria» del cine y el «arte» de la literatura —como en ocasiones aún se suele encauzar la comparación—, no son para nada armónicas. Era común el recelo manifestado por algunas investigaciones y la crítica (literaria) cuando las obras de la literatura universal son «manoseadas» por el cine comercial con el propósito de entretener a una audiencia masiva. El propio Cortázar no escatimó en tajantes críticas desacreditadoras a la «industria del cine» como, por ejemplo, una muy aguda lanzada en una entrevista a larga distancia concedida por el escritor desde París al diario argentino *El mundo* en 1964 y publicada en la sección «Actualidad Cinematográfica». La primera pregunta del entrevistador es la siguiente: «¿Qué sentido tiene para Ud. la relación del cine con la literatura?», y es curioso que el autor asocie «el cine» inmediatamente con el modelo industrial del cine comercial, haciendo una distinción:

> —La deploro. El cine no nació para competir con la literatura o para adaptar sus obras. Hubo un momento, al principio, en que era documento puro («La salida de la fábrica», «La llegada del tren», etc.); hubo otro, hacia la tercera década del siglo, en que fue creación pura («Un perro andaluz», «La edad de oro»). Pero, por razones obviamente económicas, la industria del cine condicionó la creación estética y eso acarreó uno de los peores fracasos del siglo XX [...] (en: *El Mundo*, 14 de abril de 1964, p. 16).[8]

---

8. Cortázar se refiere a las filmaciones de los hermanos Lumière en Francia y a dos conocidas películas de Buñuel respectivamente. A Antin le revela el escritor que considera *La edad de oro* (1930), de Buñuel, «algo así como el libro del Génesis del cine» (carta del 14 de octubre de 1962, en: *Cartas* 1, p. 514). Cuando el periodista de *El Mundo* le consulta a continuación: «¿Qué piensa de "La cifra impar", su primer cuento trasladado al cine?», Cortázar responde: «La pregunta me permite calificar un poco mejor las afirmaciones demasiado rotundas que preceden» (en: *El Mundo*, 14 de abril de 1964, p. 16). En la sección que dedico a la película *La cifra impar* he reproducido *in extenso* la respuesta del escritor.

Está claro que el paradigma convencional de la narración clásica del cine configura lo que Cortázar considera muy diferente a «casi todos los cuentos que ha escrito» cuando afirma que sus relatos niegan una representación de «un mundo regido más o menos armoniosamente por un sistema de leyes, de principios, de relaciones de causa a efecto, de psicologías definidas, de geografías bien cartografiadas» (en: «Algunos aspectos del cuento», p. 371). Estas declaraciones contrastan, pues, con la habitual propuesta narrativa de una cultura cinematográfica de masiva difusión internacional cuyos argumentos suelen representar

> individuos psicológicamente definidos que luchan por resolver un problema claramente indicado o para conseguir unos objetivos específicos. En el transcurso de esta lucha, el personaje entra en conflicto con otros o con circunstancias externas. La historia termina con una victoria decisiva o una derrota, la resolución del problema o la consecución o no consecución clara de los objetivos (Bordwell 1996: 157).

Y desde el punto de vista de la recepción, se ha dicho que en el proceso o experiencia de visionado de una película sobresale cierta actividad emotiva (*Filmerleben*) —lo cual de ninguna manera excluye lo cognitivo—, mientras que en el acto de lectura de una obra literaria sobresale cierta actividad cognitiva (*Textverstehen*) (Schwab 2006: 10 ss.). Aproximados estos razonamientos a las películas convencionales del cine clásico, por una parte, y a la obra literaria de Cortázar, por otra, es posible notar que estos modelos apuntan hacia los extremos emotivos y cognitivos respectivamente, puesto que las películas clásicas se caracterizan tradicionalmente por enfatizar la participación afectiva del espectador y también por moderar sus «inversiones cognitivas» (Tan 1996: 98). Dice Tan en lo concerniente a la emoción en el cine: «A traditional feature film creates a specific emotional tension but then goes on to resolve that tension» (1996: 35). Por el contrario, la obra de Cortázar señala obsesivamente las limitaciones del pensamiento lógico —y narrativo— del hombre de Occidente: por una parte, las estrategias del cine *mainstream* construyen historias a fin de «embarcar al espectador en un "viaje inmóvil" que es la esencia de la experiencia institucional» (Burch 2006: 250). Por otra parte, la desconcertante obra de Cortázar hace vacilar las normas tradicionales del relato así como también desafía los hábitos de lectura provocando, pues, «una indefinible sensación de desacomodo metafísico» (Prego Gadea, en: Cortázar y Prego Gadea 2004: 117).

Así se podría proseguir con el rastreo de factores que separan dos modos de componer e interpretar historias en la literatura y el cine. Pero por más que se insista en las discrepancias entre la literatura de Cortázar y el modelo narrativo tradicional del cine clásico, conviene distinguir que, desde otro punto de vista, estas concepciones se complementan sustancialmente. Mientras persista un Modo de Representación Institucional (pre)dominante, seguirán vigentes también las infracciones narrativas paradójicas en cuanto tales. A su vez, la artillería crítica de Cortázar que enfrenta explícita e implícitamente los modelos *mainstream/best-seller* no perderá el blanco mientras proliferen modelos narrativos cinematográficos y literarios convencionales en los cuales rijan, por ejemplo, relaciones de causa a efecto y los finales obligatoriamente expongan un cierre coherente. De momento, las futuras generaciones de lectores de Cortázar de ninguna manera corren el riesgo de no comprender y, menos aún, de no haber experimentado el modelo de cine que detona el escritor en sus ensayos y entrevistas, o bien, el paradigma de obra artística que se desaprueba en los «Capítulos prescindibles», de *Rayuela*. Por lo que respecta al cine, tanto más intensa la experiencia cinematográfica de la narración clásica, la cual suele estimular una «coherent experience» (Maltby 2003: 471), mayor será el desconcierto provocado por las obras de Cortázar. Más aún, el dominio de la *lingua franca* del cine de ficción (Bordwell 2006: 1) representa una condición ideal para una apreciación más profunda de los procedimientos de la narración paradójica o los «momento[s] de crisis (cognitiva)» (Lang 2006: 21) tramados por los cuentos y las obras del escritor.

Por lo que respecta a las películas que recrean la obra de Cortázar según el modelo clásico, en lugar de descalificar las posibles transformaciones respecto al texto-fuente postulándolas como presuntas violaciones —aún son comunes este tipo de críticas desacreditadoras del cine inspirado en la literatura—, resulta más productivo concebir las divergencias encarando su valor positivo, en tanto que *actualizaciones* de códigos y procedimientos narrativos propios de la cultura cinematográfica que reinterpreta e inserta la obra literaria dentro de una tradición narrativa audiovisual completamente diferente. Más aún, las transformaciones efectuadas en el cine representan las huellas más evidentes que remiten a la cultura cinematográfica que se apropia de una obra de literatura para recrearla según sus propias convenciones. Entre los rastros de lectura y apropiación más ostensibles que se manifiestan en las películas de cine y televisión inspiradas en las obras de Cortázar —me refiero a los filmes que se orientan hacia el modelo del cine clásico o articulan sus principales normas—, pueden destacarse, por ejemplo, la racionalización o neutralización de lo irracional y paradójico, lo que incluye la reconstrucción de relaciones causales entre los elementos de una historia, y la linearización de lo discontinuo y fragmentario. Se ha dicho anteriormente que los cuentos (fragmentarios, discontinuos, paradójicos) de Cortázar evocan una suerte de «perdue de l'harmonie dans le récit» (Mimoso-Ruiz 1978: 63), la cual se restaura en las películas que articulan las normas del cine clásico. A continuación expongo algunos ejemplos que no podrán ser discutidos en detalle en este trabajo.

Si se tiene en cuenta, por ejemplo, la película *L'ingorgo* (1979), de Luigi Comencini[9], con Marcello Mastroianni y Gérard Depardieu, la cual recuerda muy claramente el relato «La autopista del sur» (*Todos los fuegos el fuego*, 1966), de Cortázar, es posible verificar lo siguiente: atrapados en un tremendo embotellamiento, los conductores del cuento de Cortázar entran en un momento dado en una dimensión temporal indefinida, acaso pasan años en la autopista. En la película, en cambio, los automovilistas pasan aproximadamente dos días y una noche en sus coches. A propósito de su cuento revela Cortázar:

9. Hace rato que esta película integra las filmografías sobre Cortázar así como los ciclos de cine dedicados al escritor, no obstante, el cineasta «Comencini explains that he did hear of a short story by Julio Cortázar about a gigantic traffic jam outside Paris (i.e., *La autopista del sur*), but "he swears that he has ever been unable to read it"» (Testa 2002: 110). Testa cita a partir de Franca Faldini y Goffredo Fofi (eds.) (1984): *Il cinema italiano d'oggi, 1970-1984*. Milano, p. 302.

> Es un grupo de gente que, efectivamente, entra en una dimensión temporal inconcebible para nosotros pero que en ellos se cumple a tal punto que se suceden las estaciones, hay amores, muertes, embarazos y, en algún momento, el click, eso se rompe y todo el mundo vuelve al tiempo ordinario (en: González Bermejo 1978: 57).

La película de Comencini se desarrolla, pues, en el «tiempo ordinario» y expone una serie de conflictos que resultan a raíz de la aglomeración masiva de personas en una autopista. Curiosamente, en la década de 1960 Cabrera Infante le comenta a Rodríguez Monegal que acaba de dar término a un guión escrito en inglés titulado *The Jam* (*El embotellamiento*) basado en el cuento «La autopista del sur», de Cortázar: «Ese es mi quinto guión, escrito aquí en Londres desde que empecé a trabajar en esto en el verano de 1966» (en: Rodríguez Monegal 1968: 71). A diferencia de otros guiones de Cabrera Infante, *The Jam* nunca fue realizado (Hall 1989: 10). Más curioso aún resulta una producción en el año 2000 de tres comerciales de televisión para la promoción de una marca de automóviles a partir del mencionado cuento de Cortázar, en los cuales la dimensión temporal ambigua e irracional del cuento se reflejan muy sugerentemente.[10]

Otro ejemplo de racionalización de los procedimientos paradójicos en los cuentos de Cortázar ilustra la película alemana *Der gläserne Himmel* (1987), de Nina Grosse, inspirada en el cuento «El otro cielo» (*Todos los fuegos el fuego*, 1966). El protagonista de Cortázar deambula entre dos dimensiones espaciotemporales bastante lejanas, situadas respectivamente en una Buenos Aires de los años treinta y el mundo de los pasajes parisinos de la Galerie Vivienne y alrededores durante la época del Segundo Imperio antes de la guerra francoprusiana (Meyer-Minnemann 2006: 61 s.). El protagonista de la película también vagabundea entre ambientes y espacios diferentes; pero los espacios pertenecen al mismo sólido plano temporal, de modo que en el cine se neutraliza la infracción a la *doxa* narrativa del cuento.

---

10. Los comerciales están dirigidos por Marcelo Szechtman y tienen tres episodios diferentes de aproximadamente 70 segundos cada uno. Fueron realizados para *Renault*.

En el ámbito del cine que recrea a Cortázar, la película *Diario para un cuento* (1998), de Jana Bokova, constituye, a mi modo de ver, uno de los ejemplos más paradigmáticos respecto a una restauración de la armonía narrativa y una experiencia cinematográfica coherente. Se ha dicho que entre las normas de la narración clásica del cine sobresalen el disimulo de las huellas de la enunciación y el principio de la continuidad promovido en gran medida por el «montaje narrativo» (Amiel 2005). También se ha observado que estas estrategias impiden «reconocer en el objeto [fílmico] su carácter de artefacto, haciendo que el fluir de las imágenes resultase "natural", borrando así su estatuto de construcción retórica» (Carmona 2005: 48). Teniendo en cuenta estas convenciones en particular, llama la atención el abierto contraste entre la película aludida y el carácter autorreferencial y fragmentario del relato homónimo de Cortázar «Diario para un cuento» (*Deshoras*, 1983), que en modo alguno oculta su estatuto de construcción retórica, antes por el contrario. Considerado «una reflexión sobre el proceso de escribir» (Knickerbocker 1991/1992: 151), el cuento de Cortázar plantea las grandes dificultades que tiene un narrador para contar un cuento coherente sobre una muchacha llamada Anabel (*cfr.* Berg 1985/1986 y 1991: 386 ss.). En cambio, la película de Bokova materializa con suma eficacia dicho proyecto frustrado del narrador del cuento y acompaña cronológicamente el proyecto de la escritura de un cuento, desde el primer chispazo de inspiración hasta su exitosa publicación. Bokova desarrolla en el cine una historia lineal y coherente de un traductor —que lleva rasgos biográficos de Cortázar— que no solo consigue escribir, sino que incluso publica un cuento sobre Anabel: en la película, el cuento se escribe, se publica, se lee y, en la última escena, se le felicita al autor por la calidad de su escritura. En el mundo del cuento de Cortázar, en cambio, ni siquiera se llega a componer una obra y, por su parte, el lector debe cooperar en el intento de construir una narración deshilachada a partir de numerosos retazos de la memoria del narrador.

En el cuento incluso se tematiza el rollo de papel blanco metido en una máquina de escribir Olympia Traveller de Luxe, y estos motivos admiten una sugerente comparación con los rollos de película que se deslizan por los engranajes de una mesa de montar constantemente mostrados en la película *Vérités et mensonges* (*F for Fake*, 1973), de Orson Welles, la cual sin duda tiene ciertas semejanzas con el último relato de Cortázar «Diario para un cuento», principalmente en su dimensión autorreferencial. La máquina de escribir en el cuento de Cortázar, así como la simbólica mesa de montar continuamente mostrada por Welles, son instrumentos empleados habitualmente para componer historias. Pero los autores aludidos problematizan aquellas herramientas para exhibir abiertamente los mecanismos más íntimos que construyen relatos en la literatura y el cine, sin ocultar tanto los rastros de enunciación.

Las operaciones de racionalización de lo irracional y la linearización de lo discontinuo y fragmentario no representan *simplificaciones* que hacen las películas respecto al texto-fuente, sino que estos procesos actualizan fenómenos hondamente enraizados en la historia y la cultura del cine clásico —y no clásico—, así como también arraigados en los hábitos de experiencia cinematográfica de los espectadores. Por otra parte, la cultura cinematográfica posmoderna, en cambio, aprovecha de la literatura de Cortázar —como se verá en el próximo capítulo— otros elementos tales como los procedimientos autorreferenciales los cuales, desde el punto de vista del cine clásico, son descartados dado el potencial perturbador, incompatibles con el modo de percepción de los textos *fílmicos* de placer.

Cuando se produce un «aesthetic mainstreaming» (Stam 2000: 75) a fin de recrear una obra (de Cortázar) según las pautas del cine clásico, ocurren profundas transformaciones no solamente en lo que al modelo narrativo subyacente se refiere, sino que también cambia el amplio marco cultural y social respecto a las expectativas y la modalidad de percepción del público intencionado. Está claro que la reconfiguración de un «texto de gozo», aquél que «hace vacilar los fundamentos históricos, culturales, psicológicos del lector, [...] pone en crisis su relación con el lenguaje» (Barthes 2007: 11), en un texto *fílmico* de placer, el cual «contenta, colma, da euforia; proviene de la cultura, no rompe con ella» (2007: 11), determina sustanciales cambios a nivel de la historia y el discurso. A su vez, precisamente estas transformaciones representan, como ya se ha mencionado, los rastros más palpables del nuevo marco cultural que imprime sus huellas en la recreación cinematográfica de la obra literaria.

A la luz de estas reflexiones, las películas que emplean las convenciones narrativas tradicionales del cine no pueden ser examinadas —y juzgadas— de manera aislada a la cultura cinematográfica que las generan y las desean (*cfr.* Wuss 1993: 403 ss.). Tampoco resulta muy productivo evaluarlas en virtud a la presunta mayor o menor aproximación a la literatura del escritor: «el error en el juicio comparativo entre película y obra literaria radica en aplicar un criterio exclusivamente literario al análisis de la película adaptada» (Sánchez Noriega 2000: 53). Esta opción metodológica, aún difundida por cierto, parte de la preeminencia estética de la literatura e incurre, pues, en la habitual «tendency to take movies out of the context of their production and consumption» (Maltby 2003: 7). Es muy razonable la argumentación que hace Maltby cuando advierte que «we shall look not only at how movies work formally and aesthetically, but also at their cultural function» (2003: 7), esto es, «acknowledging the cultural importance of the entertainment industry and examining its products for what they are, rather than evaluating them according to criteria borrowed from other critical traditions» (2003: 8). Además de promover un tipo de entretenimiento y una experiencia coherente, quizá la narración clásica del cine también actualice un antiguo anhelo antropológico consistente en aprehender racionalmente, al menos por dos horas en una oscura sala de cine, un mundo cada vez más complejo e impenetrable por parte de una audiencia ansiosa de experimentar atractivas tensiones emocionales brindadas por la experiencia cinematográfica: «Audiences go to the movies to consume their own emotions. Movies have to be organized so that viewers will produce their emotions in a sequence and pattern that they find satisfying», medita Maltby (2003: 30). Estos hábitos culturales significan también expectativas enraizadas en la mente de muchos espectadores que deben ser concebidas como fuerzas históricas —individuales y colectivas— que provocan el deseo de ver reflejadas en el cine, *en este modo de cine*, historias y obras de literatura. Dicho de otro modo, el conjunto de convenciones del cine clásico encierra un modelo de espectadores institucionales dispuestos a cooperar en la creación de emociones estimuladas por el histórico entretenimiento cinematográfico tradicional.

Precisamente la *emoción* suscitada por una historia *inteligible* son factores cervicales del entretenimiento cinematográfico y representan también el potencial de efectos de la película *Jogo subterrâneo*. Abiertamente declara el productor ejecutivo del filme: «O resultado aí está: um filme original, intenso, vivido com garra por aqueles que o realizaram e para os espectadores se emocionarem. É o nosso desejo» (Ramalho Jr., en: *Notas de produção* 2004: s/p). Hay que resaltar también que el cuento *MhB* de Cortázar es muy atractivo desde la perspectiva del modelo clásico del cine, puesto que el relato contiene *el* argumento por excelencia: un hombre se impone un insólito objetivo explícitamente formulado —algo no frecuente en la ficción de Cortázar, en la que los personajes generalmente obedecen a impulsos irracionales— y hay fuerzas que se oponen a la realización de sus propósitos. Al conflicto señalado se suma una bella mujer. Varias damas atractivas. Como lo dicho anteriormente, la confrontación de intereses opuestos, así como también el desarrollo paralelo de un romance, constituyen elementos paradigmáticos de la narración clásica del cine cuyo argumento habitualmente «presenta una estructura causal doble, dos líneas argumentales: una que implica un romance heterosexual (chico/chica, marido/mujer), y otra que implica otra esfera (trabajo, guerra, una misión o búsqueda, otras relaciones personales). Cada línea tiene un objetivo, obstáculos y un clímax» (Bordwell 1996: 157). El cuento incluso fusiona las dos dimensiones aludidas en la medida en que «la búsqueda o la misión» se concentra precisamente en un romance. Dejando aparte los procedimientos narrativos del plano del discurso examinados más adelante, se puede observar que *MhB* contiene en estado embrionario, pues, el núcleo argumental paradigmático del cine clásico.

«Manuscrito hallado en un bolsillo» (1974)

> Tus casos fallaçes, Fortuna, cantamos,
> estados de gentes que giras e trocas,
> tus grandes discordias, tus firmezas pocas,
> y los qu'en tu rueda quexosos fallamos.
>
> (Juan de Mena: *Laberinto de Fortuna*, 1444)

El cuento evoca antiguos motivos de la literatura universal y en él también convergen elementos privilegiados en el pensamiento de Cortázar, como, por ejemplo, el azar y el juego.[11] En cuanto al papel del juego en *MhB* afirma el escritor: «Creo que en este cuento he dado el máximo en esa fidelidad que tengo a lo lúdico. Es un ludus de muerte como el de los gladiadores» (en: Yurkievich 2004: 88). Asimismo, varios motivos literarios seculares como el viaje del héroe, el descenso a profundidades insondables o *Unterwelt*, la inconstante Fortuna, un manuscrito olvidado y hasta el propio juego, «más viejo que la cultura», según Huizinga (2008: 11), intervienen en una historia cuyo inquietante testimonio irresoluto el protagonista deja anotado en una sencilla libreta. Como es costumbre en Cortázar, aquellos motivos resurgen en un escenario cotidiano como el metro de París. Allí, a partir de un sistema finito de estaciones y líneas, el narrador trasciende la geometría del *Octaedro* mediante un juego: «El número de las líneas, estaciones, salidas, escaleras es finito, pero ellas rinden posibilidades infinitas con sus combinaciones y salidas que se abren en cada estación del metro» (Scholz 1976: 452). La intrincada red de líneas del transporte subterráneo así como también el viaje en aviones, en trenes o por «autopistas del sur», representan elementos recurrentes en Cortázar, quien revela:

> los tranvías o los trenes [...] me obsesionan terriblemente. [...] Un tranvía o un tren es un puente en movimiento, que además atraviesa por encima del puente con mucha frecuencia. Pero ellos mismos en su interior también son un «no man's land» porque el tranvía tiene esa cosa curiosa, o un autobús, que se junta un montón de gente que no se conoce entre sí y se desplaza en el espacio y en el tiempo. Eso crea una especie de unidad, separada del resto de las

---

11. «Lo lúdico no es un lujo, un agregado del ser humano que le puede ser útil para divertirse: lo lúdico es una de las armas centrales por las cuales él se maneja o puede manejarse en la vida. En lo lúdico no entendido como un partido de truco ni como un *match* de fútbol; lo lúdico entendido como una visión en la que las cosas dejan de tener sus funciones establecidas para asumir muchas veces funciones muy diferentes, funciones inventadas. El hombre que habita un mundo lúdico es un hombre metido en un mundo combinatorio, de invención combinatoria, está creando continuamente formas nuevas» (Cortázar, en: Cortázar y Prego Gadea 2004: 219).

cosas. Entonces eso me parece a mí que puede determinar el funcionamiento de ciertas leyes que no conocemos, ciertas cosas pueden suceder allí, que no suceden fuera (en: Picon Garfield 1978: 94).[12]

Varias obras anteriores a *Octaedro* anticipan el argumento de *MhB*, como el protagonista Johnny del cuento «El perseguidor» (*Las armas secretas*, 1959), que percibe una dimensión temporal alternativa y elástica entre determinadas estaciones del metro. El personaje Persio de la novela *Los premios* (1960) calcula diversas simultaneidades que se dan en la red ferroviaria portuguesa (*Los premios*, p. 196) y en el sexto capítulo de *Rayuela* se plantea un juego de encuentros y desencuentros fortuitos entre Oliveira y la Maga, idéntico al que inventa más tarde el protagonista de *MhB*:

La técnica consistía en citarse vagamente en un barrio a cierta hora. Les gustaba desafiar el peligro de no encontrarse [...]. Los encuentros eran a veces tan increíbles que Oliveira se planteaba una vez más el problema de las probabilidades y le daba vuelta por todos lados, desconfiadamente. No podía ser que la Maga decidiera doblar en esa esquina de la rue de Vaugirard exactamente en el momento en que él, cinco cuadras más abajo, renunciaba a subir por la rue de Buci y se orientaba hacia la rue Monsieur le Prince sin razón alguna, dejándose llevar hasta distinguirla de golpe, parada delante de una vidriera, absorta en la contemplación de un mono embalsamado. Sentados en un café reconstruían minuciosamente los itinerarios, los bruscos cambios, procurando explicarlos telepáticamente, fracasando siempre, y sin embargo se habían encontrado en pleno laberinto de calles, casi siempre acababan por encontrarse y se reían como locos, seguros de un poder que los enriquecía (*Rayuela*, cap. 6, p. 156 ss.).[13]

---

12. La inspiración del propio cuento *MhB* nace a bordo de un metro, según recuerda el autor: «lo que me pasó fue que vi el reflejo de una mujer en el vidrio del Métro, se cruzaron nuestras miradas pero la *politesse* francesa hacía que ella no pudiera mirarme directamente; el contacto lo hacían nuestros reflejos en el cristal de la ventanilla. Eso me dio la idea del juego. Pero no sabía, en absoluto, cómo iba a terminar todo eso. El cuento se fue escribiendo solo» (en: González Bermejo 1978: 138).

13. También el cuento «Vientos alisios» (*Alguien que anda por ahí*, 1977), retoma el motivo del juego asociado a «favorecer el azar de los encuentros» («Vien-

También la novela *62/Modelo para armar* (1968) describe en cámara lenta el progresivo descenso de Hélène al «reino» del metro:

> Cada vez que Hélène bajaba a la estación Malesherbes, se empecinaba en mirar la calle hasta el último momento, a riesgo de tropezar y perder el equilibrio, prolongando un placer indefinido que también tenía algo de repugnante en esa sumersión paulatina peldaño a peldaño, asistiendo a la metamorfosis voluntaria en que la luz y el espacio de lo diurno se iban anulando hasta entregarla, Ifigenia cotidiana, a un reino de irrisorias lamparillas, a una húmeda circulación de bolsillos y periódicos leídos (*62/ Modelo para armar*, p. 134 s.).

En la novela también se alude a las «necesarias decisiones», que recobran en *MhB* una función sumamente importante: «Porte des Lilas o Levallois Perret, Neuilly o Vincennes, derecha o izquierda, norte o sur, y ya dentro de esa primera decisión general la obligaba a elegir la estación donde bajaría, y una vez en la estación la forzaba a escoger la escalera de salida que mejor le conviniera, del lado de los números pares o impares» (*62/Modelo para armar*, p. 135 s.). Y seis años después de la publicación de *Octaedro*, en el cuento «Texto en una libreta» (*Queremos tanto a Glenda*, 1980) —el título recuerda *MhB*— el autor retoma la puesta en escena de la «inmersión episódica en el subsuelo» (p. 906), esta vez, la historia se desarrolla en, o mejor, debajo de Buenos Aires. Poco a poco un grupo de pasajeros desconocidos va tomando misteriosamente los coches del subte a través de un sistema especializado que les permite apoderarse de todos los trenes y hasta de la administración y los talleres.

---

tos alisios», p. 761). Así define un matrimonio el reglamento de juego: «Lo fijaron contando con los dedos: irían separadamente, uno, vivirían en habitaciones diferentes sin que nada les impidiera aprovechar del verano, dos, no habría censuras ni miradas como las que tanto conocían, tres, un encuentro sin testigos permitiría cambiar impresiones y saber si valía la pena, cuatro, el resto era rutina, volverían en el mismo avión puesto que ya no importarían los demás (o sí, pero eso se vería con arreglo al artículo cuatro), cinco» («Vientos…», p. 762). Más tarde, un viaje asociado a estrictas reglas de juego reaparece en *Los autonautas de la cosmopista o Un viaje atemporal París-Marsella* (1983). Como se sabe, allí los protagonistas son Carol Dunlop y Cortázar.

Cortázar expresa abiertamente: «El Metro es un infierno que visitamos en vida» (en: González Bermejo 1978: 46). A la luz de estas variaciones sobre el tema, es evidente que *MhB* concentra preocupaciones medulares del autor acerca del motivo del viaje (subterráneo) así como también respecto a su desconfianza de las así llamadas *coincidencias* que, a su criterio, representan las «leyes del día» destinadas a encajonar racionalmente lo que por naturaleza responde a otro desconocido sistema de leyes.[14] A su vez, el laberinto de las líneas subterráneas, «el metro-mandala» (Scholz 1976: 457), por cierto, sin *un* centro sino varios posibles, representa un espacio propicio para poner en marcha el argumento del cuento *MhB* basado en «la representación dramática del azar, elemento indispensable para los juegos» (Scholz 1976: 452).[15]

El enigmático título *MhB* merece una atención especial. Además de remitir a obras de Edgar Allan Poe (1809-1849) y Jean Potocki (1761-1815),[16] el concepto de «manuscrito» tiene la connotación de un borrador escrito a mano, inacabado, muchas veces desaliñado y

14. «Muchas cosas que la gente atribuía a casualidades, cuando usaban la palabra casualidad para explicar o explicarse ese tipo de "coincidencias" que se dan en la vida, yo sentía de manera intuitiva que decir "casualidad" o "coincidencia" no explicaba absolutamente nada. Esas cosas que se producían y parecían coincidencias o casualidades yo las sentí siempre desde muy niño como respondiendo a un sistema de leyes diferentes al sistema de leyes aceptables y conocibles por todo el mundo. Que me parecían tan rigurosas y tan implacables como las leyes del día. De modo que —para seguir usando esta imagen— esas leyes de la noche, esas leyes misteriosas, tenían para mí la misma fuerza que las leyes del día y entonces a mí no me asombraban en absoluto cosas que parecían casualidades incluso sorprendentes o coincidencias inquietantes para la gente» (Cortázar, en: Cortázar y Prego Gadea 2004: 146 s.).

15. El motivo del laberinto se encuentra en la obra de Cortázar desde su poema dramático *Los reyes* (1949), que recrea el mito del Minotauro.

16. *Cfr.* «MS. Found in a Bottle» (1833) («Manuscrito hallado en una botella»), de Poe, y *Manuscrit trouvé à Saragosse* (ca. 1804), de Potocki. Cortázar traduce a partir de setiembre de 1953 la obra de Poe por encargo de la Universidad de Puerto Rico (Herráez 2001: 125). En 2008, Augur Libros publicó en España una nueva edición de los *Cuentos completos* de Poe (traducción, prólogo y notas de Julio Cortázar).

compuesto generalmente por apuntes, ideas sueltas o *takes*, para emplear un concepto del *jazz*. A su vez, un manuscrito también representa por lo general una versión provisional que precede a otra cosa más definitiva. Esta idea se encuentra en varios otros títulos cortazarianos tales como «Esbozo de un sueño», «Plan para un poema», «Texto en una libreta», «Recortes de prensa», «Diario para un cuento», entre otros. La segunda parte del título «hallado en un bolsillo» despierta algunos interrogantes en torno a las circunstancias precisas del hallazgo aludido. Es probable que, por su aspecto, se haya catalogado el texto como «manuscrito» (en cambio, el narrador del cuento emplea «libreta»). Esta serie de incógnitas plantea una cuestión no aclarada por la obra: ¿existe otra instancia narrativa indefinida que publica o lee el manuscrito inconcluso redactado por el protagonista?[17] Cortázar interpreta un posible desenlace: «El título es la clave del cuento, es su final. Lo más probable es que al fallar el encuentro, el protagonista se arrojó debajo del tren siguiente y el "manuscrito" fue encontrado en su bolsillo» (en: González Bermejo 1978: 46).

MhB está narrado en primera persona por un narrador anónimo que ingenia un juego muy complicado con el fin de conquistar una mujer en las profundidades del metro parisino: «una ceremonia que alguna vez había empezado a celebrar contra todo lo razonable, prefiriendo los peores desencuentros a las cadenas estúpidas de una causalidad cotidiana» (*MhB*, p. 688).[18] Pero no se trata de un juego concebido como pasatiempo ligero, sino que, como es costumbre en las obras del autor, «Cortázar introduce sus juegos como fenómenos exis-

17. El último fragmento del cuento «Lejana. Diario de Alina Reyes» (*Bestiario*, 1951), por ejemplo, no está narrado por Alina Reyes, o sea, no se reproducen las líneas de su diario, sino que una voz narrativa heterodiegética anónima completa la historia. En *MhB*, en cambio, no aparece otra voz que la del narrador homodiegético.

18. El empleo del concepto «ceremonia» para designar el juego subraya el aspecto ritual de lo lúdico. Por otra parte, teniendo en cuenta la reorganización de *Los relatos* efectuada por Cortázar, *MhB* no aparece bajo el volumen «Juegos», sino que precisamente en «Ritos», que significa: «Conjunto de reglas establecidas para el culto y ceremonias religiosas» (DRAE, 1992, s. v. «rito»).

tenciales» (Scholz 1976: 451). El estricto reglamento que se impone el protagonista parece impedir de antemano toda posible Victoria y sugiere asimismo que lo que verdaderamente le interesa al jugador es la búsqueda en sí, y no el triunfo definitivo que, obviamente, significaría el fin de la ceremonia. En otras palabras, «el afán del protagonista no se reduce al hecho de *hallar* algo, sino que se desarrolla en una *búsqueda* perpetua que rebasa los mismos objetos codiciados» (Precht 1986: 140). El propio Cortázar interpreta que el protagonista de *MhB* «está buscando a una mujer —en el cuento no se explica el porqué de esa búsqeuda— de una manera patológica, aplicando unas reglas de juego diabólicas que lo condenan mucho más a no encontrarla que a encontrarla» (en: Cortázar y Prego Gadea 2004: 63).

El reglamento impuesto es el siguiente: el narrador traza por adelantado un itinerario concreto que debe cumplirse a pies juntillas por una atractiva pasajera desconocida y elegida al azar. Para abrir «la ceremonia del juego» (*MhB*, p. 692), los reflejos de los rostros de la dama seleccionada y del narrador-jugador deben encontrarse en la ventanilla del metro y la pasajera debe percibir la sonrisa brindada por aquél. Luego, si la sonrisa es advertida por la mujer, su camino debe coincidir con el itinerario preestablecido por el narrador para que éste tenga «el derecho» de seguirla y dirigirle finalmente la palabra: «La regla del juego era ésa, una sonrisa en el cristal de la ventanilla y el derecho de seguir a una mujer y esperar desesperadamente que su combinación coincidiera con la decidida por mí antes de cada viaje» (*MhB*, p. 689).[19] Esta «ceremonia» —la designación alude al culto a cosas

19. En otro lugar, la sintaxis empleada para explicar el reglamento del juego recuerda los *takes* del *jazz*: «Mi regla del juego era maniáticamente simple, era bella, estúpida y tiránica, si me gustaba una mujer, si me gustaba una mujer sentada frente a mí, si me gustaba una mujer sentada frente a mí junto a la ventanilla, si su reflejo en la ventanilla cruzaba la mirada con mi reflejo en la ventanilla, si mi sonrisa en el reflejo de la ventanilla turbaba o complacía o repelía al reflejo de la mujer en la ventanilla, si Margrit me veía sonreír y entonces Ana bajaba la cabeza y empezaba a examinar aplicadamente el cierre de su bolso rojo, entonces había juego, daba exactamente lo mismo que la sonrisa fuera acatada o respondida o ignorada» (*MhB*, p. 689).

divinas— hace girar la antigua rueda de Fortuna[20] desafiando las insondables leyes del destino, o bien, «a eso que en los medios de transporte también se llamaba destino» (*MhB*, p. 692). Desde este punto de vista, Precht interpreta el motivo del juego en *MhB* como un desafío a lo divino: «Aquí el juego, adecuadamente limitado en sus sistemas de funcionamiento, establece en efecto una realidad diferente, y con su combinatoria se sustituye a la inescrutable combinatoria divina» (1986: 137). Entre las posibles definiciones de juego Huizinga lo considera, por ejemplo, «un convenio para, dentro de ciertos límites espaciales y temporales, realizar algo en determinada forma y bajo reglas determinadas, que da por resultado la resolución de una tensión y se desarrolla fuera del curso habitual de la vida» (2008: 137). Asimismo, «es una acción libre ejecutada "como si" y sentida como situada fuera de la vida corriente, pero que, a pesar de todo, puede absorber por completo al jugador» (2008: 27). Pero Cortázar introduce sutiles variaciones a esta noción, puesto que las pasajeras que participan en el juego no tienen conciencia de ello, esto es, no saben que se convierten en figuras sobre un tablero laberíntico del metro a partir del momento en que son —secretamente— escogidas por el jugador. Además, el juego de *MhB* no se produce tanto «fuera del curso habitual de la vida», sino que, al contrario, instala lo lúdico en el pleno fluir de la vida cotidiana de las personas.

La motivación del personaje en lo concerniente a su desafío a las leyes del destino nace, muy probablemente, de un profundo rechazo de las estrictas convenciones del «mundo de arriba» (*MhB*, p. 689), donde impera lo previsible y «la ciudad y sus consignas» (*MhB*, p. 695).[21] En *MhB* el juego también funciona como un reflejo especular

20. Desde el punto de vista de su antigua tradición literaria Fortuna aparece generalmente bajo el signo de la inconstancia (por ejemplo, «mudable Fortuna», «fluctuosa Fortuna», «tu firmeza es non ser constante», en: *Laberinto de Fortuna*, vv. 49, 89 y 75) y como símbolo del insondable azar. Y desde otra perspectiva, Fortuna depende de la *Providentia Dei* que determina la ventura de los mortales (*Lexikon des Mittelalters*, 2002, s. v. «Fortuna», p. 665).

21. En la novela *Diario de Andrés Fava* (1995), de Cortázar, leemos: «El placer de viajar no nace tanto del ingreso en lo desconocido como del rechazo de la circuns-

de las convenciones que rigen la vida cotidiana en el llamado «mundo de arriba».[22] Así, el personaje crea sus propias normas tan arbitrarias como las vigentes en la sociedad representada en el cuento como «una metrópoli cualquiera en donde la atomización del individuo lleva consigo la carencia de comunicación, la preponderancia de un orden rígido y ficticio fundado en la coacción, en el miedo frente a lo desconocido» (Precht 1986: 136). Obsérvese, por ejemplo, la tensa atmósfera dentro de un vagón de metro:

> [...] el hastío de ese interregno en el que todo el mundo parece consultar una zona de visión que no es la circundante, salvo los niños que miran fijo y de lleno en las cosas hasta el día en que les enseñan a situarse también en los intersticios, a mirar sin ver con esa ignorancia civil de toda apariencia vecina, de todo contacto sensible, cada uno instalado en su burbuja, alineado entre paréntesis, cuidando la vigencia del mínimo aire libre entre rodillas y codos ajenos, refugiándose en *France-Soir* o en libros de bolsillo [...] (*MhB*, p. 687).

Es palmario el enfrentamiento entre el misterioso y seductor «mundo de abajo» (*MhB*, p. 695) y el rutinario «mundo de arriba» donde reina soberana La Gran Costumbre y donde la gente lleva una «vida sencilla y a horario» (*MhB*, p. 694). Y los encuentros de ninguna manera pueden ser fortuitos, como abajo, sino que están bien programados en la agenda («el martes») y se producen, pues, a horario: «Fuimos puntuales y nos contamos películas, trabajo, verificamos diferencias ideológicas parciales» (*MhB*, p. 693). Esta dualidad azar/desafío/juego («mundo de abajo») vs. *establishment*/convención/restricción («mundo de arriba») se refleja en el individuo. Para la ceremonia del juego, el narrador designa dos nombres imaginarios a las pasajeras cuyos rumbos deben coincidir con una ruta preestablecida. Ambos nombres corresponden a una sola

tancia habitual» (p. 94). Algo muy similar acontece en *MhB*, dado que el narrador probablemente huye de ciertas convenciones que lo circundan.

22. Así concibe Vargas Llosa lo lúdico en Cortázar: «el juego cortazariano es un refugio para la sensibilidad y la imaginación, la manera como seres delicados, ingenuos, se defienden contra las aplanadoras sociales» (1994: 16). Entre estos seres o personajes aludidos muy bien puede integrarse el protagonista de *MhB*.

mujer, pero implican un desdoblamiento o una disociación: «Ana» es la pasajera de carne y hueso sentada frente al narrador, y «Margrit» es el reflejo fantasmal de la primera que se proyecta sobre el cristal de la ventanilla. Lo mismo ocurre con el protagonista que narra el cuento:

> mi reflejo en el vidrio no era el hombre sentado frente a Ana y que Ana no debía mirar de lleno en un vagón de metro, y además la que estaba mirando mi reflejo ya no era Ana sino Margrit en el momento en que Ana había desviado rápidamente los ojos del hombre sentado frente a ella porque no estaba bien que lo mirara (*MhB*, p. 687 s.).

Adviértase la escisión interior del personaje femenino: Ana «no debe mirar de lleno» a un hombre desconocido porque «no está bien» («salvo los niños que miran fijo y de lleno en las cosas hasta el día en que...»). En cambio, bajo el rostro fantasmal de Margrit, el doble de Ana, aún queda un vestigio agazapado y latente del *homo ludens* implacablemente abatido, según el pensamiento de Cortázar, por las normas de la llamada civilidad y del *homo sapiens*: «sentí que Margrit había advertido esa sonrisa que Ana reprobaba» (*MhB*, p. 688), explica el narrador del cuento sintetizando en su observación la escisión interior del personaje. Margrit encarna en cierto modo la actitud infantil antes aludida por el narrador. El comportamiento más circunspecto de Ana y de los demás pasajeros del metro puede ser visto como el producto de un lento proceso de adoctrinamiento tratado por Cortázar en varios contextos y también aludido al margen en *MhB*: «tanto no tienes que contestar si te hablan en la calle o te ofrecen caramelos y quieren llevarte al cine» (*MhB*, p. 693). En consecuencia, «Ana era acaso tímida o simplemente le parecía absurdo aceptar el reflejo de esa cara que volvería a sonreír para Margrit» (*MhB*, p. 690).[23] Lo que para

---

23. Acerca del proceso de «maduración» razona Cortázar: «Finalmente, ¿qué es madurar? Es una operación selectiva de la inteligencia que va optando cada vez más por cosas consideradas como importantes, dejando de lado otras. Para el adulto deja de ser importante jugar a la rayuela y pasa a ser importante pagar el alquiler. El niño, como a lo mejor ni sabe lo que es el alquiler, juega a la rayuela como algo muy importante» (en: González Bermejo 1978: 48).

una resulta «absurdo» desde una presunta visión «adulta», para la otra representa algo lúdico que simboliza la dimensión irracional tan privilegiada por Cortázar.[24]

Ana/Margrit se llama en verdad Marie-Claude y el narrador entra en contacto con ella solo porque transgrede una regla del juego: la bella mujer estuvo a punto de cumplir con uno de los trayectos trazados por el narrador fallando solo en una salida determinada. Consciente de la violación de «la ley, el código» (*MhB*, p. 692), el narrador opta, sin embargo, por hablarle con las siguientes palabras, las únicas reproducidas a través del discurso directo (la película *Jogo subterrâneo* retoma esta frase al pie de la letra): «No puede ser que nos separemos así, antes de habernos encontrado» (*MhB*, p. 692). Entre el hombre y la mujer se forja una amistad formal siguiendo las pautas de las buenas costumbres —las reglas del «mundo de arriba»—, como, por ejemplo, por medio de charlas sobre películas y Catherine Deneuve, cigarrillos o preferencias, desarrolladas preferentemente en cafés y junto a la entrada de la casa de Marie-Claude donde se producen las despedidas: «me dejó acompañarla hasta el portal de su casa, me tendió la mano con llaneza y consintió en el mismo café a la misma hora del martes» (*MhB*, p. 693). «Dejó», «hasta» y «consintió» demarcan límites e implican normas sociales de conducta, en otras palabras, reglas de juego. En cierta medida, «tender la mano» también simboliza un gesto cultural de demarcación que niega la intimidad de un abrazo, acaso la ingenuidad de un beso en la mejilla. Así también «mismo café», «misma hora» y «martes», remiten a una rutina mecánica y representan códigos tan precisos —o arbitrarios— como las reglas del juego que se impone el narrador en las profundidades del metro. Por tanto, el juego en *MhB* no se desarrolla únicamente a bordo del metro, sino que se

24. En un artículo publicado antes de que apareciera el volumen *Octaedro*, Alazraki observa que en algunos cuentos de Cortázar «se enfrentan la visión adulta y la visión pueril, el *homo sapiens* y el *homo ludens*. El segundo descoloca al primero para situarlo en un plano donde sus convenciones y contextos se reorganizan como una pura ficción, como el falseamiento de una realidad más profunda que se revela, por contraste, en la esfera del juego» (1973: 618). Algo muy similar ocurre en *MhB*.

duplica y abarca también la vida diaria de las personas repleta de reglamentaciones (culturales).

La violación del reglamento pesa espantosamente sobre la consciencia del narrador hasta el punto de revelarle finalmente a Marie-Claude que acaso el primer encuentro de ambos fue «ilegítimo» desde el punto de vista de la ceremonia del juego: «El juego exige un orden absoluto. La desviación más pequeña estropea todo el juego, le hace perder su carácter y lo anula», razona Huizinga (2008: 24). Entonces el jugador propone «intentar un encuentro legítimo» (*MhB*, p. 695) explicándole a Marie-Claude las reglas. Así como a la Maga y a Oliveira «les gustaba desafiar el peligro de no encontrarse» por las calles de París, los personajes de *MhB* también desafían dicha eventualidad y deben encontrarse en el laberinto del subterráneo sin transgredir jamás una ruta predeterminada. Deben coincidir en un punto prefijado separadamente.[25] Con lágrimas en los ojos, Marie-Claude acepta el desafío con la promesa de pedir permiso de quince días en el trabajo —otra regla de juego del «mundo de arriba»— para emprender la búsqueda dentro del plazo establecido de dos semanas. Está claro que si la búsqueda fracasa, ya no hay un motivo de reencuentro para la pareja. El plazo acaba un sábado y la narración del cuento concluye un jueves, en el momento preciso en que los protagonistas se encuentran por casualidad en un vagón de metro, pero sin poder dirigirse la palabra y/o salir de una ruta preestablecida. Además, sólo queda una última esperanza de encuentro basada en una posible combinación en la estación Daumesnil, donde entra el tren y el relato termina justo en el punto culminante. Se ha dicho que el título sugiere un fatal desencuentro y ello insinúa la autoridad implacable de Fortuna en la medida en que lo fortuito prevalece sobre lo racionalmente (humanamente) anticipado.

25. Este nuevo desafío del protagonista de *MhB* constituye una segunda falta grave contra la autoridad de Fortuna, a la cual, teniendo en cuenta su antigua tradición literaria, se la debe enfrentar con *prudentĭa*. Por ejemplo, Segismundo recomienda sereno: «la fortuna no se vence/ con injusticia y venganza;/ porque antes se incita más./ Y así, quien vencer aguarda/ a su fortuna, ha de ser/ con prudencia y con templanza» (*La vida es sueño*, vv. 3214-3219).

El plano narrativo del discurso del cuento exhibe una importante dimensión autorreferencial y metanarrativa. *MhB* empieza con las palabras «Ahora que lo escribo» y el lector se ve confrontado, de entrada, no con algo concluido, sino con un relato *in statu nascendi*. Por otra parte, las primeras palabras de *MhB* recuerdan los preludios metanarrativos de varios cuentos de Cortázar como, por ejemplo, de «Ahí, pero dónde, cómo» del mismo volumen que *MhB* (*Octaedro*, 1974) donde se lee: «ahora (antes de empezar a escribir; la razón de que haya empezado a escribir)» (p. 706). De este modo, *MhB* se relaciona con otros cuentos del escritor que también exhiben cavilaciones autorreferenciales, las cuales ponen de relieve el acto de la escritura incluso antes de presentarse los sucesos de la historia que se pretende relatar: «De repente me pregunto por qué tengo que contar esto» (p. 295) se cuestiona, por ejemplo, el narrador de «Las babas del diablo». Allí también se especula: «Vamos a contarlo despacio, ya se irá viendo qué ocurre a medida que lo escribo» (p. 296). Este tipo de «fragmentos exegéticos» (Schmid 2008: 276) no enfocan tanto el contenido de la historia o *el qué se narra*, sino que ponen de relieve el proceso de mediación de la historia, esto es, el *cómo* y/o *el por qué se narra*. En consecuencia, *MhB* contiene (1) la narración de una historia, por una parte, y (2) la historia de una narración, por otra.[26]

Lo que se lee en *MhB* son los apuntes que el protagonista deja en una libreta en la cual anota sus experiencias acumuladas durante las ceremonias en el laberinto subterráneo y los encuentros con Marie-Claude. Hacia el final del cuento se indica en presente de indicativo: «todavía espero en este banco de la estación Chemin Vert, con esta libreta en la que una mano escribe para inventarse un tiempo que no sea solamente esa interminable ráfaga que me lanza hacia el sábado en que acaso todo habrá concluido» (*MhB*, p. 696). El narrador añade a renglón seguido: «Pero es jueves, es la estación Chemin Vert, afuera cae la noche» (*MhB*, p. 696). Es decir, es posible determinar un punto espaciotemporal desde donde el narrador evoca las experiencias vividas. La recurren-

26. Me apoyo en la diferenciación entre *erzählte Geschichte* y *Erzählgeschichte* propuesta por Schmid (2008: 280).

cia masiva de analepsis que fracturan la cronología del relato produce una circularidad temporal, la cual se puede apreciar, por ejemplo, en el siguiente fragmento cuya estructura temporal y cuyos presentes de la narración (a, b, c, x) expongo más abajo sobre un eje temporal:

> [a] Me acuerdo de cómo me acordé ese día: [b] ahora eran Margrit y Ana, pero [c] una semana atrás habían sido Paula y Ofelia, la chica rubia había bajado en una de las peores estaciones, Montparnasse-Bienvenue que abre su hidra maloliente a las máximas posibilidades de fracaso. [...] y entonces —siempre, hasta ahora— verla tomar otro pasillo y no poder seguirla, obligado a volver al mundo de arriba y entrar en un café y [x] seguir viviendo hasta que poco a poco, horas o días o semanas, la sed de nuevo reclamando la posibilidad de que todo coincidiera alguna vez [...]. [b] Ahora entrábamos en la estación Saint-Sulpice, alguien a mi lado se enderezaba y se iba, también Ana se quedaba sola frente a mí [...] (*MhB*, p. 689 s.).

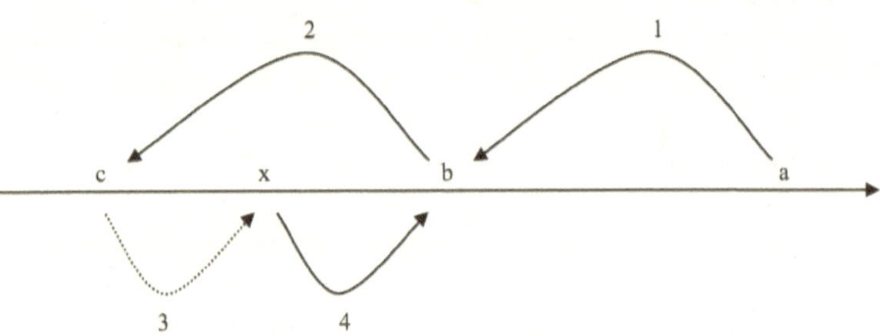

El dato «horas o días o semanas» impide deliberadamente el cálculo exacto del tiempo transcurrido. A su vez, este fragmento ilustra la particular estructura temporal circular de *MhB* donde las categorías de pasado, presente, futuro e imaginación se difuminan de manera admirable. Respecto a lo imaginado, el narrador también anota sucesos hipotéticos en su libreta como, por ejemplo, una suposición expresada en modo subjuntivo: «la distancia de mi silla a esa banqueta en la que nos hubiéramos besado, en la que mi boca hubiera bebido el primer perfume de Marie-Claude antes de llevármela abrazada hasta su casa, subir esa escalera, desnudarnos por fin de tanta ropa y tanta espera» (*MhB*, p. 694). Finalmente, llama la atención en el texto la repetición del deíctico «ahora» —es la primera palabra del cuento—, con lo cual se acentúa la cantidad de presentes que se superponen unos a otros en el relato. Esto dificulta una clara diferenciación de las categorías temporales (antes, ahora, después): «Ahora mismo (qué palabra, *ahora*, qué estúpida mentira)», medita el narrador de «Las babas del diablo» (p. 298).

Jogo subterrâneo (2005)

> Nessa época, 1980, li pela primeira vez «Manuscrito Encontrado em Um Bolso». Tocou-me a solidão daquele personagem, sua busca louca, aparentemente livre porém desenganada e seu caminho negador da vida. A luta entre o desejo e a razão, escudo do medo. Isso foi o que sempre me interessou nesse conto.
>
> (Roberto Gervitz, 2004)[27]

«Não era uma história fácil de adaptar para o cinema», declara el director y co-autor de los sucesivos guiones de la película Roberto Gervitz (en: *Entrevista* 2004: s/p). Transcurren aproximadamente veinticinco años desde su primera lectura del cuento *MhB* hasta el estreno de la película *Jogo subterrâneo*, su segundo largometraje de ficción después de la muy celebrada película *Feliz ano velho* (1987).[28] A su vez, el

27. En: *Notas de produção* (2004 s/p). Como amplío más adelante en el capítulo que dedico al cuento «Cambio de luces» y al cine posmoderno, no sólo a Gervitz le llaman la atención en la década de 1980 los cuentos de Cortázar, sino que también otros cineastas brasileños se interesan mucho en aquellos textos.

28. *Feliz ano velho* conquista en el Festival de Cine de Gramado (Brasil) en 1988 el premio a la mejor fotografía, el mejor sonido, asimismo, el premio al mejor guión y al mejor vestuario así como el premio especial del jurado. El reconocido festival de cine se celebra anualmente en la ciudad de Gramado (Rio Grande do Sul) desde 1973.

guión de *Jogo* tuvo en total tres versiones radicalmente diferentes: «Foi um longo trabalho de Roberto [Gervitz] com vários roteiristas até chegar ao roteiro final», afirma el productor ejecutivo Ramalho Jr. (en: *Notas de produção* 2004: s/p). Según explica el director, en total hubo tres versiones completamente diferentes del guión: la primera versión, que data de 1989, pasa por cinco revisiones y la segunda versión, de 2001, se descarta después de cuatro meses de intenso trabajo.[29] Además, en un principio estaba previsto filmar en las profundidades de uno de los metros más antiguos de América Latina, el de Buenos Aires (el filme se desarrolla en São Paulo). Finalmente, el guión definitivo pasa por seis revisiones a lo largo de dos años. Pero no solo la creación del guión fue difícil, sino que también los arduos 70 días de rodaje (entre julio y octubre de 2003) son un desafío: «Depois, o sério problema de filmar no metrô! Os países que contam com uma indústria cinematográfica têm *mock-ups* (modelos semelhantes aos originais desejados) de tudo: aviões, lanchas, trens, e... metrôs! Nós teríamos que filmar em locação real», recuerda el productor del filme (Ramalho Jr., en: *Notas de produção* 2004: s/p). Así, el equipo de filmación trabaja *profunda* y puntualmente, entre las 00:40 horas y las 4:40 horas de la mañana durante el período en que el metro de São Paulo deja de funcionar y cada minuto disponible debía ser aprovechado al máximo: «Eu me preparei para as filmagens no metrô como que para uma guerra», afirma el director (Gervitz, en: *Entrevista* 2004: s/p). Todas estas afanosas peripecias revelan el alto despliegue logístico de trabajo conjunto que significa hacer cine, y también demuestran la voluntad férrea del cineasta Gervitz respecto a su visión de filmar el cuento que

29. Así lo explica Gervitz: «Seria quase impossível, que um projeto que teve sua primeira versão escrita em 1989 e acabou sendo rodado em 2004 não sofresse mudanças significativas. [...] esse filme teve *três versões completas, radicalmente diferentes entre si*. A primeira versão (1989) teve 5 tratamentos, a segunda (2001), morreu ainda no argumento (forma literária de um roteiro) de 120 páginas, após 4 meses de trabalho intenso, e a terceira versão (escrita com Jurge Durán), que acabou sendo a definitiva, teve 6 tratamentos ao longo de 2 anos, sensivelmente diferentes entre si» (en: *Entrevista* 2004: s/p). El estudio que realizo de la película *Jogo subterrâneo* se concentra en la obra final estrenada en 2005.

tanto le ha conmovido. A propósito de la literatura de Cortázar dice el cineasta: «Me impressionava a sua capacidade de reconstruir os caminhos do nosso subconsciente, os nossos jogos e armas secretas — o homem visto como a continuidade do menino que foi e grita dentro dele, a percepção de coisas terríveis e maravilhosas que fazem a vida» (en: *Entrevista* 2004: s/p).

Por su parte, el productor ejecutivo de *Jogo subterrâneo* recuerda que uno de los principales retos del proyecto radicó en la compleja estructura narrativa del cuento de Cortázar: «O primeiro desafio era o texto. Um belíssimo conto de Julio Cortázar. Belo e instigante literariamente, mas que trazia uma tênue estória, onde quase tudo estava por ser criado e desenvolvido na roteirização: personagens, conflitos, elementos dramáticos» (Ramalho Jr., en: *Notas de produção* 2004: s/p). Llama la atención el hecho de que, desde su punto de vista, el cuento de Cortázar exhiba una trama débil desprovista de conflictos, siendo que, como lo examinado, el relato plantea una serie de fenómenos —a nivel de la historia y el discurso— ampliamente aprovechables por una película de cine. Pero lo que se debe tener en cuenta aquí, es el tipo específico de cine que se deseaba producir a partir del cuento. Por lo que respecta a la caracterización del protagonista, por ejemplo, Gervitz observa una cuestión reveladora: «Escrito na primeira pessoa, o conto é muito subjetivo, só conhecemos o que o personagem decide relatar, não sabemos o que esse homem faz, onde ele mora, de onde ele vem, do que vive e nem sequer o seu nome» (en: *Entrevista* 2004: s/p). Todas estas informaciones básicas sobre el personaje —raramente trazadas en detalle en los cuentos de Cortázar— son presentadas en una película clásica lo antes posible, generalmente al inicio, en la «exposición». Las pautas del tipo de cine que se realiza a partir de *MhB* prescribe personajes de «carne y hueso», como lo expresa Gervitz y, en tal sentido, *Jogo subterrâneo* llena los vacíos reclamados más arriba: «[Jorge] Durán e eu construímos um personagem de carne e osso, com nome, profissão (ainda que provisória), e moradia (ainda que também provisória); para sintetizar, partimos da idéia do conto para construir uma nova história com novos personagens, novas situações e um outro final» (en: *Entrevista* 2004: s/p).

Es revelador el enfrentamiento de los títulos de las obras de Cortázar y Gervitz: a diferencia de la ambigüedad planteada por *MhB*, el título de la película alude en primer lugar a un sistema cerrado de comienzo y fin bien delimitados, y con objetivos y reglas claramente establecidos (*jogo*).[30] Luego, la segunda palabra del título detalla el lugar preciso en el cual se desarrollan las acciones (*subterrâneo*) y el *trailer* del filme incluso adelanta el objetivo central del protagonista: «ele inventa um trajeto, aí escolhe uma mulher, e torce para que faça o mesmo caminho que ele. O que ele quer é encontrar a mulher da vida dele». El *trailer* muestra precisamente la escena en la cual el protagonista le detalla el reglamento del juego a una pasajera no vidente (Júlia Lemmertz), a quien conoce durante su periplo subterráneo.

Jogo subterrâneo se concentra en la cronológica recreación de la historia de amor contenida en el manuscrito del cuento de Cortázar, dejando aparte la dimensión autorreferencial-metanarrativa que pone de relieve la construcción del relato. «Pois trata-se de uma história de amor —insiste Gervitz— inusitada, radical, mas uma história de amor» (en: *Entrevista* 2004: s/p). *Jogo* restaura «la armonía narrativa» del texto mediante el «montaje narrativo» (Amiel 2005) que lineariza las discontinuidades y circularidades del cuento de Cortázar. Entre los códigos cinematográficos más impactantes de la película se destaca la muy sugerente fotografía a cargo del reconocido director de fotografía brasileño Lauro Escorel, y también la música del compositor y musicólogo Luiz Hernique Xavier. Es digno de recordar que precisamente la fotografía y el sonido del primer largometraje de ficción de Roberto Gervitz, *Feliz ano velho* (1987), fueron premiadas en el Festival de Cine de Gramado, el más importante de Brasil. Gervitz, que también se desempeña como docente y realizador de *telefilms*, también ha cultivado el género documental.[31]

30. La primera acepción de la voz portuguesa «jogo» se explica en el léxico brasileño de la siguiente manera: «Atividade física ou mental fundada em sistema de regras que definem a perda ou o ganho» (Dicionário *Aurélio*, 2008, s. v. «jogo»).

31. El cineasta dirige en 1979 la película documental *Braços cruzados, máquinas paradas*, que representa a Brasil en festivales internacionales. Como lo sugerido por el título, la película trata sobre un paro efectuado por trabajadores metalúrgicos de São Paulo.

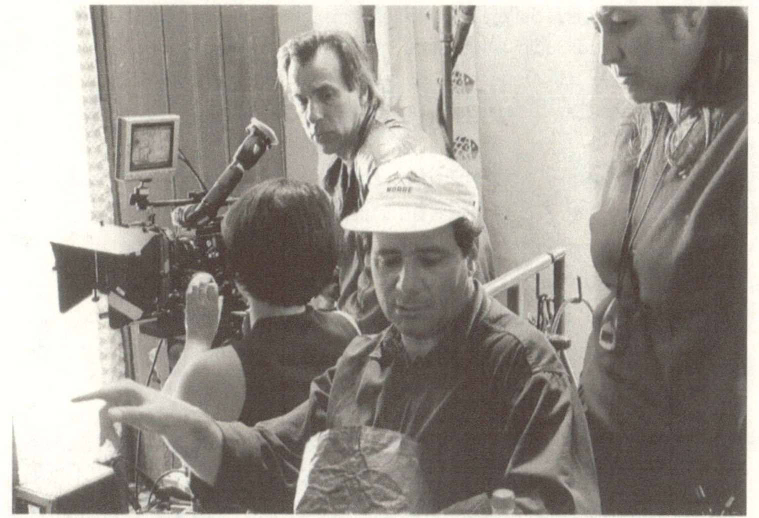

Roberto Gervitz durante el rodaje de *Jogo Subterrâneo.*

La exposición de *Jogo subterrâneo* inserta las acciones en un ambiente urbano muy descolorido. La película empieza con una serie de planos de edificios grises, que podrían estar en cualquier rincón del planeta. A pesar de divisarse numerosas ventanas y balcones, en ningún momento es posible encontrar un solo habitante. Entre las compañías patrocinadoras aparece en patanlla «Metrô de São Paulo» y este detalle extradiegético suministra al espectador una pista bastante clara en cuanto al lugar de los hechos. Tras la presentación de un desolado paisaje urbano, un plano detalle acompaña el dedo índice extendido del protagonista (Felipe Camargo) quien, con los ojos vendados —ciego como se considera el azar y como habitualmente se la ha representado a Fortuna—, da unos pasos en dirección a un mapa del metro fijado por la pared de una habitación en penumbras. Desde una lectura, digamos, cortazariana, esta particular puesta en escena al inicio del filme rinde un pequeño homenaje al autor del cuento *MhB*. Doy la palabra a un amigo personal de Cortázar y respetado exégeta de su obra, Saúl Yurkievich (1931-2005), quien recuerda:

> Vagabundeábamos por ese París recoleto y magnético que Julio había cuadriculado y explorado lúdica, sistemáticamente. Uno de sus juegos consistía en elegir al azar, con los ojos cerrados y el índice apuntando al plano del metro, una estación, llegar a ella, salir a la superficie y peregrinar por la zona (1985: 11).

El corte que yuxtapone inmediatamente los planos de edificios despoblados y el dedo índice que navega lentamente al encuentro de algo aún desconocido, sugiere la idea de lo fortuito, es decir, a cualquiera de los invisibles ciudadanos podría ocurrirles algo que tampoco se sabe hasta el momento. También se puede inferir que el solitario personaje es uno de los miles de habitantes que pueblan aquellos deslucidos edificios.

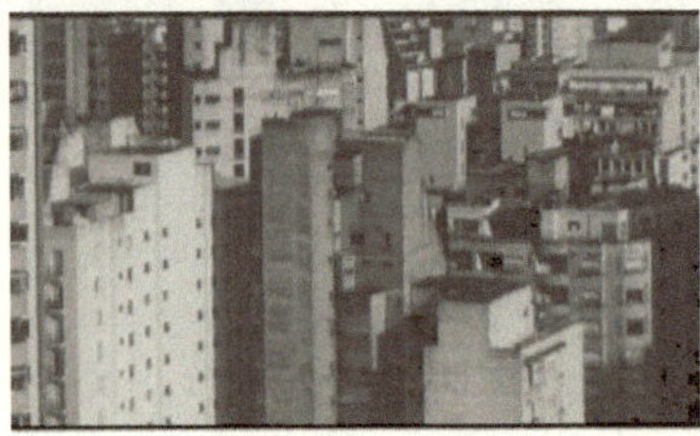
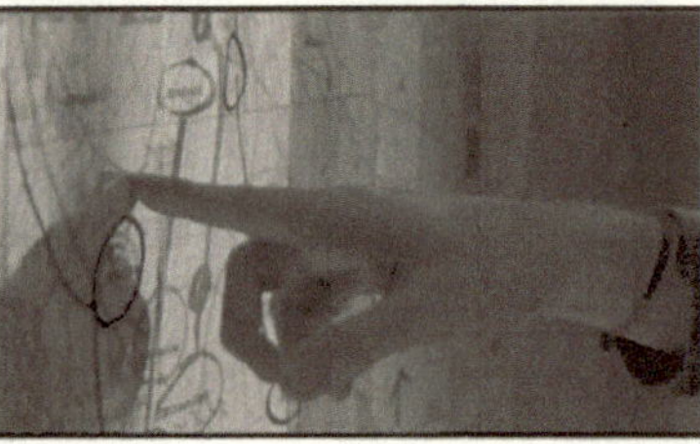

p59 Imágenes de *Jogo subterrâneo* de Roberto Gervitz. p60

El dedo índice[32] termina por seleccionar la estación de metro «Paraíso», acaso el destino deseado por toda alma cristiana. Además, este concepto generalmente está asociado a alturas (divinas) insondables, sin embargo, el metro representa todo lo contrario. El protagonista todavía anónimo, o sea, uno y todos los ciudadanos (de São

32. Desde un punto de vista psicoanalítico, es posible interpretar el dedo índice erecto como un símbolo fálico que no solo busca un destino, sino también una mujer. No obstante, muy pronto el espectador percibe que no se trata de una búsqueda motivada exclusivamente por el deseo sexual. El protagonista tampoco exhibe rasgos donjuanescos, lo que prevalece claramente es una obsesión irracional que se traduce en el juego. Este rasgo lo comparten los protagonistas de *MhB* y *Jogo subterrâneo*. Ambas obras no revelan informaciones acerca del pasado del personaje.

Paulo) a la vez, se quita la venda de los ojos para averiguar dónde ha parado la rueda de Fortuna y pronuncia en voz alta lo que será la primera palabra oída en la película: «paraíso». Inmediatamente encierra dicha estación en un círculo con un marcador negro y crea un trayecto hasta la estación «República», un concepto más bien terrenal en contraposición al anterior de marcada connotación religiosa. En voz baja se oye que el personaje pretende bajar aquí, subir allí y cambiar de línea allá. Después imagina un nombre femenino, «Nina» (retomo este motivo más adelante), y dibuja la ruta en un pequeño cuaderno que será el símbolo de la ceremonia del juego. Sugeridas a grandes rasgos las reglas del juego sin especificarse aún de que se trata precisamente de un juego, el héroe emprende su travesía. Antes de salir, toma sus llaves y el plano detalle del llavero de madera con un número revela que vive en una pensión. Entre el cielo («paraíso») y la tierra («república»), pues, empieza una «inusitada historia de amor» cuyas principales coordenadas se trazan durante los primeros dos minutos y medio del filme.

La puesta en escena de la primera ceremonia del juego subterráneo empieza con una toma frontal de un tren entrando en una estación. Antes de embarcar, el protagonista echa un vistazo a su libreta donde pueden leerse «República», «Liberdade», «Paraíso» y «Nina», en ese orden y de arriba para abajo. Las tres primeras palabras son nombres de estaciones de metro pero, como es obvio, también representan antiguos conceptos debatidos en varias ramas de la filosofía y la religión. Además, dentro de esta serie de conceptos cabe considerar también el destino señalado por el metro que acaba de ingresar a la estación: «Vila Madalena». A bordo del tren se da inicio al juego y la voz *en off* —interior— del protagonista pregunta «é você Nina?», cuando su mirada encuentra una bella morena cuyo rumbo no coincide con el preestablecido porque baja en una estación cualquiera: «não, não era você», confirma la voz *en off* del jugador que continúa su búsqueda y encuentra inmediatamente otra atractiva pasajera para quien improvisa un trayecto en su libreta. En el acto la bautiza con el nombre de Sofía, que en griego significa sabiduría. Hay un discreto intercambio de miradas y Sofía, sentada enfrente, hasta le sonríe cuando una monja, con la Biblia en la mano, toma asiento justo al lado del protagonista.

Entonces una toma picada enfoca desde arriba un andén lleno de pasajeros donde puede leerse en un tablero la palabra «destino», que por supuesto se refiere al del metro. Sofía baja en una parada «correcta», o sea, prevista por el jugador, y esta estación lleva nombre de santo: «São Bento» (Benedicto).

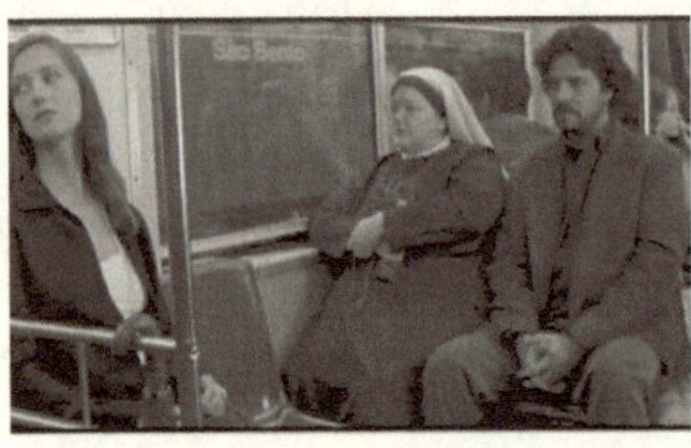

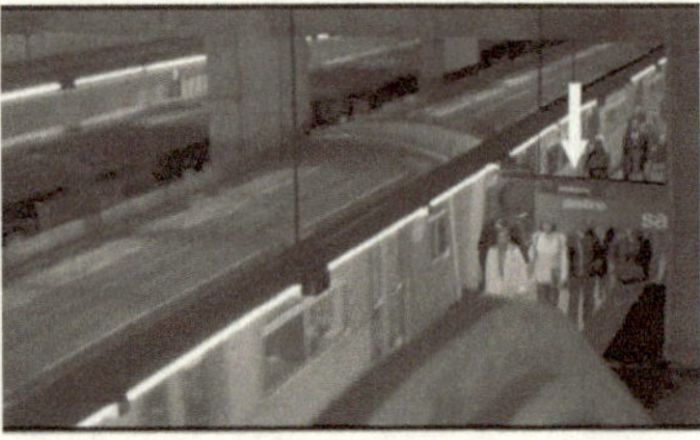

p61 Imágenes de *Jogo subterrâneo* de Roberto Gervitz. p62
El montaje que conecta p61 con p62 es muy sugerente: el jugador interpretado por Felipe Camargo espera que el destino de Sofía sea el mismo que el previamente trazado por él. Entonces una monja toma asiento y el corte incorpora una toma que enfoca el mundo desde arriba (p62) donde leemos «destino» precisamente encima de las personas que pasan *por debajo* del tablero (la flecha en el fotograma es añadido mío).

La película expone de manera dosificada una serie de conceptos y elementos relacionadas con la fe cristiana y el pensamiento religioso (por orden de aparición: paraíso, María Magdalena, una monja, su Biblia y su rosario, el destino, Benedicto). Éstos contrastan con los demás conceptos racionales de raíz filosófico-política (Sofía/sabiduría/razón, república, libertad). Más aún, es posible interpretar este conjunto de símbolos e isotopías —ausentes en *MhB*— como un enfrentamiento de poderes que se instaura entre el cielo y la tierra, entre el «paraíso» y la «república».

Sofía baja en una estación prevista, la de *São Bento*, y ahora su camino debe coincidir con las demás ramificaciones trazadas por el jugador, quien baja del metro y va tras ella. Mientras que en *MhB* las persecuciones aparecen muy abreviadas (por ejemplo, «sólo mirarla por última vez en el cruce de los pasillos», p. 689), *Jogo subterrâneo*, en cambio, aprovecha el potencial de suspenso que encierra esta situación y representa las persecuciones a través de una serie de llamativos códigos cinematográficos. La banda sonora que acompaña la persecución de Sofía —y acompañará las demás persecuciones de pasajeras convirtiéndose en el *Leitmotiv* musical del juego— refleja el estado febril del protagonista ansioso. En el cuento de Cortázar, cada vez que se inicia el juego el protagonista afirma sentir arañas en el estómago: «el primer tiempo de la ceremonia no iba más allá de eso, una sonrisa registrada por quien la había merecido. Entonces empezaba el combate en el pozo, las arañas en el estómago, la espera con su péndulo de estación en estación» (*MhB*, p. 689). El filme recrea esta ansiedad a través del *thrill* y una melodía específica que sólo se oye cuando el protagonista espera que el camino de una pasajera coincida con lo preestablecido, o sea, cuando hay juego.

Además, el montaje acelerado y la dinámica *steady-cam* que da vueltas alrededor del personaje intranquilo buscando a Sofía entre la multitud producen el efecto del *thrill*. Huizinga destaca entre las características del juego «la tensión y la incertidumbre» (2008: 69), precisamente los efectos que el cine provoca con el *thrill*. Lo que caracteriza el *thrill* en este caso es que el espectador tiene las mismas incertidumbres que un personaje respecto a una cuestión inquietante: mientras duran las persecuciones, ni el protagonista de la película ni el espectador saben si Sofía, así como las demás pasajeras perseguidas, cumplirán o no con el trayecto prefijado. Cuando el protagonista de *Jogo subterrâneo* sigue a Sofia con la esperanza de que su rumbo coincida con lo trazado —hecho que también genera la curiosidad en el espectador—, en varios planos es posible observar, en el mismo encuadre, tanto a la perseguida como al perseguidor, así como lo establecen antiguas convenciones respecto a la puesta en escena de la persecución. Este tipo de composición fotográfica aumenta la tensión en el espectador, puesto que es posible medir la distancia que va separando a los personajes. Además, el ángulo que enfoca a las pasajeras perseguidas debajo de un tablero de dirección (o del juego), el cual indica las posibles ramificaciones (p64), enfatiza formidablemente la cuestión sobre si se cumple o no un determinado trayecto.

El *Leitmotiv* musical que acompaña la ceremonia deja de oírse en el momento preciso en que Sofía toma un corredor imprevisto por el

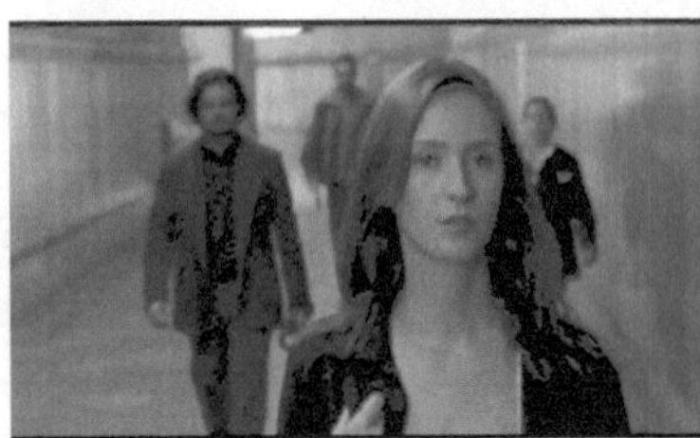

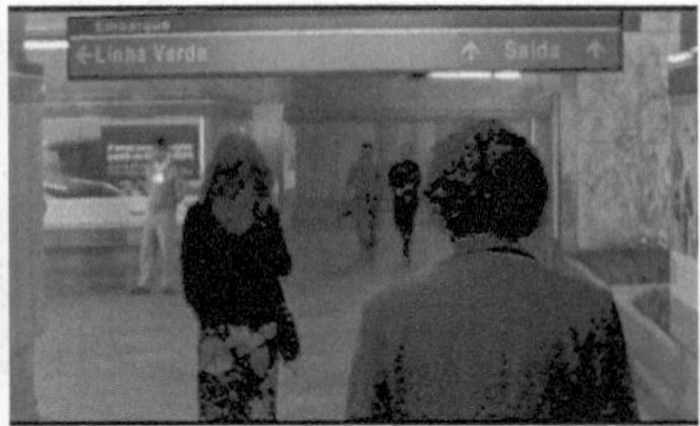

p63 Imágenes de *Jogo subterrâneo* de Roberto Gervitz. p64
En varios planos de la película el jugador aparece desenfocado al fondo (como en p63). La composición fotográfica de p64 visualiza las posibles direcciones y decisiones de Sofía: «←Linha verde» o «↑Saída» y el protagonista aguarda impaciente.

trayecto del juego —la salida— y la tensión decrece inmediatamente. Este balance entre la tensión y el sosiego producido por las sucesivas interrupciones de una intensa persecución también responde a una convención de la narración clásica del cine. El protagonista, decepcionado, da media vuelta y retorna hacia los trenes con el propósito de reiniciar su juego. Entonces la fotografía de *Jogo subterrâneo* compone un poema en imágenes: uno de los planos lo enfoca a través de una intrincada red de líneas de metro impresa, así parece, sobre un vidrio. Por detrás del vidrio, sobre cuya superficie se encuentra el mapa, aparece en segundo plano el rostro desenfocado del protagonista. En el primer plano atraviesan nítidamente las líneas del laberinto subterráneo que difuminan la imagen del jugador. Este muy sugerente motivo fotográfico, que se repite a lo largo de la película en diversas variaciones (p65), muestra al protagonista indefenso como encarcelado —y desfigurado— por los barrotes representados por las líneas horizontales, verticales y oblicuas del mapa.

Este laberinto de Fortuna moderno visualiza muy sugerentemente la obsesión que lo tiene prisionero al personaje: «El juego es como un vicio o una religión», le confiesa más tarde a una pasajera no vidente con quien entabla algo así como una amistad. También es digno de recordar lo meditado por el protagonista de *Feliz ano velho*, la película anterior de Gervitz, a propósito del significado del juego: «Lembrei que as crianças levam súper a sério os jogos que elas inventam». Este

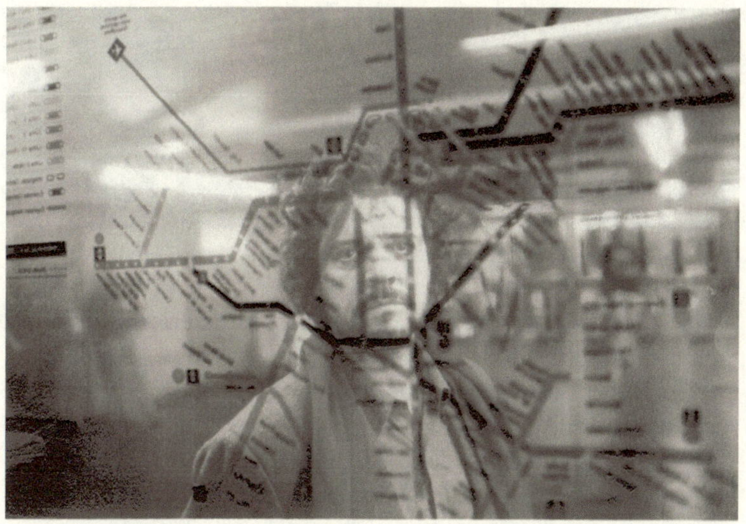

p65 – Felipe Camargo en *Jogo subterrâneo* de Roberto Gervitz. El protagonista ante las ramificaciones de su suerte imprevisible: en la fotografía aparece prisionero del laberinto subterráneo. Fotografía *still* de Matthieu Rougé.

razonamiento explica en gran medida la actitud radical del protagonista de *Jogo subterrâneo* respecto al reglamento que ha creado para encontrar a la mujer de su vida. Además de las líneas del metro que atraviesan como barrotes de una prisión el rostro del protagonista, otros elementos fotográficos acentúan la insignificancia del jugador: cuando se lo enfoca desde el andén opuesto aguardando el tren junto a los demás pasajeros, los trenes que entran raudamente parecen atropellar a las personas cuyos cuerpos se esfuman por unos instantes y reaparecen intermitentemente, como fantasmas, cuando hay un hueco entre los vagones (p66, p67). Este procedimiento fotográfico se repite en varias escenas.

Antes de interpretar lo sugerido por estas composiciones fotográficas que enfatizan la supremacía del circuito subterráneo frente al individuo —apagado—, cabe agregar otros detalles fotográficos relacionados con la perspectiva de la cámara en varias escenas del filme. Es llamativa la recurrencia de la toma picada en las estaciones del metro,

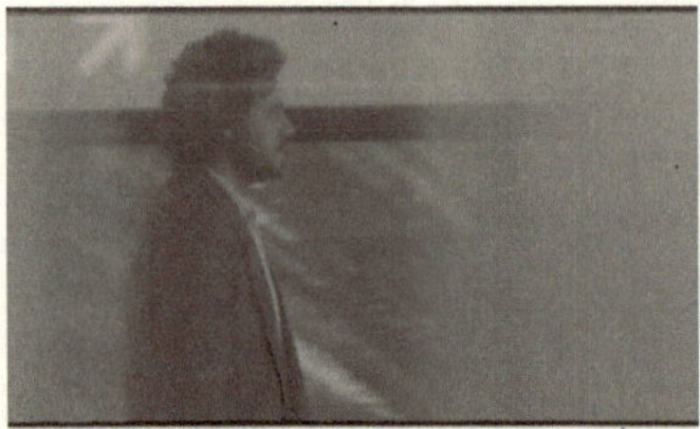
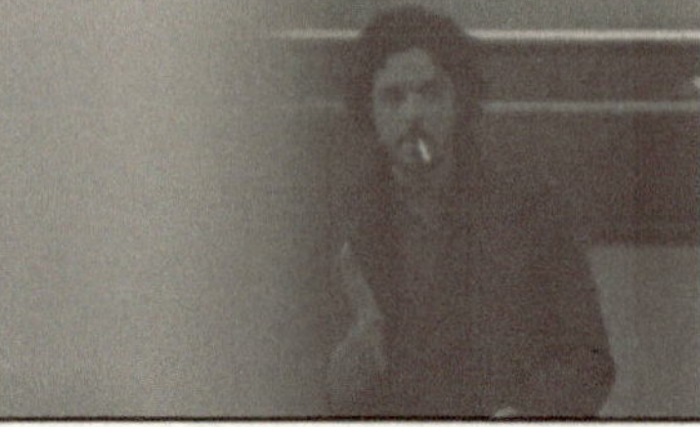

p66 Felipe Camargo en *Jogo subterrâneo* de Roberto Gervitz. p67

a saber, cuando la cámara muestra el mundo de arriba para abajo (*cfr.* por ejemplo, p68, p69). Este ángulo eleva la mirada espectadora respecto a las personas y objetos mostrados. Asimismo, la toma picada se caracteriza, a diferencia de la contrapicada, por sugerir el desamparo de las personas que enfoca desde un ángulo más elevado. Así, numerosos pasajeros anónimos de la ciudad circulan como hormigas concentradas cada una en un trayecto determinado y, mostradas desde un ángulo superior, sus rumbos parecen estar predeterminados.

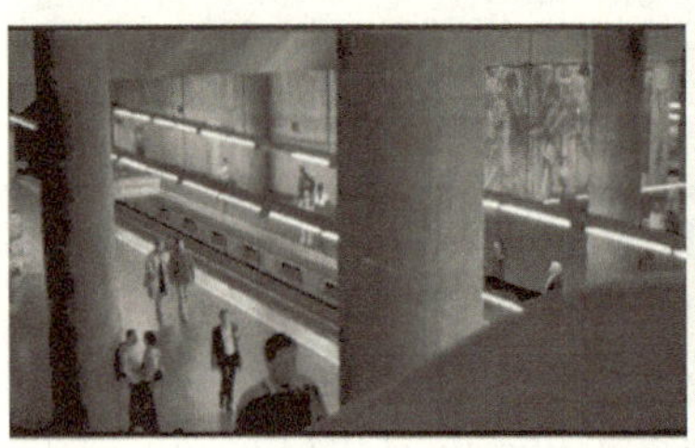
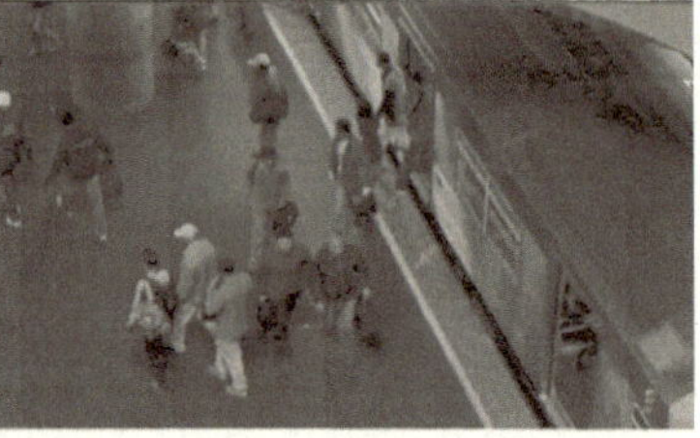

p68 Imágenes de *Jogo subterrâneo* de Roberto Gervitz. p69
En p68 la delgadísima silueta humana contrasta con las robustas y sólidas columnas de la estación. P69 enfoca desde arriba a los individuos como hormigas. Estos códigos cinematográficos resaltan la inferioridad de los hombres (*¿ante su destino?*).

Cuando el protagonista vuelve a su pensión tras haber fracasado en la tarea de vaticinar el trayecto de varias pasajeras bonitas —una de ellas hasta le encaja una bofetada por haberla seguido tan obsesivamente—, se lo ve al hombre sudoroso tendido sobre la cama a través de una toma picada y la cabeza está invertida, o sea, la cámara enfoca al personaje desde arriba y al revés, un código fotográfico que sugiere la inestabilidad emocional de un personaje. Su trastorno se refleja en el «montaje discursivo» (Amiel 2005) que dispara *mindscreens* de trayectos dibujados en el mapa, fragmentos de las persecuciones fallidas, el índice navegando hacia el mapa, la bofetada recibida, en fin, la instancia narrativa fílmica expone un vertiginoso sumario de lo que está pasando por la mente —turbada— del héroe, aún innominado.[33] La inestabilidad emocional motiva este tipo de montaje discontinuo para reflejar en el plano del discurso fílmico el trastorno de un personaje. En el ámbito del cine clásico, la «desorientación momentánea es permisible sólo si está motivada de forma realista» (Bordwell 1996: 163). Conforme a esta convención, en *Jogo subterrâneo* el montaje fractura —brevemente— la continuidad narrativa cada vez que el protagonista pasa por una crisis ocasionada por el estricto reglamento del juego, el cual hace vacilar su integridad psíquica.

Una de estas crisis se produce en una virtuosa escena en la cual el protagonista toca enérgicamente el piano —en la película es pianista en un bar nocturno— y las imágenes de la ejecución del instrumento se intercalan a través del montaje discursivo con el vapor que sale de una máquina de café. Pareciera como si el vapor proviniera del mismo instrumento, naciera de la música o del propio protagonista, frustrado e iracundo, más que de la máquina de café. En otras ocasiones la cámara se concentra más en mostrar el descolorido así como difuminado reflejo del personaje sobre el piano negro que en la persona de «carne y hueso» sentada enfrente. Este muy significativo procedimiento fotográfico desdobla al protagonista cuya imagen —su otro yo— se proyecta en la superficie del piano. Es posible interpretar este desdoblamiento entre el *homo ludens* vs. *homo sapiens* arrebatados por el implacable compromiso asumido con la ceremonia de su juego. Es importante advertir que, nuevamente, la imagen del hombre aparece desenfocada y desvanecida

33. El modelo convencional de la narración clásica del cine diferencia tradicionalmente lo que se postula como objetivo de lo subjetivo o alucinatorio —con respecto al mundo de la película—, al contrario de la narración de arte y ensayo donde dicha línea divisoria en ocasiones se desdibuja completamente.

a través objetos que aparentan mucho más poderosos que la borrosa figura humana. En el cuento de Cortázar la escisión de los personajes se produce en el reflejo de las ventanillas del subterráneo, mientras que *Jogo* desdobla la imagen del jugador precisamente en su piano. Otras lenguas emplean el mismo verbo *jugar* para señalar lo que en castellano significa *jugar* (un juego) y *tocar* (un instrumento) (por ejemplo, *to play the piano, Klavier spielen, jouer du piano*).

Es muy significativo que una de las piezas ejecutadas por el protagonista sea *Choros N° 5*, de Heitor Villa-Lobos (1887-1959) denominada por el compositor nada menos que *Alma brasileira*. Se trata de una de las más conocidas piezas para piano de Villa-Lobos, la cual, por ejemplo, llama la atención de Mário de Andrade en su *Ensaio sôbre a música brasileira*, donde evoca los «admiraveis Chôros n.° 5» cuando discute la *brasilidade* en la música (1962: 26). También el musicólogo y pianista Luís Heitor Corrêa de Azevedo destaca dicha composición como «espécie de retrato psicológico do homem brasileiro, geralmente doce e cordial, mas arrebatado certas horas por um frenesi dionisíaco» (en: Grieco 2009: 68). Especialmente se ha subrayado en *Alma brasileira* la melancolía y *saudade*, y todas estas apreciaciones pueden ser asociadas también al semblante del jugador del *Jogo subterrâneo*, quien guarda en su pensión composiciones de Villa-Lobos. Más aún, la observación de Corrêa de Azevedo hasta parece retratar al protagonista de la película: ¿personifica este personaje al hombre brasileño, acaso «el alma» del hombre latinoamericano?

En la absoluta soledad de su cuarto en penumbras y tendido sobre la cama, después de *mindscreens* en forma de imágenes sueltas relacionadas a los fracasos del juego, el protagonista adopta una posición fetal enfocada verticalmente por una toma extremamente picada (p71). Como en ninguna otra toma en la película se lo ve al apasionado jugador completamente indefenso y vulnerable en una posición que recuerda uno de los momentos más delicados de la vida humana. La cámara empieza girar lentamente y la banda sonora produce sonidos que pueden ser interpretados como el susurro de líquidos en movimiento. La imagen que sigue, el oscuro túnel del metro, sugiere claramente el motivo de la matriz materna que, a su vez, alude al origen de todo ser humano (no su destino).

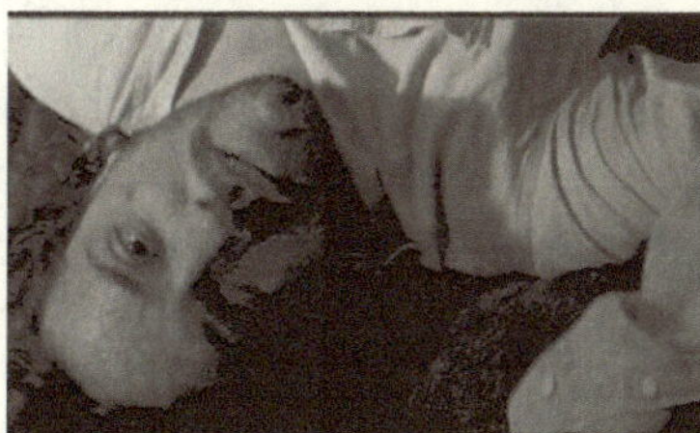
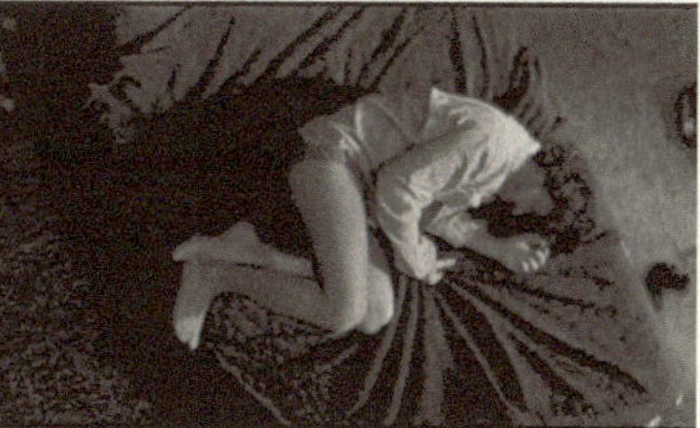

p70 Felipe Camargo en *Jogo subterrâneo* de Roberto Gervitz. p71

A la luz de estas imágenes y sonidos es evidente que «lo subterráneo» así como «el juego» adquieren nuevas dimensiones de sentido a través del poético tratamiento fotográfico. Dice Huizinga: «Para jugar de verdad, el hombre, mientras juega, tiene que convertirse en niño» (2008: 252). Por otra parte, «Nina» había sido el primer nombre imaginado al inicio de la película y el verbo *ninar* significa en portugués hacer dormir a un niño de corta edad sobre el regazo o contra el pecho balanceándolo lentamente. Acaso simbolicen este nombre y el juego subterráneo la nostalgia de la infancia y lo lúdico, la existencial búsqueda del calor y la protección materna perdidos para siempre. La película no revela nada sobre el pasado y la infancia del protagonista de mediana edad. Resulta muy interesante retomar una reflexión formulada por el protagonista de la película *Feliz ano velho*, de Gervitz, cuando explícitamente se habla sobre la matriz de toda madre: «Acho que logo que a gente nasce, já tem saudade da barriga da mãe». También es digno de recordar en este contexto que al director de la película le ha impactado en la literatura de Cortázar precisamente el motivo del «homem visto como a continuidade de menino que foi e grita dentro dele» (en: *Entrevista* 2004: s/p). Así, el protagonista de *Jogo subterrâneo* aparece bajo fuerzas que apuntan hacia direcciones opuestas: a sus orígenes más entrañables, por una parte, y a su destino incierto e imprevisible, por otra. Ninguna de estas estaciones de la existencia humana dependen directamente de su voluntad, ni mucho menos del frágil reglamento de juego que aspira a desafiar su futuro amoroso: «O jogo que ele inventa para dar um sentido e uma lógica àquilo que não os possui é um ato idealista. [...] Mas moldar e controlar o caos da vida, é algo impossível (ainda bem)», reflexiona el director de la película Gervitz a propósito del protagonista y al mismo tiempo sintetizando, como interpreto más adelante, una importante faceta de su filme (en: *Notas de produção* 2004: s/p). La exposición de la película se desarrolla hasta la escena presentada anteriormente, puesto que se han expuesto detalladamente las informaciones necesarias para comprender el desarrollo de la historia: el protagonista, el mundo donde opera, sus propósitos, su reglamento y la dificultad —acaso la imposibilidad— de que el camino de una mujer alguna vez coincida con lo previamente vaticinado.

Precisamente «Victoria» (Thávyne Ferrari) se llama una niña que consigue sacar al jugador de un trayecto programado durante su segundo descenso a las profundidades del subte. La pequeña sufre de autismo y su comportamiento a bordo del metro es fuera de lo común. Acompañada de su joven madre (Daniela Escobar), la niña empieza a llorar desconsoladamente porque no le permiten tocar los pendientes de una pasajera desconocida y en un momento dado se prende del brazo del protagonista. El jugador no tiene otro remedio que bajar del metro en la siguiente estación para intentar el consuelo de la niña: «Tiramos você do caminho», se disculpa la madre, bastante atractiva por cierto, y el protagonista responde: «A Vitória quis que eu descesse aqui». En otras palabras, está claro que cualquier romance que se podría entablar con esta mujer irremediablemente quedaría al margen del estricto reglamento del juego. Inmediatamente un corte transporta a los personajes a la casa de la mujer, en donde toman el té. Allí, la composición del encuadre propone dos variaciones de lo que se puede considerar un verdadero retrato de familia.

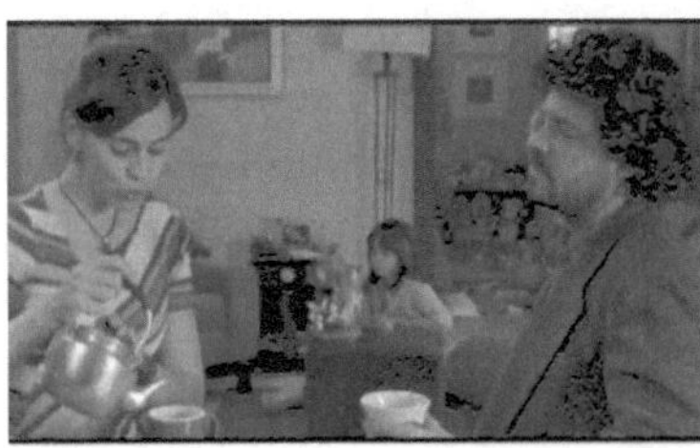
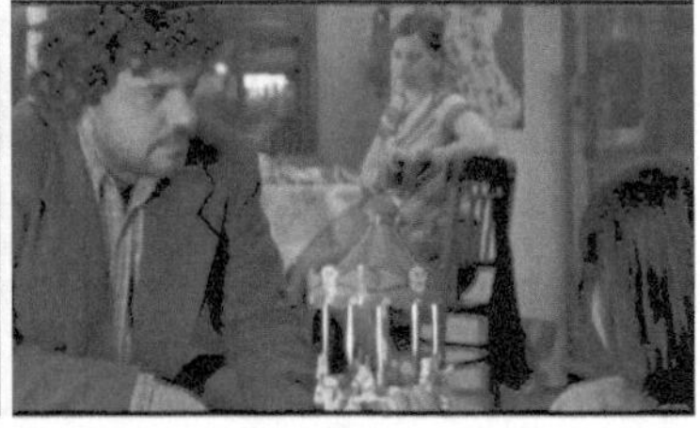

p72 Daniela Escobar y Felipe Camargo en *Jogo subterrâneo* de Roberto Gervitz. La iluminación de este cálido ambiente familiar contrasta con las oscuras estaciones subterráneas por donde deambula el protagonista. p73

Es evidente que en la casa falta un padre, parece que tampoco hay un amante, y la composición fotográfica sugiere que el protagonista es un serio candidato para ambos roles. El mismo nombre de la niña evoca una posible victoria o un triunfo que aquéllo significaría en términos emocionales para los tres. Sin embargo, adviértase también que entre los tres personajes, que forman un triángulo en los encuadres p72 y p73, aparece girando el carrusel de Victoria, como una rueda de Fortuna en miniatura. Este motivo alude a la ceremonia del juego, pero también recuerda la transgresión de una regla consistente en haber bajado en una estación no prevista y de haber hablado con una mujer cuyo itinerario tampoco estuvo previsto. El hombre descubre un piano y Tania le explica: «Era da minha mãe. Aqui ninguém toca piano», dejando bien claro, para que no queden dudas, que hace mucho nadie le dedica música, y muy posiblemente, amor. Cuando se despiden, Tania afirma no saber cómo agradecerle el gesto de haberlas acompañado a ella y a su hija hasta la casa, y de la respuesta del jugador se puede deducir lo que se avecina: «Mande afinar o piano».

En efecto, la película compensa más adelante esta posible creación de hipótesis del espectador. Tania lo busca una noche en el bar donde él toca el piano y le comunica con una irresistible sonrisa muy seductora que el instrumento está afinado. Esa noche la pasan juntos pero por la mañana la mujer oye la dura frase: «Eu queria te haver conhecido de outro jeito. Se não fosse Vitória não estaria aquí. Foi um acaso», y ella, que no está al tanto del ritual que tampoco conocerá, le responde risueña que no es ningún problema, al contrario: «não é assim que as pessoas se encontram?». Pero este «acaso» no estuvo previsto por el jugador. Como lo interpretado por el director de la película, Tania es un personaje que «tiene los pies sobre la tierra» (Gervitz, en: *Notas de produção* 2004: s/p)[34], es decir, ella no busca aventuras amorosas ni mucho menos juegos subterráneos con oráculos sino que, como lo sugerido por el retrato familiar de los encuadres p72 y p73, una pareja estable para formar una familia. Se volverán a ver en dos ocasiones. Al

34. Las palabras del director: «de todos os personagens femininos [Tânia] é aquela que mais tem o "pé no chão"» (en: *Notas de produção* 2004: s/p).

contrario que en la primera visita del jugador, que por supuesto le revela su nombre, se llama Martín, en su segunda visita el carrusel de la niña se encuentra parado. El juego se acabó. En la tercera y última visita —el cumpleaños de Victoria—, Tania ya está acompañada por el padre de su hija, y le pide a Martín que ya no vuelva a la casa. Conforme a las convenciones narrativas del cine clásico, la línea argumental de Tania y Victoria concluye sin cabos sueltos.

En relación con Tania, Martín, el protagonista, desaprovecha una ocasión de triunfar en el amor brindada por el azar puro —imprevisto—, pero el hombre decide, impasible, seguir desafiando las leyes del destino. Esta tensión que se instaura entre un reglamento rígido, por una parte, y la falta de firmeza o de constancia que caracteriza el azar, por otra, es tratada en distintas conversaciones de Martín con una pasajera ciega (uno de los personajes añadidos al cuento de Cortázar), a quien conoce durante una de las ceremonias. Ella es escritora y, como él, busca inspiración en las profundidades del metro. Martín le confiesa durante el primer encuentro las reglas del juego como tratándose de un reglamento seguido por una tercera persona ajena a él. La escritora sintetiza claramente la paradoja encerrada por el juego abriendo una dimensión existencial (evocada también por *MhB*): «Talvez, como todo jogador o que ele quer mesmo é jogar». Martín replica inmediatamente: «Ninguém joga para perder». Pero el meollo de la cuestión radica en lo siguiente: «Se ele ganhar, o jogo termina», y estas palabras de la escritora ciega brindan una interpretación adicional en la medida en que se puntualiza cuál es la dificultad que encierra la ceremonia del juego.

Ahora bien, *la* transgresión consciente del reglamento, como en el cuento de Cortázar, se produce cuando Martín encuentra a una mujer con quien se desarrolla otro romance, en parte, de manera paralela al llevado con Tania. Curiosamente, el primer encuentro con Ana (Maria Luisa Mendonça) no se produce en las profundidades del subterráneo a bordo de un tren —como lo define el reglamento del juego— y tampoco es Martín quien decide a quién dirigir una sonrisa y a quién seguir por los corredores de las estaciones del metro, como hasta el momento ha sido el caso. El primer cruce con Ana se representa de la siguiente manera: la cámara enfoca desde un ángulo elevado a los transeúntes que circulan cada uno hacia rumbos bien definidos cerca de una boca de metro. Luego baja lentamente al encuentro de Martín que viene caminando desde la profundidad y se detiene justo en la entrada del metro para trazar un nuevo trayecto en su libreta. Sin embargo, la cámara lo abandona lentamente para enfocar a una mujer de un llamativo jersey rojo, quien está cruzando la calle (p74). La mujer entra apresuradamente a la boca del metro donde se detiene y arroja una mirada muy preocupada hacia la calle, como si alguien la estuviera persiguiendo. Por su lado, Martín baja por las escaleras sin haber notado la presencia de la atrayente mujer a su lado. Es un detalle capital el hecho de que la cámara no acompañe al protagonista de la película cuando éste desciende hacia el metro, sino que permanece fija mostrando un personaje femenino aún desconocido.

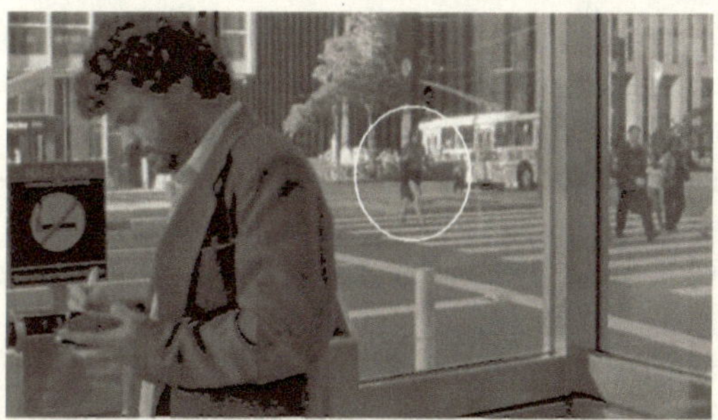

p74 – Felipe Camargo en *Jogo subterrâneo* de Roberto Gervitz.
La cámara hace un paneo hacia la derecha para seguir a una mujer desconocida, y la narración de la película patentiza su omnisciencia. El círculo es mío y encierra a Ana (Maria Luisa Mendonça).

La previsión de la entrada en cámara de un personaje aún desconocido revela otro rasgo que se considera típico en los encuadres clásicos consistente en lo que Bordwell denomina la «composición anticipatoria», que se refiere a un «movimiento de cámara que deja espacio en el encuadre para la acción o movimiento, de tal manera que se prepara la entrada de otro personaje» (1996: 163). En *Circe*, de Antin, he destacado que la cámara pierde continuamente a los personajes que salen de cuadro, mientras que lo contrario ocurre en *Jogo*. El movimiento de cámara que anticipa la entrada al juego de Ana refuerza asimismo la omnisciencia de una instancia narrativa fílmica profética y capacitada para prever las acciones —al contrario de Martín— y que, desde el punto de vista de la recepción, otorga al espectador más información de la que poseen los personajes.

Ana y Martín coinciden más tarde en un vagón del metro y recién allí el jugador dirige su atención hacia la mujer, sin percatarse de que ya la tuvo que haber visto arriba. La voz *en off* de Martín anuncia una excepción respecto a los nombres imaginarios que antes les daba a las pasajeras seleccionadas para la ceremonia: «Eu não vou te dar um nome, você é que vai me dizer o seu». Los planos detalle de los ojos y de los labios de Ana subrayan el tremendo impacto que tendrá esta mujer sobre la vida y el reglamento de Martín. El *Leitmotiv* sonoro —«las arañas» del cuento *MhB*— abre la ceremonia y, como era de esperarse, se produce una persecución por los corredores laberínticos de una estación donde el perseguidor y la perseguida no solo aparecen en planos sucesivos, sino que también en un mismo encuadre donde el hombre, una vez más, aparece desenfocado al fondo como en varios planos anteriores (p75). También Ana debe decidirse por un camino: «←Linha Lilás», «↑Saída» o «Linha Azul→». Se trata de un encuadre recurrente en la película, el cual visualiza la inminencia de una decisión que, a su vez, provoca el *thrill* y la curiosidad del espectador respecto a qué dirección se tomará. Martín pronostica *en off* una dirección y su predicción se cumple: «É você», afirma airoso, y va tras ella.

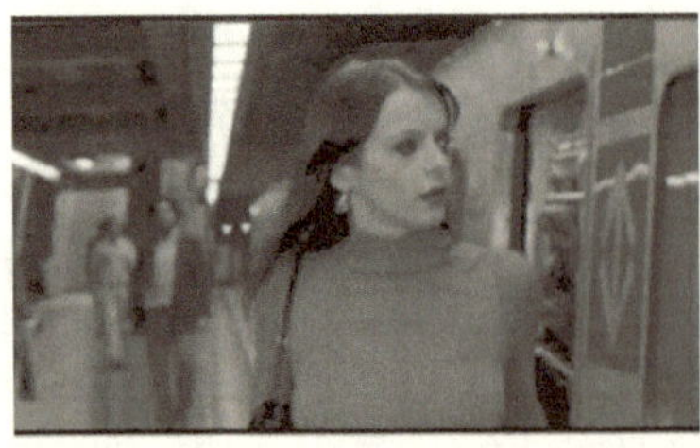

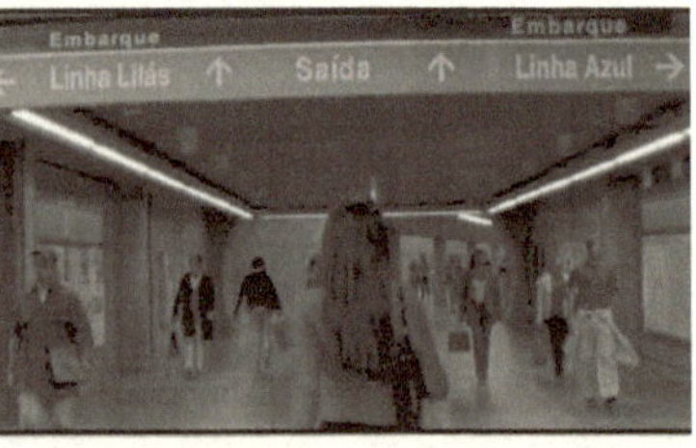

p75 Maria Luisa Mendonça en *Jogo subterrâneo* de Roberto Gervitz. p76

Pero el juego tiránico aún prevé otra combinación. Ana parece acertar la bifurcación trazada de antemano por Martín, pero luego cambia inesperadamente el rumbo —o el destino— y nos encontramos ante una clásica situación límite a punto de franquearse una frontera: si Martín sigue a la mujer, violará el reglamento nuevamente, y lo que es peor aún, esta vez de manera voluntaria. El *Leitmotiv* termina abruptamente —ya no será oído en la película— y con él acaba, pues, el juego. Martín da un puñetazo contra la pared y se oye el sonido distorsionado que se produce cuando se golpea el teclado de un piano tocando varias teclas a la vez. Además, una serie de *jump-cuts* fracturan sensiblemente la continuidad lineal y el «montaje discursivo» (Amiel 2005) vuelve a mostrar los planos detalle de los ojos y la boca de Ana. Conforme a las convenciones narrativas del cine clásico, como ya he mencionado, el trastorno psíquico de un personaje causado precisamente por una situación límite justifica estas irregularidades sobre el plano del discurso fílmico. La situación límite aludida representa el *point of attack*, y es habitual que una película narrada según las convenciones clásicas del cine lo exponga o al inicio o inmediatamente después de la exposición cuando ya se han perfilado los objetivos de los protagonistas (Eder 2007: 55). En *Jogo subterrâneo* se produce la segunda variante exactamente a los 26 minutos del comienzo de la película. Martín da media vuelta y corre detrás de Ana infringiendo en cámara su reglamento. Esta transgresión voluntaria, respecto a la anterior involuntaria («A Vitória quis que eu descesse aquí»), refuerza la clara confrontación de fuerzas opuestas en *Jogo subterrâneo*: el juego violado, por un lado, y la atracción de una mujer, por otro.

Esta nueva persecución que se produce al margen del juego ya no cuenta con el acompañamiento musical del *Leitmotiv*. Martín persigue a Ana hasta la calle, en donde continuamente la pierde de vista, muy al contrario de la cámara que en todo momento controla la situación y encuentra a la mujer en la multitud subrayando, pues, su omnisciencia. Finalmente, Ana se enfrenta enfurecida a Martín queriendo saber por qué la persigue. Tras un breve intercambio de palabras, se pronuncia la frase extraída textualmente del cuento de Cortázar: «Mesmo assim, eu achei que a gente não podia se separar desse jeito sem nunca ter se encontrado», expresa Martín. «Românti-co...», es la respuesta irónica que recibe de Ana. El hombre sale de campo y su silueta se pierde entre los transeúntes. Sin embargo, Ana va tras él y el montaje traslada inmediatamente las acciones a un café, donde otra toma picada (p78) recuerda nuevamente la inferioridad de los individuos, mientras que p77 desenfoca, como de costumbre, al protagonista del filme.

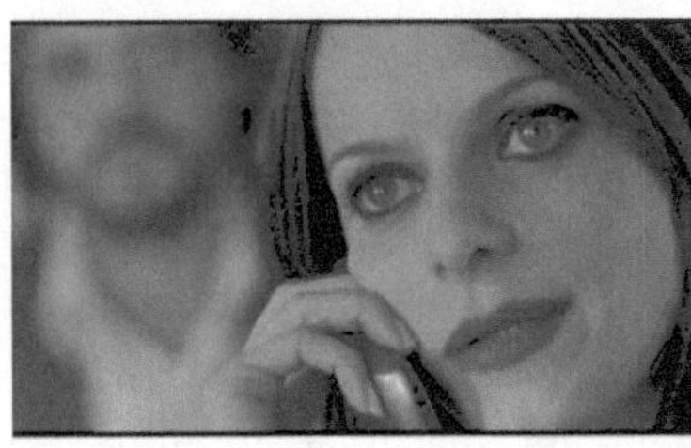
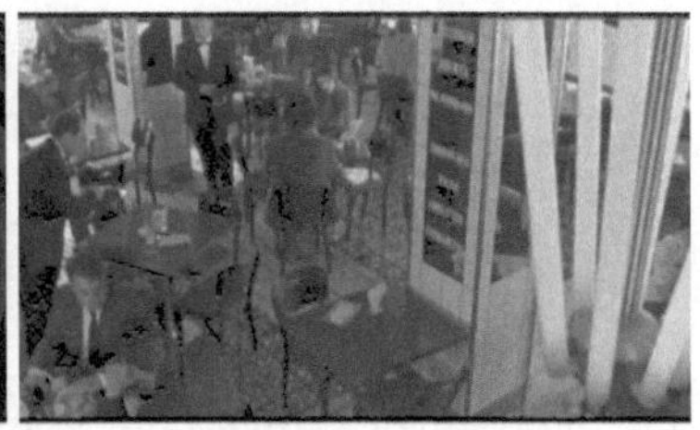

p77 Maria Luisa Mendonça en *Jogo subterrâneo* de Roberto Gervitz. p78

Ana es enigmática. Progresivamente nos enteramos en el transcurso de la película de que está metida en serios problemas por causa de la actividad laboral a la que se dedica por el momento. Es una prostituta de alto nivel y ha ofendido en público en un restaurante a un cliente aparentemente muy poderoso. Esto le acarrea problemas con Mercedes (Maitê Proença), la persona que organiza los contactos y a quien Ana le debe su nivel de vida en un lujoso apartamento que contrasta con la sencilla pensión de Martín. Éste no llega a enterarse en detalle de las actividades laborales de la mujer con quien empieza otro romance, el cual está causando un verdadero cortocircuito en el juego de su vida. Laura, la escritora no vidente, reflexiona con tino: «inventou seu jogo, acabou em outro, sem regras, imprevisível». Ana se niega al amor carnal en varias oportunidades comportándose de manera muy extraña y esto llama la atención a Martín, quien percibe que se le están ocultando detalles íntimos. También Ana adopta en una oportunidad una posición fetal, y una toma picada los enfoca a los personajes desde arriba; frustrados, en el juego, en el amor, imperfectos, mortales:

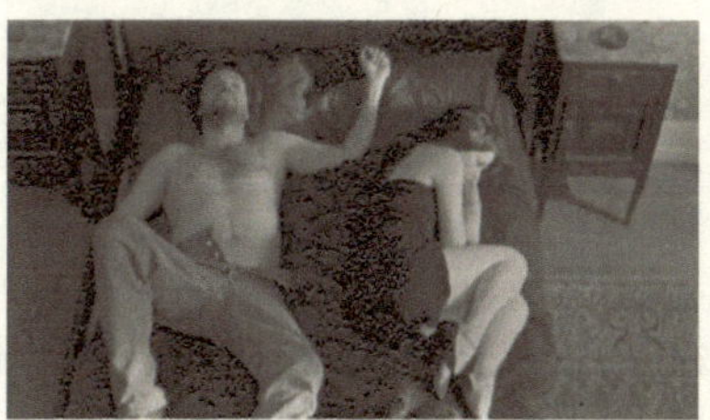

p79 – Felipe Camargo y Maria Luisa Mendonça en *Jogo subterrâneo* de Roberto Gervitz. Prácticamente obligada a tener relaciones sexuales con hombres desconocidos, Ana no consigue entregarse al hombre que está empezando a amar de verdad.

Jogo subterrâneo actualiza los rasgos genéricos de un drama romántico al mismo tiempo que recuerda la trama de la famosa película *Pretty Woman* (1990), de Garry Marshall, a través de los siguientes paralelismos:

- Una atractiva mujer (Ana) se dedica a la prostitución, desea salir de esta situación y lo consigue después de conocer al hombre de su vida (Martín).
- El primer encuentro entre ambos se produce por pura casualidad en la vía pública.
- El hombre (Martín) vive en un hotel y sabe tocar el piano, con lo que deleita a las mujeres (Tania, Ana).
- Entre ambos (Ana, Martín) empieza un romance. Pero hay un plazo de tiempo de por medio (Martín revela finalmente su juego a Ana y, como en el cuento de Cortázar, los personajes intentan, aparentemente, encontrarse respetando el reglamento).
- La mujer tiene un sueño de infancia que desea materializar de adulta (Ana comenta a Martín que de niña la llevaban a un pueblo llamado *Porto desejado*, a donde le gustaría volver con él: «Vamos para Porto Desejado, a gente abre um bar para você tocar…»).
- El hombre (Martín) sigue las reglas estrictas de un juego y la mujer, de la cual se enamora (Ana), confunde completamente el estricto reglamento habitual.

Como se sabe, Richard Gere interpreta en *Pretty Woman* el papel de un exitoso empresario que contrata por el plazo de una semana los servicios de una acompañante a quien conoce casualmente en el *Hollywood Boulevard* (Los Ángeles). Edward —así se llama el protagonista— se hospeda en un lujoso hotel donde en una oportunidad toca el piano, con lo que deleita a su pareja Vivian (Julia Roberts). Vivian sueña desde su infancia con un príncipe que viene a salvarla de un desván donde la encerraban cuando niña. Además, con su forma de ser, ella consigue modificar la postura radical del empresario en lo referente a reglas capitalistas de negociación comercial (después de conocerla, aquél modifica sus agresivas estrategias sondeando alternativas más flexibles). El contrato de una semana acaba y todo parece indicar que no habrá un final feliz. Sin embargo, más allá de dicho plazo, en la última escena de la película Edward va a buscarla en una limusina blanca a su departamento. Al contrario del cine posmoderno, en el cual se superponen sin escrúpulos —explícitamente— numerosas citas de varias películas o estilos de cine, *Jogo subterrâneo*, en cambio, recuerda *Pretty Woman* sin una marcación evidente, vale decir, sin enfatizar las referencias.

El revoltoso romance de Ana y Martín ocupa la mayor parte de la confrontación o segundo acto de la película. En todo momento el espectador mantiene la orientación espaciotemporal así como el control cognitivo de las acciones y recuerda asimismo que esta relación amorosa significa, a la vez, la violación del reglamento que se había impuesto Martín. Pero la fotografía, profética, vaticina cuál será posiblemente el resultado de esta batalla de Eros (Ana) contra Fortuna (el juego). En busca del simbólico pueblo llamado *Porto desejado*, los personajes hacen una excursión al sur del país (Santa Catarina) y se hospedan en un hotel. Por la noche, mientras espera a Ana, Martín se pone a jugar al billar solo, o mejor, contra sí mismo. Para meter una bola determinada, sencillamente la cambia de lugar con la mano de tal manera que la jugada le sea más fácil, es decir, hace trampa para ganar una partida. De manera evidente se está planteando aquí la idea de que solo por medio de una transgresión se puede llegar a la Victoria, acaso la imposibilidad de cumplir las reglas del juego y desafiar el destino. Esta insinuación se fortalece cuando otro plano detalle muestra el momento preciso en que será pegada una bola, pero el índice de Ana sobre la punta del taco interrumpe el juego, o bien, lo perturba como así también ha perturbado la ceremonia subterránea de Martín. La suspensión del juego (de billar) se enfatiza por un plano detalle que muestra el taco abandonado sobre la mesa (p82). Al margen de la mesa de billar y *al margen* de todo juego, la pareja aparece abrazándose. Se superponen aquí las dimensiones de la *ludendi facultas* y también los diferentes nociones de juego y *Vorspiel*, que en alemán remite al «ante-juego» de los amantes previamente al acto. Estos detalles así como su llamativa representación motivan una lectura metafórica y anticipatoria de la historia dado que la fotografía refleja, pues, lo que pasa en el plano del contenido, o sea, la suspensión de la ceremonia del juego subterráneo. También se sugiere que el abandono del juego, esto es, la rendición es una posible salida de la paradoja explícitamente formulada por la escritora no vidente: «se ele ganar, o jogo acaba».

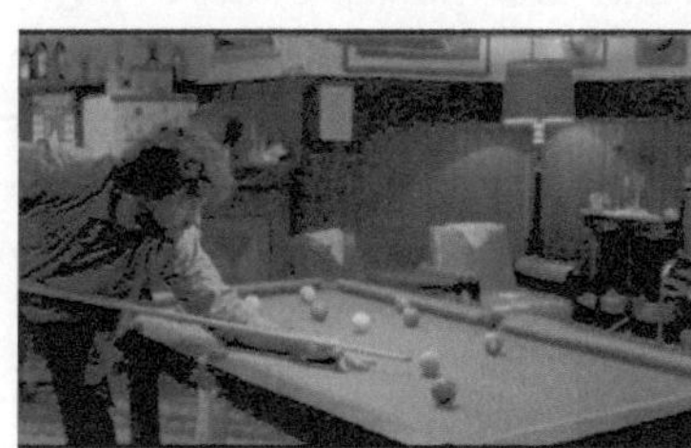

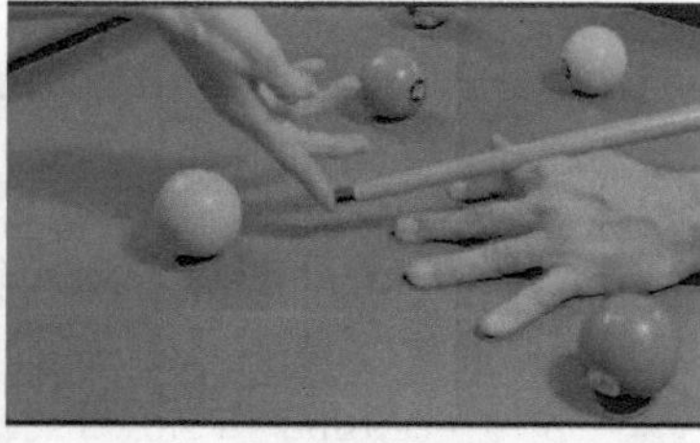

p80 Imágenes de *Jogo subterrâneo* de Roberto Gervitz. p81

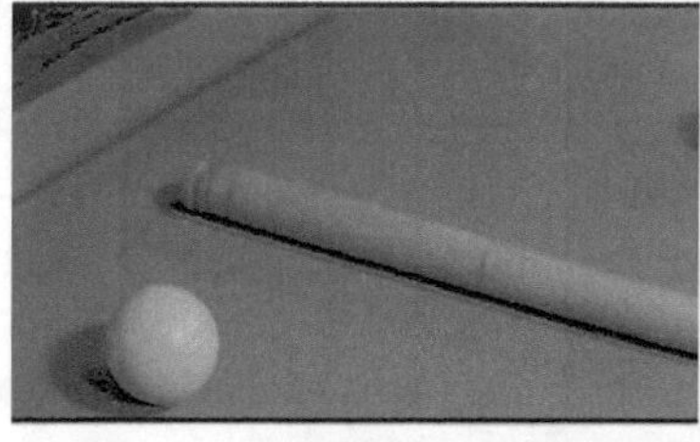

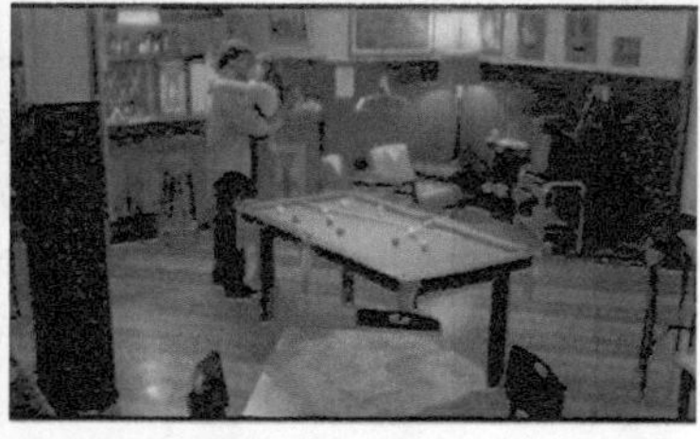

p82 Imágenes de *Jogo subterrâneo* de Roberto Gervitz. p83

Dejando aparte otras posibles interpretaciones psicoanalíticas, lo que muestran estos planos, literalmente, es la intromisión de Ana en el juego de Martín.

La instancia narrativa insinúa, en numerosas escenas y a través de varios códigos cinematográficos como la impactante fotografía, la fragilidad e inferioridad de los individuos continuamente enfocados desde ángulos elevados o a través de objetos que eclipsan la silueta humana. Especialmente la imagen de Martín aparece desenfocada en varios planos y todos estos detalles, en su conjunto, recalcan la impotencia del personaje respecto a su desafío de adivinar su destino (amoroso). En dos oportunidades entra en contacto con una mujer, con Tania y con Ana, y los dos encuentros de ninguna manera estuvieron previstos por el reglamento, antes por el contrario, significaron violaciones del juego, o sea, fueron producto del azar puro (Fortuna). El segundo encuentro incluso fue anticipado por la instancia narrativa omnisciente que destaca la aparición de Ana *antes* de que Martín se percate de su belleza a bordo del tren. Entre ambos se desarrolla un romance —fuera de juego— que consume al protagonista hasta el punto de sucumbir completamente.

La puesta en escena de su renuncia al juego no deja dudas en cuanto a la clausura definitiva de la ceremonia, muy al contrario al cuento de Cortázar: alcoholizado en su oscura habitación, Martín hace trizas una botella de vidrio sobre la superficie del mapa del metro extendido por la pared. Con la botella, la ilusión del juego también parece hacerse añicos. No obstante, Martín revela a Ana de manera confusa la obsesión de su juego y le expresa su deseo vehemente de intentar un encuentro «legítimo» según el reglamento: se despiden en un andén, Ana parte a bordo de un tren y Martín cae de rodillas fustigado y sucumbe rendido ante (su) Fortuna.

Más adelante duerme sobre un banco en un andén donde lo encuentran unos guardias que lo despiertan. Al levantarse, olvida su libreta que inmediatamente es encontrada por el personal de la limpieza y el otrora símbolo del juego termina en un simple basurero junto a los demás desperdicios de una inhóspita estación de metro. Una botella hecha trizas contra el mapa del metro, el héroe caído de rodillas ante el metro supremo y la libreta en el fondo de un basurero, representan plásticamente la amarga renuncia al juego, claramente a favor del amor y en contra el tiránico reglamento. Los últimos planos de la película —su epílogo—, muestran a Martín llegando a un pintoresco

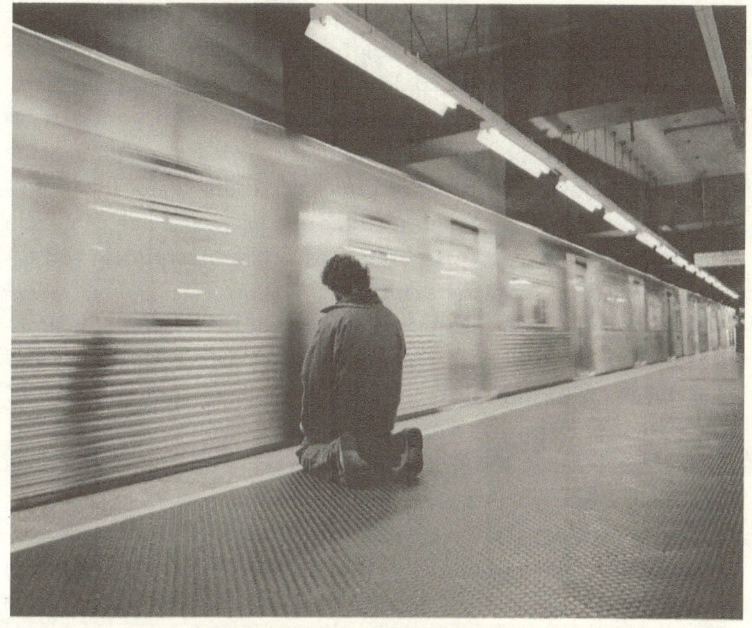

p84 – Imagen de *Jogo subterrâneo* de Roberto Gervitz
Fotografía *still* de Matthieu Rougé.

pueblo costeño en busca de Ana. La encuentra en un bar llamado *Porto desejado*, donde entra y encuentra un piano. Entonces toca una melodía —la banda sonora de la película— inmediatamente reconocida con lágrimas en los ojos por Ana. El último plano de *Jogo subterrâneo* muestra a los protagonistas abrazados junto a las teclas del piano.

Es esta una clara renuncia al juego imposible que tal vez encierre una crítica al síntoma de una sociedad que forjó su cultura en el juego (Huizinga), pero que sin embargo en la extrema racionalización pierde gradualmente el contacto con sus más íntimas raíces lúdicas. Desde esta perspectiva, la película muestra un fallido intento de rehabilitar lo lúdico en una sociedad en la cual su *facultas ludendi* aparece literalmente apagada: el escenario o tablero del juego recibe un sugestivo tratamiento fotográfico de sombras y penumbras subterráneas, mientras que arriba —donde (ya) no se juega— hay más luz. Más aún, las últimas escenas que abordan la vida del protagonista —otrora convencido *homo ludens*— después de la renuncia al juego se destacan precisamente por la llamativa y colorida luminosidad, que diferencia claramente esta secuencia final de las anteriores. Además, el desplazamiento subterráneo del juego, arrinconado en los subsuelos de las calles y la sociedad, representa en sí un indicio de la marginalización de lo lúdico a lo invisible y a una mecánica determinada por horarios fijos. Pero también es posible conjeturar que los juegos han cambiado de perfil y que ciertos elementos lúdicos se han incorporado consustancialmente a otras prácticas culturales.

Jogo subterrâneo restaura la armonía narrativa de *MhB* e incorpora cadenas de causa y efecto al argumento del cuento. Además, se amplían precisamente aquellos motivos que, desde el punto de vista del cine clásico, encierran un alto potencial dramático (romances conflictivos, persecuciones, *thrill*). *Jogo* insiste en remarcar la insignificancia del protagonista —incapaz de prever el futuro— cuya imagen aparece prisionera por una laberíntica red subterránea. Todos estos detalles, incluida una instancia narrativa fílmica profética que también recompone tejidos causales, sugieren un cierto determinismo en cuyo marco actúan las personas como hormigas que circulan *por debajo* de su «destino» (*cfr.* p62). El director del filme sostiene a propósito del juego inventado por Martín que «moldar e controlar o caos da vida é algo impossível», y la narración de su película acentúa esta incapacidad del sujeto. Pero, por otra parte, el control narrativo del caos de la vida es un importante rasgo que distingue el modelo tradicional del cine clásico cuyas normas configuran los elementos del relato fílmico a fin de construir una historia coherente e inteligible; a diferencia del cine posmoderno, que se concentra justamente en la representación del caos, por cierto, asociándolo al espíritu lúdico.

5. «Cambio de luces» a la luz del cine posmoderno

> Foi numa dessas noites quentes e úmidas de verão, quando o calor deixa tudo imóvel e você, pensando em escapar da realidade, resolve ir ao cinema.
>
> (Guilherme de Almeida Prado: *A dama do cine Shanghai*, 1988)

El cuento «Cambio de luces» que abre el volumen *Alguien que anda por ahí* (1977)[1] evoca una época muy particular de la radiofonía argentina durante el auge de los radioteatros considerados una «pasión nacional» (Rivera 1985a) que impacta en los oyentes especialmente en las décadas 1930 y 1940.[2] Refiriéndose a los radioteatros populares argentinos, Sebreli recuerda que en el interior del país «las chacras con radios izaban una bandera blanca a la hora de la "novela", para que todo el que pasara pudiera entrar a escucharla» (1966: 182).[3] El cuen-

1. El cuento reaparece en el volumen «Ritos» de *Los relatos.*
2. En 1977 también sale de la imprenta la novela *La tía Julia y el escribidor*, de Vargas Llosa, la cual trata sobre melodramas radiofónicos mezclados con episodios autobiográficos del escritor.
3. Así evoca Rivera el auge de los radioteatros en Argentina: «¿Quién no recuerda las voces clásicas de Rafael Díaz Gallardo, Silvio Spaventa, Olga Casares Pearson, Oscar Casco, Mecha Caus, Carmen Valdés y Guillermo Battaglia, desgranando día tras día las eternas peripecias del radioteatro cotidiano, tan idénticas siempre a sí mismas, pero al mismo tiempo tan sugestivamente invitadoras a

to de Cortázar inspira libremente la película *A hora mágica* (1998), escrita y dirigida por el director brasileño Guilherme de Almeida Prado (n. 1954), la cual recrea el argumento del cuento en los años dorados de la radiofonía de Brasil, cuando se produce el relevo de las *radionovelas* por la televisión, cuya fase pionera empieza en aquel país en 1950: «É nesse momento de transformação de um universo sonoro para um universo audiovisual que se situa minha estória», refiere el director Almeida Prado.[4] También en Brasil los radioteatros causan furor a partir de la emisión por capítulos de la famosa pieza de origen cubano *Em busca da felicidade* patrocinada por la pasta dental *Colgate* y emitida por primera vez el día 5 de junio de 1941 a las 10 de la mañana por *Rádio Nacional* de Rio de Janeiro (Calabre 2004: 35).[5] Esta pieza permanece más de dos años en el aire y más tarde, hacia 1951, se difunde en América Latina el exitoso radioteatro, también de origen cubano, *O direito de nascer*, considerado nada menos que el «maior fenômeno do radioteatro no Rio de Janeiro e talvez do Brasil» (Salvador 2010: 65). En Brasil, esta pieza incluso desplaza los horarios del cine y de los partidos de fútbol: «Possuía uma audiência tão grande que em seus últimos capítulos o comércio fechava mais cedo, os jogos de futebol tinham os horários alterados e os cinemas começavam suas sessões mais tarde, após a transmissão da novela» (Calabre 2004: 38). Entre fines de la década de 1940 y comienzos de la siguiente las emisoras brasileñas emiten más de seis radioteatros por día (Calabre 2004: 38):

> Havia [rádio]novela a partir das 8 da manhã, às 10h30min, às 11h15min, às 12h30min, às 13h, 14h (*O drama de cada um*), 15h (*Presídio de mulheres*), além de programas de radioteatro e seriados às 17h (*Alma das Coisas*),

---

seguir pendientes de ese débil hilo fascinatorio y fantasmal que nos mantenía en vilo junto al mueblecito de la radio?» (1985b: 65).

4. En: «*A hora mágica* – Uma introdução». Se trata de un comentario del director que precede a un guión de la película disponible en Internet en *Roteiroteca Cinemabrasil*: www.cinemabrasil.org.br/roteiroteca (28/01/2014).

5. Se trata de una recreación de Gilberto Martins a partir de la pieza cubana de Leandro Blanco. Salvador recuerda el impacto que tuvo en Brasil *Em busca da felicidade* en su libro *A era do radioteatro* (2010: 43 ss.).

17h30min, 18h25min (*O anjo*) e 18h35min (*Jerônimo*). Após o «Hora do Brasil», às 20 horas entrava «Radioteatro Colgate Palmolive» às segundas, quartas e sextas (Salvador 2010: 71).

Es evidente que el relato de Cortázar y la película de Almeida Prado abordan formatos comerciales muy populares dirigidos a la audiencia de masas. A su vez, el cine y la literatura —desde donde *A hora mágica* y «Cambio de luces» sacuden aquellos modelos— también cuentan con eficientes estrategias *mainstream* o *best-seller* concebidas especialmente para el entretenimiento y el éxito comercial. Pero es sabido que las nociones poetológicas así como también las obras de Almeida Prado y Cortázar se caracterizan justamente por transgredir los modelos convencionales del relato y la *doxa* narrativa fílmica y literaria. Además, el cine del brasileño Almeida Prado se caracteriza por una constante lúdica que atraviesa toda su filmografía y que puede ser interpretada como reflexión crítica sobre la narración del cine de ficción.[6] La convicción poetológica del cineasta en cuanto a «esse prazer de cinema como uma brincadeira» (Almeida Prado, en: Oricchio 2005: 163) se traduce en su constante propósito —también *morelliano* por cierto— de «fazer um filme que incomodasse um pouco o espectador em sua cadeira» (Almeida Prado, en: Oricchio 2005: 195). Esta provocación del espectador en su butaca consiste en una invitación al «prazer lúcido de jogar» (Almeida Prado, en: Oricchio 2005: 165), es decir, las películas del cineasta provocan un particular modo de recepción que se caracteriza por incitar al juego consciente con las anquilosadas pautas narrativas tradicionales del cine.

---

6. Complemento mis observaciones sobre el cineasta brasileño con el material *Guilherme de Almeida Prado: um cineasta cinéfilo* de Luiz Zanin Oricchio (Coleção Aplauso: Cinema Brasil). Esta publicación traza la trayectoria profesional del director en sus propias palabras, puesto que el libro es el resultado de varias conversaciones mantenidas por el director de cine con el crítico Luiz Zanin Oricchio. Por su parte, la *Coleção Aplauso* «tem como atributo principal reabilitar e resgatar a memória da cultura nacional, biografando atores, atrizes e diretores que compõem a cena brasileira nas áreas do cinema, do teatro e da televisão» (*cfr.* «Apresentação», en: Oricchio 2005: 5). Este libro sobre Almeida Prado está disponible *on-line* en: http://aplauso.imprensaoficial.com.br/ (28/01/2014).

Es muy importante perfilar la poética cinematográfica de Almeida Prado, puesto que el cineasta declara que la película libremente inspirada en Cortázar reúne de manera singular sus ideas sobre el cine: «Dos filmes que fiz, *A Hora* é o que chegou mais próximo daquilo que estava na minha cabeça. [...] as minhas idéias estão lá. Acho que daqui a 50 anos *A Hora Mágica* talvez venha a ser o melhor dos meus filmes para assistir» (en: Oricchio 2005: 234). Asimismo, su concepción poetológica del cine contemporáneo *como uma brincadeira* distingue claramente las películas de Almeida Prado del tipo de cine creado por otros cineastas compatriotas coetáneos suyos como, por ejemplo, Walter Salles, cuya película *Central do Brasil* (1998) se estrena el mismo año que *A hora mágica* pero articula completamente otros principios narrativos y se orienta a la *doxa* del cine de ficción.[7]

Por lo que respecta a la literatura de Cortázar, y como lo mencionado en el capítulo anterior, es sabido el fundamental papel que desempeña lo lúdico en su pensamiento y su obra. Al respecto reflexiona el autor algunos meses antes de su fallecimiento: «desde que yo empecé a escribir (a escribir cosas publicables) la noción de lo lúdico estuvo profundamente imbricada, confundida, con la noción de literatura» (en: Cortázar y Prego Gadea 2004: 220). El escritor acrecienta: «Esta especie de constante lúdica explica, si no justifica, mucho de lo que he escrito o he vivido» (en: *La vuelta al día en ochenta mundos* I, p. 33). La constante lúdica se asoma explícitamente en los títulos de sus obras tales como *Divertimento, Los premios, Rayuela, 62/Modelo para armar, Final del juego, Ritos/ Juegos/ Pasajes*, y la investigación se ha ocupado de estudiar las múltiples facetas del juego en su escritura.[8] A la luz de estas reflexiones preliminares, es posible observar que el relato «Cambio de luces», así como la literatura de Cortázar, contienen

7. *Central do Brasil* gana el Oso de Oro en el Festival de Cine de Berlín en 1998.

8. *Cfr.* Alazraki (1973), Epple (1976), Francescato (1980) o el coloquio internacional celebrado en la Universidad de Poitiers cuyos estudios están disponibles en dos volúmenes: *Lo lúdico y lo fantástico en la obra de Cortázar* (1986); entre otros. En Cortázar, el motivo del juego no aparece únicamente dentro sus obras como, por ejemplo, en el cuento «Manuscrito hallado en un bolsillo», sino que se proyecta a variadas dimensiones difícilmente abarcables en este contexto.

ciertas «resonancias» (Wolf 2001: 116) muy afines a las preocupaciones de Almeida Prado precisamente en el histórico marco de una cultura cinematográfica en la que el factor lúdico, como se verá más adelante, constituye también un rasgo elemental.

A hora mágica está hondamente enraizada en la cultura del cine posmoderno. En este contexto es posible rastrear las fuerzas que configuran las técnicas narrativas de la película que interpreta a Cortázar en el cine de Almeida Prado.[9] Más aún, en la exhaustiva investigación sobre el cine posmoderno brasileño que hace Pucci Jr. (2008a), el autor inserta la filmografía completa de Almeida Prado en el cine posmoderno, desde su primer largometraje *As taras de todos nós* (1981) hasta su más reciente *Onde andará Dulce Veiga?* (2008). Así, más allá de su relación dialógica e intertextual con el cuento «Cambio de luces», *A hora mágica* medita profundamente sobre las convenciones narrativas del cine de ficción, una dimensión metacinematográfica ausente en el cuento de Cortázar pero intensamente debatida por la película desde el propio título, como detallo más adelante. El discurso autorreferencial-metacinematográfico que pone de relieve la propia estructura es un fenómeno constante en las películas de Almeida Prado, cuya filmografía «pode ser vista [...] como uma meditação sobre os modos de construção do cinema. Em uma palavra: com seus filmes ele procura realizar a metalinguagem do próprio meio de construção cinematográfico» (Oricchio 2005: 22 s.). En estrecha combinación con lo autorreferencial, lo lúdico también representa un impulso esencial que identifica la cultura cinematográfica posmoderna. El juego con las expectativas de los espectadores a través del desmontaje lúdico del Modo de Representación Institucional, vale decir, «um jogo metalingüístico que desnuda os artifícios hollywoodianos» (Pucci Jr. 2008b: 373), es

9. Está claro que la noción de posmodernidad representa un contexto más amplio que engloba diversas dimensiones del arte, la sociedad y el pensamiento (*cfr.* Lyotard 2008, Jameson 1991, Hutcheon 2002, Guinsburg y Barbosa 2005, entre otros). Por mi parte, en este capítulo abordo la manifestación de lo posmoderno en el ámbito del cine, en particular el brasileño, con el propósito de determinar los factores estético-narrativos que recrean el cuento «Cambio de luces» en la pantalla.

un síntoma que no sólo identifica el estilo del cineasta Almeida Prado, sino que caracteriza un contexto más amplio en la historia del cine y por supuesto más allá del cine. De modo que el texto literario de Cortázar no sólo dialoga con un filme en particular, sino que entra en contacto con una cultura cinematográfica más amplia. Hay que resaltar también que el contexto cinematográfico posmoderno es propicio para la actualización de ciertos procedimientos característicos de la literatura de Cortázar tales como el desmontaje de la *doxa* fílmico-literaria o la autorreferencialidad que pone de relieve los mecanismos del proceso de narración.

A continuación será encarado primeramente el cine posmoderno con el objetivo de examinar el trasfondo de los procedimientos empleados por *A hora mágica* en la recreación del cuento de Cortázar. Este panorama de los principales síntomas del cine posmoderno también revela de alguna manera el atractivo que tiene precisamente «Cambio de luces» desde la perspectiva de un cineasta en un momento histórico dado. Antes de que se consoliden los criterios que determinan las particularidades del cine posmoderno este campo de estudio ha permanecido, para expresarlo en términos fotográficos, fuera de foco en los últimos tiempos: «Talvez não tenha havido nas três últimas décadas um terreno menos sólido em toda a área cultural que o do uso dos conceitos pós-moderno, pós-modernismo e afins» (Pucci Jr. 2008a: 12).[10] Continuamente se ha subrayado la presunta vaguedad de un concepto *cool* cómodamente asociado por algunos investigadores al *anything goes* o a una especie de «*Disneyland* intelectual» (Sandbothe 1998: 42). Al respecto considera Eco a principios de la década de 1980: «Malauguratamente "post-moderno" è un termine buono *à tout faire*. Ho l'impressione che oggi lo si applichi a tutto ciò che piace a chi lo usa» (2001: 528). Pero a más de tres décadas de las primeras manifestaciones del cine posmoderno en las pantallas grandes internacionales, la distancia histórica ha colaborado lo suficiente para que también se determine la variedad de factores que ha propul-

10. Sandbothe explica algunos de los malentendidos del concepto a lo largo de su peregrinaje crítico (1998).

sado nuevas formas de contar y de percibir historias en el cine, puesto que también ocurren transformaciones en los hábitos culturales de los espectadores. El cine posmoderno se considera una de las culturas cinematográficas internacionales más significativas hasta el momento (Felix 2002: 8). Además, el instrumental analítico forjado por la investigación ha madurado lo suficiente para exponer un conjunto de rasgos que distinguen el modelo de películas consideradas posmodernas y hasta para construir «uma poética do pós-modernismo no cinema brasileiro» (Pucci Jr. 2008a: 199).

Aproximaciones al cine posmoderno entre 1980 y 2000

Cuando se examinan en estas páginas los rasgos característicos de la cultura cinematográfica posmoderna, es importante recordar que es a partir de este clima de época que el asiduo lector de literatura Almeida Prado selecciona justamente «Cambio de luces», de Cortázar. Las pautas vigentes en este período de algún modo explican el atractivo especial que tiene el relato desde el punto de vista de un particular contexto cinematográfico en el cual la literatura de Cortázar inspira más de una película de cine en Brasil, puesto que no sólo Almeida Prado filma su obra. Como se explica más adelante, Cortázar también deja profundas huellas en otra película considerada prototípica en el ámbito del cine posmoderno brasileño. Resalto que no es mi propósito proseguir en la teorización sobre el cine posmoderno, sino que el objetivo radica en examinar sus principales rasgos elaborados por la investigación a fin de averiguar la manera en que *A hora mágica* recrea el cuento de Cortázar. Y cuando aludo al cine posmoderno *brasileño* en comparación a las manifestaciones del cine posmoderno *internacional*, de ninguna manera sugiero con ello que se trata de estilos idénticos, sino que resalto paralelismos entre películas que se producen en Brasil a partir de 1980 respecto a una coetánea corriente cinematográfica internacional (Pucci Jr. 2008a: 220).

La era posmoderna significa para el cine sensibles cambios en los estilos de representación de las películas y también en la forma de su recepción. Cuando Nicols argumenta que «posmodernism in fiction is not simply a matter of how authors write, but how readers read»

(2009: 40), su afirmación sin dudas se aplica también a los cineastas así como a las miradas espectadoras. Diversos factores culturales, mediáticos y tecnológicos han promovido renovadas formas de narrar y percibir películas de cine hacia la década de 1980. La cinematografía internacional se inscribe por aquellos años en un mercado mediático muy competitivo cada vez más dominado por la televisión, los canales de cable y satélite, el vídeo y las videotecas. Al respecto sostienen Faulstich y Korte que hace rato la ceremoniosa visita semanal al cine abrió paso al diario visionado de televisión y hace mucho que el espectáculo cinematográfico es más atractivo para espectadores más jóvenes (1995: 11). También se ha observado una gradual pérdida del poder de fascinación otrora ejercida por la gran pantalla y los medios audiovisuales en los espectadores especializados —y exigentes— en materia de cine (Hickethier 1995: 324). Aquellas miradas absortas hacia la pantalla grande en las penumbras de la sala de proyección han cedido el terreno a las miradas de soslayo de telespectadores dirigidas a pantallas de televisión y a merced del ritual del *zapping*.[11] En las palabras de Amiel, el *zapping* es «mucho más que una práctica nueva de los receptores, es una lógica de presentación de las imágenes que se debe ante todo a su capacidad de superposición y sustitución acronológica» (2005: 198). Las películas posmodernas cuentan —y juegan— con las competencias mediáticas del *homo zapping* adulto al que le bastan solo unos segundos de cada fragmento de programa de televisión percibido para reconocer inmediatamente si lo mostrado pertenece a un género documental, a una película de ficción o a un noticiario, por ejemplo, para luego proseguir con el habitual y fluido «channel hopping» (Hickethier 1995: 325). Con razón recuerda García Canclini que el mando a distancia sirve también para el *zipping*, que consiste en acelerar o retroceder el vídeo durante la publi-

11. El control remoto modifica sustancialmente los hábitos de recepción televisiva. El pequeño aparato se desarrolla hacia 1956 pero entra en los hogares hacia 1976 funcionando con tecnología infrarroja. El uso del control remoto fragmenta las emisiones de televisión provocando una lectura televisiva transversal llamada también *crossreading* (Hickethier 1998: 487 s.).

cidad en películas pregrabadas, vale decir, interferir en el modo de reproducción para seleccionar fragmentos (2007: 130). El primer y muy significativo estímulo sonoro que emite la película *A hora mágica* es, precisamente, el sonido de un *zapping* que navega por el dial de una radio. La mediatización de la realidad, acaso su falsificación a través de la «onipresença da mídia, a inundação de imagens (televisão, computadores, publicidade, etc.)» (Fridman 2000: 16), es un fenómeno muchas veces abordado por la investigación en el contexto de la repercusión de la cultura posmoderna en el Séptimo Arte cuando, por ejemplo, se argumenta que el posmodernismo «as a discursive/stylistic grid has enriched film theory and analysis by calling attention to a stylistic shift toward a media-conscious cinema» (Stam y Shohat 2000: 389).

Algunos síntomas que anuncian una «nueva era» (Felix 2002: 8) en el panorama cinematográfico internacional aparecen de forma dispersa hacia la década de 1980 en películas como, por ejemplo, *Diva* (1981), de Jean-Jacques Beineix, *Videodrome* (1983), de David Cronenberg, *Subway* (1985), de Luc Besson, o *Blue Velvet* (1986), de David Lynch, ésta última de carácter sumamente paradigmático. Por lo que respecta al cine de Brasil, los años de 1980 también introducen una etapa de experimentación estética que renueva los géneros tradicionales. Ramos detecta por aquella época «uma ruptura com o gosto estético vigente em décadas passadas, em especial os anos 60/70» (1991: 303). En la segunda mitad de la década de 1980 se estrena en las pantallas grandes brasileñas la llamada *trilogia paulistana da noite* compuesta por los largometrajes paradigmáticos *Cidade oculta* (1986), de Chico Botelho, *Anjos da noite* (1987), de Wilson Barros, y *A dama do cine Shanghai* (1988), de Guilherme de Almeida Prado. Estos filmes llaman la atención de los críticos a raíz de que su llamativa «composição audiovisual e narrativa diverge rigorosamente, de uma forma ou de outra, do que se fez no Brasil pelo menos até o final da década de setenta» (Pucci Jr. 2008a: 9).[12] Pucci

12. A partir de un exhaustivo estudio de las películas de la llamada *trilogia paulistana da noite*, Pucci Jr. reconstruye los rasgos de «uma poética do pós-modernismo

Jr. remarca dos fenómenos centrales que singularizan las películas de la *trilogia paulistana da noite*:

> Em primeiro lugar, o profundo irrealismo, como se os filmes renunciassem tanto à verossimilhança do cinema clássico (isto é, à preocupação com o *parecer* real) quanto ao realismo [...]. Em segundo lugar, era evidente que a trilogia foi construída por meio de infinitas referências a obras cinematográficas do passado, por exemplo, do cinema *noir* e musicais americanos, sem o poderoso caráter crítico que marcou as paródias do Cinema Marginal (2008a: 10).

Es exactamente por aquellos años que Almeida Prado piensa filmar «Cambio de luces». El proyecto del filme *A hora mágica* surge hacia 1983 y madura hacia mediados de 1990, abarcando de esta manera las principales décadas de gestación y consolidación del cine posmoderno. Merece la pena recordar también al cineasta brasileño Wilson Barros (1948-1992), cuyo único largometraje *Anjos da noite* y varios cortos representan notables exponentes del cine posmoderno de Brasil. No puede ser casual que el cortometraje que realiza este director en su maestría en la *Escola de Comunicação e Artes* de la Universidad de São Paulo (ECA/USP), donde estudia y más tarde enseña cine, recrea el cuento «Verano» (*Octaedro*, 1974), de Cortázar.[13] No caben dudas, pues, respecto al atractivo que tienen las obras del escritor para estos cineastas.

Los principales rasgos del cine posmoderno internacional se propagan en la década de 1990 ampliando el repertorio de estrategias narrativas del cine de ficción principalmente en el ámbito del cine independiente y el *mainstream* (Eder 2008a: 1, Schreckenberg 1998: 126). La última década del siglo XX representa una intensa etapa de innovación en materia de narración fílmica posmoderna en cuyo celebrado pináculo se encuentran *Wild at Heart* (1990), de David Lynch, y *Pulp Fiction*

---

no cinema brasileiro» (2008a: 199), que además caracteriza una serie de películas realizadas en Brasil entre 1980 (por ejemplo, *Eu te amo*, de Arnaldo Jabor) y 2008 (por ejemplo, *Onde andará Dulce Veiga?*, de Almeida Prado).

13. La tesis *Verão: um curta-metragem de ficção*, de 95 páginas, fue defendida por Barros en 1983 y el cortometraje se rueda en 16mm. El trabajo se encuentra en la biblioteca de la casa de estudios aludida arriba.

(1994), de Quentin Tarantino (ambas películas conquistan la palma de oro del Festival de Cannes en 1990 y 1994 respectivamente).[14] Al mismo tiempo se considera que la etapa de innovación del cine posmoderno se limita a la década de 1990, lo que no significa que no se hayan visto películas posmodernas en lo que va del nuevo milenio.[15]

A fin de identificar sistemáticamente las características que distinguen las películas posmodernas, la investigación ha propuesto una red compuesta por cuatro «campos de rasgos estéticos» (*Merkmalsbereiche*) cuya interacción en la narración de un filme caracteriza el núcleo del cine posmoderno (Eder 2008b: 11, Steinke 2007: 36). Cada campo representa, a su vez, un paradigma que contiene una variedad de rasgos particulares que pueden ser articulados en una película. El estudio del filme *A hora mágica* revelará, por ejemplo, de qué manera específica entran en juego los diferentes rasgos para recrear en el cine la trama del cuento de Cortázar, sugiriendo con ello novedosas dimensiones de sentido. Eder hace hincapié en señalar que las películas pueden ser consideradas «posmodernas» en mayor o menor grado según la intensidad en que articulen los rasgos característicos (2008b: 12). Es sumamente importante resaltar la noción de «red» (*Netzwerk*) propuesta por los investigadores del cine posmoderno, puesto que algunos de los siguientes rasgos también caracterizan —de manera aislada— otros estilos de cine.[16] Dicho de otro modo, el hecho de que una película exhiba *uno* de los siguientes rasgos de ninguna manera implica un indicio posmoderno. Desde el punto de vista de Eder (2008b) y otros (Steinke 2007: 36 ss.), el factor decisivo que distingue este tipo de cine radica en la combinación de estos campos en una película:

14. En relación a la película de Lynch afirma Rodenberg: «Si existe un cine "posmoderno", entonces *Wild at Heart* constituye su prototipo más convincente» (1995: 264, traducción mía). Por su parte, Schreckenberg considera *Pulp Fiction* «la película posmoderna clave» de la década de 1990 (1998: 127 s.).

15. *Cfr.*, por ejemplo, *Onde andará Dulce Veiga?* (2008), de Almeida Prado, recreación de la novela *Onde andará Dulce Veiga? Um romance B* del escritor brasileño Caio Fernando Abreu (1948-1996) publicada en 1990.

16. La autorreferencialidad representa, por ejemplo, un rasgo típico del cine de vanguardia, y a su vez la intertextualidad también caracteriza a algunas películas de la *Nouvelle Vague*, ricas en referencias al cine de Hollywood.

- la intertextualidad fílmica e intermedialidad;
- el carácter estetizante y espectacular de la representación;
- los procedimientos autorreferenciales;
- y los procedimientos deconstructivos y anti-convencionales.

La intertextualidad fílmica e intermedialidad

Entre los rasgos más sobresalientes del cine posmoderno se destacan las múltiples referencias explícitas o implícitas que remiten abiertamente a películas o a géneros cinematográficos tales como el policial o el *noir*. Las numerosas citas de las películas posmodernas suelen manifestarse en diferentes dimensiones de la narración fílmica como, por ejemplo, los diálogos, la música o la puesta en escena. Respecto al cine de Wilson Barros, por ejemplo, la *Enciclopédia do cinema brasileiro* (2000) apunta que sus filmes poseen una «temática marcadamente urbana, com influências que vão do musical americano a Wim Wenders, passando por Alain Resnais» (s. v. «Barros, W.», p. 49). A su vez, el título de *A dama do cine Shanghai* (1988), de Almeida Prado, remite al conocido *film noir* de Orson Welles *The Lady from Shanghai* (1947), y convoca asimismo varias convenciones del género aludido. A propósito de su preferencia por el *noir*, Almeida Prado explica:

> Muitos acham que gosto de fazer filmes *noir*, mas eu também gostaria de filmar épicos, gostaria de fazer filmes de época, filmes de ação, de aventura, até faroestes. Faço filmes *noir* porque é o gênero mais barato. Mais barato até que os filmes de terror, que sempre exigem algum efeito especial. No filme *noir* é só deixar escuro e torcer para que o público imagine o que está na escuridão (en: Oricchio 2005: 166 s.).

También la paradigmática *Wild at Heart* combina los elementos genéricos del *road movie*, del *thriller*, de las películas de horror, y también evoca las películas *The Wizard of Oz* (1939), de Victor Fleming, y *Blue Velvet* (1986), del propio Lynch (Rodenberg 1995: 257). Se interpreta que esta práctica responde en cierta medida a la saturación de los géneros tradicionales y, por otra parte, el fenómeno intertextual también desafía la creciente competencia cinéfila de los espectadores capaces de reconocer con desenfado las antiguas huellas de la historia del cine y los medios de comunicación. A la hora de rastrear otros posibles factores que impulsan una mirada retrospectiva hacia las convenciones de antiguos géneros cinematográficos, hay que tener en cuenta el florecimiento del vídeo en la década de 1980. Particularmente en Brasil se produce hacia la segunda mitad de la mencionada década una «efervescência do videocassete» (Ortiz Ramos 1990: 449). La disponibilidad sin precedentes de antiguas películas —y copiado fácil— en VHS (*Video Home System*), un formato desarrollado en la década de 1970, y el auge de las videotecas facilitan el acceso inmediato a los clásicos de la historia del cine tanto para (futuros) directores como para asiduos espectadores. Cabe recordar la notable repercusión del archivo de las videotecas en los años de gestación profesional admitida por directores como Tarantino (n. en 1963), quien trabajó en una videoteca.

Es palpable que la intertextualidad característica del cine posmoderno encierra una muy significativa mirada al pasado. Eco interpreta este impulso de mirar al pasado con el siguiente razonamiento: «La risposta post-moderna al moderno consiste nel riconoscere che il passato, visto che non può essere distrutto, perché la sua distruzione porta al silenzio, deve essere rivisitato: con ironia, in modo non innocente» (2001: 529). Este cambio de actitud diferencia sustancialmente el gesto cinematográfico posmoderno de las vanguardias, por ejemplo, que plantearon una *tabula rasa* respecto a tradiciones precedentes. Así pues, la postura adoptada por los integrantes del cine argentino de la *Generación del 60* respecto al cine anterior a 1955 estriba en el rechazo de las pautas narrativas que se venían arrastrando hasta aquella época. Y por lo que respecta a Brasil, el *Cinema Novo* también planteó una ruptura con el pasado y la *chanchada*[17], por ejemplo, se proclama ene-

17. «Gênero cinematográfico de ampla aceitação popular que melhor sintetiza e define o cinema brasileiro das décadas de 30, 40 e, principalmente, 50, produzido majoritariamente no Rio de Janeiro. Diante de um mercado cinematográfico completamente dominado pela produção estrangeira de origem norte-americana, a chanchada tornou-se, para o bem ou para o mal, a forma mais visível e contínua de presença brasileira nas telas do país. A designação pejorativa, adotada por vá-

migo público número uno (*Enciclopédia do cinema brasileiro*, 2000, s. v. «Cinema Novo», p. 144). En cambio, veremos que *A hora mágica* evoca motivos típicos de dicho género brasileño combinándolos con elementos del *film noir*. A propósito de la nueva tendencia del cine de Brasil hacia 1980 y en sintonía con el razonamiento de Eco, Ramos interpreta que se trata de «um olhar carinhoso para o passado», consciente además de la «impossibilidade de se apagar por completo sua herança» (1991: 304 s.). Por su parte, Eco subraya el placer que provoca la mirada irónica al pasado e ilustra su pensamiento de la siguiente manera:

> Penso all'atteggiamento post-moderno come a quello di chi ami una donna, molto colta, e che sappia che non può dirle «ti amo disperatamente», perché lui sa che lei sa (e che lei sa che lui sa) che queste frasi le ha già scritte Liala. Tuttavia c'è una soluzione. Potrà dire: «Come direbbe Liala, ti amo disperatamente». A questo punto, avendo evitata la falsa innocenza, avendo detto chiaramente che non si può più parlare in modo innocente, costui avrà però detto alla donna ciò che voleva dirle: che la ama, ma che la ama in un'epoca di innocenza perduta. Se la donna sta al gioco, avrà ricevuto una dichiarazione d'amore, ugualmente. Nessuno dei due interlocutori si sentirà innocente, entrambi avranno accettato la sfida del passato, del già detto che non si può eliminare, entrambi giocheranno coscientemente e con piacere al gioco dell'ironia... Ma entrambi saranno riusciti ancora una volta a parlare d'amore (2001: 529).

Las múltiples alusiones a la historia del cine se producen en las películas posmodernas de tal forma que los espectadores no tan cinéfi-

---

rios críticos de cinema, possui origem etimológica no italiano, *cianciata*, que significa um discurso sem sentido, uma espécie de arremedo vulgar, argumento falso [...]» (*Enciclopédia do cinema brasileiro*, 2000, s. v. «Chanchada», p. 117). Acerca de la designación «chanchada» explica Freire: «este termo passou entre os anos 1940 e 1960 por um processo de substantivação que, posteriormente, ao longo dos anos 1970 e 1980, o livrou de seu juízo de valor e o habilitou para ser utilizado para descrever de uma forma mais objetiva (e simplista) o que seria um gênero de comédias —freqüentemente musicais— especificamente nacional» (2011: 66 s.). Véanse también los trabajos de Catani y Souza (1983) y Augusto (1989).

los también consigan seguir el hilo de la narración sin permanecer en ayunas o despistados en caso de desconocer las películas o los estilos citados abiertamente. Es por ello que Pucci Jr. postula la «[n]ão-exclusão a priori do espectador sem repertório sofisticado» como una de las claves del cine posmoderno de Brasil (2008a: 200), una observación que sin duda también caracteriza el cine posmoderno de otros países (Eder 2008b: 17). La relación favorable con el público de masas representa otro factor que distingue el cine posmoderno del cine de vanguardia, cuyas obras en ocasiones cosecharon la reprobación de la audiencia masiva como, por ejemplo, el escándalo en el estreno de *Intimidad de los parques*.

Desde el punto de vista de la actividad espectadora que suscita la típica intertextualidad de las películas posmodernas, Bleicher diferencia dos modos de recepción (2008b: 113): por una parte, un modelo de espectador ingenuo que se entretiene con las vistosas acciones más o menos coherentes que se desarrollan en la superficie de la pantalla. Por otra, la autora distingue un modelo de espectador (cinéfilo) más experimentado capaz de identificar las parodias gozando asimismo de esta actividad lúdica —adicional— consistente en reconocer e interpretar las huellas intertextuales e intermediales. Cuando hace muchos años Almeida Prado proyecta su memorable película *A dama do cine Shanghai* en una plaza al aire libre en Ribeirão Preto en el interior del estado brasileño de São Paulo, el cineasta recuerda una curiosa conversación que mantuvo con un espectador que, entre otras cosas, ilustra singularmente el planteamiento teórico anteriormente expuesto:

> fiquei para um bate-papo com os espectadores após a projeção. É o único tipo de conversa que eu gosto e aprendo muito sobre meus filmes nesses bate-papos. Discutíamos o fato de que o filme era um pouco difícil para uma platéia ao ar livre, despreparada para um filme confuso como *A Dama*, que exigia uma certa atenção, e um senhor levantou e disse: *«A gente não entende, mas a gente aprecia»* (en: Oricchio 2005: 186 s.).

La característica «codificación múltiple» de las películas posmodernas, denominada también *Double-Coded Politics*, *Doppelcodierung* o *Mehrfachcodierung* (Hutcheon 2002: 97 ss., Schreckenberg 1998:

126, Eder 2008b: 16 ss.), les confiere cierto atractivo comercial, en la medida en que estos filmes provocan —o simulan—, al menos superficialmente, el entretenimiento tradicional. Este factor representa un respaldo económico nada despreciable que facilita en cierto modo la difusión de las películas posmodernas en los mercados comerciales de distribución. Desde el punto de vista de la recepción, la codificación múltiple satisface las expectativas de un modelo de «espectador institucional» (Burch 2006: 273), así como también desafía al mismo tiempo las exigencias de otros espectadores cinéfilos. En tal sentido, las películas de Almeida Prado —incluida por supuesto *A hora mágica*— admiten por lo general dos modos de lectura; pero el director sostiene que le dedica mayor atención a la segunda codificación, la que se dirige a un tipo de espectador «cómplice» capacitado para descifrar las innúmeras citas y *brincadeiras* de su cine:

> Existem sempre pelo menos dois filmes acontecendo ao mesmo tempo. Um com a estória e outro com o subtexto. Não gosto de filmar de maneira óbvia, quero filmar de maneira mais confusa, que dê dupla leitura. [...] Sou mais preocupado com essa segunda leitura, que é a leitura que curto mais (en: Oricchio 2005: 158).

Las referencias intertextuales del cine posmoderno de ninguna manera se restringen al ámbito cinematográfico —como muy bien ilustra *A hora mágica*—, sino que también abordan elementos de diferentes contextos culturales y mediáticos a través de la intermedialidad, entendida como una forma de intertextualidad más amplia que abarca también la relación entre medios diferentes, en este caso, cuando un producto mediático particular —un filme— integra contenidos, formas y/o procedimientos semióticos característicos de otros medios o productos mediáticos (Bleicher 2008a: 97). Entre las características del cine posmoderno brasileño Pucci Jr. observa lo siguiente: «*Impureza em relação a outras artes e mídias.* Em troca do esforço pelo "específico fílmico"» (2008a: 199). La afanosa búsqueda de autenticidad y especificidad fílmica respecto a las demás artes caracteriza, por ejemplo, el cine de vanguardia, mientras que las películas posmodernas aprovechan la naturaleza semiótica del cine que le permite incorporar diversos elementos extraídos de orígenes mediáticos múltiples, como la radio, la televisión, la ópera o los *videoclips*. Entre los elementos audiovisuales más populares integrados por las películas posmodernas se encuentra la estética de los comerciales de televisión (*cfr.*, por ejemplo, *Wild at Heart*) o los *videoclips* musicales (*Music Television*, MTV, empieza a difundirlos masivamente a partir de 1981). A su vez, *Diva* (1981) combina la música clásica de ópera con motivos tomados del cómic, y *Subway* (1985) empieza con la siguiente cita impresa en la pantalla:

To be is to do
Socrate
To do is to be
Sartre
Do be do be do
Sinatra

Este juego anagramático que va reformulando un antiguo pensamiento (culto) hasta presentar una sonora parodia del original, refleja lo que la película hace con el género de detectives. Así también el título del filme *Pulp Fiction* alude a un género de revistas estadounidenses («*pulps*») de las primeras décadas del siglo XX con relatos de detectives, de ciencia ficción y otros temas. Al inicio de la película aludida incluso aparece en pantalla —con ironía y en modo no inocente— una definición por escrito de este género popular. En cuanto a la variedad de elementos heterogéneos evocados por las películas posmodernas, se ha subrayado el desvanecimiento de una frontera que habitualmente ha distinguido una cultura de élite, por una parte, y una cultura de masas, por otra.[18] Es también típico del cine posmoderno que sus múlti-

18. Cortázar alude a las categorías «alto» y «bajo» en la literatura cuando, por ejemplo, relaciona el boxeo con un cisne: «Desde muy joven yo sentí que había que acercar más algunos elementos cotidianos de la vida, que pueden estar llenos de belleza. O sea que un buen "match" de box es tan hermoso como un cisne. Entonces por qué no utilizarlo dentro de un sistema comparativo, dentro de una escala de valores. Por eso es que casi desde el comienzo hay en mis libros muchas

ples referencias intertextuales a objetos populares se manifiesten bajo la luz de la ironía y la parodia.[19] No obstante, las referencias y citas no se producen con el propósito de denuncia estética y/o satírica, sino que se manifiestan a través de una «paródia lúdica», la cual se caracteriza por un «jogo não-destrutivo com o hipotexto» (Pucci Jr. 2008a: 199).

El carácter estetizante y espectacular de la representación

Se refiere a una artificialidad demasiado evidente de los procedimientos narrativos y especialmente la fotografía. Se percibe cuando las películas no muestran una historia de manera discreta sin llamar tanto la atención sobre el proceso —audiovisual— de la narración. Respecto al nuevo «*espírito* de época» (Ramos 1991: 303) del cine brasileño de la década de 1980, Ramos observa que la «imagem cinematográfica aparece carregada por fotografia fantasista, constituída por tons fortes e marcados» (1991: 311). Así, varios códigos cinematográficos, tales como los colores, las luces, los sonidos, e incluso movimientos de cámara insólitos muchas veces lucen una suerte de *demonstrative Künstlichkeit* (Schreckenberg 1998: 120) o «abierta artificialidad». Contrariamente al modelo convencional de la narración clásica del cine, estos estímulos audiovisuales no vienen motivados por la historia y, por otra parte, ponen de relieve el proceso de narración como, por ejemplo, la conocida secuencia inicial de *Blue Velvet*, en la cual se representa en cámara lenta un idílico mundo de cielo azul y flores donde los bom-

---

referencias a ese tipo de cosas. Es a propósito para desacralizar, quitarle a la literatura ese carácter de cosas por todo lo alto, porque también tiene que ser por todo lo bajo. Porque bajo y alto son referencias en una escala de valores de Occidente pero que en este momento está cambiando y que puede ya haber cambiado para mucha gente» (en: Picon Garfield 1978: 44 s.).

19. «Quanto à ironia e o humor, acho isso fundamental em qualquer obra que se pretenda de arte. Como nos meus filmes anteriores, trabalhei na fronteira da comédia, sugerindo o cômico com extrema sutileza, sem buscar o riso fácil, mas o sorriso revelador», reflexiona Almeida Prado a propósito de su filme *A hora mágica*, y por otra parte haciendo alusión a elementos característicos del posmodernismo (cinematográfico) (en: Oricchio 2005: 227).

beros saludan a los pobladores y solo se ven armas de fuego en la televisión. Schreckenberg llama este fenómeno del cine posmoderno «el placer de cautivar los sentidos más allá de toda motivación lógica» (1998: 123, traducción mía).[20] Todos los fenómenos expuestos hasta el momento ponen de relieve los mecanismos que vehiculan una historia, y de ello se deriva lo siguiente:

Los procedimientos autorreferenciales

«Ao invés de tentar fazer o espectador fingir que não está vendo um filme, eu insisto em chamar a atenção de que ele está sim vendo um filme. E que o prazer e a emoção devem sair de estar participando deste jogo», insiste Alemida Prado (en: Oricchio 2005: 165). Su afirmación se refiere a procedimientos que enfatizan o problematizan el proceso de construcción del filme, como lo observado también en numerosos cuentos de Cortázar tales como «Las babas del diablo» (*Las armas secretas*, 1959) o «Diario para un cuento» (*Deshoras*, 1983). Así también las películas (o partes de películas) que reducen al mínimo o renuncian completamente a referencias al mundo extrafílmico y remiten intensamente a otras películas o al propio artefacto cinematográfico, determinan su grado autorreferencial (Steinke 2007: 38).[21] La inter-

20. «Postmodernes Kino ist ein Kino gesteigerter Lustintensitäten, einer Lust an der Überwältigung der Sinne, einer Überwältigung, die keiner begrifflichen Logik gehorcht» (Schreckenberg 1998: 123).

21. Sin la pretensión de agotar los diferentes modos de autorreferencialidad conviene aquí hacer una diferenciación que retomo a partir de la teoría narrativa de textos literarios. Neumann y Nünning abordan en un artículo las diferencias entre «metanarration» y «metafiction». Ambos conceptos están considerados «umbrella terms designating self-reflexive utterances, i.e. comments referring to the discourse rather than to the story» (Neumann y Nünning 2009: 204). No obstante, los autores diferencian: «metanarration refers to the narrator's reflections on the act or process of narration; metafiction concerns comments on the fictionality and/or constructedness of the narrative» (2009: 204). En materia de cine, también es posible efectuar una distinción semejante: por ejemplo, como se verá en *A hora mágica*, una voz *en off* anuncia la narración de una historia de amor, más aún, pide permiso para relatar su historia haciendo referencia a la «narración»

textualidad e intermedialidad, así como también la «parodia lúdica» y los estímulos audiovisuales que «cautivan los sentidos» también llaman la atención sobre el medio cinematográfico y su historia. En este sentido, Hutcheon concibe la parodia como un procedimiento autorreferencial en la medida en que provoca una reflexión sobre la historia del respectivo arte o medio que la emplea: «Parody can be used as a self-reflexive technique that points to art as art, but also to art as inescapably bound to its aesthetic and even social past» (2002: 97). Conviene recordar aquí que Almeida Prado empieza su carrera profesional precisamente hacia 1980 cuando se produce «uma feliz conjunção entre certa característica desses anos e a disposição pessoal do autor. [...] há no ar uma certa tendência, digamos, pós-moderna, com sua ênfase na auto-referência como modelo de investigação da linguagem, a cinematográficca, no caso» (Oricchio 2005: 23).[22] Así también su noción poetológica del cine *como uma brincadeira* representa, en sí, un fenómeno autorreferencial que identifica su filmografía «marcada pela interrogação metalingüística sobre o cinema» (*Enciclopédia do cinema brasileiro*, 2000, s. v. «Prado, G. de Almeida», p. 436).

Los procedimientos deconstructivos y anti-convencionales

Finalmente, el cuarto campo de rasgos estéticos, cuya confluencia en la narración de una película caracteriza el cine posmoderno, lo componen mecanismos que desenmascaran y desestabilizan, muchas veces lúdicamente, arraigadas convenciones del cine hondamente interiorizadas por los (tele)espectadores. Los procedimientos deconstructivos y anti-convencionales generalmente ponen en entredicho la coherencia interna y la *doxa* narrativa de una película aparentemente construida según las pautas de la narración clásica. El desmontaje lúdico de los modelos narrativos convencionales se asocia a un impulso más amplio

---

de la película. Por otra parte, una serie de procedimientos detallados en mi estudio enfatizan singularmente la construcción «ficcional» de la película.

22. En relación a los procedimientos autorreferenciales y metacinematográficos en el cine brasileño de la década de 1980 véase también Stam y Xavier (1988).

del posmodernismo consistente en «de-naturalize some of the dominant features of our way of life; to point out that those entities that we unthinkingly experience as 'natural' [...] are in fact 'cultural'; made by us, not given to us» (Hutcheon 2002: 2). El anquilosamiento de antiguos esquemas narrativos y la artificialidad de la ficción cinematográfica tradicional representan temas cervicales de la película *A hora mágica*, inspirada en un cuento de Cortázar que, a su vez, desmenuza la narrativa del antiguo radioteatro popular.

Sin embargo, el empleo radical de procedimientos anti-convencionales y el combate contra normas tradicionales de la narración cinematográfica son impulsos que también corresponden a otros contextos históricos (*cfr. Circe*, de Antin). Pero como ya he mencionado, el cine posmoderno articula estos procedimientos en combinación con la serie de rasgos expuestos en las páginas precedentes, los cuales tienen el potencial de atraer también al público masivo. Además, los procedimientos anti-convencionales de la narración fílmica posmoderna conviven con las técnicas de la narración clásica que, superficialmente, construyen una historia más o menos coherente. Jean-Claude Bernardet observa en un ensayo fundamental que trata las nuevas tendencias del cine brasileño a partir de 1980 una «oscilação entre um cinema de autor e um cinema de público» (1985: 78). El historiador de cine argumenta asimismo que «em oposição à descon[s]trução, desmontagem, desdramatização, fragmentação, tendências ensaísticas e conceituais dos anos 60, o prazer de narrar e o de acompanhar o desenrolar de uma narrativa ganham nova força» (1985: 78 s.). Precisamente esta *Renaissance des Erzählens* (Bleicher 2008b: 117) o «renacimiento del narrar (cinematográfico)» reanima en cierto modo el entretenimiento tradicional duramente desplazado por el cine moderno aludido por Bernardet. El autor señala asimismo que la nueva generación de cineastas oriundos de São Paulo —«Os Jovens Paulistas» es el título de su trabajo— se propone otros objetivos que los cineastas de los años de 1960, quienes se alimentaron «de cinema, mas na maior parte do tempo para desmontá-lo, deixá-lo nu na tela, em peças soltas: eis o esqueleto do monstro de produzir ilusões. Não é o que se sente na jovem produção paulista» (Bernardet 1985: 79). Refiriéndose al filme *Noites paraguaias* (1982), de Aloysio Raulino, Bernardet puntualiza un fenómeno trascendental del cine posmoderno cuando apunta que «*Noites* é um filme *cool*, para usar essa palavra que o "pós-modernismo" colocou na moda e que caracterizaria a coexistência não-conflituante de elementos antagônicos. Convivem armoniosamente nesse filme tendências que, em outras épocas, se digladiaram, e que são explícitamente citadas» (1985: 76). La convivencia armónica de elementos antagónicos y/o heterogéneos señala uno de los perfiles centrales de *A hora mágica*, una cálida mirada brasileña posmoderna al cuento de Cortázar examinado a continuación.

Luciana, Tito, Lemos y Radio Belgrano: «Cambio de luces» (1977)

«Cambio de luces» (*CdL*) está narrado en primera persona por el protagonista Tito Balcárcel, un actor de lacrimosos radioteatros de aproximadamente treinta y cinco años de edad.[23] Los ampulosos títulos de las piezas de radio del texto, tales como «Rosas de ignominia», «Pájaro en la tormenta» o «Sangre en las espigas», remiten muy claramente a los títulos de los radioteatros argentinos de la época en la cual se desarrolla el cuento como, por ejemplo, *El cantor misterioso*, *El alma de la gauchita* o *El zanjón de la muerte* (Rivera 1985b: 66). Así, el relato literario se remonta a un pasado mediático a través de la evocación de antiguas narrativas radiofónicas muy populares. Lo que conviene resaltar aquí es el gesto de despertar irónicamente la memoria mediática de fórmulas narrativas de antaño. Pero Cortázar en ningún modo los evoca «con una mirada cariñosa» —como dice Ramos en el contexto del cine brasileño (1991: 304)—, antes por el contrario.

---

23. Dice el narrador del cuento: «a los treinta y cinco la vida en Buenos Aires empieza a desteñirse y parece que se achicara» (*CdL*, p. 753). Recordemos que Cortázar se instala en París en 1951, a los 37 años de edad. A Harss le confiesa el escritor: «Estábamos muy sometidos a los escritores franceses e ingleses hasta que en un momento dado —entre los 25 y los 30 años— muchos de mis amigos y yo mismo descubrimos bruscamente nuestra propia tradición. La gente soñaba con París y Londres. Buenos Aires era una especie de castigo. Vivir allí era estar encarcelado» (en: Harss 1966: 256 s.).

Tito lleva una solitaria vida rutinaria pasando las tardes en su departamento donde ensaya sus ingratos papeles que lleva a la perfección para vengarse de ellos, según confiesa: «haciéndolos míos y no de Lemos, transformando las frases más simples en un juego de espejos que multiplica lo peligroso y fascinante del personaje» (*CdL*, p. 753). Lemos se llama en el cuento «el autor de moda de Radio Belgrano». Lo que Tito acrecienta en sus ensayos es la ambigüedad de los personajes, quitándoles un perfil psicológico demasiado evidente. La monótona vida llevada por Tito es parecida a la de varios personajes de Cortázar como, por ejemplo, la de Marini, el *steward* de «La isla a mediodía» (*Todos los fuegos el fuego*, 1966) cuya «sonrisa profesional» brindada mecánicamente a los pasajeros puede ser comparada con la «ración de arrumacos» que recibe diariamente el gato de Tito Balcárcel, en la medida en que la Gran Costumbre deshumaniza y mecaniza los actos afectivos. Y de manera análoga al extraño influjo de una isla griega en la vida de Marini o las «cartas de mamá» que alteran el orden de cosas de Luis, un llamativo sobre de color lila enviado por una radioescucha desconocida cambia de golpe la vida de Tito. Es natural que los galanes del elenco de Radio Belgrano recibieran «dos canastas de cartas de amor» (*CdL*, p. 751) de sus fieles admiradoras, mientras que es raro que el intrascendente personaje canalla y villano, a quien con solo abrir la boca «media Argentina quisiera romper[l]e el alma a fuego lento» (*CdL*, p. 751), también recibiera correspondencia de una seguidora. Abro un paréntesis para apuntar lo recordado por Sebreli respecto a la fascinación suscitada por los radioteatros argentinos:

> El grado de identificación conseguido puede comprobarse con una infinidad de anécdotas: el [actor] que hacía de traidor era silbado en plena calle y a veces debía salir de la emisora custodiado por la policía, para evitar las represalias del público. La heroína, por su parte, recibía regalos de flores, tortas, caramelos, medias, y si en la obra estaba por ser madre, le enviaban por encomienda batitas y escarpines (1966: 181 s.).

No cabe la menor duda de que también en Brasil existen «vários registros de cartas de ouvintes indignados ou apoiando as ações de determinados personagens» (Calabre 2004: 37). Más aún, el conocido actor de radioteatros y locutor brasileño Roberto Salvador recuerda que incluso se creó una oficina de correos exclusivamente para la organización de la abundante correspondencia dirigida a las estrellas:

> A [Rádio] Nacional chegou a criar um serviço de correspondência no 19° andar. Era uma sala cheia de escaninhos. Cada artista ou programa tinha o seu. O tamanho variava de acordo com o número de cartas que o artista recebia. Era uma verdadeira agência distribuidora de correios, gerenciando milhares de cartas, a maioria delas pedindo fotos autografadas (2010: 71).

La oyente del cuento que entra en contacto con Tito se llama Luciana. Este nombre remite sugestivamente al título del relato así como también anticipa el desarrollo de la historia, como se verá, puesto que en «luz-y-ana» el prefijo *ana* admite el significado de *contra* (por ejemplo, anacrónico). Así, es posible asociar el nombre del personaje con el fenómeno óptico del contraluz que se produce cuando se fotografían cuerpos desde el lado opuesto a la luz. El detalle remite al desenlace del cuento, que termina precisamente con la palabra «Luciana» y, en efecto, ocurre una especie de contraluz, acaso una lúcida inversión de dimensiones.

Luciana le escribe a Tito que no le importa que las revistas *Sintonía* y *Antena* solo publicaran fotografías de los demás actores, pero no de él. Matallana explica en su trabajo sobre la radiofonía argentina que hacia fines de 1920 aparecen las revistas *La Canción Moderna*, *Radiolandia*, *Sintonía* y *Antena* dedicadas al mundo artístico del cine y de la radio:

> Estas publicaciones detallaban los acontecimientos del mundo artístico, publicitaban las nuevas estrellas y evaluaban los contenidos de la programación elaborando un diagnóstico del medio. En el aspecto empresarial estaban fuertemente relacionadas con algunas emisoras: por ejemplo, Antena y Radio Belgrano, Sintonía y Radio El Mundo, eran propiedad de los mismos dueños (2006: 22).

Además, en 1940 ya se encuentra instaurado en el cine argentino el *star-system* como base económica de la producción cinematográfica y varias películas se realizan en función de la gran popularidad de las estrellas (Mahieu 1966: 28). Los actores de cine y de radio gozaban de una imagen idealizada difundida por las revistas de la época:

> El periodismo contribuía a rodearlas [a las estrellas] de una aureola mítica. La revista especializada de mayor circulación, «Radiolandia» —editada por Julio Korn, dirigida por Enzo Ardigó y con gente como Manzi, MacDougall y Floreal Fernández Raja en su redacción— jamás publicaba nada que las mostrara como algo menos que seres perfectos. Ningún desliz, ningún renuncio, ningún pecado, ni siquiera venial (di Núbila 1998: 283).

Luciana considera que los oyentes confunden la identidad ficcional de Tito basada en sus papeles de radioteatro: «Creyendo que odian al príncipe lo odian a usted, la gente confunde y ya me di cuenta con mi tía Poli y otras personas el año pasado cuando usted era Vassilis, el contrabandista asesino» (*CdL*, p. 752). También escribe que le gustaría ser la única oyente capaz de «pasar al otro lado de sus papeles y de su voz, que está segura de conocerlo de veras y de admirarlo más que a los que tienen los papeles fáciles» (*CdL*, p. 752). La voz que percibe Luciana a través de la radio se desdobla, puesto que, por una parte, se trata de la voz *real* de una persona de carne y hueso llamada Tito Balcárcel, pero, por otra, éste interpreta a numerosos personajes de ficción (Gibert-Cardona 1989: 115). No obstante, la admiradora se propone disolver esta síntesis y fabrica una imagen ideal de Tito a partir de sus sonoros papeles interpretados a lo largo de varios años. Dice Tito al respecto: «pero acaso su idea era como una suma, un amontonamiento de todas las canalladas y las traiciones de las piezas de Lemos» (*CdL*, p. 756). A su vez, Tito también construye mentalmente a partir de la lectura de las cartas la imagen de una mujer «más bien chiquita y triste y de pelo castaño con ojos claros» (*CdL*, p. 752). Más aún, la adiestrada imaginación del actor no sólo construye una imagen idealizada de una bella remitente, sino que da un paso más e imagina asimismo un escenario en el cual aquélla redacta las cartas: «Hasta su casa imaginé con sólo entornar los ojos, su casa debía ser de esas con patio cubierto o por lo menos galería con plantas» (*CdL*, p. 753).

Se ha observado que en los cuentos de Cortázar se enfrentan «una razón débil y una irracionalidad lúcida» (Monsiváis 1981: 20). En tal sentido, en *CdL* se entretejen diversos elementos *reales* —respecto al mundo del cuento— con elementos imaginados de manera fluida, casi sin distinciones como, por ejemplo, en el siguiente fragmento:

> [a] Luciana sentada en un sillón de mimbre y escribiéndome [b] usted es muy diferente del príncipe cruel de *Rosas de ignominia*, [c] llevándose la lapicera a la boca antes de seguir, [d] nadie lo sabe porque tiene tanto talento que la gente lo odia, [e] el pelo castaño como envuelto por una luz de vieja fotografía, [f] ese aire ceniciento y a la vez nítido de la galería cerrada, [g] me gustaría ser la única que sabe pasar al otro lado de sus papeles y de su voz (*CdL*, p. 754, añadidos de Gibert-Cardona 1989: 114).

(a) Imagen ideal de Luciana imaginada por Tito;
(b) cita de la carta leída por Tito, o bien, la carta creándose;
(c) imagen ideal de Luciana en la mente de Tito;
(d) cita de la carta — igual que (b);
(e) imagen ideal de Luciana imaginada;
(f) escenario imaginario en el cual presuntamente se escriben las cartas;
(g) cita de la carta — igual que (b) (Gibert-Cardona 1989: 114 s.).

Obsérvese también en la cita el montaje de tiempos y espacios diferentes, puesto que, a través de la imaginación de Tito, se retrocede al momento de creación de las cartas que, como es obvio, es anterior a la lectura de las mismas por el actor. Los personajes construyen, el uno del otro, imágenes ideales a partir de estímulos radiales (sonoros) y epistolares (visuales) respectivamente. Así, a las ficciones de radioteatro se suman o superponen en el cuento las dimensiones imaginarias creadas por Tito y Luciana. Luego de algunos intercambios de cartas, los protagonistas del cuento se citan en una confitería para conocerse personalmente. Por su parte, Tito anticipa este primer encuentro imaginándolo con las mismas técnicas narrativas estereotipadas empleadas por los radioteatros de Radio Belgrano (una escena sugestivamente recreada por la película de Almeida Prado):

> Si se lo hubiera contado a Lemos le habría dado una idea para otra pieza, clavado que el encuentro se cumplía después de algunas alternativas de suspenso

> y entonces el muchacho descubría que Luciana era idéntica a lo que había imaginado, prueba de cómo el amor se adelanta al amor y la vista a la vista, teorías que siempre funcionaban bien en Radio Belgrano (*CdL*, p. 755).

Nuevamente se entrecruzan una dimensión *real* (el *rendez-vous* de Luciana con Tito) con una dimensión ideal (la narrativa estereotipada de Lemos). Dicho de otro modo, este razonamiento irónico del personaje replantea una situación enfocándola desde el punto de vista de la poética tradicional de los radioteatros populares. Más tarde, enfrentados personalmente por primera vez, los protagonistas efectúan «ajustes» a sus respectivas imágenes mentales fabricadas previamente: «Poco a poco yo le iba ajustando la cara y la voz, desprendiéndome con trabajo de las cartas, de la galería cerrada y el sillón de mimbre» (*CdL*, p. 755 s.), expresa Tito. Pero también «Luciana hacía sus ajustes como siempre en esas relaciones de gallo ciego» (*CdL*, p. 756). Ella lo había imaginado a él «más alto, con el pelo crespo y ojos grises», un detalle fundamental que recobra importancia al final del cuento.

Los personajes deciden vivir juntos en el departamento del actor. Cuando se realiza la mudanza de Luciana, Tito tiene la oportunidad de conocer la vivienda de su pareja y se decepciona cuando se encuentra con algo totalmente diferente de lo que había imaginado. Además, califica esta divergencia entre lo imaginado y lo *real* como una imperfección: «cuando la ayudé a preparar sus cosas me dolió la falta de la galería cubierta, de la luz cenicienta, sabía que no las iba a encontrar y sin embargo había algo como una carencia, una imperfección» (*CdL*, p. 756). Se trata de una «carencia» que el actor compensa gradualmente pidiéndole primero a su pareja que se aclare el pelo de acuerdo a la imagen de la Luciana ideal de pelo castaño y no negro. Aún no conforme con los cambios en el físico de Luciana, el actor saca del archivo de Radio Belgrano los discos de «Rosas de ignominia» para llevarlos a su casa y observar a su pareja mientras escucha la pieza de radioteatro que pasaban cuando ella escribía las cartas. Tito compra asimismo un juego de mimbre y «perfecciona» la iluminación de su departamento de tal forma que el nuevo ambiente coincida con sus imágenes mentales creadas anteriormente. Se trata de recrear minuciosamente las escenas antes imaginadas, es decir, el protagonista intenta materializar lo imaginario y fundirlo, de alguna manera, con su realidad hasta que dichas dimensiones se superpongan completamente.[24] Tito intenta revelar a Luciana su obsesión y explicarle finalmente el porqué del cabello teñido de castaño, el juego de una mesa y un sillón de mimbre, las lámparas y los discos de la radio, pero no lo llega a hacer por falta de tiempo.

El cuento admite hasta este punto explicaciones más o menos plausibles, la obsesión de Tito podría ser interpretada como excentricidad o algo por el estilo. Pero la escena final instala la típica ambigüedad cortazariana cuando se desdibujan —o invierten— las fronteras entre el presunto mundo objetivo y el mundo subjetivo del cuento. El desenlace sugiere que las imágenes ideales, previamente fabricadas por Tito y Luciana, se instalan en la consciencia del primero o acaso aquéllas se independizan y se produce un cambio de signo entre las dimensiones *reales* e ideales originándose «un cambio de luces entre la realidad y la irrealidad, la ilusión, el sueño y la vigilia» (Gibert-Cardona 1989: 118). Con naturalidad y sin sobresaltos, como también se relata el final de «Cartas de mamá», Tito narra que por casualidad sale antes del trabajo y pasa por un hotel cuando ve salir a Luciana con «el pelo castaño» junto con un hombre «más alto de pelo crespo», es decir, la descripción del protagonista coincide con la Luciana ideal y con un doble de sí mismo de acuerdo con el ideal de Luciana. Ambas descripciones reflejan, pues, las imágenes mentales creadas por los protagonistas durante el «juego de espejos». Asimismo, dice Chanady en lo referente al modo natural en que se expresan estos hechos: «The apparently supernatural event is described laconically and objectively» (1985: 162). Teniendo en cuenta que «the protagonist Tito spends his professional life impersonating others in soap operas, thus duplicating his real self» (Chanady 1985: 160), la imagen del hombre de pelo crespo *puede* representar también una proyección mental o una

24. La obsesión que siente Tito en lo referente a la materialización de algo preconcebido mental e imaginariamente se asemeja mucho a la ceremonia del juego que se impone sin treguas el protagonista del cuento «Manuscrito hallado en un bolsillo», estudiado en el capítulo anterior.

alucinación de Tito que imagina a su doble idealizado junto a la imagen idealizada de una Luciana de pelo castaño (Chanady 1985: 161). Y como ya he mencionado, no es ninguna casualidad que el cuento termine justamente con la palabra «Luciana» o *Luz-y-ana*, que remite a un contraluz en el cual lo empírico y lo imaginario pierden su dualidad (Sosnowksi 1973: 32).

Con miras a la película *A hora mágica* es importante destacar la ironía planteada por el relato, puesto que representa una significativa dimensión ampliamente recreada por Almeida Prado. Como se ha dicho anteriormente, la evocación irónica de antiguos modelos narrativos coincide con uno de los síntomas más importantes del cine posmoderno (Bleicher 2008b: 113, Pucci Jr. 2008a: 187). Teniendo en cuenta la manera en que el narrador trata los argumentos de los radioteatros, resalta su ironía burlona: «el *miserable* cuñado de la *pobre* Carmencita comenzaba sus intrigas para quedarse con la fortuna de los Pardo, y que la *siniestra* tarea continuaría a lo largo de tantos episodios hasta el *inevitable* triunfo del amor y la justicia según Lemos» (*CdL*, p. 758, cursivas mías). Estas dos últimas palabras, por cierto muy sugestivas, remarcan el categórico distanciamiento del narrador respecto a un modelo estereotipado que a su vez evoca varios radioteatros argentinos de aquella época basados en «la reiteración de esquemas trillados, que repetían hasta el cansancio la teoría melodramática y sentimentaloide de la mucamita enamorada del hijo del patrón, o del chofer —en realidad un millonario de incógnito— en escarceos con la «niña bien» díscola y displicente» (Rivera 1985b: 68 s.). Durante el auge de los radioteatros estos esquemas también se reproducen en varios filmes del cine argentino (*cfr.* Sebreli 1967: 182 s.). En relación a los argumentos de las películas estrenadas en 1940, por ejemplo, afirma Di Núbila: «No importaba tanto que resultaran más o menos entretenidas. Importaba que masajearan los gustos, alegraran la vida, tocaran el corazón» (1998: 284).

La abierta aversión e ironía del narrador de *CdL* respecto a este tipo de narrativas populares, «canalladas» y «monstruos» de Lemos, se manifiesta a lo largo del relato —desde la primera oración— y encierra una crítica mordaz a las mencionadas poéticas a la «Pájaro en la tormenta», las cuales configuran (en radio, cine, literatura) un modelo lacrimoso y maniqueo de final feliz y asimismo recuerdan, por otra parte, «ese torrente de adulterios, suicidios, pasiones, encuentros, herencias, devociones, casualidades y crímenes que, desde la isla antillana, se esparcía por América Latina, para [...] ilusionar las tardes de las abuelas, las tías, las primas y los jubilados de cada país» (*La tía Julia y el escribidor*, p. 18). Los radioteatros de Lemos recuerdan también la «ilusión novelesca» que embelesa al protagonista —arrellanado en su sillón favorito— del cuento «Continuidad de los parques» (*Final del juego*, 1964). Otro detalle que remite al cuento recién aludido radica en el cruce de la frontera de la ficción que realiza un personaje al encuentro de otro: en «Continuidad...», un personaje de una novela desborda el límite ontológico-ficcional para enfrentarse con un lector, mientras que Tito sale de la radio para iniciar un noviazgo con Luciana en *CdL*.

La descarga crítica contra Lemos y su estilo no sólo se produce explícitamente dentro del cuento, sino que se puede proyectar, si se tienen en cuenta la literatura y las nociones poetológicas del autor Cortázar, hacia una crítica más amplia a los modelos narrativos convencionales de varios medios. Como es muy bien sabido, las ideas y las obras de Cortázar contradicen el modelo común de los radioteatros que sin embargo «cimentaron un éxito que llegó a ser legendario y que sentó las bases de una fórmula repetida hasta el cansancio» (Rivera 1985b: 66). Así, en el cuento *CdL*, el autor de *Rayuela* pone en escena la construcción y el consumo del tipo de ficción que combate vehemente en sus obras y ensayos críticos. Respecto a los argumentos representados en el cuento, el narrador opina socarronamente que se trata de «teorías que siempre funcionaban bien en Radio Belgrano», y su crítica, para nada constructiva, no sólo se dirige al modelo tradicional de los radioteatros, sino que la institución «radio» también encierra a su audiencia de fieles oyentes. Por consiguiente, foco de ironía son los creadores así como los consumidores del popular formato radiofónico. Las piezas de Lemos no sólo contrastan abiertamente con la narración del cuento marco, en la medida en que la realidad del cuento se muestra mucho más ambigua y compleja que las historias de los radioteatros, sino que, desde otro punto de vista, es evidente que también contrastan con las convicciones poetológicas de Cortázar. De manera semejante a como «Continuidad de los parques» retrata el prototipo del «lector hembra» o pasivo, tan criticado en *Rayuela*, *CdL* ironiza sobre las técnicas narrativas que deleitan a un «oyente hembra», o sea, «al tipo que no quiere problemas sino soluciones, o falsos problemas ajenos que le permiten sufrir cómodamente sentado en su sillón» (*Rayuela*, cap. 99, p. 611).

Lúcia, Tito, Marques y *Rádio Brasil*: *A hora mágica* (1998)

> O cinema ainda é escravo da idéia de que deve primeiramente contar uma boa estória e não deixar que a «arte» atrapalhe. Quando teremos no cinema os equivalentes a um *Ulysses*, de James Joyce, do *Jogo da Amarelinha* [*Rayuela*], de Julio Cortázar, ou da *Água Viva*, de Clarice Lispector? Quando um filme terá a capacidade de expressão e sugestão de um *Guernica*, de Pablo Picasso, ou do *Abaporu*, de Tarsila do Amaral?
>
> (Guilherme de Almeida Prado, en: Oricchio 2005: 238)

El cuento «Troca de luzes» (1977) aparece en Brasil traducido al portugués en 1981.[25] La idea de filmarlo acompaña al director Almeida Prado a lo largo de su carrera cinematográfica iniciada precisamente hacia 1980. Dice el cineasta a propósito de su película *A hora mágica*: «Era um filme que sempre esteve na minha cabeça, muito desenhado, muito pronto; [...] um projeto que sempre ficou me perseguindo» (en: Oricchio 2005: 140 y 225). Almeida Prado empieza a trabajar en la llamada *Boca do lixo* en São Paulo. Esta designación está íntimamente asociada a la industria cinematográfica brasileña (Abreu 2006: 183) y se refiere un barrio céntrico de la mencionada ciudad. Allí se situaban las principales compañías productoras de cine de Brasil. En la *Boca do lixo* los fracasos comerciales amenazaban como una enfermedad fatal (*Enciclopédia do cinema brasileiro*, 2000, s. v. «Boca do lixo», p. 59). No eran bien vistos, pues, experimentos que arriesgaran las recaudaciones de las películas en de-

25. *Alguém que anda por aí*. Traducción de Remy Gorga, filho. Rio de Janeiro: Nova Fronteira. Entre los trabajos del traductor brasileño se encuentran traducciones al portugués de novelas de Mario Vargas Llosa, Gabriel García Márquez y Silvina Bullrich. Su primera traducción publicada es *Bestiario* (1951), de Cortázar. Antes, se le encarga la traducción del cuento «Casa tomada», un trabajo que convence más tarde a la editorial *Expressão e Cultura* para la traducción y publicación del volumen completo (*Dicionário de tradutores literários no Brasil*, www.dicionariodetradutores.ufsc.br, s. v. «Remy Gorga, filho», 28/01/2014).

trimento del habitual entretenimiento cinematográfico.[26] Almeida Prado comienza trabajando como asistente de dirección en el seno de una producción industrial donde se familiariza íntimamente con la maquinaria narrativa del cine comercial. De modo que la carrera del cineasta coincide con uno de los puntos del «Decálogo posible del director cinematográfico», forjado por Torre Nilsson, que dice así: «Tiene que tener un sólido y profundo conocimiento de las distintas técnicas de la realización cinematográfica para permitirse olvidarlas» (en: Couselo 1985: 136).

Almeida Prado escribe la primera versión del guión de *A hora mágica* antes de la realización de su segunda película, *Flor do desejo* (1983), considerada por el director, sin embargo, su primer largometraje (en: Oricchio 2005: 133), dado que su *opera prima* estaba compuesta por episodios (*As taras de todos nós*, 1981). Aquel guión inicial combina el relato «Troca de luzes» con la novela *Encarnação* (1893, póstuma), de José de Alencar (1829-1877). Pero este ambicioso proyecto no convence a ningún productor y Almeida Prado decide filmar *Flor do desejo* esperanzado de que el éxito de la película le permita recaudar lo necesario para rodar finalmente *A hora mágica* (en: Oricchio 2005: 137). Todo lo contrario sucedió. *Flor* fue un fracaso comercial y la historia de Tito Balcárcel tuvo que seguir guardada en el cajón. Entonces el director va gestando el guión de un paradigmático filme del cine posmoderno de Brasil: *A dama do cine Shanghai* (1988). Curiosamente, el cuento de Cortázar nutre de manera subterránea aquella importante obra del cine brasileño:

26. Almeida Prado recuerda a propósito de un guión suyo creado en los tiempos de la *Boca de lixo* pero nunca realizado: «Um filme baratíssimo. Filmado todinho num galpão, enfim, era uma produção bem simplezinha, mas o Ody Fraga leu o roteiro e deu o único parecer que não podia ser dado: era excelente, mas não era comercial. Se ele tivesse dito que o roteiro era uma merda, mas que era comercial, perfeito. A única coisa que ele não podia dizer na Boca [do lixo] era que o filme não era comercial» (en: Oricchio 2005: 109). Odi Fraga e Silva (1927-1987) fue un conocido director y guionista brasileño muy influyente y respetado en los círculos de la *Boca do lixo*.

> Minha única idéia era de retrabalhar de forma mais viável economicamente algumas idéias do roteiro de *A Hora Mágica*. Assim, *A Dama do Cine Shanghai* foi feito em cima do trabalho que eu vinha desenvolvendo para *A Hora Mágica* [...]. A tal ponto que, depois, quando fui filmar *A Hora Mágica* tive de modificar muita coisa para não ficar repetitivo (Almeida Prado, en: Oricchio 2005: 139 s.).

El director considera las películas *A Dama* y *A Hora* dos caras de una medalla: «ambos os filmes foram idealizados como uma dupla» (en: Oricchio 2005: 225). *A dama do cine Shanghai* se estrena en 1988 y entre las películas del realizador representa la más exitosa así como también la más difundida: «*Dama* é cinema de qualidade», considera la *Enciclopédia do cinema brasileiro* (2000, s. v. «Prado, G. de Almeida», p. 436). La obra conquista seis premios en el Festival de Gramado en 1988, entre ellos el de la mejor película y mejor director. Tal fue la obsesión del cineasta por el proyecto *A hora mágica* que el último plano del filme *A dama* muestra al protagonista saliendo de un cine que anuncia su próximo estreno en un cartel inmenso: *A hora mágica*. Pero tampoco este vaticinio se concreta tan rápido. A pesar de retomar el ansiado proyecto, muchos factores obligan a Almeida Prado a aplazarlo nuevamente. Entonces siguen *Perfume de gardênia* (1992) y el cortometraje *Glaura* (1997) hasta que, finalmente, el director se impone un ultimátum y hacia 1995 empiezan los preparativos para filmar el cuento de Cortázar: «Ou faço agora, ou rasgo todas as cópias do roteiro, deleto do computador, porque não agüento mais esse projeto» (en: Oricchio 2005: 225).

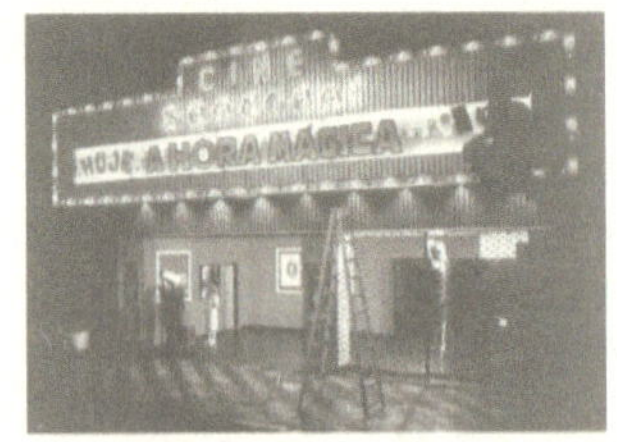

La fotografía muestra el rodaje del último plano de *A dama do cine Shanghai* (1988).

A hora mágica absorbe la experiencia profesional acumulada por el director a lo largo de su carrera cinematográfica insertándose en una etapa madura de su creador así como del cine posmoderno. Almeida Prado confiesa a propósito de sus películas dirigidas hasta 2005: «Meu preferido é *A Hora Mágica*. É meu filme mais maduro, mais parecido comigo, onde minha intuição estava mais amadurecida» (en: Oricchio 2005: 160). El filme plantea una profusión de guiños y *brincadeiras* que desafían astutamente las competencias cinéfilas y mediáticas del espectador más ejercitado. Tal es así que su director propone a la distribuidora de la película incluir en el afiche oficial la frase «Um filme para se ver duas vezes», pero aquélla se niega argumentando que «ninguém iria assistir um filme que tinha que ser visto duas vezes» (en: Oricchio 2005: 156). Sin embargo, en el afiche de su más reciente película *Onde andará Dulce Veiga?* (2008) aquella recomendación aparece de manera acrecentada: «Um filme para se ver muitas vezes».[27]

A hora mágica remarca el carácter autorreferencial-metacinematográfico desde su propio título, el cual también sugiere un engaño. En la jerga empleada por fotógrafos y directores de fotografía «la hora mágica»[28] es un concepto que designa un momento especial que dura muchísimo menos que una hora. Solo comprende unos

27. No parece casual que otro representante del cine posmoderno como David Lynch también opine que las películas deberían estar concebidas para un visionado múltiple: «Las películas tienen que ser más abstractas, puesto que en la actualidad existen tantas posibilidades para que las personas puedan verlas más de una vez. Una película debería estructurase de tal modo que su visionado múltiple también sea una experiencia impactante» (Lynch, en: Fischer 1993: 256, traducción mía).

28. «The brief periods of dawn and dusk that allow enough light for shooting, but also create some striking effects on film» (*The Complete Film Dictionary*, 1987, s. v. «magic hour», p. 201). El concepto recuerda otro fenómeno semejante llamado «noche americana» (*day for night*), que designa escenas nocturnas filmadas en pleno día gracias a filtros especiales o la manipulación de la exposición fotográfica. Ambos fenómenos, la hora mágica y la noche americana, remiten, pues, a engaños que suele hacer el cine para simular ciertas atmósferas. A su vez, el simulacro es un tema recurrente en la obra de Almeida Prado.

instantes durante el crepúsculo o el amanecer cuando el sol se esfuma o nace en el horizonte, pero hay suficiente luz capaz de impregnar el sensible negativo fotográfico. En ocasiones se ruedan escenas durante la llamada hora mágica para *simular* la noche en la pantalla, dado que el clima luminoso así lo permite y además el horizonte aún se encuentra visible en la profundidad de campo. Desde el punto de vista fotográfico, el atardecer y el amanecer parecen intercambiables, así como también parecen intercambiables las dimensiones *reales* y ficcionales de *A hora mágica*: en la obra se pueden distinguir básicamente dos secuencias que —aparentemente— se diferencian por su grado de ficcionalidad respecto al mundo de la película (el argumento del cuento de Cortázar se inserta en la primera secuencia).

La primera secuencia (S1) contiene seres, estados, procesos, acciones e ideas que pueden adscribirse a la ficción de primer grado, esto es, lo que dentro del mundo de la película aparenta ser real. Se trata básicamente de una serie de escenas cotidianas de la vida amorosa, personal y profesional del actor de radioteatros Tito Balcárcel (Raul Gazolla). En una pieza titulada *O assassino está entre nós* emitida diariamente por *Rádio Brasil* y creada por Marques (Walter Breda), Tito interpreta el papel del mayordomo Matias, principal sospechoso de una serie de homicidios. Además de interpretar roles en la radio, el personaje también se dedica al doblaje de películas. Pero no se trata de traducir películas extranjeras al portugués, sino de dar una voz más verosímil a un actor prepotente llamado nada menos que César Mássimo (Paulo Sosa), el prototipo de una «estrella de cine» cuya grotesca voz debe ser doblada para que aparente más real en la pantalla. A propósito de la voz de César, Tito afirma: «sou eu quem procura dar um pouco de verdade às suas falas». Las películas son dobladas por Tito y otra «estrella» vanidosa llamada Lyla Van (un personaje recurrente en las películas de Almeida Prado), quien dobla su propia voz de manera exagerada y equivocándose continuamente. Lyla Van está interpretada por Maitê Proença, una de las actrices más destacadas de Brasil y «aclamada como um dos maiores símbolos sexuais do país» (*Enciclopédia do cinema brasileiro*, 2000, s. v. «Proença, M.», p. 443).

La secuencia S1 también contiene las investigaciones del comandante Bandeira (David Cardoso) sobre el misterioso asesinato de un vecino desconocido de Tito. Así como en las películas de detectives se esparcen las pistas como piezas de un rompecabezas y la policía (y el espectador) debe reunirlas, relacionarlas y armar coherentemente el *puzzle*, *A hora mágica* también exhibe una profusión de detalles sumamente estereotipados que representan las supuestas llaves que resuelven el misterio del crimen. El motivo del rompecabezas incluso aparece explícitamente: el portero ciego (!) del edificio donde vive Tito lo tiene sobre su escritorio e intenta armarlo por medio del tacto. Como en el cuento de Cortázar, una oyente llamada Lúcia (Júlia Lemmertz) entra en contacto con Tito por medio de una carta enviada a la radio y una serie de pistas como, por ejemplo, un pendiente olvidado en un corredor, la involucran en el asesinato antes mencionado. Finalmente, el crimen se resuelve hasta el último detalle así como lo requieren las convenciones del clásico género de detectives. A su vez, Lúcia se enamora de César Mássimo, dado que aquél representa la imagen idealizada que ella había fabricado a partir de la voz del mayordomo Matias (que es la de Tito). Además, ella se convierte en actriz de cine que dobla su propia voz como Lyla Van. *A hora mágica* empieza y termina con fragmentos de películas que se están doblando en busca de la sincronización perfecta, o sea, en busca de una construcción ideal para las pantallas de cine.

La segunda secuencia (S2) está compuesta por escenas sueltas que contienen la ficción explícitamente representada, o sea, lo que se puede considerar ficcional dentro del mundo de la película. Por lo general se trata del contenido de los radioteatros de *Rádio Brasil* y también de una serie de fragmentos de varias películas de aventuras y ciencia ficción protagonizadas por César Mássimo y Lyla Van, las cuales se doblan y se proyectan en el cine. Estos fragmentos interrumpen continuamente el fluir de las escenas de S1. Entre las películas que se doblan, se encuentra una escena musical que evoca un motivo característico de las *chanchadas* brasileñas. La entrada y la salida de estas escenas que se doblan están marcadas por los llamados *anéis de dublagem*, una cuenta atrás pegada al inicio y al final de cada escena. Hay que señalar que esta cuenta atrás, que ocupa toda la pantalla, también opera de marcación del modo ficcional respecto a la primera secuencia (S1).

Esta particular estructura del filme recuerda la manera en que aparecen los radioteatros de Pedro Camacho en la novela *La tía Julia y el escribidor* (1977), de Vargas Llosa, como se ha mencionado, publicada el mismo año que el cuento «Cambio de luces». En la obra del escritor peruano se alternan los capítulos que narran la historia del protagonista y su tía Julia, por una parte, y los capítulos que reproducen los argumentos estereotipados de los radioteatros, por otra.

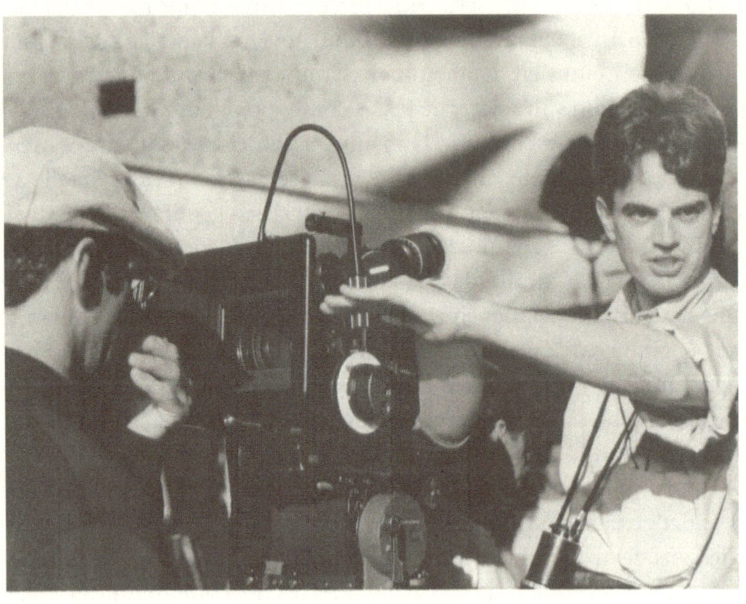

Guilherme de Almeida Prado dirigiendo *A hora mágica.*

A hora mágica exhibe *ab initio* los rasgos distintivos del cine posmoderno: aún no se muestra ninguna imagen pero dos detalles casi imperceptibles, uno auditivo y el otro visual, activan procedimientos intermediales así como también evocan un determinado capítulo de la historia del cine y la radio, es decir, suscitan una mirada al pasado mediático. El primer estímulo auditivo que se desprende de la narración fílmica proviene del medio radial, un sonido distorsionado que se produce cuando se busca al azar una emisora en el dial (el *zapping* de la radio). Como por casualidad se sintoniza un programa de radioteatro y se oyen las voces sobreactuadas de locutores que formulan preguntas sobre el argumento de una determinada pieza. Su entonación exagerada enfatiza el suspenso de las incógnitas enunciadas explícitamente: «Um mistério... será que foi... suicídio? ...ou assassinato?».

Mientras tanto se revela el dato «um filme *sonoro* de Guilherme de Almeida Prado» y los créditos iniciales de la película aparecen en los márgenes cuadrados que suelen enmarcar los títulos de las películas de la época del cine mudo. Especificar en el año 1998 que se trata de una película sonora resulta extraño. Este detalle evoca una antigua designación empleada por varias películas que a partir de la época sonora del cine, aproximadamente desde 1927, se destacan de otras aún silentes empleando la distinción «un filme sonoro». El destaque de la sonoridad de la película también puede ser leída como advertencia para prestar mucha atención al verdadero laboratorio de sonidos que caracteriza esta película, así como el cine de Almeida Prado en general.[29] Ahora bien, la mirada al pasado del cine no acaba allí. Antes, lo primero que se imprime en letras blancas sobre la pantalla negra es «Starfilmes apresenta». Este nombre nos transporta

29. Almeida Prado lamenta el subdesarrollo creativo del sonido en el cine: «No mundo todo o cinema não tem utilizado as potencialidades do som, que vinham sendo muito bem desenvolvidas nas Rádios, principalmente nas radionovelas (antes de serem substituídas pelas telenovelas), e o espectador ainda é tratado como se fosse surdo no sentido intelectual da palavra; não sendo capaz de compreender e decifrar mensagens sonoras, além do significado dos diálogos e do envolvimento musical» (en: Oricchio 2005: 232 s.). Sus películas exhiben sugestivas dimensiones sonoras. Así, por ejemplo, la celebrada primera secuencia de la película *A dama do cine Shanghai* se desarrolla en un cine durante la proyección de una película. El montaje intercala imágenes de lo que se está proyectando con imágenes de los protagonistas que, durante la sesión, salen a fumar en una antesala. Sin embargo, en todo momento se oyen los sonidos que provienen de la película dentro de la película: pasos, disparos, trenes, relámpagos, sirenas de policía, gritos, suspiros, bocinas, etc., o sea, se oye la típica gama de códigos sonoros que caracterizan el universo acústico de las películas clásicas de suspenso y de detectives.

al siglo XIX y a una de las primeras productoras de cine llamada *Star Film*. Su dueño, un prestidigitador y más tarde director de cine, probablemente el primero en la historia, había asistido a la legendaria función del cinematógrafo de los hermanos Lumiére en el salón indio del Gran Café de París y se llama George Méliès (1861-1938).[30]

Transcurren aproximadamente veinte segundos desde el comienzo de la película y ya se han activado —irónicamente— los ingredientes del género detectivesco: «A polícia garante que a *causa mortis* foi um ti–ro–na–bo–ca», revelan sobresaltadas las voces de los locutores que añaden algunos agravantes: «com esta já são quatro as vítimas de tal lou–cu–ra...». Pese a la gravedad de los asesinatos cometidos, así parece, en el mundo de una pieza de radioteatro, los locutores cambian inmediatamente el tono de sus voces y convidan con júbilo a sus oyentes a oír uno de los «deliciosos éxitos» de una cantante llamada Lília Cantarelli (Tânia Alves). Esta dama aparece en un escenario de aspecto sumamente artificial; si acaso se trata de un programa de radio, ¿a qué se debe tanto espectáculo de luces y sombras y estrellitas falsas pegadas a una superficie plana al fondo? Ninguna motivación coherente justifica el extraño escenario. Así, de entrada se mezclan fragmentos de programas radiales ficcionales con otros musicales, por una parte, y se evoca la historia —los orígenes— del cinematógrafo, por otra.

Inmediatamente sigue una escena que muestra el rodaje de una película de ciencia ficción protagonizada por Lyla Van y César Mássimo. Otra ficción dentro de la ficción. La perspectiva frontal coincide exactamente con la de la cámara que está filmando la escena. Se oye *en off* el grito *¡silencio!* y luego *¡acción!* del director y la escena transcurre en un escenario artificial y rocoso construido en estudios. Las vestimentas de los personajes parecen trajes espaciales (César lleva un casco en la mano). Al fondo aparece una proyección que simula una superficie lunar. La voz grotesca de César Mássimo contrasta con el garbo de su actuación imponente. Rodada la escena, apare-

30. *Starfilmes* se llama también la productora abierta por Almeida Prado hacia 1983.

cen los «anillos de doblaje» que introducen la misma escena pero ahora se trata de la proyección de la película para su doblaje sincrónico. Por consiguiente, el fondo falso aparece integrado a la escenografía como si se tratara de un todo (p87). Además, la voz de César es ahora la de Tito, mucho más grave y masculina que la de aquél. A su vez, Lyla Van dobla su propia voz equivocándose reiteradamente: «Ah, não sei porque é que dublam os filmes! —exclama, y su colega Tito le explica con naturalidad—: É uma espécie de segunda chance. Nem todos têm a sorte de poder melhorar algo que fez».

p85 – el rodaje en estudios | p86 – los anillos de doblaje | la proyección – p87 y el doblaje con

Paulo Sosa y Maitê Proença en *A hora mágica* de Guilherme de Almeida Prado.

Esta significativa secuencia inicial de la película expone paso a paso —y a la vez deconstruye— los procedimientos técnicos propios de rodaje y doblaje del cine, o sea, aborda la construcción artificial de las películas de (ciencia) ficción. En otras palabras, la ficción cinematográfica aparece aquí bajo la luz del simulacro. Desde los primeros minutos y a lo largo del filme se encuentran ecos del pensamiento de Baudrillard en lo referente a su conocida noción del simulacro basada en «una suplantación de lo real por los signos de lo real» (2012: 11). Las obras de Almeida Prado y en particular *A hora mágica* reflejan en el campo del Séptimo Arte ciertas ideas del pensador francés respecto a una lógica de la simulación en un mundo construido cada vez más artificialmente a través de signos vacíos sin referentes. En las palabras de Baudrillard: «En el truco visual no se trata nunca de confundirse con lo real, sino de producir un simulacro, con plena conciencia del juego y del artificio» (2012: 34). *A hora mágica* representa «un simulacro» de narración fílmica que de ninguna manera disimula su paródica artificialidad, antes por el contrario.[31]

El cuento de Cortázar aborda irónicamente, a veces mordaz, la construcción de los radioteatros populares, mientras que Almeida Prado actualiza e interpreta esta cuestión en el campo del cine. En *CdL*, los protagonistas hacen «ajustes» mentales a sus respectivas imágenes ideales fabricadas el uno del otro. Almeida Prado transfiere aquellos ajustes como, por ejemplo, el doblaje de las voces, al terreno del cine de ficción y demuestra con ello que se trata de un procedimiento común y corriente en el mercado del entretenimiento cinematográfico. En este sentido, una de las críticas dedicadas a *A hora mágica* expresa a propósito del cine de Almeida Prado: «O diretor faz questão de nos lembrar, às vezes com insistência, que estamos diante de uma mentira» (Cléber Eduardo, 1999).[32] Los filmes del cineasta recuerdan enfáticamente, pues, que «reality is always already manufactured, an ideological illusion sustained by the matrix of postindustrial capitalism and media culture» (Nicol 2009: 13). A la luz del simulacro que se está representando en la escena inicial del doblaje resulta aún más irónica una de las frases proferidas por César Mássimo alias Tito, que se repite enérgicamente: *Eu quero a verdade!*

El cineasta expone en su filme, pues, «a grande manipulação do cinema, que é o tema da maioria dos meus filmes» (Almeida Prado, en: Oricchio 2005: 228). Si bien se exponen los mecanismos de doblaje de una película de cine, naturalmente surge la idea de que también la instancia narrativa fílmica extradiegética de *A hora mágica* podría emitir sonidos falsos. Esta sospecha parece confirmarse más adelante, por ejemplo, cuando Lúcia pasa la noche por primera vez en el departamento de Tito situado en un edificio céntrico y durante el amanecer se oye el canto de pájaros que acompañan melódicamente un romance incipiente. Asimis-

31. Bleicher sostiene que las películas posmodernas contribuyeron en la familiarización de los espectadores con los procedimientos de la simulación y la construcción ficcional propios del cine (2008b: 125).
32. «Filme B de grife», en: *Revista Época* 36, 25 de enero de 1999.

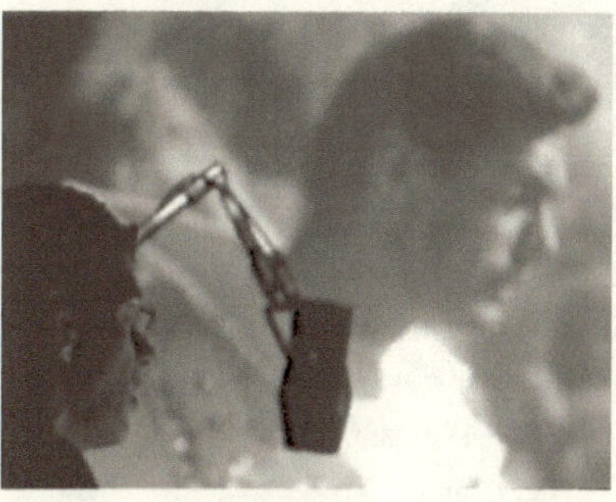

p88 – Raul Gazolla en *A hora mágica* de Guilherme de Almeida Prado. Al fondo la imagen de Paulo Sosa. El plano muestra el nacimiento de una identidad cinematográfica artificial: Tito (Raul Gazolla) doblando la voz de César Mássimo (Paulo Sosa), confiriéndole por medio del micrófono «mayor verosimilitud» a su apariencia en la pantalla grande.

mo, cuando los protagonistas viven juntos, Tito trae un gato al departamento porque en su imaginación Lúcia tenía un gato. En un momento dado, esta pequeña mascota doméstica emite un gruñido tan potente como si fuera un tigre feroz. Al contrario de la voz de César Mássimo, a la cual Tito le confiere la dosis de verosimilitud requerida por el cine (clásico), el sonido del gato *doblado* por una fiera salvaje fragiliza la verosimilitud de *A hora mágica* parodiando, a su vez, la falsedad intrínseca que encierra toda ficción cinematográfica (doblada). Entre las más virulentas sentencias contra el doblaje en el cine es digno de recordar una crítica que proviene de la pluma de Borges, quien reflexiona sobre la dimensión engañosa que tiene este muy difundido procedimiento:

> Las posibilidades del arte de combinar no son infinitas, pero suelen ser espantosas. Los griegos engendraron la quimera, monstruo con cabeza de león, con cabeza de dragón, con cabeza de cabra; [...]. Hollywood acaba de enriquecer ese vano museo teratológico; por obra de un maligno artificio que se llama *doblaje*, propone monstruos que combinan las ilustres facciones de Greta Garbo con la voz de Aldonza Lorenzo. ¿Cómo no publicar nuestra admiración ante ese prodigio penoso, ante esas industriosas anomalías fonético-visuales? Quienes defienden el doblaje, razonarán (tal vez) que las objeciones que pueden oponérsele pueden oponerse, también, a cualquier otro ejemplo de traducción. Ese argumento desconoce, o elude, el defecto central: el arbi-

trario injerto de otra voz y de otro lenguaje. La voz de Hepburn o de Garbo no es contingente; es, para el mundo, uno de los atributos que las definen. Cabe asimismo recordar que la mímica del inglés no es la del español.1 [...] Mi conocimiento del inglés es menos perfecto que mi desconocimiento del ruso; con todo, yo no me resignaría a rever *Alexander Nevsky* en otro idioma que el primitivo y lo vería con fervor, por novena o décima vez, si dieran la versión original, o una que yo creyera la original. Esto último es importante, peor que el doblaje, peor que la sustitución que importa el doblaje, es la conciencia general de una sustitución, de un engaño. [...]

(1) [Nota a pie de página:] Más de un espectador se pregunta: Ya que hay usurpación de voces ¿por qué no también de figuras? ¿Cuándo será perfecto el sistema? ¿Cuándo veremos directamente a Juana González, en el papel de Greta Garbo, en el papel de la reina Cristina de Suecia? (en: Cozarinsky 2002: 68 s.).[33]

Entre los diálogos estereotipados de la película de ciencia ficción que se está doblando al inicio de *A hora mágica* se intercala la voz *en off* de Tito, la cual introduce su propia historia de amor desde un futuro indeterminado:

Tentando quebrar essa corrente de erros é que eu peço, senhoras e senhores, permissão para lhes apresentar a minha história de amor. Meu nome é Tito Balcárcel. Quase ninguém deve lembrar desse nome, más é possível que haja alguns que ainda se recordem da minha voz, associada a esse cara aí: César Mássimo. Ele era o galã que sempre fazia par romântico com a insuportável Lyla Van. Na minha opinião, ele não passa de um canastrão com sorriso bonito e uma voz ridícula. Sou eu quem procura dar um pouco de verdade às suas falas.

A su vez, el montaje que encadena los diferentes planos que componen esta escena enlaza elementos que provienen de tres dimensiones diferentes:

33. El artículo «Sobre el doblaje» se publica en la revista *Sur*, número 128, junio de 1945. Borges compara en la cita la imagen de la actriz sueca Greta Garbo (1905-1990) con Aldonza Lorenzo; como es sabido, esta última es más conocida bajo Dulcinea del Toboso, «princesa y gran señora» del caballero Don Quijote.

(a) en un estudio (S1) se encuentran los personajes Lyla Van y Tito doblando
(b) una película cuyo mundo ficcional intradiegético (S2) se diferencia ontológicamente del nivel antes distinguido, y
(c) la voz *en off* de Tito, que comienza a narrar en retrospectiva su historia. Esta voz que introduce una historia desde un lugar indeterminado evoca el comienzo de numerosas películas clásicas de Hollywood, cuando se proporcionan las principales informaciones respecto a los protagonistas, sus motivaciones, el lugar y el tiempo de las acciones.

Como en «Cambio de luces», donde se intercalan elementos *reales* con elementos imaginados, el montaje de *A hora mágica* entreteje imágenes y sonidos correspondientes a las tres dimensiones diferentes (a, b, c) como si se trataran de una sola materia. Esta forma de montaje provoca una actividad espectadora atenta cuya concentración se desafía en el transcurso de la película, puesto que las claras fronteras entre la ficción de primer grado (S1) y la ficción representada o de segundo grado (S2) se van desdibujando hasta desaparecer por completo.

La configuración planteada por (1) un juego de apariencias de luces, sombras y voces que se desarrolla en (2) una escenografía en penumbras donde (3) un héroe decepcionado («casi nadie recordará mi nombre») (4) arroja una mirada pesimista al mundo y cuya (5) voz *en off* introduce una historia desde un futuro, evoca los ingredientes del *film noir*.[34] Por otra parte, una acción tan banal y cotidiana que consiste en la llegada de Tito a su casa después del trabajo, se representa sin embargo de manera sumamente estetizante y espectacular por medio de una serie de llamativos códigos cinematográficos

34. También el protagonista del cuento de Cortázar demuestra desde el inicio su desaliento hecho costumbre cuando afirma estar obligado a oír los proyectos de Lemos: «tener que escuchárselos con tantas ganas de irme a la calle y olvidarme del radioteatro por dos o tres siglos» (*CdL*, p. 751), y más adelante afirma estar «[a]costumbrado a la nada en tantas de sus formas» (*CdL*, p. 751). Por lo que se refiere a los elementos del *film noir*, véase, por ejemplo, Grob (2008).

que evocan nuevamente la estética del *noir*: sumido en una atmósfera oscura, el personaje sube las escaleras con una vela en la mano. Lo enfocan encuadres oblicuos desde ángulos insólitos tomados a través de complejos movimientos de cámara. Mientras tanto, la voz *en off* del héroe vuelve a anunciar ceremoniosamente la narración de su historia: «Como em muitas radionovelas, minha história de amor também começa com um sopro de vento». Hecha esta comparación, un plano enfoca inmediatamente la ventana de un corredor donde el viento hace flamear unas cortinas de un llamativo color púrpura. La vela de Tito se apaga. Se oyen pasos y la caída al suelo de un objeto metálico. En las penumbras baja raudamente una mujer muy elegante que desaparece por las escaleras hacia la planta baja. En el transcurso de la película, el espectador relacionará por inferencia diversas «pistas» servidas en bandeja y sacará sus conclusiones: aquella mujer tuvo que haber sido Lúcia y el objeto que cayó al suelo tuvo que haber sido su pendiente que la involucra en un asesinato ocurrido unos minutos después de la fuga de aquélla, y así sucesivamente. Es decir, *A hora mágica* presenta una forzada cadena de causas y efectos que parodia el modelo convencional del cine clásico.

Cuando el protagonista entra finalmente a su departamento —donde vemos un retrato suyo fotografiado al mejor estilo de una estrella de Hollywood—, se oyen las voces y los sonidos de un radioteatro que provienen, así parece, del departamento vecino. Entonces un *traveling* trasciende la frontera física del departamento —como también las fronteras de lo verosímil— y descubre lo que está pasando en la vivienda contigua. Este procedimiento puede ser interpretado como una parodia de la llamada «omnipresencia espacial» (Bordwell 1996: 125) característica de la cámara en las películas clásicas, la cual coloca al espectador en una posición privilegiada. Además, la escena evoca otro conocido género cinematográfico, puesto que tres matones de aspecto llamativamente caricaturesco y vestidos de *gángsters* —como sacados de otra película— asesinan al vecino de Tito precisamente con un tiro en la boca.

Estas acciones (S1) duplican fielmente lo que pasa en el radioteatro (S2) hasta tal punto que los *gángsters* parecen pronunciar las mismas palabras que salen de la radio. Esto representa, desde el punto de vista de los procedimientos de la narración paradójica, una «epanalepsis vertical», esto es, cuando «la estructura de una acción se reproduce en otra acción de una historia a un nivel diegético inferior y/o superior al nivel diegético de la historia inicial» (Lang 2006: 38). Aquí, la historia inicial es la de Tito y el sonoro contenido del radioteatro se sitúa en un nivel diegético inferior (S2).[35] Como se verá más adelante, estos procedimientos paradójicos contienen en la película de Almeida Prado un potencial lúdico-paródico. Después del disparo, Tito golpea la pared y ruega que bajen el volumen suponiendo, por supuesto, que los ruidos que ha oído salieron de un radioteatro cualquiera. La radio se apaga y Tito ensaya su parlamento del mayordomo Matias.

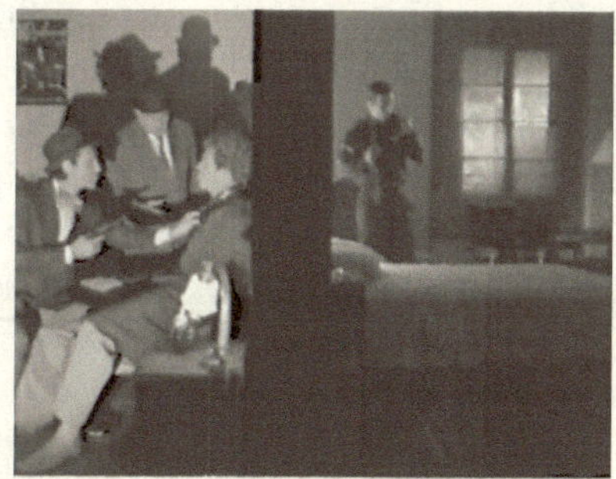

p89 – Imagen de *A hora mágica* de Guilherme de Almeida Prado. El vecino de Tito es asesinado por personajes *como sacados de una película*. La puesta en escena simula los cuadros de un cómic.

Seguidamente se retoma la rutina profesional de Tito y se muestran los preparativos técnicos que anteceden a una transmisión en vivo del radioteatro *O assassino está entre nós* en los estudios de *Rádio*

35. Algo similar he observado en mi estudio de la película *Intimidad de los parques*, en la cual realidad y ficción representadas también se reflejan paradójicamente. No obstante, si se tiene en cuenta el aspecto estereotipado de los *gángsters* y el tono sobreactuado de sus voces está claro que esto se plantea en la película brasileña de manera sumamente paródica.

Brasil. Dos locutores presentan la emisión de un capítulo con la siguiente introducción que recuerda las antiguas presentaciones del radioteatro en Brasil:

> Senhoras e senhoritas..., quando seis badaladas separam o dia da noite... os ouvintes da *Rádio Brasil,* P. R. A. 7, se unem... para mais um momento de emoção e aventura... de amor e de vingança... de suspense e de ternura... de lágrimas e sonhos. Uma hora mágica! Como mágico é *Cillion*... o embelezador das pestanas. *Cillion* alonga e encurva os cílios dando novo encanto ao olhar feminino. Seus olhos dizem mais com *Cillion*... que apresenta mais um capítulo da novela de Marques Sardonicus... "O assassino está... entre nós".[36]

El nombre del supuesto autor de la novela, *Marques Sardonicus*, se suma al manantial de referencias intertextuales que fluye por la película; además de remitir tal vez a las crueldades de los argumentos del radioteatro.[37] Los actores del elenco de *O assassino está entre nós* se presentan uno a uno y los locutores recuerdan los principales sucesos del capítulo anterior para refrescarles la memoria a los radioescuchas. También se recuerdan las preocupaciones de los personajes y hasta se especifica quién es el principal sospechoso de haber cometido los asesinatos («desconfiada do mordomo Matias, Ana Cláudia decide ir visitar sua amiga e confidente, a senhora Gouveia»). En síntesis, esta introducción sobreactuada presenta los conflictos, recuerda las

---

36. De manera análoga al famoso radioteatro *Em busca da felicidade* patrocinado por la creme dental *Colgate*, la pieza *O assassino está entre nós*, de *A hora mágica*, cuenta con el supuesto patrocinio de un artículo comercial (ficticio) llamado *Cillion*. Se trata de un producto de belleza que tiene la finalidad de dar la apariencia de pestañas finas y elegantes (en portugués *cílios* quiere decir pestañas). A su vez, la apariencia de ficcionalidad es lo que se simula en esta película, como argumento más adelante.
37. Por lo que respecta a los temas de los radioteatros argentinos, Rivera incluso alude al Marqués cuando pasa revista a los asuntos más recurrentes: «Sobreabundaron los problemas de identidad, los inocentes condenados, las madres solteras, los amores imposibles, los huérfanos, los grandes villanos y las criaturas absolutamente angelicales, que padecían tormentos y agravios que no hubiera soñado el Marqués de Sade» (1985b: 66 s.).

motivaciones de los personajes y hasta se identifica al sospechoso (la música en vivo de un piano acrecienta el suspenso). Mientras se detallan estas cuestiones, al fondo se observa cómo el encargado de los efectos especiales (José Lewgoy) complementa las palabras de los locutores con algunos sonidos como, por ejemplo, el crujido de puertas, cerraduras, pasos, etc. (en otras escenas de la película son tazas de té y hasta tormentas).[38] Anteriormente se ha mostrado el rodaje y el doblaje de una película protagonizada por César Mássimo y Lyla Van, ahora se visualizan los mecanismos de construcción ficcional —artificial— propios de la radiofonía.

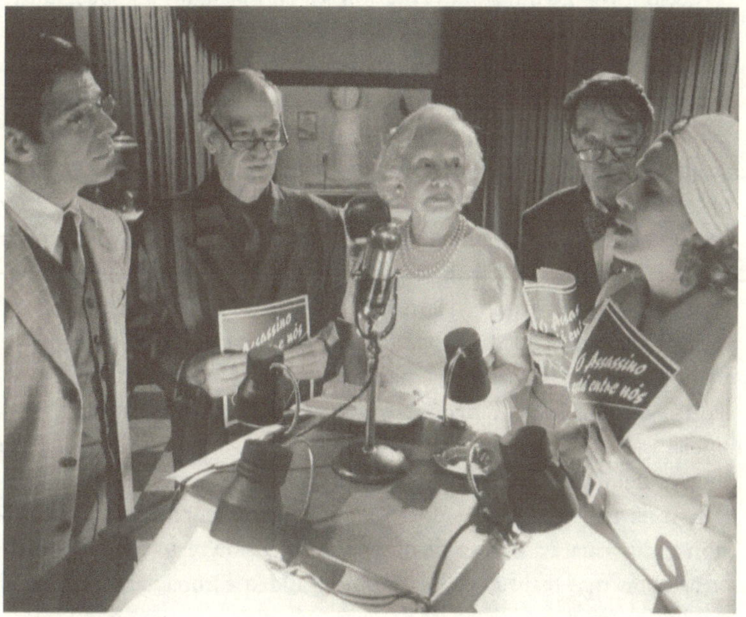

p90 – Imagen de *A hora mágica* de Guilherme de Almeida Prado. El elenco del radioteatro *O assassino está entre nós* impecablemente vestidos *para la radio*. Tito (Raul Gazolla) es el primero de la izquierda.

38. Este pequeño laboratorio de sonidos recuerda la atmósfera acústica de la primera secuencia de *A dama do cine Shanghai* cuando se oyen los sonidos más estereotipados de las películas clásicas del género policíaco.

Esta serie de artilugios empleados por el equipo técnico y artístico de *Rádio Brasil* también suele ser aplicado *mutatis mutandis* por el cine y la televisión para contar historias. Lo que a primera vista aparenta ser un antiguo modelo narrativo (radiofónico) pasado de moda, en realidad sigue más activo que nunca en telenovelas, series y en películas de cine y televisión, donde también se exponen conflictos bien delineados, se trazan los perfiles psicológicos de los personajes, se presentan los principales sospechosos y una impactante dimensión musical recalca las emociones y el suspenso. Asimismo, varias telenovelas contemporáneas ofrecen al inicio de cada capítulo un breve resumen de las acciones de las emisiones anteriores y, en Brasil, los telespectadores pueden consultar en la prensa diaria los resúmenes de sus telenovelas favoritas y en ocasiones se anticipa lo que va a suceder.[39] A su vez, los temas anunciados por los locutores también aluden a los motivos más excitantes del entretenimiento cinematográfico por excelencia (amor, aventura, emoción, lágrimas, sueños, venganza). Es más, precisamente son los temas de las películas que dobla Tito. De este modo, *A hora mágica* aborda aparentemente «antiguos» modelos narrativos propios de los radioteatros de mediados del siglo XX, pero a la vez sugiere la vigencia que tienen estos esquemas en los medios audiovisuales.

En total sintonía con la poética autorreferencial-lúdica de Almeida Prado, uno de los temas más parodiados por *A hora mágica* es la ficción/manipulación cinematográfica y radiofónica: su construcción artificial y su placentero consumo. El filme amplía formidablemente este motivo del cuento de Cortázar y se concentra en poner al descubierto la serie de artilugios manejados por las instituciones creadoras de la ilusión audiovisual en su afán de buscar la perfección realista, más aún, de crear obras más realistas que la propia realidad e impactar y deleitar al público de masas. Una de las escenas más reveladoras en este sentido

39. Véanse, por ejemplo, las secciones «Resumo das novelas» en diferentes diarios y páginas en Internet. En el campo del cine, también abundan las sinopsis que informan a los espectadores interesados sobre las tramas de las películas —habitualmente acompañadas por la opinión de un crítico— suministrándole las informaciones más importantes en cuanto a los actores, los conflictos y los objetivos de los protagonistas.

muestra el minucioso rodaje de una película que se llama *A múmia azteca* cuyo director también está interpretado por José Lewgoy, el mismo actor que interpreta al técnico de *Rádio Brasil* responsable por los sonidos que simulan efectos especiales. A su vez, el título de la película evoca sin escrúpulos el filme mexicano homónimo *La momia azteca* (1957), dirigido por Rafael Portillo. Conviene recordar que Lewgoy también hace de director de cine en otras películas de Almeida Prado. En *A dama do cine Shanghai*, por ejemplo, el personaje que interpreta afirma haber sido director de cine, y entre las películas que supuestamente dirigió menciona «O caçador de crepúsculos», que es un relato breve de Cortázar incluido en *Un tal Lucas* (1979). En el texto el narrador se propone rodar solamente atardeceres (*horas mágicas*). Este tejido de múltiples referencias intertextuales sugiere un cine saturado de ficciones ajenas que se superponen sin una motivación evidente.

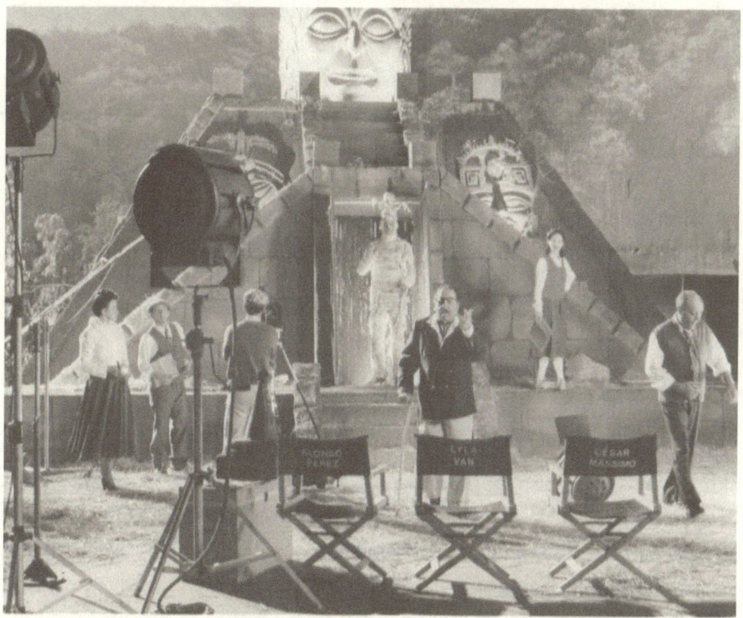

p91 – Imagen de *A hora mágica* de Guilherme de Almeida Prado. Los clichés de un *set* de cine en la filmación de *A múmia azteca.* José Lewgoy aparece como director con un bastón en la mano y un parche en el ojo.

Durante el rodaje de *A múmia azteca* un simbólico *traveling* descubre lentamente lo que hay por detrás de una fachada que aparenta una antigua pirámide por donde deambula una momia grotesca. Se muestran trípodes, cables, reflectores que encandilan la visión, vestuarios, maquilladores, espejos, humaredas, etc. En otras escenas de *A hora mágica* la cámara se desliza hasta el interior de los aparatos de radio donde enfoca sus entrañas y muestra la materialidad técnica del medio, es decir, se ven circuitos, fusibles y altoparlantes. Este ángulo, bastante inverosímil por cierto, hace hincapié en la dimensión tangible del aparato que emite radioteatros y produce emociones entre pronósticos del tiempo y noticiarios.

A hora mágica retoma muy claramente algunos rasgos del cine brasileño de la década de 1980 anteriormente expuestos. Algunas reflexiones de Ramos acerca de aquel cine ayudan a interpretar cabalmente la propuesta de la película de Almeida Prado. Ramos examina el referente narrativo evocado y parodiado constantemente por ciertas películas de aquel período y explica que se trata de una narrativa «onde a totalidade ainda era possível, onde as ações ainda tinham seu sentido pleno e as histórias podiam contar o que havia acontecido» (1991: 306). Asimismo agrega:

> A busca aqui parece se centrar em torno de uma narrativa que contenha códigos rígidos e cristalizados de verossimilhança, na qual o universo ficcional se articule de maneira fechada, construindo um universo que parece se suprir e onde se evidencia a possibilidade do relato daquilo que aconteceu (1991: 306).

Este modelo narrativo tradicional, que desde el punto de vista de la recepción promueve el característico potencial de «captación cognitiva» (Wuss 1993: 114), también subyace a los radioteatros de Lemos en el cuento de Cortázar, al argumento de *O assassino está entre nós* o a las películas de César Mássimo. Nos encontramos así con un fenómeno central de la película *A hora mágica* que descompone y parodia obsesivamente modelos narrativos —audiovisuales y radiofónicos— cuya concepción ella misma ha perdido: «o mundo como totalidade e a narração como possibilidade de relato» (Ramos 1991: 312). Al contrario de las películas de César Mássimo o las piezas de radioteatro de

Lemos en el cuento de Cortázar, la historia —y sobre todo la mediación narrativa de la historia— de *A hora mágica* exhiben una serie de irregularidades que continuamente ponen en entredicho la coherencia interna y la verosimilitud del relato fílmico. El conjunto de anomalías e incoherencias injustificadas como, por ejemplo, encuadres insólitos tomados desde dentro de una radio o una lámpara, desestabilizan lúdicamente el modelo de la narración clásica del cine haciendo hincapié en el proceso de narración y sugiriendo, además, la imposibilidad de una representación audiovisual coherente libre de convenciones estereotipadas y de referencias intertextuales. *A hora mágica* cuestiona la *doxa* narrativa tradicional del cine de ficción negando una representación homogénea y coherente, y pone en escena un contraste polifónico de sistemas de representación divergentes: a nivel intradiegético, los radioteatros y los fragmentos de películas que se están rodando, doblando o proyectando en el cine, articulan las convenciones narrativas más clásicas que arrojan una imagen coherente del mundo a través de géneros, motivos y técnicas archiconocidos. Y a nivel extradiegético, la narración *incoherente* de la película vehicula una historia mediáticamente consciente, fragmentaria y heterogénea cuya propia artificialidad se pone de relieve constantemente.

Es preciso reconocer que esta «coexistência não-conflituante de elementos antagônicos» (Bernardet 1985: 76) tiene un alto potencial de entretenimiento tanto para los espectadores más cinéfilos —que captan risueños la mezcla de *chanchadas*, *film noir* y cine mexicano— como para otros espectadores no tan cinéfilos, los cuales se deleitan con la diversidad de estilos e historias enlazadas. Al formular Seeßlen un razonamiento sobre el cine de Lynch en el cual afirma que en sus películas no se percibe solamente *una* obra de arte acabada, sino que simultáneamente es posible participar en diferentes procesos estéticos (1998: 111 s.), su idea también describe muy bien el modo de recepción provocado por *A hora mágica*.

Entre los modelos narrativos más explícitamente parodiados por el filme de Almeida Prado se encuentra el de las películas de detectives (las primeras palabras de la película son «Um mistério, será que foi... suicídio?»). Pero en este caso, no se trata de una película representada en la ficción de segundo grado (S2) como, por ejemplo, *A múmia azteca*, sino que *A hora mágica* incorpora el esquema convencional del género detectivesco en la ficción de primer grado (S1). El misterio de un crimen sangriento, las averiguaciones policiales y finalmente una clara resolución son los ingredientes más importantes del género de detectives que la película añade al argumento de Cortázar. El género detectivesco se presta formidablemente para ilustrar la noción de «proceso de búsqueda de soluciones» o *Problemlösungsprozeß* planteado por Wuss en su explicación del funcionamiento de los argumentos convencionales del cine de ficción basados en el claro planteamiento de un conflicto bien delineado y su gradual solución (1993: 114). En tal sentido, «el filme clásico se mueve rígidamente hacia una creciente conciencia de la verdad absoluta» (Bordwell 1996: 159). *A hora mágica* reproduce al pie de la letra estas características y, como era de esperarse, se identifica al culpable de la serie de asesinatos cometidos en el transcurso de la historia. Pero el entramado casual de la película es sumamente forzado y puede ser leído como una parodia de la obligatoriedad que tienen las películas clásicas de aclarar los misterios. Como su célebre colega Clouseau, el inspector Bandeira expone una supuesta explicación que dilucida el caso hasta el último detalle: Hilário, uno de los personajes interpretados precisamente por Lewgoy, resulta ser el presunto jefe de una banda de delincuentes prófugos y el responsable de los asesinatos. Bandeira expone asimismo las pruebas que vinculan a Hilário con un circo itinerante llamado «Caligari», empleado por el payaso para esconderse y cometer sus crímenes. El detalle remite claramente a la muy conocida película expresionista alemana *Das Cabinet des Dr. Caligari* (1920), de Robert Wiene.

Por su parte, el actor José Lewgoy (1920-2003) es el villano por excelencia del cine brasileño. Lewgoy ha encarnado a temidos espías, malhechores y rufianes en numerosas películas e históricas *chanchadas*, como en *Carnaval no fogo* (1949), *Aviso aos navegantes* (1950), ambas de Watson Macedo, o *Amei um bicheiro* (1952), de Jorge Ileli y Paulo Wanderley, entre otras. Este guiño —o «mirada cariñosa al pasado» (Ramos 1991: 304)— de Almeida Prado transciende el mundo de su película al recordar la biografía actoral de Lewgoy.

Pero la captura de este personaje encierra otra referencia al período silencioso de la historia del cine. En la era de la televisión, el encargado de simular los efectos de sonido de *Rádio Brasil*, el personaje Hilário, cambia de profesión e interpreta a un payaso, o sea, *simula* otra identidad en un programa de entretenimiento televisivo. En uno de estos programas el comandante Bandeira y sus colaboradores capturan a Hilário vestido de payaso y las imágenes del arresto citan varios planos de la película de espías *Spione* (1928), de Fritz Lang. Antes de la captura, una serie de detalles sueltos como, por ejemplo, una bella espía de atracción fatal (Lúcia), una joya femenina perdida y más tarde reencontrada (el pendiente) o diversos signos orientales, ya venían anunciando este lazo intertextual que se hace más patente cuando se lo captura al payaso incógnito. Hay que señalar que el desconocimiento de la película de Lang de ninguna manera confunde la recepción de la escena, puesto que es usual en las películas de detectives que el delincuente termine siendo el menos sospechado por el espectador, de modo que la referencia al cine de Lang así como tantos otros elementos de *A hora mágica* corresponden a la muy característica «codificación múltiple» del cine posmoderno de Almeida Prado.

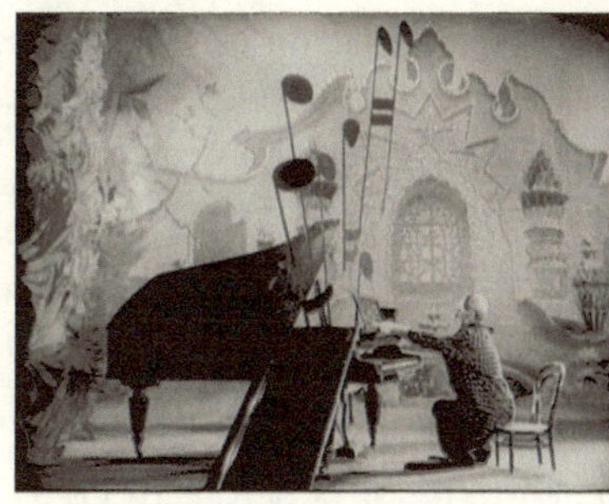

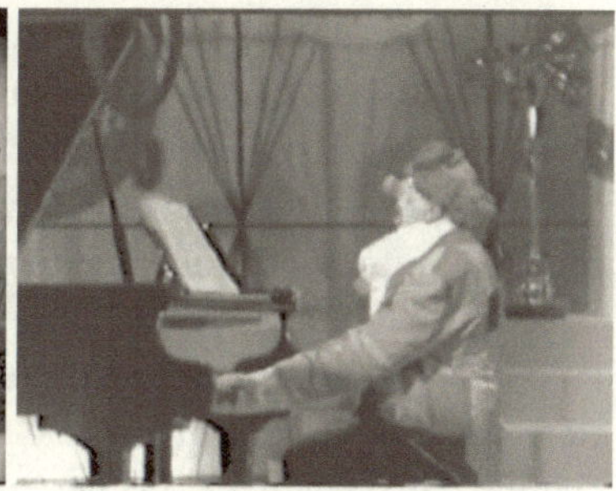

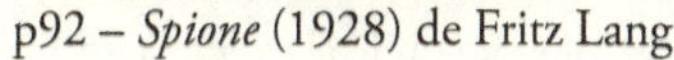

p92 – *Spione* (1928) de Fritz Lang

A hora mágica (1998) – p93 de Almeida Prado

Si bien *A hora mágica* se propone desarticular lúdicamente los mecanismos de la ficción cinematográfica tradicional siendo ella misma una película de ficción, entonces no puede escapar de su propio proyecto. Por tanto, en el filme se produce un fenómeno que

Pucci Jr. examina en *A dama do cine Shanghai* que consiste en «uma oscilação entre ilusionismo e não-ilusionismo em frequência extraordinariamente intensa» (2008a: 183 y 205). De este modo, diversos elementos fragilizan las estructuras aparentemente convencionales arriesgando —a veces tirando por la borda— la coherencia interna de la película y generando una «intermitente quebra do ilusionismo» (Pucci Jr. 2008a: 165). Por ejemplo, llama la atención el ambiente sumamente artificial que tiene la confitería donde se produce el primer encuentro entre Lúcia y Tito. Este local se asemeja más a un *set* de cine que a una confitería común. Asimismo, mientras Tito espera a su admiradora y autora de las cartas, las voces *en off* de los locutores de *Rádio Brasil* subrayan el presunto suspenso que contiene esta escena con el mismo tono sobreactuado empleado para introducir los capítulos de la pieza *O assassino está entre nós*: «Será que Lúcia faltará ao encontro? Como Lúcia reagirá ao conhecer o verdadeiro Tito? Será ela a mulher de seus sonhos?».

Este muy significativo cortocircuito narrativo o metalepsis *in verbis* —ausente en el cuento de Cortázar— se produce debido a la ruptura de límites que hay entre lo que se representa a un nivel diegético inferior (los radioteatros) y la narración extradiegética de la película *A hora mágica*, situada a un nivel superior. Dicho de otro modo, la instancia narrativa fílmica extradiegética de la película incorpora las técnicas de los radioteatros de antaño a su propio modo de representación, mientras que en el relato de Cortázar no se produce la metalepsis en la medida en que es posible diferenciar las piezas de Lemos, por una parte, y la narración-marco del cuento, por otra. Tan solo en una ocasión se entrecruzan estas dimensiones cuando Tito imagina el primer encuentro desde la perspectiva estereotipada de los radioteatros de Lemos. La narración extradiegética —aparentemente realista— del filme de Almeida Prado se contamina continuamente con los artilugios narrativos de otras épocas y de las ficciones representadas. *A hora mágica* recuerda y cuestiona al mismo tiempo la vigencia de antiguos mecanismos en las diarias ficciones audiovisuales del cine y la televisión.

En Cortázar, los procedimientos de la narración paradójica producen por lo general un efecto perturbador que señala un «momento de crisis (cognitiva)» (Lang 2006: 21). Pero en *A hora mágica* la metalepsis así como otros procedimientos paradójicos encierran un alto potencial lúdico. Los procedimientos de la narración paradójica están a la orden del día en el cine de Almeida Prado, pero cambian de signo respecto al funcionamiento de lo paradójico en la escritura de Cortázar dado que allí perturban la razón, mientras que en *A hora mágica* ironizan paródicamente la *doxa* del cine de ficción. En los cuentos de Cortázar la narración paradójica remite, entre varias otras cuestiones, a las limitaciones del pensamiento racional y narrativo de Occidente, mientras que en el cine de Almeida Prado recobra una función lúdica transgresora de las convenciones cinematográficas clásicas produciendo no tanto momentos de crisis cognitiva, sino que, además de ello, momentos de parodia lúdica.

La misma escena de la confitería guarda otras sugerentes *brincadeiras* bajo la manga. Antes de que Lúcia llegue al establecimiento, Tito pregunta a una mujer que se encuentra de espaldas a la cámara si casualmente se llama Lúcia. La mujer se vuelve y en el momento preciso en que se disculpa afirmando que se llama Susana, un haz de luz ilumina su rostro y desaparece cuando termina de pronunciar su nombre. Este efecto pone al descubierto la iluminación ideal que suelen tener los personajes en el cine y la televisión. Sin embargo, Susana está interpretada por Maitê Proença, la misma persona que interpreta a Lyla Van, la estrella de cine con quien Tito dobla las películas, o sea, aquél la tendría que reconocer al instante. A su vez, Susana también se llama el personaje interpretado por Maitê Proença en *A dama do cine Shanghai*. Finalmente, Lúcia llega a la confitería y mientras los personajes dialogan, un encuadre los enfoca desde la calle a través del marco de una ventana. Cuando rememoran los papeles interpretados por Tito en diferentes radioteatros, esta conversación se materializa y una serie de personajes, que parecen ser los recordados, desfilan por la calle (soldados, policías, trabajadores de minas, etc.) y hasta caen bombas que producen fuego y una humareda. O sea, el contenido de algo imaginado (S2), que una película tradicional audiovisualizaría por separado, se incorpora fluidamente en *A hora mágica* sin distinción respecto a S1. Por cierto, la confitería aludida se llama *Lírio partido*, cuya traducción al inglés remite directamente a la película *Broken Blossoms* (1919), del hombre que contribuyó bastante en el perfeccionamiento del sistema de continuidad en el cine narrativo: David W. Griffith. Como lo dicho antes, la densa red intertextual urdida por *A hora mágica* de ninguna manera confunde el visionado del espectador no tan cinéfilo y, por otra parte, produce una satisfacción adicional desde el punto de vista del espectador más experimentado o «cómplice», que va captando continuamente las referencias. El encuadre en el que aparece el nombre de la confitería cinéfila muestra a Lúcia y Tito a través de la ventana, una composición fotográfica idéntica a la secuencia inicial de una película de cine cuando aparece su título.

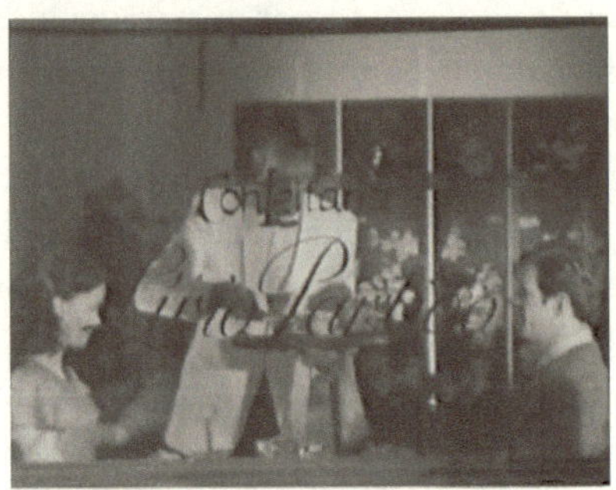

p94 – Júlia Lemmertz y Raúl Gazolla en *A Hora Mágica* de Guilherme de Almeida Prado. Lúcia y Tito se citan en la «Confeitaria *Lírio Partido*» y *A hora mágica* evoca a David W. Griffith.

El fenómeno paradójico consistente en que Maitê Proença interprete también a una tal Susana, o que el conocido actor Lewgoy interprete tres papeles diferentes en una misma película sin una justificación clara (el portero ciego del edificio donde vive Tito, el director de *A múmia azteca*, Hilário, y éste a su vez el payaso asesino), despista y juega con una convención del (radio)teatro y el cine consistente en que una misma persona suele interpretar roles diferentes, pero en obras diferentes: *¿y por qué no en una sola?*, sería la contrapropuesta lúdica del cine posmoderno de Almeida Prado. En su filme *A dama do cine shanghai* el galán del cine brasileño José Mayer interpreta a cuatro personajes diferentes.

Como haciendo *zapping* en la televisión a través de varios canales de películas en *A hora mágica* se superponen sin escrúpulos el *noir*, las *chanchadas*, el policial, Griffith y Lang, incluidos por supuesto los comerciales de publicidad. Una muy sugerente secuencia muestra en montaje paralelo una publicidad del artículo de belleza *Cillion*, que sirve para embellecer las pestañas femeninas, mientras tanto Tito le recita versos sumamente estereotipados a Lúcia y más tarde se acuesta con ella. La escena amorosa de los protagonistas transcurre con el sonido de fondo del *spot* comercial de *Cillion*, el mismo artículo que auspicia los radioteatros (S2), pero que en este momento se enmaraña con la historia de Tito (S1): «Nas telenovelas brasileiras, protagonistas principais da trama aparecem nos intervalos comerciais fazendo propaganda de produtos», explica el sociólogo brasileño Fridman en su trabajo sobre la sociedad posmoderna (2000: 32). Desde este punto de vista, es posible que *A hora mágica* ironice aquella práctica llevándola al extremo de incorporar fluidamente la publicidad dentro del propio del filme. O al revés, las dimensiones se invierten dado que los límites de la narración de S1 se desbordan respecto al *spot* publicitario de la radio y parece que Tito y Luciana se integran al comercial de *Cillion* cuando aparecen como continuación del mismo, acaso como protagonistas del comercial.

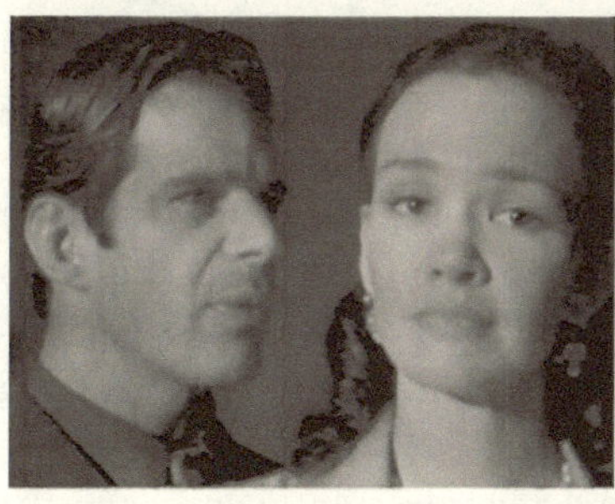

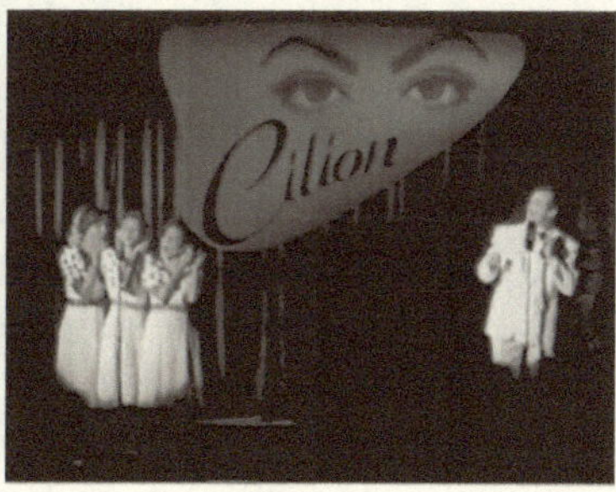

p95 Raul Gazolla y Julia Lemmertz en *A hora mágica* de Guilherme de Almeida Prado. p96

El movimiento pendular entre un modo de representación más o menos realista y otro que fractura las normas del relato fílmico tradicional genera una situación análoga a la planteada por la escena final del cuento de Cortázar, cuando la ambigüedad impide una clara diferenciación entre lo objetivo y lo subjetivo o alucinatorio. Asimismo, en la primera parte del cuento «Cambio de luces» aún es posible distinguir a grandes rasgos entre lo imaginado por el protagonista y lo que acontece efectivamente. Esta frontera se disuelve luego, hacia el final. En la película *A hora mágica*, en cambio, hay una ambigüedad constante entre lo que aparenta ser ficción de primer grado (S1), por un lado, y la paradoja que Bernardet denomina «ficção fingida», por otro (1985: 82). Entre los procedimientos experimentados por algunos cineastas brasileños en la década de 1980 Bernardet distingue una «forma de representação que alia aspectos do realismo à ironia, que não mascara seu caráter de representação» (1985: 82). Es en este sentido que Tito sobreactúa en varias ocasiones —fuera de los estudios de grabación— sus gestos y su voz como si estuviera actuando en un radioteatro o doblando una película de César Mássimo. Es decir, algo que se supone que corresponde a S1 en ocasiones exhibe la apariencia estereotipada de los productos ficcionales que corresponden a S2. Varios procedimientos autorreferenciales-metaficcionales insinúan —uno de ellos lo señala explícitamente— que también *A hora mágica* es, a su vez, una construcción ficcional tal como *A múmia azteca* o las películas de César Mássimo. Acaso *A hora mágica* es un filme dentro de otro, como lo insinúa *A dama do cine Shanghai* en su desenlace; o sencillamente se trata de un radioteatro sintonizado accidentalmente al comienzo de la película por algún radioescucha desconocido que imagina —con su cinéfila imaginación— lo representado en pantalla. Esta hipótesis daría otro sentido a las voces de los locutores de *Rádio Brasil* que relatan el encuentro de Tito y Luciana en la confitería como si fuera una radionovela como cualquier otra.

Entre los procedimientos autorreferenciales y anti-convencionales más sobresalientes de la película se encuentra el emparejamiento o la nivelación paradójica de S1 y S2, es decir, la ruptura de límites entre lo que se postula como real y ficcional dentro del mundo de la película, como lo sugiere la siguiente escena: una mujer desconocida, cuyo rostro no se muestra pero cuya voz el espectador reconocerá más tarde (es Lúcia), sorprende a Tito dentro de su propio departamento cuando aquél llega del trabajo. Este encuentro furtivo se produce *antes* de que la pareja se conozca personalmente en la confitería *Lírio partido*. Por lo tanto, el hecho de que Tito no reconozca inmediatamente a la mujer que ya había encarado en su propia casa representa una de tantas incoherencias no justificadas de *A hora mágica*. La dama afirma haber perdido algo (el pendiente caído en la primera secuencia del filme) y exige la devolución del objeto apuntando con un arma de fuego a Tito. Éste sobreactúa una reacción soberana o *cool*, como si estuviera doblando a César Mássimo, y pronuncia una frase sumamente estereotipada: «Aqui quem põe as cartas sou eu!» (p97). Entonces la mujer cae de rodillas teatralmente y aparecen los «anillos de doblaje» que le confieren a esta escena el estatus de ficción dentro de la ficción; como si fuera una escena que también se está doblando. Lo que aparece a continuación representa un motivo musical carnavalesco propio de las *chanchadas* brasileñas de los años de 1950 (p99). La escena se dobla con las voces de Lyla Van y Tito. Luego, los «anillos de doblaje» devuelven inmediatamente los sucesos de S1. No obstante, este fenómeno de nivelación paradójica se repite a lo largo de la película. De modo que en el proceso de visionado se instala una duda constante respecto a lo que se presume como real (S1) o ficcional (S2), siempre con relación al mundo de la película.

p97 (S1) p98 p99 (S2)

Raul Gazolla en *A hora mágica* de Guilherme de Almeida Prado.

Los procedimientos autorreferenciales y metaficcionales de *A hora mágica* alcanzan uno de sus picos más altos cuando, precisamente en una sala de cine, un efecto desconcertante simula que el rollo de película sufre un desperfecto y se corta, como al inicio de *Persona* (1966), de Bergman. Esto ocurre cuando Tito descubre a Lúcia sentada al lado de César Mássimo durante la proyección —probablemente el estreno— de la película *A múmia azteca* (p100/p101). Este procedimiento insinúa que *A hora mágica* es una película dentro de otra indeterminada, o sea, lo que inicialmente aparentaba representar el marco o ficción de primer grado, automáticamente se desplazaría a un nivel diegético inferior. Este efecto perturbador tiene sus raíces en las nociones poetológicas de Almeida Prado anteriormente explicadas y también actualiza un fenómeno típico del cine y la literatura considerados posmodernos: «What postmodern fiction does repeatedly is prevent us from passively entering the fictional world by constantly reminding us that it *is* a fictional world» (Nicol 2009: 39).

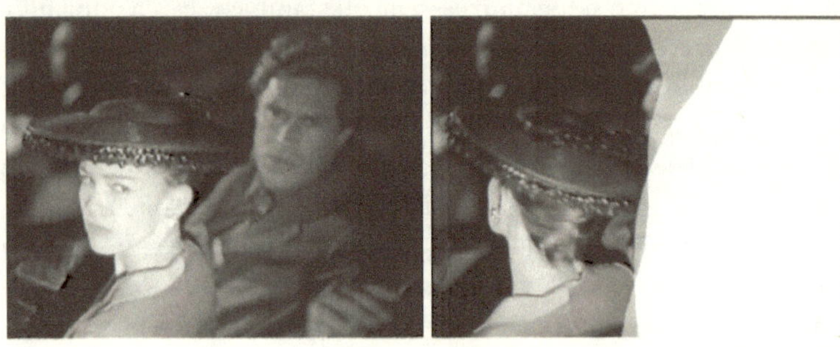

p100 Julia Lemmertz y Paulo Sosa en *A hora mágica* de Guilherme de Almeida Prado. p101

El cuento «Cambio de luces» contiene elementos propicios para una comedia amorosa de enredo o se presta también para una telenovela donde, por ejemplo, la relación epistolar de Luciana y Tito se prolonga generando suspenso. Pero la cultura cinematográfica posmoderna que recrea algunos elementos del cuento explora otros potenciales de significación que afectan particularmente la autorreferencialidad, la ficcionalidad y la tematización lúdico-paródica de antiguos modelos narrativos, que en el fondo siguen vigentes por cierto. Cortázar aborda en el terreno de la literatura un modelo narrativo de radioteatros populares, el cual aparece bajo la luz de la ironía. El narrador menciona que «eran teorías que siempre funcionaban bien en Radio

Belgrano», pero que de ninguna manera «funcionan» para aprehender el mundo mucho más complejo y ambiguo que las piezas de Lemos. Además, en *CdL* —así como también en la novela *La tía Julia y el escribidor*— aún es posible diferenciar el mundo ficticio de las piezas de los radioteatros, por una parte, y los sucesos relacionados a la vida del protagonista, por otra. En *A hora mágica*, en cambio, se produce constantemente un cortocircuito entre los modelos narrativos intradiegéticos y la narración extradiegética del filme. Considerablemente en mayor proporción que el cuento de Cortázar, la película de Almeida Prado se concentra en desmontar la maquinaria narrativa convencional cinematográfica y radial. Al contrario de lo efectuado por otras culturas cinematográficas que traducen o neutralizan racionalmente lo paradójico e irracional de los cuentos de Cortázar como, por ejemplo, *L'ingorgo* (1979) o *Diario para un cuento* (1998), *A hora mágica* multiplica los procedimientos de la narración paradójica. Pero como he señalado, en el contexto del cine posmoderno los procedimientos paradójicos desempeñan una función lúdico-paródica.

A hora mágica renuncia al intento de una representación coherente a través de convenciones tradicionales tan arraigadas en el cine y los espectadores, y refleja un mundo audiovisual saturado de esquemas narrativos estereotipados aún en circulación. La película mezcla elementos heterogéneos en una intensa búsqueda de otros horizontes estéticos y de renovadas expresiones más allá de las históricas pautas del cine clásico. Kreimeier hace hincapié en esta cuestión cuando considera, por ejemplo, *Wild at Heart*, de Lynch, un producto artístico compuesto por un conjunto de motivos, constelaciones de personajes, símbolos y esquemas estéticos altamente estereotipados que reflejan una realidad mediática construida artificialmente (2002: 180); razonamiento que también sintetiza varias facetas de *A hora mágica* así como de *Onde andará Dulce Veiga?* Se ha dicho que las películas de Almeida Prado remarcan obsesivamente el anquilosamiento de numerosas convenciones del modelo clásico del cine. Pero tal vez sugieran también la «impossibilidade de se apagar por completo sua herança» (Ramos 1991: 305) y que por ello, quizá, «il passato, visto che non può essere distrutto [...], deve essere rivisitato: con ironia, in modo non innocente» (Eco 2001: 529). Es evidente que *A hora mágica* retoma diversos fenómenos introducidos —entre otros por el propio Almeida Prado— en el cine de Brasil en la década de 1980. Pero el filme no aparenta tan anticuado en cierta medida porque la mayoría de los modelos parodiados siguen campantes en el panorama cinematográfico internacional. Si bien es posible argumentar que algunos rasgos de *A hora mágica* no parecen novedosos y que además provienen de décadas pasadas, también hay que recordar que hacia fines del milenio, cuando se estrena la película en 1998, numerosos procedimientos narrativos parodiados en el filme gozan de una salud formidable en cine y televisión. Pero las películas de directores como Almeida Prado transforman el habitual modo de recepción de aquellas pautas convencionales e invitan a mirarlas de otra manera, así como también a reconsiderar sus potenciales.

6. Conclusión y perspectivas

Generalmente se encaminan las relaciones entre las obras de literatura y sus recreaciones cinematográficas como procesos que implican un sentido de la literatura al cine. En este trabajo también se recorrió el camino inverso que implica un proceso del cine a la literatura, puesto que fueron cineastas quienes, en un momento histórico dado, se concentraron en los cuentos de Cortázar para filmarlos y así proponer novedosas líneas de interpretación. En ocasiones existen factores muy claros que explican por qué razones un determinado autor o estilo literario llama la atención a los cineastas en un contexto histórico. En tal sentido, partí de la reconstrucción de una cultura cinematográfica y en ella fueron rastreados múltiples factores que no solo explican las técnicas narrativas subyacentes a los filmes que recrean la obra de Cortázar, sino que también fue posible determinar los atractivos y potenciales que tienen los textos del escritor desde el punto de vista de diferentes contextos y momentos en la historia del cine. Es sumamente llamativa la apertura y versatilidad de la literatura de Cortázar para su recreación en variados modelos de narración fílmica, puesto que fueron seleccionadas tres culturas cinematográficas bastante diferentes en lo referente a las configuraciones narrativas así como también respecto al modo de visionado y el potencial de efectos de sus películas. Es posible que a cada época o generación (cinematográfica) las obras literarias de otros tiempos motiven y desafíen nuevas actualizaciones mediante las cuales se reinterpretan los contenidos.

Manuel Antin, escritor y poeta, abre el fuego en la histórica recreación cinematográfica de los cuentos de Cortázar y debuta como director en el cine argentino de la *Generación del 60*. Bajo el signo de la innovación de los esquemas cinematográficos tradicionales de creación y recepción, recrea la obra de Cortázar a través de la *transgresión* de las convenciones narrativas clásicas del cine de ficción. Hacia 1960 emerge en Argentina un tipo de cine independiente que reacciona contra las normas clásicas y se caracteriza por una renovación estética y temática en la cual se inscriben también las nociones poetológicas del cineasta en lo referente a la representación de la memoria y la subjetividad a través de novedosos procedimientos fílmicos. Dentro de este ámbito, la trilogía *La cifra impar*, *Circe* e *Intimidad de los parques* trata conflictivas relaciones amorosas ligadas a la fatalidad (*eros-thanatos*), y recrea el característico final abierto y ambiguo de los cuentos de Cortázar.

Roberto Gervitz realiza una película que recrea en Brasil el argumento de un cuento que se desarrolla en los subsuelos de París. El filme articula creativamente el modelo de la narración clásica del cine basado en la *aplicación* de las principales normas narrativas cinematográficas las cuales restauran la cronología del texto-fuente, recomponen cadenas de causa-efecto y dejan aparte la dimensión autorreferencial-metanarrativa de Cortázar, la cual, en este modelo de cine, cuenta con un alto potencial desorientador. *Jogo subterrâneo* reconstruye la coherencia de una historia susceptible de ser captada cognitivamente y cuya configuración narrativa exhibe el potencial de entretenimiento. El muy sugerente tratamiento fotográfico y musical del filme enriquece singularmente variados potenciales de significación respecto al texto-fuente como, por ejemplo, en lo referente a la *ludendi facultas* del hombre contemporáneo. Respecto al desenlace, a diferencia del cuento, el motivo amoroso desemboca en un final feliz y la película concluye con un armonioso epílogo así como un cierre concreto sin tantos cabos sueltos. A su vez, la linearización de lo discontinuo y fragmentario, así como también la neutralización o racionalización de los procedimientos de la narración paradójica, representan operaciones que caracterizan varias películas de cine y televisión inspiradas en los textos de Cortázar. En sus cuentos prevalece una narración discontinua que (des)ordena los sucesos de manera preferentemente no cronológica. En cambio, la continuidad así como la causalidad constituyen principios enraizados hondamente en la historia del cine narrativo. Así, por ejemplo, la linearización de lo discontinuo cortazariano no constituye exclusivamente una operación aislada efectuada por ciertos cineastas en particular, sino que puede ser concebida como claro rastro de apropiación del texto literario por parte de una difundida cultura cinematográfica.

Guilherme de Almeida Prado dirige varias películas hasta realizar finalmente su antiguo proyecto de filmar un cuento de Cortázar y lo hace, como en sus demás películas, a través del *juego* con las normas narrativas tradicionales del cine de ficción. La densa intertextualidad y los procedimientos autorreferenciales de sus películas están íntimamente relacionados con el cine posmoderno, el cual se caracteriza entre otras cosas por la parodia lúdica que hace de ciertos géneros y asimismo por enfatizar la ficcionalidad. En este sentido, la representación del amor en *A hora mágica*, por ejemplo, parodia lúdicamente, esto es, sin fines destructivos o satíricos, una serie de motivos estereotipados que, hasta hoy, abundan en las pantallas internacionales del cine y la televisión. También se parodia la obligatoriedad de una clausura coherente al final y la captación cognitiva típicas del modelo de la narración clásica del cine. Las películas de Almeida Prado —y las del cine posmoderno— asocian aspectos de los dos contextos anteriores en la medida en que se configura una «codificación múltiple» que entretiene a la audiencia masiva, por una parte, pero también desafía al crítico más exigente, por otra. Los procedimientos de la narración paradójica adquieren en el filme de Almeida Prado un potencial lúdico-paródico, mientras que en los cuentos de Cortázar revelan momentos de crisis cognitiva. A diferencia de otros modelos de cine, *A hora mágica* multiplica los procedimientos de la narración paradójica que promueven, en este cine, un modo de visionado lúdico.

Está claro que la relación de estas películas con el Modo de Representación Institucional del cine (*transgresión/ aplicación/ juego*), el tratamiento del motivo amoroso o el tipo de desenlace, identifican a culturas cinematográficas más amplias en la historia del cine. Por ello se argumentó que las obras literarias de Cortázar —que a su vez se caracterizan también por la transgresión y el juego— no solo dialogan con *una* película en particular, sino que además entran en contacto con lógicas y tradiciones narrativas cinematográficas. En algunas culturas cinematográficas abordadas en este trabajo se observaron mecanismos narrativos semejantes a los empleados por Cortázar en sus cuentos como, por ejemplo, en las películas de Antin o el cine posmoderno de Almeida Prado. Es decir, algunos procedimientos narrativos que caracterizan la literatura de Cortázar se encuentran también en el terreno cinematográfico y las equivalencias estéticas entre la película y el texto surgen a raíz de una convergencia más amplia de factores, los cuales trascienden claramente el marco intertextual de las obras fílmica y literaria. Así, fueron delineados también algunos puntos de contacto o concomitancias entre ciertos momentos en la historia del cine y los relatos de Cortázar.

En cuanto a la naturaleza de las transformaciones cinematográficas respecto a los textos-fuente, se ha mencionado que las películas actualizan las pautas narrativas vigentes en un período histórico o contexto cultural y que las divergencias derivadas del proceso de recreación del texto remiten a las huellas de la cultura cinematográfica que se apropia de la literatura recreándola según sus propias convenciones. Desde este punto de vista, las posibles —y en ocasiones tan criticadas— divergencias pueden ser postuladas como *actualizaciones* de pautas que se derivan de una lógica narrativa diferente como, por ejemplo, los principios de causalidad y continuidad narrativa de hondo arraigo histórico en el modelo clásico del cine.

Filmadas en las vertiginosas elevaciones de Machu Picchu o en las profundidades del metro de São Paulo, las películas inspiradas en la obra de Cortázar también han causado cierto impacto en las filmografías de sus realizadores. Hay que recalcar que, además de insertarse en culturas cinematográficas particulares, las películas inspiradas en Cortázar se inscriben asimismo en las respectivas filmografías de sus directores. Estas filmografías también revelan asuntos muy importantes si se desean examinar más a fondo las motivaciones que tienen los cineastas a la hora de abordar determinados textos de literatura. Además, *filmografía* puede ser también *bibliografía*, como en el caso de Antin, quien debuta en el cine de largometraje recreando en la pantalla un relato de Cortázar. Antes se había dedicado a la poesía, al teatro y la novela. Y es allí, en su producción literaria, donde se perfilan sus preocupaciones que más tarde serán puestas en escena en el Séptimo Arte a través de los cuentos de Cortázar.

Por otra parte, las relaciones dialógicas de las obras de literatura y los filmes inspirados en aquéllas son cíclicas, vale decir, no pueden ser postuladas sólo en una dirección, dado que el visionado del filme puede sugerir nuevas dimensiones de sentido que complementan el potencial semántico de las obras literarias, las cuales admiten reinterpretaciones múltiples. Las películas suelen promover significativas relecturas de los textos y hasta motivan nuevos proyectos de naturaleza cinematográfica o literaria. Esto incluye muchas veces al propio escritor. En Cortázar, no sólo el visionado de los filmes basados en su obra causa sensación —favorable o no—, sino que también su activa participación en la creación y crítica de cine probablemente repercute en su escritura. Así pues, una particular coyuntura de factores históricos y políticos promovió durante el cine argentino de la *Generación del 60* las condiciones favorables que estimularon la creación de un cine caracterizado por el radical ajuste de cuentas con las convenciones tradicionales del relato cinematográfico. Este clima de época motivó el entusiasmo cinéfilo de Cortázar, quien se interesó no sólo en participar en la creación de un filme paradigmático de la época (*Circe*), sino también en producir textos y argumentos para posibles películas de cine y enviarlos constantemente por correo al realizador Antin. Las sesudas reflexiones y críticas cinematográficas del escritor desarrolladas en varias cartas personales y cintas magnetofónicas señalan claramente que su experiencia cinematográfica —en tanto que espectador y colaborador— deja rastros en su creación literaria. Queda pendiente el estudio más detallado de las múltiples interrelaciones entre la obra y el pensamiento de Cortázar respecto a diversas corrientes de cine que apreció, o no.

Finalmente, si se me permite, quedan por trazar posibles perspectivas de *Los relatos* en el cine. En las últimas décadas se ha cristalizado una tendencia en el tratamiento cinematográfico de la obra de Cortázar que, quizá, seguirá manifestándose con mayor intensidad. Algunos cineastas no solo se inspiran en un cuento en particular, sino que evocan y entrelazan —en una película— múltiples motivos de la imaginación cortazariana extraídos de varios textos. Entre los motivos más citados por estas películas se encuentra, como era de esperarse, el juego de la rayuela, pero también el pez axolotl. A propósito de éste último, la primera escena de la película alemana *Der gläserne Himmel* (1987), libremente inspirada en el cuento «El otro cielo», se desarrolla en un acuario gigante lleno de peces exóticos de aspecto prehistórico. Es natural que una «knowing audience» (Hutcheon 2006: 120) en tanto que espectadores familiarizados con la obra de Cortázar recuerden el muy difundido y estudiado cuento «Axolotl» (*Final del juego*, 1964). Aunque no se trate específicamente de ajolotes, la referencia «libremente basada en un cuento de Julio Cortázar» (*frei nach der Erzählung von...*) y las imágenes de peces vistos a través del vidrio por un hombre, son elementos que indudablemente invitan al espectador, llamémoslo «cómplice», para una ceremonia de visionado palimpsestual.

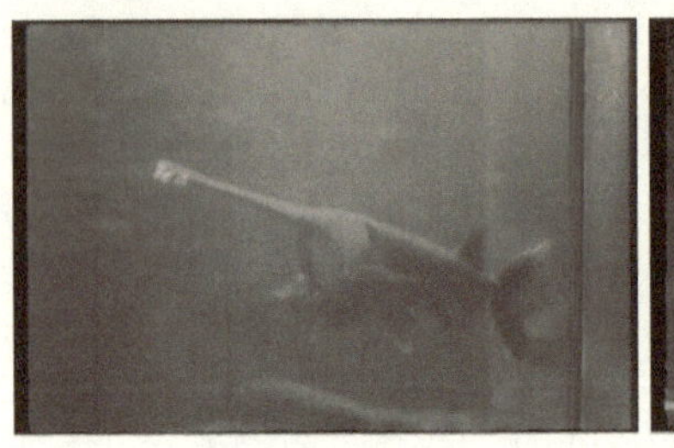
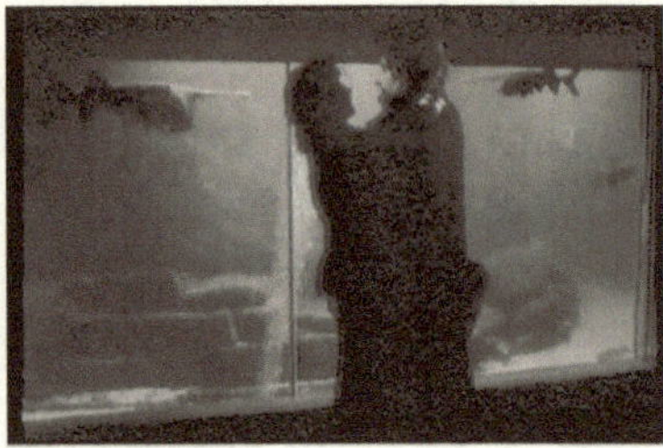

p102 Así comienza la película alemana *Der gläserne Himmel* (1987) de Nina Grosse. p103

Curiosamente, también el documental *París-Marsella* (2005), de Sebastián Martínez, que recrea *Los autonautas de la cosmopista o Un viaje atemporal París-Marsella* (1983), de Cortázar y Dunlop, evoca el mismo motivo y también al principio. El filme empieza, pues, con las imágenes de un axolotl solitario nadando en un acuario. Puesto que no hay ninguna justificación que motive la imagen de un pez, esta referencia puede ser leída como un guiño del cineasta que cita un motivo clásico del escritor, cuyo itinerario de París a Marsella se recorre en el documental. En lo referente al motivo de la rayuela, una escena del mediometraje lituano *Autobusas* (1992), de Vytautas Balsys, basado en «Ómnibus» (*Bestiario*, 1951), muestra a la protagonista caminando por su vecindario para tomar el autobús, y cuando ve a una niña jugando a la rayuela, pasa saltando ella también. Además de la rayuela, este filme también evoca la muy conocida escena de los tablones, uno de los motivos más difundidos de la novela de Cortázar. Dado que no perturban en absoluto el desarrollo natural de las cosas, estas citas sueltas pasan desapercibidas por aquellos espectadores que no conocen la obra literaria aludida. Otra cita se encuentra al final de la película *Diario para un cuento* (1998). En la última escena vemos a un niño tirando una piedra y saltando por las casillas de una rayuela dibujada en el piso, y esto lo observa el protagonista desde su habitación.

Por su parte, el documental *Cortázar* (1994), de Tristán Bauer, sobre la vida y la obra del escritor, representa un admirable mosaico de conocidos motivos cortazarianos. La película se estrena diez años después del fallecimiento del escritor y rinde un homenaje a su persona y su obra. Las primeras imágenes exponen un prólogo en el cual una voz *en off* introduce algunas reflexiones extraídas de uno de los cuentos más conocidos de Cortázar —la película no revela la fuente de las palabras—, que aborda además una preocupación palpitante en su literatura:

> Uno de todos nosotros tiene que escribir, si es que esto va a ser contado. Mejor que sea yo que estoy muerto, que estoy menos comprometido que el resto; yo que no veo más que las nubes y puedo pensar sin distraerme, escribir sin distraerme (ahí pasa otra, con un borde gris) y acordarme sin distraerme. Ya sé que lo más difícil va a ser encontrar la manera de contarlo. Va a ser difícil porque nadie sabe quién es el que verdaderamente está contando. Si soy yo, o eso que ha ocurrido, o lo que estoy viendo, nubes, y a veces una paloma. O si sencillamente cuento una verdad, que es solamente mi verdad (Voz *en off*: *Cortázar*, de Tristán Bauer).

Expresadas estas cavilaciones autorreferenciales en el ámbito del cine documental, por cierto, extraídas del cuento «Las babas del diablo», su potencial de significación se enriquece con nuevas posibilidades de interpretación cinematográfica. Así, estas reflexiones ponen de relieve claramente los principales problemas y conceptos tradicionales que el cine documental ha planteado a lo largo de su historia, tales como la pretendida imparcialidad, la distancia respecto a la materia tratada, sobre todo, la búsqueda del modo auténtico de representación del mundo histórico. Aquellos pensamientos se refuerzan de manera muy sugestiva cuando aparece un niño jugando a la rayuela en el patio de una casona mientras la voz del documental expresa el mencionado fragmento extraído del cuento de Cortázar. Obsérvese el particular enlace de motivos cuando las imágenes evocan la novela *Rayuela*, mientras que la voz *en off* reproduce fragmentos del cuento «Las babas del diablo». A su vez, el juego se caracteriza por la suspensión momentánea de las convenciones habituales a favor de otras reglas que regirán el comportamiento de los participantes mientras dure la ceremonia lúdica. Apoyándose en ciertas concepciones poetológicas de Cortázar, y de manera análoga al juego en su dimensión de suspensión momentánea de las normas cotidianas de la vida, las imágenes y los sonidos y el montaje del prólogo de la película sugieren una subversión de los códigos tradicionales del género documental como condición para abordar la vida y la obra del escritor. Pero la película de Bauer merece un estudio más profundo en otro contexto; lo que aquí cabe resaltar es la forma particular de recrear en el cine los pensamientos y las obras de Cortázar. La variedad de motivos extraídos de varios textos del escritor, entre ellos, la rayuela y el axolotl, aparece mezclada con históricas imágenes de las ciudades donde habitó el escritor. El documental asocia la biografía de Cortázar con su creación literaria y construye un mosaico de impresiones audiovisuales que desafían al lector/espectador, dado que continuamente aparecen ecos y pensamientos extraídos de cuentos, novelas o cartas del autor. A propósito del axolotl, la imagen del pez incluso se funde con el rostro del autor mientras se oyen *en off* algunos pasajes de la conocida carta que le escribe éste a Roberto Fernández Retamar en 1967.[1]

1. Esta fuente del relato *en off* tampoco se revela en la película. La carta a Fernández Retamar se publica en Cuba y aparece también en *Último round* II, bajo el título «Acerca de la situación del intelectual latinoamericano», pp. 265-280.

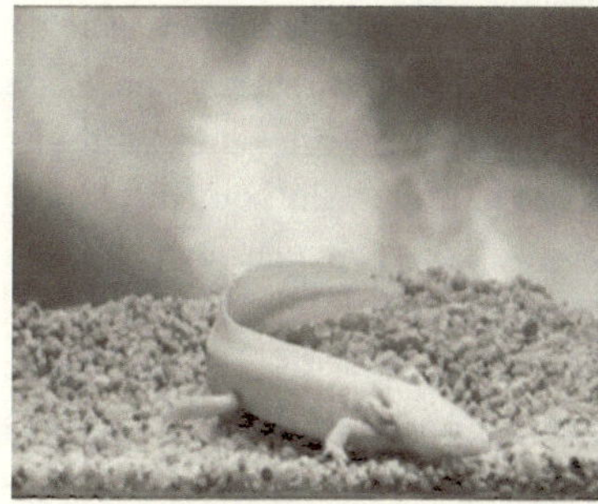

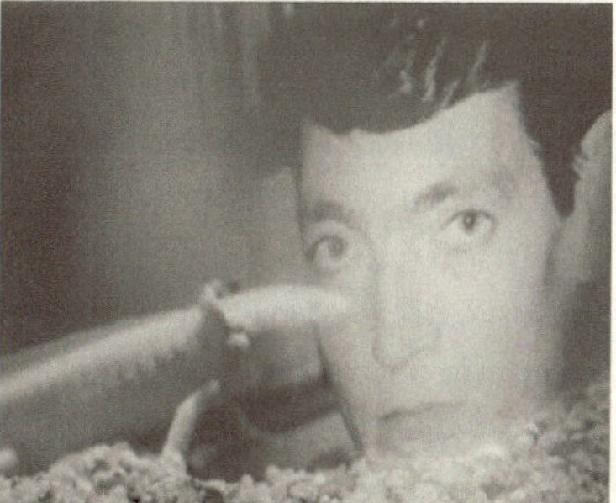

p104 Imágenes del documental *Cortázar* (1994) de Tristán Bauer. p105

En ocasiones tropezamos con motivos cortazarianos sueltos en algunas películas que no se basan *sensu stricto* en una obra del escritor como, por ejemplo, la conocida escena del interminable embotellamiento de *Week-End* (1967), de Godard. Allí, en la autopista, se juega, se conversa, se discute, se convive. Más recientemente, en *La vida secreta de las palabras* (2005), de Isabel Coixet, un personaje dice que lo que le está sucediendo se parece muchísimo a un cuento que ha leído hace poco. No revela el título ni el autor, pero evidentemente lo que relata es el argumento de «La señorita Cora» (*Todos los fuegos el fuego*, 1966).[2]

El documental *Cortázar* marca una novedosa tendencia en la creación de cine inspirado en obras literarias del escritor en la medida en que algunas películas ya no recrean exclusivamente un texto en particular, sino que evocan una red de motivos extraídos de varias obras del autor. Precisamente este rasgo puede observarse, en el cine de ficción, en *Mentiras piadosas* (2009), el primer largometraje del cineasta y dramaturgo argentino Diego Sabanés y la última película realizada a par-

2. *La vida secreta de las palabras* incluso se proyectó en un ciclo de cine dedicado a Cortázar organizado por el Instituto Cervantes de Tokio (Japón) en agosto y setiembre de 2008. A su vez, los ciclos de cine se han vuelto más heterogéneos con el tiempo, en la medida en que se van incorporando películas que han impresionado al escritor, como *El ángel exterminador*. Como trazo en la introducción, los primeros ciclos de cine solo mostraban películas ***basadas en*** la obra de Cortázar.

tir de un cuento de Cortázar hasta este momento. *Mentiras* acrecienta además un detalle intertextual sumamente importante en lo que va de la historia de *Los relatos* en el cine. El filme de Sabanés no solo reúne motivos extraídos de más de un texto de Cortázar, sino que durante el visionado también se perciben alusiones a otras películas inspiradas en la obra cortazariana, un rasgo novedoso —inédito tal vez— en la filmografía de largometrajes que recrean los cuentos de Cortázar. *Mentiras piadosas* recrea libremente el cuento «La salud de los enfermos» (*Todos los fuegos el fuego*, 1966) que narra la historia de una familia argentina que encubre a la madre el fallecimiento del hijo que se fue a trabajar al exterior. A través de cartas y realidades inventadas los familiares mantienen vivo al personaje desaparecido. Esta segunda realidad imaginada va ganando terreno hasta implantarse en la vida de la familia. Pero en el filme de Sabanés también se enlazan motivos de «Casa tomada» (*Bestiario*, 1951) y «Tía en dificultades» (*Historia de cronopios y de famas*, 1962). Ahora bien, *Mentiras piadosas* se remonta a los primordios históricos de *Los relatos* en la pantalla grande argentina, dado que es posible encontrar ecos de los filmes de Antin. Y por ello, a mi modo de ver, se puede argumentar que esta obra inaugura, pues, una nueva etapa en la historia cinematográfica de los cuentos de Cortázar.

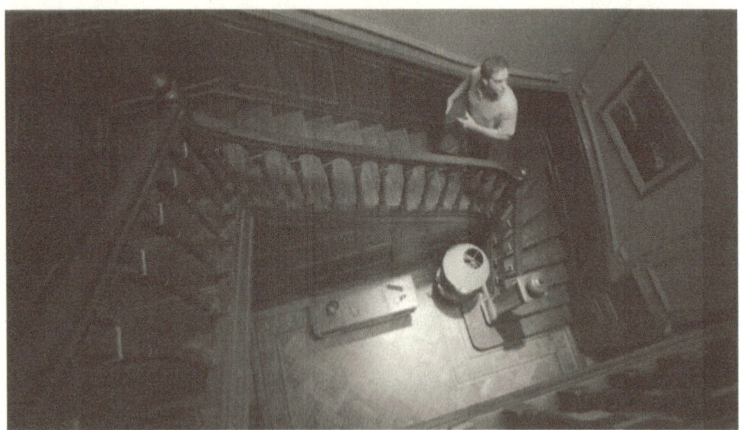

p106 – Claudio Tolcachir en *Mentiras piadosas* de Diego Sabanés. La puesta en escena de la espaciosa escalera que divide dos mundos es un motivo visual que recuerda la primera película realizada a partir de un cuento de Cortázar: *La cifra impar* (*cfr*. p3).

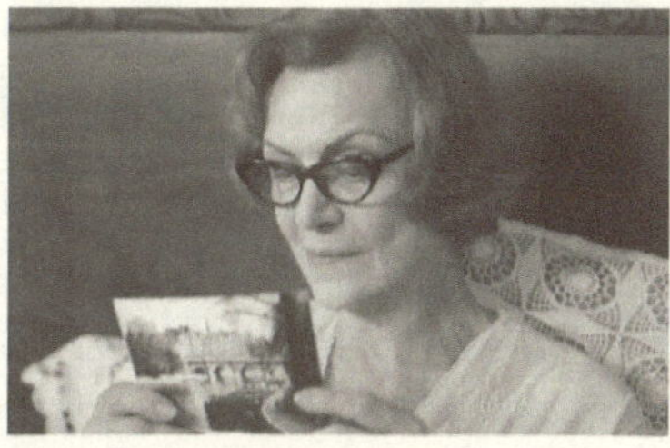

p107 – Marilú Marini

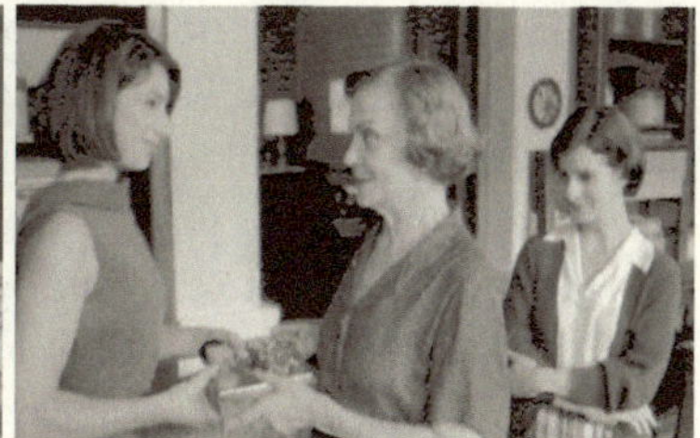

Verónica Pelaccini, – p108
Marilú Marini y Paula Ransenberg

Imágenes de *Mentiras piadosas* de Diego Sbanés, gentilmente cedidas por Habitación 1520, Ancora Música y Diego Sabanés.

En *Mentiras*, las cartas no son *de*, sino *para* mamá, interpretada por la actriz Marilú Marini. Estas cartas inventadas por la familia, que supuestamente vienen de París (en el cuento de Cortázar vienen de Brasil), son tan ambiguas o irreales como las escritas por mamá en la película *La cifra impar*. Además del motivo visual de la espaciosa escalera que en el filme de Sabanés divide dos mundos (p106) —el de la madre y el de su familia—, hay elementos en el argumento que recuerdan claramente *La cifra* como, por ejemplo, la relación amorosa de la novia del personaje desaparecido con su hermano. Asimismo, el ambiguo y sugerente final que de alguna manera hace presente al fantasma, en la realidad o la imaginación: la presunta llegada de Nico al final de *La cifra* se puede comparar con el final de *Mentiras*, que también sugiere la llegada de un desconocido cuya identidad no se revela en el filme, pero que los personajes, así como los espectadores, pueden suponer. Y en el plano a la derecha (p108), Patricia (Verónica Pelaccini), la novia del personaje que viaja a París, trae precisamente bombones de regalo. A más tardar cuando en otro momento se enfocan insectos en un plano detalle, un espectador que conoce la filmografía correspondiente asociará estas imágenes con *Circe* (1964) y las golosinas fabricadas por Delia-Graciela Borges, cuyo parentesco físico con el personaje de Patricia, por cierto, tampoco pasará desapercibido. Y tal vez algunos espectadores más avezados reconozcan en la película de

Sabanés a la famosa actriz Lydia Lamaison (1914-2012), que interpreta a la abuela de la familia. La misma actriz actúa cuatro décadas atrás como la madre de Delia, en la película *Circe* de Antin. Sin duda existen paralelismos en los propios cuentos, es decir, independientemente de las películas es posible encontrar ciertas analogías entre los cuentos «Cartas de mamá» y «La salud de los enfermos». Pero en lo relativo a la puesta en escena cinematográfica, así como al argumento y los actores también se encuentran elementos que promueven un visionado relacional que despierta en la memoria los primeros filmes sobre Cortázar de la década de 1960.

El modo de visionado palimpsestual o relacional de las películas basadas en Cortázar recobra más fuerza en los ciclos de cine dedicados al escritor, en los cuales generalmente se proyectan varias películas unas tras otras. Es dable suponer que la intertextualidad fílmica en lo relativo a la historia de películas inspiradas en las obras de Cortázar sea, quizá, un síntoma que encontraremos más a menudo en el cine basado en *Los relatos*. En suma, las variadas redes de motivos cortazarianos extraídos de diferentes textos —ensayísticos y ficcionales—, por una parte, y la intertextualidad respecto a la filmografía de películas sobre la obra de Cortázar, por otra, representan posibles rasgos de futuras recreaciones cinematográficas y audiovisuales de las encrucijadas narrativas del cinéfilo autor que dijo ser exigente en materia de celuloide.

7. Bibliografía y filmografía

Selección de obras de Julio Cortázar (en corchetes el año de la publicación original).

[1938] *Presencia.* Buenos Aires: El Bibliófilo [con el seudónimo Julio Denis].

[1949] *Los reyes.* Buenos Aires: Gulab y Aldabahor.

[1951] *Bestiario.* Madrid: Punto de Lectura, 2006.

[1956] *Final del juego.* México: Los Presentes.

[1959] *Las armas secretas.* Madrid: Cátedra, 2007.

[1960] *Los premios.* Madrid: Cátedra, 2005.

[1962] *Historias de cronopios y de famas.* Madrid: Punto de Lectura, 2005.

[1963] *Rayuela.* Madrid: Cátedra, 2003.

[1964] *Final del juego,* en: *Ceremonias.* Barcelona: Seix Barral, 1981 [versión ampliada respecto a la aparecida en 1956].

[1966] *Todos los fuegos el fuego.* Buenos Aires: Sudamericana, 1967.

[1967] *La vuelta al día en ochenta mundos.* México: Siglo XXI, 2006 [t. I/II].

[1968] *62/Modelo para armar.* Madrid: Suma de Letras, 2004.

[1969] *Último round.* México: Siglo XXI, 1999 [t. I/II].

[1970] *Relatos.* Buenos Aires: Sudamericana.

[1971] *Pameos y meopas.* Barcelona: Ocnos.

[1972] *Prosa del observatorio.* Barcelona: Lumen.

[1973] *Libro de Manuel.* Buenos Aires: Sudamericana.

[1973] *La casilla de los Morelli*. Edición, notas y prólogo de Julio Ortega. Barcelona: Tusquets, 1988.
[1974] *Octaedro*. Madrid: Alianza.
[1975] *Fantomas contra los vampiros multinacionales*. Buenos Aires: Destino, 2002.
[1976] *Los Relatos*. Madrid: Alianza, 2001 [I: *Ritos*, II: *Juegos*, III: *Pasajes*].
[1977] *Alguien que anda por ahí*. Madrid: Alfaguara.
[1978] *Territorios*. México: Siglo XXI, 2002.
[1979] *Un tal Lucas*. Madrid: Suma de Letras, 2000.
[1980] *Queremos tanto a Glenda*. México: Nueva Imagen.
[1981] *Alguém que anda por aí*. Rio de Janeiro: Nova Fronteira.
[1983] *Deshoras*. Madrid: Alfaguara.
[1983] *Los autonautas de la cosmopista o Un viaje atemporal París-Marsella*. Buenos Aires: Muchnik [con Carol Dunlop].
[1984] *Salvo el crepúsculo*. Buenos Aires: Alfaguara, 1996.
[1984] *Alto el Perú*. Madrid: Siglo XXI, 1994 [con Manja Offerhaus].
[1985] *Los relatos IV: Ahí y ahora*. Madrid: Alianza, 1998.
[1986] *Divertimento*. Buenos Aires: Sudamericana.
[1986] *El examen*. Buenos Aires: Sudamericana.
[1995] *Diario de Andrés Fava*. Buenos Aires: Alfaguara.
[1995] *Adiós, Robinson y otras piezas breves*. Madrid: Alfaguara.
[2003] *Obras completas I: Cuentos*. Edición de Saúl Yurkievich. Barcelona: Círculo de Lectores.
[2006] *Obras completas VI: Obra crítica*. Edición de Saúl Yurkievich. Barcelona: Círculo de Lectores.
[2007] *Cuentos de película*. Barcelona: RBA Libros.
[2009] *Papeles inesperados*. Edición de Aurora Bernárdez y Carles Álvarez Garriga. México: Alfaguara.

Cartas de Julio Cortázar

CORTÁZAR, Julio (2000): *Cartas 1: 1937-1963*. Edición a cargo de Aurora Bernárdez. Buenos Aires: Alfaguara.
— (2000): *Cartas 2: 1964-1968*. Edición a cargo de Aurora Bernárdez. Buenos Aires: Alfaguara.

— (2000): *Cartas 3: 1969-1983*. Edición a cargo de Aurora Bernárdez. Buenos Aires: Alfaguara.

— (2012): *Cartas 1: 1937-1954*. Edición a cargo de Aurora Bernárdez y Carles Álvarez Garriga. Buenos Aires: Alfaguara.

Obras literarias

Abreu, Caio Fernando (2007): *Onde andará Dulce Veiga? Um romance B*. Rio de Janeiro: Agir [1990].

Alencar, José Martiniano de (1964): *Encarnação*. Rio de Janeiro: Letras e Artes [1893].

Bioy Casares, Adolfo (1944): *El perjurio de la nieve*. Buenos Aires: Emecé.

Borges, Jorge Luis (2005): *Ficciones*. Madrid: Alianza [1944].

— (2004): *El Aleph*. Madrid: Alianza [1949].

Calderón de la Barca, Pedro (2000): *La vida es sueño*. Madrid: Castalia [1636].

Cervantes Saavedra, Miguel de (1991): *El ingenioso hidalgo Don Quijote de la Mancha*. Madrid: Castalia [1605 y 1615] [I/II].

Fuentes, Carlos (1991): *Terra nostra*. Madrid: Espasa Calpe [1975] [I/II].

García Márquez, Gabriel (2001): *Crónica de una muerte anunciada*. Barcelona: Plaza & Janés [1981].

— (2008): *El amor en los tiempos del cólera*. Barcelona: Random House Mondadori [1985].

Goytisolo, Juan (1970): *Reivindicación del Conde don Julián*. México: Joaquín Mortiz.

Guevara, Ernesto (2007): *Diarios de motocicleta: notas de viaje por América Latina*. Bogotá: Ocean Sur [1993].

Guido, Beatriz (1961): *La mano en la trampa*. Buenos Aires: Losada.

Homero (1921): *La Odisea*. México: Universidad Nacional.

Louÿs, Pierre (1990): *La femme et le pantin*. Paris: Gallimard [1898].

Mena, Juan de (1997): *Laberinto de Fortuna*. Madrid: Castalia [1444].

O'Flaherty, Liam (1999): *The Informer*. Dublin: Wolfhound Press [1925].

POE, Edgar Allan (2008): *Cuentos completos*. Prólogo, traducción y notas de Julio Cortázar. Madrid: Augur Libros.

POTOCKI, Jean (1990): *Manuscrit trouvé à Saragosse*. Paris: Corti [ca. 1804].

ROA BASTOS, Augusto (1993): *Hijo de hombre*. Madrid: Espasa Calpe [1960].

— (1976): *El baldío*. Buenos Aires: Losada [1966].

— (1994): *Contravida*. Asunción: El Lector.

SUÁREZ Y ROMERO, Anselmo (1969): *Francisco: el ingenio o las delicias del campo*. Miami: Mnemosyne [1880].

VARGAS LLOSA, Mario (2008): *La casa verde*. Madrid: Punto de Lectura [1965].

— (1978): *Conversación en la catedral*. Barcelona: Seix Barral [1969].

— (2010): *La tía Julia y el escribidor*. Madrid: Santillana [1977].

VIÑAS, David (1963): *Dar la cara*. Buenos Aires: Jamcana.

Filmografías

Fichas técnicas de las películas estudiadas

La cifra impar (Argentina 1962, 85 min., 35mm, b/n).
Dirección: Manuel Antin. Guión: Manuel Antin y Antonio Ripoll. Adaptación: Arturo Cerretani. Diálogos: Manuel Antin y Arturo Cerretani. Producción: Axel Harding y Raúl Schon. Fotografía: Ignacio Souto. Montaje: Antonio Ripoll. Música: Virtu Maragno. Con: Lautaro Murúa, María Rosa Gallo, Sergio Renán, Milagros de la Vega.

Circe (Argentina 1964, 72 min., 35mm, b/n).
Dirección: Manuel Antin. Guión: Manuel Antin, Julio Cortázar y Héctor Grossi. Producción: Carlos M. Stevani. Fotografía: Américo Hoss. Montaje: José J. Serra. Música: Adolfo Morpurgo. Con: Graciela Borges, Alberto Argibay, Walter Vidarte, Sergio Renán, Lydia Lamaison.

Intimidad de los parques (Argentina/Perú 1965, 66 min., 35mm, b/n).
Dirección: Manuel Antin. Guión: Manuel Antin, Raimundo Calcagno y Héctor Grossi. Producción: Industria Peruana de Films

y Producciones Manuel Antin. Fotografía: Jorge J. Prats. Montaje: José J. Serra. Música: Adolfo Morpurgo. Con: Francisco Rabal, Dora Baret, Ricardo Blume.

A hora mágica (Brasil 1998, 104 min., 35mm, color).
Dirección y guión: Guilherme de Almeida Prado. Producción ejecutiva: Sara Silveira. Fotografía: Jean-Benoit Crépon. Montaje: Cristina Amaral. Música: Hermelino Neder. Con: Júlia Lemmertz, Raul Gazolla, Maitê Proença, José Lewgoy.

Jogo subterrâneo (Brasil 2005, 108 min., 35mm, color).
Dirección: Roberto Gervitz. Guión: Jorge Durán y Roberto Gervitz con la colaboración de Francisco Ramalho Jr. Producción ejecutiva: Francisco Ramalho Jr. Fotografía: Lauro Escorel. Montaje: Manga Campion. Música: Luiz Henrique Xavier. Con: Felipe Camargo, Maria Luisa Mendonça, Júlia Lemmertz, Daniela Escobar.

Mentiras piadosas (Argentina 2009, 100 min., 35mm, color).
Guión y dirección: Diego Sabanés. Producción: Benjamín Ávila, Maxi Dubois y Diego Sabanés. Fotografía: Julián Elizalde. Montaje: Alberto Ponce. Música: Rudy Gnutti. Con: Marilú Marini, Walter Quiroz, Lydia Lamaison, Claudio Tolcachir, Paula Ransenberg, Verónica Pelaccini.

Selección de largometrajes y *telefilms* inspirados en obras de Julio Cortázar por orden de estreno (en corchetes las obras literarias precedentes).

La cifra impar (Manuel Antin, Argentina 1962) [«Cartas de mamá», 1959].

Circe (Manuel Antin, Argentina 1964) [«Circe», 1951].

Intimidad de los parques (Manuel Antin, Argentina/Perú 1965) [«Continuidad de los parques» y «El ídolo de las Cícladas», 1964].

El perseguidor (Osías Wilenski, Argentina 1965) [«El perseguidor», 1959].

Blow-Up (Michelangelo Antonioni, Inglaterra/Italia/USA 1966) [«Las babas del diablo», 1959].

Monsieur Bébé (*telefilm* de Claude Chabrol, Francia 1974) [«Los buenos servicios», 1959].

L'ingorgo (Luigi Comencini, Italia/Francia/España 1979) [recuerda «La autopista del sur», 1966].

Cartas de mamá (*telefilm* de Miguel Picazo, Radiotelevisión Española 1979) [«Cartas de mamá», 1959].

Instrucciones para John Howell (*telefilm* de José Antonio Páramo, Radiotelevisión Española 1983) [«Instrucciones para John Howell», 1966].

Der gläserne Himmel (Nina Grosse, Alemania 1987) [«El otro cielo», 1966].

Sinfín: la muerte no es ninguna solución (Cristian Pauls, Argentina 1988) [evoca «Casa tomada», 1951].

Cortázar (documental de Tristán Bauer, Argentina 1994).

Diario para un cuento (Jana Bokova, Argentina/España 1998) [«Diario para un cuento», 1983].

A hora mágica (Guilherme de Almeida Prado, Brasil 1998) [«Cambio de luces», 1977].

Furia (Alexandre Aja, Francia 1999) [«Graffiti», 1980].

Jogo subterrâneo (Roberto Gervitz, Brasil 2005) [«Manuscrito hallado en un bolsillo», 1974].

París Marsella (documental de Sebastián Martínez, Argentina/Francia 2005) [*Los autonautas de la cosmopista*, 1983].

Lucie et Maintenant: journal nomade (documental de Simone Fürbringer, Nicolas Humbert y Werner Penzel, Suiza 2007), [*Los autonautas de la cosmopista*, 1983].

Mentiras piadosas (Diego Sabanés, Argentina 2009), [«La salud de los enfermos», 1966].

Filmografía de Manuel Antin

Biografías (cortometraje, 1960).
La cifra impar (1962).
Los venerables todos (1962).
Circe (1964).
Intimidad de los parques (1965).
La estrella del destino (1965) [Episodio del filme *Psique y sexo*].
Castigo al traidor (1966).

Don Segundo Sombra (1969).
Juan Manuel de Rosas (1972).
La sartén por el mango (1972).
Allá lejos y hace tiempo (1978).
La invitación (1982).

Filmografía de Roberto Gervitz

Braços cruzados, máquinas paradas (documental, 1979).
Feliz ano velho (1987).
Jogo subterrâneo (2005).

Filmografía de Guilherme de Almeida Prado

As taras de todos nós (1981).
Flor do desejo (1983).
A dama do cine Shanghai (1988).
Perfume de gardênia (1992).
Glaura (cortometraje, 1997).
A hora mágica (1998).
Onde andará Dulce Veiga? (2008).

Filmografía citada

A Letter to Three Wives (Joseph L. Mankiewicz, USA 1949).
Alias Gardelito (Lautaro Murúa, Argentina 1961).
Alice in den Städten (Wim Wenders, Alemania 1974, *Alicia en las ciudades*).
Amei um bicheiro (Jorge Ileli y Paulo Wanderley, Brasil 1952).
Anjos da noite (Wilson Barros, Brasil 1987).
Aviso aos navegantes (Watson Macedo, Brasil 1950).
Belle de jour (Luis Buñuel, Francia/Italia 1967).
Blue Velvet (David Lynch, USA 1986).
Broken Blossoms (David W. Griffith USA, 1919).
Buscando la sombra del pasado (Documentario de Gerardo Panero, Argentina 2004).

Carnaval no fogo (Watson Macedo, Brasil 1949).
Central do Brasil (Walter Salles, Brasil/Francia 1998).
Cet obscur objet du désir (Luis Buñuel, Francia/España 1977).
Cidade oculta (Chico Botelho, Brasil 1986).
Citizen Kane (Orson Welles, USA 1941).
Cronaca di una morte annunciata (Francesco Rosi, Italia/Francia/Colombia 1987).
Dar la cara (José A. Martínez Suárez, Argentina 1962).
Das Cabinet des Dr. Caligari (Robert Wiene, Alemania 1920).
Diarios de motocicleta (Walter Salles, Argentina/USA/Chile/Brasil 2004).
Días de odio (Leopoldo Torre Nilsson, Argentina 1954).
Diva (Jean-Jacques Beineix, Francia 1981).
El ángel exterminador (Luis Buñuel, México 1962).
El aura (Fabián Bielinsky, Argentina/España 2005).
El crimen de Oribe (Leopoldo Torres Ríos y Leopoldo Torre Nilsson, Argentina 1950).
El negoción (Simón Feldman, Argentina 1959).
El otro Francisco (Sergio Giral, Cuba 1975).
El portón de los sueños: vida y obra de Augusto Roa Bastos (documental de Hugo Gamarra, Paraguay 1998).
Eu te amo (Arnaldo Jabor, Brasil 1981).
Forrest Gump (Robert Zemeckis, USA 1994).
Hijo de hombre - Misión (Lucas Demare, Argentina 1961).
Hiroshima mon amour (Alain Resnais, Francia/Japón 1959).
Il deserto rosso (Michelangelo Antonioni, Italia/Francia 1964).
Il gattopardo (Luchino Visconti, Italia/Francia 1963).
Inland Empire (David Lynch, Francia/Polonia/USA 2006).
Invasión (Hugo Santiago, Argentina 1969).
L' avventura (Michelangelo Antonioni, Italia/Francia 1960).
L'âge d'or (Luis Buñuel, Francia 1930, *La edad de oro*).
L'année dernière à Marienbad (Alain Resnais, Francia/Italia 1961).
L'eclisse (Michelangelo Antonioni, Italia/Francia 1962).
La dolce vita (Federico Fellini, Italia/Francia 1960).
La double vie de Véronique (Krzysztof Kieslowski, Francia/Polonia/Noruega 1991).

La mano en la trampa (Leopoldo Torre Nilsson, Argentina/España 1961).
La momia azteca (Rafael Portillo, México 1957).
La notte (Michelangelo Antonioni, Italia/Francia 1961).
La nuit américaine (François Truffaut, Francia/Italia 1973).
La strada (Federico Fellini, Italia 1954).
Los de la mesa 10 (Simón Feldman, Argentina 1960).
Los jóvenes viejos (Rodolfo Kuhn, Argentina 1962).
Moebius (Gustavo Mosquera, Argentina 1996).
New Rose Hotel (Abel Ferrara, USA 1998).
Noites paraguaias (Aloysio Raulino, Brasil 1982).
Otto e mezzo (Federico Fellini, Italia/Francia 1963).
Persona (Ingmar Bergman, Suecia 1966).
Prisioneros de una noche (David José Kohon, Argentina 1962).
Pulp Fiction (Quentin Tarantino, USA 1994).
Rashomon (Akira Kurosawa, Japón 1950).
Slumdog Millionaire (Danny Boyle, UK 2008).
Smultronstället (Ingmar Bergman, Suecia 1957, *Fresas Salvajes*).
Spione (Fritz Lang, Alemania 1928).
Strategia del ragno (Bernardo Bertolucci, Italia 1970).
Subway (Luc Besson, Francia 1985).
The Informer (John Ford, USA 1935).
The Lady from Shanghai (Orson Welles, USA 1947).
The Straight Story (David Lynch, Francia/UK/USA 1999).
The Wizard of Oz (Victor Fleming , USA 1939).
Tres veces Ana (David José Kohon, Argentina 1961).
Tystnaden (Ingmar Bergman, Suecia 1963, *El silencio*).
Un chien andalou (Luis Buñuel, Francia 1929).
Vérités et mensonges (Orson Welles, Francia/Alemania 1973, *F for Fake*).
Videodrome (David Cronenberg, Canadá 1983).
Viridiana (Luis Buñuel, España/México 1961).
Wild at Heart (David Lynch, USA 1990).
Zerkalo (Andrei Tarkovsky, Rusia 1975, *El espejo*).

Estudios sobre Julio Cortázar

ALAZRAKI, Jaime (1973): «Homo sapiens vs. Homo ludens en tres cuentos de Cortázar», en: *Revista Iberoamericana* 84-85, pp. 611-624.

— (1983): *En busca del unicornio: los cuentos de Julio Cortázar. Elementos para una poética de lo neofantástico*. Madrid: Gredos.

— (1994): *Hacia Cortázar: aproximaciones a su obra*. Barcelona: Anthropos.

— (2003): «Prólogo: Puentes hacia la otredad», en: Julio Cortázar: *Obras completas I: Cuentos*. Edición de Saúl Yurkievich. Barcelona, pp. 39-66.

ANTIN, Manuel (1996): «El primer Cortázar», en: *Cuentos de cine*. Selección y prólogo de Sergio Renán. Buenos Aires: Alfaguara, pp. 23-30.

ASTARITA, Gaspar J. (1997): *Cortázar en Chivilcoy (1939 - 1944)*. Chivilcoy: GraFer.

BELTZER, Thomas (2005): "*La Mano Negra*: Julio Cortázar and his Influence on Cinema", en: *Senses of Cinema* 35, disponible en: http://sensesofcinema.com/2005/feature-articles/cortazar/ (30.08.2014).

BERG, Walter Bruno (1985/1986): «De convergencias, confesiones y confesores ("Diario para un cuento")», en: *INTI: Revista de literatura hispánica* 22-23. Número especial: La americanidad de Julio Cortázar: cultura, política, literatura, pp. 327-336.

— (1991): *Grenz-Zeichen Cortázar: Leben und Werk eines argentinischen Schriftstellers der Gegenwart*. Frankfurt: Vervuert.

BLANCO-ARNEJO, María D. (2003): «Los sonidos del silencio: una interpretación freudiana de "Cartas de mamá" de Julio Cortázar», en: *Hispania* 86.3, pp. 493-501.

CAMPRA, Rosalba (1978): *La realtà e il suo anagramma: il modello narrativo nei racconti di Julio Cortázar*. Pisa: Giardini.

CARRILLO, Germán Darío (1978): «*Autopista del sur*, de J. Cortázar: estudio de una alternativa inalcanzable», en: *XVII Congreso del Instituto Internacional de Literatura Iberoamericana*. Segundo tomo. Madrid: Ediciones Cultura Hispánica del Centro Iberoamericano de Cooperación, pp. 1111-1119.

Centre de Recherches Latino-Américaines Poitiers (1986): *Lo lúdico y lo fantástico en la obra de Cortázar*. Madrid: Fundamentos [dos tomos].

CHANADY, Amaryll B. (1985): «The Structure of the Fantastic in Cortázar's "Cambio de luces"», en: Robert A. Collins/Howard D. Pearce (eds.): *The Scope of the Fantastic: Theory, Technique, Major Authors. Selected Essays from the First International Conference on the Fantastic in Literature and Film*. Westport: Greenwood Press, pp. 159-164.

CONZEVOY-CORTÉS, Leonor (1980): «Cortázar: las sorpresas de lo cotidiano», en: *Cuadernos Hispanoamericanos* 364-366, pp. 354-361.

CORTÁZAR, Julio (1969): «Un gran escritor y su soledad: Julio Cortázar», en: *Life en español* 7, pp. 43-55 [Texto redactado por Cortázar].

— (1973): «La agarrada a patadas o el despertar de los monstruos o más sobre dados y ratitas o la respuesta del involuntario pero vehemente responsable: precisiones necesarias a Juan Carlos Curutchet, a Félix Grande y al pugilista del Escarabajo de Oro», en: *Cuadernos Hispanoamericanos* 275, pp. 223-229. [También disponible en: Julio Cortázar (2006): *Obras completas VI: Obra Crítica*. Barcelona, pp. 480-488].

CORTÁZAR, Julio/PREGO GADEA, Omar (2004): *La fascinación de las palabras*. Buenos Aires: Alfaguara [1984].

CORTÁZAR, Julio/ROA BASTOS, Augusto/SAER, Juan José/SARQUÍS, Nicolás (1978): *Mesa redonda: cine y literatura*. Grabada en la Universidad de Toulouse Le Mirail, Toulouse, Francia. Buenos Aires: Blakman (VHS).

CROCE, Isabel (2004): «Cortazar y el cine: a 20 años de su muerte y 90 de su nacimiento», en: *Cinecronistas*. Órgano oficial de la Asociación de Cronistas Cinematográficos de la Argentina, marzo, p. 3.

DESCHAMPS, Jorge R. (2004): *Julio Cortázar en Banfield: infancia y adolescencia*. Buenos Aires: Orientación Gráfica.

EPPLE, Juan Armando (1976): «La actitud lúdica en un cuento de Cortázar», en: *Explicación de Textos Literarios* V, pp. 165-173.

FÉLIX-DIDIER, Paula (1994): «Cortázar y el cine», en: *Film* 10, pp. 6-10.

FILINICH, María Isabel (1996): «"Continuidad de los parques": lo continuo y lo discontinuo», en: *Hispamérica* 73, pp. 113-119.

FRANCESCATO, Martha Paley (1980): «El juego como metáfora de la búsqueda en la obra de Julio Cortázar», en: Alan M. Gordon/ Evelyn Rugg (eds.): *Actas del sexto Congreso Internacional de Hispanistas*. University of Toronto, pp. 273-275.

GIBERT-CARDONA, Berta (1989): «Las dos telarañas de la irrealidad: estudio de "Cambio de luces", de Julio Cortázar», en: *Notas y estudios filológicos* 4, pp. 107-119.

GOLOBOFF, Mario (1998): *Julio Cortázar: la biografía*. Buenos Aires: Seix Barral.

GONZÁLEZ BERMEJO, Ernesto (1978): *Conversaciones con Cortázar*. Barcelona: Edhasa.

GRANGE, José María (1993): «Cuando Julio Cortázar era joven y trabajaba en Chivilcoy», en: Nicolás Cócaro/Pío Clementi/Cecilia Noriega (eds.): *El joven Cortázar*. Buenos Aires: Ediciones del Saber, pp. 77-93.

GREGORICH, Luis (1968): «Julio Cortázar y la posibilidad de la literatura», en: Néstor Tirri/Sara Vinocur de Tirri (eds.): *La vuelta a Cortázar en nueve ensayos*. Buenos Aires: Carlos Pérez Editor, pp. 119-131.

HAMMERSCHMIDT, Claudia (2007): «De trasposiciones diabólicas y explosiones mediáticas: "Las babas del diablo" y *Blow-Up*», en: *Iberoromania* 63, pp. 83-96.

HARSS, Luis (1966): «Julio Cortázar, o la cachetada metafísica», en: Luis Harss: *Los nuestros*. Buenos Aires: Sudamericana, pp. 252-300.

HERRÁEZ, Miguel (2001): *Julio Cortázar: el otro lado de las cosas*. Valencia: Institució Alfons el Magnànim.

JAKFALVI, Susana (2007): «Introducción», en: Julio Cortázar: *Las armas secretas*. Madrid: Cátedra, pp. 9-65 [1978].

KNICKERBOCKER, Dale (1991/1992): «La teoría literaria implícita en "Diario para un cuento" de Julio Cortázar», en: *INTI: Revista de literatura hispánica* 34-35, pp. 151-158.

LAGMANOVICH, David (1988/1989): «Estrategias del cuento breve en Cortázar: un paseo por "Continuidad de los parques"», en: *Explicación de Textos Literarios* XVII, pp. 177-185.

López Chuhurra, Osvaldo (1967): «...sobre Julio Cortázar», en: *Cuadernos Hispanoamericanos* 211, pp. 5-30.

Lunn, Patricia V./Albrecht, Jane W. (1997): «The Grammar of Technique: Inside "Continuidad de los parques"», en: *Hispania* 80, pp. 227-233.

Mac Adam, Alfred (1971): *El individuo y el otro: crítica a los cuentos de Julio Cortázar*. Buenos Aires/NewYork: La Librería.

Mahieu, José Agustín (1980): «Cortázar en cine», en: *Cuadernos Hispanoamericanos* 364-366, pp. 640-646.

Martyniuk, Claudio (2004): *Imagen de Julio Cortázar*. Buenos Aires: Prometeo.

Matamoro, Blas (1994): «Apuntes cortazarianos», en: *Cuadernos Hispanoamericanos* 525, pp. 53-67.

Maturo, Graciela (2004): *Julio Cortázar y el hombre nuevo*. Buenos Aires: Fundación Internacional Argentina [1968].

Mimoso-Ruiz, Duarte-Nuno (1978): «*Circé* de Julio Cortázar», en: *Revue de littérature comparée* 52, pp. 60-73.

Monsiváis, Carlos (1981): «Bienvenidos al universo Cortázar», en: Pedro Lastra (ed.): *Julio Cortázar*. Madrid: Taurus, pp. 15-33.

Osses, José Emilio (1988): «La novela morelliana en *Rayuela*, de Julio Cortázar», en: *Revista Chilena de Literatura* 31, pp. 9-32.

Picon Garfield, Evelyn (1978): *Cortázar por Cortázar*. México: Centro de Investigaciones Lingüístico-Literarias: Universidad Veracruzana.

Pizarnik, Alejandra (1968): «Nota sobre un cuento de Julio Cortázar: "El otro cielo"», en: Néstor Tirri/Sara Vinocur de Tirri (eds.): *La vuelta a Cortázar en nueve ensayos*. Buenos Aires: Carlos Pérez Editor, pp. 55-62.

Precht, Raoul (1986): «Rito y juego: dos isotopías en un relato de Julio Cortázar», en: *Lo lúdico y lo fantástico en la obra de Cortázar*. Tomo II. Madrid: Fundamentos, pp. 135-143.

Pucciarelli, Ana María (1985): «Análisis de "Cartas de mamá"», en: Ángel Flores (ed.): *El realismo mágico en el cuento hispanoamericano*. Tlahuapan, Puebla: Premiá, pp. 257-274.

Russo, Juan Pablo (2010): "La literatura de Cortázar en el cine contemporáneo", en: *XVIII Jornadas de reflexión académica en diseño y comunicación*. Buenos Aires: Universidad de Palermo, pp. 118-119.

SANJINÉS, José (1994): *Paseos en el horizonte: fronteras semióticas en los relatos de Julio Cortázar*. New York: Peter Lang.

SCHOLZ, Laszlo (1976): «Un octaedro del *Octaedro* de Julio Cortázar», en: *Revista Iberoamericana* 94, pp. 447-458.

SIMO, Ana María/LEZAMA LIMA, José/FERNÁNDEZ RETAMAR, Roberto/ VARGAS LLOSA, Mario/CORTÁZAR, Julio (1968): *Cinco miradas sobre Cortázar*. Buenos Aires: Tiempo Contemporáneo.

SOLER SERRANO, Joaquín (1977): *Grandes personajes a fondo*. Entrevista a Julio Cortázar (Televisión Española). Barcelona: Trasbals Multimedia (DVD, 2004).

SOSNOWSKI, Saúl (1973): *Julio Cortázar: una búsqueda mítica*. Buenos Aires: Noé.

TIRRI, Néstor/VINOCUR DE TIRRI, Sara (eds.) (1968): *La vuelta a Cortázar en nueve ensayos*. Buenos Aires: Carlos Pérez Editor.

TRAVERSO, Mirta (1994): *Cuando el tiempo fue ayer: propuesta de un guión para "Casa Tomada" de Julio Cortázar*. Rosario: Editora Tiempo.

VALDOVINOS, Mario (1984): «Julio Cortázar y el cine», en: *Cuadernos de educación* 134, pp. 52-54.

VARGAS LLOSA, Mario (1994): «La trompeta de Deyá», en: *Julio Cortázar: Cuentos Completos/ 1: (1945-1966)*. Madrid: Alfaguara, pp. 13-23.

VÁZQUEZ RECIO, Nieves (1991/1992): «Del cuento al cine: Julio Cortázar», en: DRACO 3-4, pp. 123-142.

WEITZDÖRFER, Ewald (1986): «¿La patria o las patrias? Observaciones acerca de la concepción del exilio en el cuento "Cartas de mamá" de Julio Cortázar», en: *Letras de Deusto* 34, pp. 169-183.

WHITEHURST, Betty (1988): «The Eight Faces of Cortázar's *Octaedro*», en: *Discurso Literario* 1, pp. 71-79.

YURKIEVICH, Saúl (1985): «Julio Cortázar: al calor de su sombra», en: *Revista Iberoamericana* 130-131, pp. 7-20.

— (2004): *Julio Cortázar: mundos y modos*. Barcelona/Buenos Aires: Edhasa [1994].

Estudios

Abreu, Nuno Cesar (2006): *Boca do lixo: cinema e classes populares.* Campinas: Unicamp.

Aguilar, Gonzalo/Jelicié, Emiliano (2010): *Borges va al cine.* Buenos Aires: Libraria.

Albaladejo, Tomás (1992): *Semántica de la narración: la ficción realista.* Madrid: Taurus.

Albersmeier, Franz-Josef (1994): «Der Film als Gegendarstellung: Pierre Louÿs' *La femme et le pantin* aus der Sicht von Luis Buñuels *Cet obscur objet du désir*», en: Ursula Link-Herr/Volker Roloff (eds.): *Luis Buñuel: Film – Literatur – Intermedialität.* Darmstadt: Wissenschaftliche Buchgesellschaft, pp. 247-260.

Allen, Robert C./Gomery, Douglas (1995): *Teoría y práctica de la historia del cine.* Barcelona: Paidós [1985].

Amiel, Vincent (2005): *Estética del montaje.* Madrid: Abada [2001].

Andrade, Mário de (1962): *Ensaio sôbre a música brasileira.* Obras completas de Mário de Andrade VI. São Paulo: Martins [1928].

Antin, Manuel (2009): «Literatura y cine–cine y literatura», en: *Historia crítica de la literatura argentina: Rupturas.* Vol. VII. Dirigido por Celina Manzoni. Buenos Aires: Emecé, pp. 623-627.

Antonioni, Michelangelo (1968): *Blow up. El grito. Las amigas. La aventura.* Madrid: Alianza.

Arvidson, Linda (1969): *When the Movies Were Young.* New York: Dover Publications.

Astruc, Alexandre (2007): «Nacimiento de una nueva vanguardia: la *Caméra-stylo*», en: Joaquim Romaguera i Ramió/Homero Alsina Thevenet (eds.): *Textos y manifiestos del cine. Estética. Escuelas. Movimientos. Disciplinas. Innovaciones.* Madrid: Cátedra, pp. 220-224 [1948].

Augusto, Sérgio (1989): *Este mundo é um pandeiro: a chanchada de Getúlio a JK.* São Paulo: Cinemateca Brasileira: Companhia das Letras.

Balázs, Béla (1978): *El film: evolución y esencia de un arte nuevo.* Barcelona: Gustavo Gili [1949].

BARTHES, Roland (2007): *El placer del texto y Lección inaugural.* Madrid: Siglo XXI [1973].

BAUDRILLARD, Jean (2012): *Cultura y simulacro. La precesión de los simulacros. El efecto Beaubourg. A la sombra de las mayorías silenciosas. El fin de lo social.* Barcelona. Kairós [1978].

BAZIN, André (2008a): «A favor de un cine impuro: defensa de la adaptación», en: André Bazin: *¿Qué es el cine?* Madrid: Rialp, pp. 101-127 [1952].

— (2008b): «La evolución del lenguaje cinematográfico», en: André Bazin: *¿Qué es el cine?* Madrid: Rialp, pp. 81-100 [1958].

BENET, Vicente J. (2004): *La cultura del cine: introducción a la historia y la estética del cine.* Barcelona: Paidós.

BERNARDET, Jean-Claude (1985): «Os jovens paulistas», en: Ismail Xavier/Miguel Pereira/Jean-Claude Bernardet (eds.): *O desafio do cinema: a política do Estado e a política dos autores.* Rio de Janeiro: Jorge Zahar, pp. 65-91.

BINDER, Eva/ENGEL, Christine (2008): «Film und Literatur: Von Liebeleien, Konflikten und langfristigen Beziehungen», en: Stefan Neuhaus (ed.): *Literatur im Film: Beispiele einer Medienbeziehung.* Würzburg: Königshausen & Neumann, pp. 31-48.

BLEICHER, Joan Kristin (2008a): «Die Intermedialität des postmodernen Films», en: Jens Eder (ed.): *Oberflächenrausch: Postmoderne und Postklassik im Kino der 90er Jahre.* Hamburg: LIT, pp. 97-112.

— (2008b): «Zurück in die Zukunft: Formen intertextueller Selbstreferentialität im postmodernen Film», en: Jens Eder (ed.): *Oberflächenrausch: Postmoderne und Postklassik im Kino der 90er Jahre.* Hamburg: LIT, pp. 113-132.

BLOTHNER, Dirk (1999): *Erlebniswelt Kino: Über die unbewußte Wirkung des Films.* Bergisch Gladbach: Bastei-Verlag Gustav H. Lübbe.

BLUESTONE, George (1957): *Novels into Film.* Berkeley/Los Angeles: University of California Press.

BOHNENKAMP, Anne (2005): «Vorwort: Literaturverfilmungen als intermediale Herausforderung», en: Anne Bohnenkamp (ed.): *Interpretationen: Literaturverfilmungen.* Stuttgart: Philipp Reclam jun., pp. 9-38.

Booth, Wayne C. (1961): *The Rhetoric of Fiction*. Chicago: University of Chicago Press.

Bordwell, David (1996): *La narración en el cine de ficción*. Barcelona: Paidós [1985].

— (2004): «Neo-structuralist Narratology and the Functions of Filmic Storytelling», en: Marie-Laure Ryan (ed.): *Narrative across Media: The Languages of Storytelling*. Lincoln/London: University of Nebraska Press, pp. 203-219.

— (2006): *The Way Hollywood Tells It: Story and Style in Modern Movies*. Berkeley: University of California Press.

Bordwell, David/Thompson, Kristin (2010): *El arte cinematográfico: una introducción*. Barcelona: Paidós [1979].

Bottone, Mireya (1964): *La literatura argentina y el cine*. Santa Fe: Universidad Nacional del Litoral.

Brecht, Bertolt (1967): «Der Dreigroschenprozeß: Ein soziologisches Experiment», en: Bertolt Brecht: *Gesammelte Werke*. Band 18. Frankfurt: Suhrkamp, pp. 139-209 [1931].

Brunette, Peter (1998): *The Films of Michelangelo Antonioni*. Cambridge: Cambridge University Press.

Buddecke, Wolfram/Hienger, Jörg (1979): «Verfilmte Literatur: Probleme der Transformation und der Popularisierung», en: *LiLi: Zeitschrift für Literaturwissenschaft und Linguistik* 36, pp. 12-30.

Burch, Noël (2004): *Praxis del cine*. Madrid: Fundamentos [1970].

— (2006): *El tragaluz del infinito: contribución a la genealogía del lenguaje cinematográfico*. Madrid: Cátedra [1987].

Calabre, Lia (2004): *A era do rádio*. Rio de Janeiro: Jorge Zahar.

Calistro, Mariano (1984): «Aspectos del nuevo cine», en: Jorge Miguel Couselo (ed.): *Historia del cine argentino*. Buenos Aires: Centro Editor de América Latina, pp. 109-137.

Canoso, María Lyda (1995): *Cartas de cine: de Julio Cortázar a Manuel Antin (1961-1975)* [inédito].

Carmona, Ramón (2005): *Cómo se comenta un texto fílmico*. Madrid: Cátedra [1991].

Catani, Afrânio M./Souza, José I. de Melo (1983): *A chanchada no cinema brasileiro*. São Paulo: Brasiliense.

Cerani, Horacio (1975): «Hace 30 años en Chivilcoy hicimos cine», en: *Crónicas del ayer chivilcoyano* 3, s/p.

CHATMAN, Seymour (1990): *Historia y discurso: la estructura narrativa en la novela y en el cine*. Madrid: Taurus [1978].

CHRIST, Ronald (1981): «La novela y el cine: Vargas Llosa, entre Flaubert y Eisenstein», en: José Miguel Oviedo (ed.): *Mario Vargas Llosa*. Madrid: Taurus, pp. 193-200.

COUSELO, Jorge Miguel (comp.) (1985): *Torre Nilsson por Torre Nilsson*. Buenos Aires: Fraterna.

COUTO CANTERO, Pilar (1999): «Teoría de la transposición cinematográfica. En defensa de los nuevos soportes. Discurso literario *vs.* Discurso fílmico», en: José Luis Castro de Paz/ Pilar Couto Cantero/José María Paz Gago (eds.): *Cien años de cine: historia, teoría y análisis del texto fílmico*. Madrid: Visor, pp. 317-324.

COZARINSKY, Edgardo (1974): *Borges y el cine*. Buenos Aires: Sur.

— (2002): *Borges y el cinematógrafo*. Barcelona: Emecé.

DAMIANI, Marcelo (2005): «Circe: tiempo y narración», en: *Leer Cine: Revista de cine & cultura* 1, pp. 43-46.

DELEUZE, Gilles (2004): *La imagen-tiempo: estudios sobre cine 2*. Barcelona: Paidós [1985].

DOS SANTOS, Estela (1971): *El cine nacional*. Buenos Aires: Centro Editor de América Latina.

ECO, Umberto (1984): *Obra abierta*. Barcelona: Ariel [1962 y 1967].

— (1985): «Cine y literatura: la estructura de la trama», en: Umberto Eco: *La definición del arte*. Barcelona: Planeta de Agostini, pp. 194-200 [1962].

— (2001): «Postille a *Il nome della rosa*», en: Umberto Eco: *Il nome della rosa*. Milano: Bompiani, pp. 505-533 [1983].

— (1994): *Sei passeggiate nei boschi narrativi: Harvard University, Norton Lectures, 1992-1993*. Milano: Bompiani.

EDER, Jens (2007): *Dramaturgie des populären Films: Drehbuchpraxis und Filmtheorie*. Hamburg: LIT [1999].

— (2008a): *Oberflächenrausch: Postmoderne und Postklassik im Kino der 90er Jahre*. Hamburg: LIT [2002].

— (2008b): «Die Postmoderne im Kino: Entwicklungen im Spielfilm der 90er Jahre», en: Jens Eder (ed.): *Oberflächenrausch: Postmoderne und Postklassik im Kino der 90er Jahre*. Hamburg: LIT, pp. 9-61.

Eggers Brass, Teresa (2004): *Historia argentina 1806-2004: una mirada crítica.* Buenos Aires: Maipué.

España, Claudio (ed.) (2005): *Cine argentino: modernidad y vanguardias 1957-1983.* Vol. I. Buenos Aires: Fondo Nacional de las Artes.

España, Claudio/Manetti, Ricardo (1999a): «El cine argentino, una estética especular: del origen a los esquemas», en: José Emilio Burucúa (director de tomo): *Nueva Historia Argentina. Arte, sociedad y política.* Vol. II. Buenos Aires: Sudamericana, pp. 235-278.

España, Claudio/Manetti, Ricardo (1999b): «El cine argentino, una estética comunicacional: de la fractura a la síntesis», en: José Emilio Burucúa (director de tomo): *Nueva Historia Argentina. Arte, sociedad y política.* Vol. II. Buenos Aires: Sudamericana, pp. 279-310.

Faro Forteza, Agustín (2006): *Películas de libros.* Zaragoza: Prensas Universitarias de Zaragoza.

Faulstich, Werner/Korte, Helmut (1995): «Der Film zwischen 1977 und 1995: ein Überblick», en: Werner Faulstich/Helmut Korte (eds.): *Fischer Filmgeschichte. Band 5: Massenware und Kunst. 1977-1995.* Frankfurt: Fischer, pp. 11-20.

Feldman, Simón (1990): *La generación del 60.* Buenos Aires: Legasa.

Felix, Jürgen (2002): «Die Postmoderne im Kino (revisited)», en: Jürgen Felix (ed.): *Die Postmoderne im Kino: Ein Reader.* Marburg: Schüren, pp. 7-10.

Félix-Didier, Paula (2003): «Introducción», en: Fernando M. Peña (ed.): *Generaciones 60-90: cine argentino independiente.* Vol. 1. Valencia: Ediciones de la Filmoteca, pp. 17-32.

Fernández, Luis Miguel (2000): *Don Juan en el cine español. Hacia una teoría de la recreación fílmica.* Santiago de Compostela: Universidade, Servicio de Publicacións e Intercambio Científico.

Fischer, Robert (1993): *David Lynch: Die dunkle Seite der Seele.* München: Wilhelm Heyne.

Fontana, Patricio (2009): *Arlt va al cine.* Buenos Aires: Libraria.

Freire, Rafael de Luna (2011): «Descascando o abacaxi carnavalesco da chanchada: a invenção de um gênero cinematográfico nacional», en: *Contracampo* 23, Universidade Federal Fluminense (UFF), pp. 66-85.

Freud, Sigmund (1979): *Más allá del principio de placer*, en: Sigmund Freud: *Obras completas. Volumen 18*. Buenos Aires: Amorrortu, pp. 1-62 [1920].

Fridman, Luis Carlos (2000): *Vertigens pós-modernas: configurações institucionais contemporâneas*. Rio de Janeiro: Relume Dumará.

García Canclini, Néstor (2007): *Lectores, espectadores e internautas*. Barcelona: Gedisa.

Gast, Wolfgang/Hickethier, Knut/Vollmers, Burkard (1993): «Literaturverfilmungen als ein Kulturphänomen», en: Wolfgang Gast (ed.): *Literaturverfilmung*. Bamberg: C. C. Buchners Verlag, pp. 12-20 [1981].

Gaudreault, André/Jost, François (1995): *El relato cinematográfico: cine y narratología*. Barcelona: Paidós [1990].

Genette, Gérard (1972): *Figures III*. Paris: Éditions du Seuil.

Getino, Octavio (2005): *Cine argentino: entre lo posible y lo deseable*. Buenos Aires: Fund. Centro Integral Comunicación, Cultura y Sociedad – Ciccus.

Gimferrer, Pere (2005): *Cine y literatura*. Barcelona: Seix Barral [1985].

Grabe, Nina/Lang, Sabine/Meyer-Minnemann, Klaus (eds.) (2006): *La narración paradójica: «Normas narrativas» y el principio de la «transgresión»*. Madrid/Frankfurt: Iberoamericana/Vervuert.

Grieco, Donatello (2009): *Roteiro de Villa-Lobos*. Brasília: Fundação Alexandre de Gusmão.

Grob, Norbert (ed.) (2008): *Filmgenres: Film noir*. Stuttgart: Philipp Reclam jun.

Guimarães de Sousa, Sérgio (2001): *Relações intersemióticas entre o cinema e a literatura: a adaptação cinematográfica e a recepção literária do cinema*. Braga: Universidade do Minho.

Guinsburg, J./Barbosa, Ana Mae (orgs.) (2005): *O pós-modernismo*. São Paulo: Perspectiva.

Hall, Kenneth E. (1989): *Guillermo Cabrera Infante and the cinema*. Newark, Delaware: Juan de la Cuesta.

Hickethier, Knut (1989): «Der Film nach der Literatur ist Film: *Volker Schlöndorffs* Die Blechtrommel *(1979) nach dem gleichnamigen Roman von Günter Grass (1959)*», en: Franz-Josef Albersmeier/Volker Roloff (eds.): *Literaturverfilmungen*. Frankfurt: Suhrkamp, pp. 183-198.

— (1995): «Nach einhundert Jahren Film – ein Ende des Films oder ein neuer Anfang in einer digitalen Medienwelt?», en: Werner Faulstich/Helmut Korte (eds.): *Fischer Filmgeschichte. Band 5: Massenware und Kunst. 1977-1995*. Frankfurt: Fischer, pp. 318-333.

— (1998): *Geschichte des deutschen Fernsehens*. Stuttgart/Weimar: Metzler.

— (2001): «Literatur und Film. Ein spannungsvolles Verhältnis oder: Über die Lust, sich Geschichten in Bildern erzählen zu lassen», disponible en: http://edocs.ub.uni-frankfurt.de/volltexte/2009/12011/ (10.09.2014).

Huizinga, Johan (2008): *Homo ludens*. Madrid: Alianza [1938].

Hutcheon, Linda (2002): *The Politics of Postmodernism*. London/New York: Routledge [1989].

Hutcheon, Linda (2006): *A Theory of Adaptation*. London/New York: Routledge.

Jakubowicz, Eduardo/Radetich, Laura (2006): *La historia argentina a través del cine: las "visiones del pasado" (1933-2003)*. Buenos Aires: La Crujía.

Jameson, Fredric (1991): *Postmodernism, or, The Cultural Logic of Late Capitalism*. Durham: Duke University Press.

Jauß, Hans Robert (1994): «Literaturgeschichte als Provokation der Literaturwissenschaft», en: Rainer Warning (ed.): *Rezeptionsästhetik*. München: W. Fink, pp. 126-162 [1970].

Kaiserkern, Babette (1995): *Carlos Fuentes, Gabriel García Márquez und der Film: Kritische Untersuchung zu Geschichte und Phänomenologie des Films in der Literatur*. Frankfurt: Peter Lang.

Kindt, Tom/Müller, Hans-Harald (2006): *The Implied Author: Concept and Controversy*. Berlin/New York: Walter de Gruyter.

Kracauer, Siegfried (1985): *Theorie des Films: Die Erretung der äußeren Wirklichkeit*. Frankfurt: Suhrkamp [1960].

Kreimeier, Klaus (2002): «Banalitäten in ungewohnter Intensität? *Wild at Heart* — Zum Problem der Grenzüberschreitung in der medial codierten Wirklichkeit des Films», en: Jürgen Felix (ed.): *Die Postmoderne im Kino: Ein Reader*. Marburg: Schüren, pp. 180-184 [1992].

KRIGER, Clara (2009): *Cine y peronismo: el estado en escena*. Buenos Aires: Siglo XXI.

KUHN, Markus (2011): *Filmnarratologie: Ein erzähltheoretisches Analysemodell*. Berlin/New York: Walter de Gruyter.

LANG, Sabine (2006): «Prolegómenos para una teoría de la *narración paradójica*», en: Nina Grabe/Sabine Lang/Klaus Meyer-Minnemann (eds.): *La narración paradójica: «Normas narrativas» y el principio de la «transgresión»*. Madrid/Frankfurt: Iberoamericana/Vervuert, pp. 21-47.

LYOTARD, Jean-François (2008): *La condición postmoderna: informe sobre el saber*. Madrid: Cátedra [1979].

MAHIEU, José Agustín (1966): *Breve historia del cine argentino*. Buenos Aires: Editorial Universitaria de Buenos Aires.

— (1985): «Cine y literatura: la eterna discusión», en: *Cuadernos Hispanoamericanos* 420, pp. 175-184.

MAHNE, Nicole (2007): *Transmediale Erzähltheorie: Eine Einführung*. Göttingen: Vandenhoeck & Ruprecht.

MALTBY, Richard (2003): *Hollywood Cinema*. Malden: Blackwell [1995].

MARANGHELLO, César (1984): «La pantalla y el Estado», en: Jorge Miguel Couselo (ed.): *Historia del cine argentino*. Buenos Aires: Centro Editor de América Latina, pp. 89-107.

— (2005): *Breve historia del cine argentino*. Barcelona: Laertes.

MARTINEZ, Matias/SCHEFFEL, Michael (2005): *Einführung in die Erzähltheorie*. München: C. H. Beck [1999].

MARTINS, Laura M. (2000): *En primer plano: literatura y cine en Argentina 1955-1969*. New Orleans: University Press of the South.

MATALLANA, Andrea (2006): *Locos por la radio: una historia social de la radiofonía en la Argentina: 1923-1947*. Buenos Aires: Prometeo.

MCFARLANE, Brian (1996): *Novel to Film: An Introduction to the Theory of Adaptation*. New York: Oxford University Press.

MCFARLANE, Brian (2007): «Reading Film and Literature», en: Deborah Cartmell/Imelda Whelehan (eds.): *The Cambridge Companion to Literature on Screen*. Cambridge: Cambridge University Press, pp. 15-28.

Meister, Jan Christoph (2009): «Narratology», en: Peter Hühn/John Pier/Wolf Schmid/Jörg Schönert (eds.): *Handbook of Narratology*. Berlin/New York: Walter de Gruyter, pp. 329-350.

Metz, Christian (1971): "La construction «en abyme» dans *Huit et demi*, de Fellini", en: Christian Metz: *Essais sur la signification au cinéma*. Paris: Klincksieck, pp. 223-228.

— (2001): *El significante imaginario: psicoanálisis y cine*. Barcelona: Paidós [1977].

Meyer, Urs/Simanowski, Roberto/Zeller, Christoph (eds.) (2006): *Transmedialität: Zur Ästhetik paraliterarischer Verfahren*. Göttingen: Wallstein.

Meyer-Minnemann, Klaus (2006): «*Narración paradójica* y ficción», en: Nina Grabe/Sabine Lang/Klaus Meyer-Minnemann (eds.): *La narración paradójica: «Normas narrativas» y el principio de la «transgresión»*. Madrid/Frankfurt: Iberoamericana/Vervuert, pp. 49-71.

Mikunda, Christian (2002): *Kino spüren: Strategien der emotionalen Filmgestaltung*. Wien: WUV-Universitätsverlag.

Monaco, James (2009): *Film verstehen: Kunst, Technik, Sprache, Geschichte und Theorie des Films und der Neuen Medien*. Reinbek bei Hamburg: Rowohlt [1977].

Morin, Edgar (2001): *El cine o el hombre imaginario*. Barcelona: Paidós [1956].

Münsterberg, Hugo (1996): *Das Lichtspiel. Eine psychologische Studie und andere Schriften zum Kino*. Edición de Jörg Schweinitz. Wien: Synema [1916].

Neifert, Agustín (2003): *Del papel al celuloide: escritores argentinos en el cine*. Buenos Aires: La Crujía.

Neuhaus, Stefan (2009): *Grundriss der Literaturwissenschaft*. Tübingen: Francke.

— (2008): *Literatur im Film: Beispiele einer Medienbeziehung*. Würzburg: Königshausen & Neumann.

Neumann, Birgit/Nünning, Ansgar (2009): «Metanarration and Metafiction», en: Peter Hühn/John Pier/Wolf Schmid/Jörg Schönert (eds.): *Handbook of Narratology*. Berlin/New York: Walter de Gruyter, pp. 204-211.

NICOL, Bran (2009): *The Cambridge Introduction to Postmodern Fiction*. Cambridge: Cambridge University Press.

NÚBILA, Domingo di (1959/1960): *Historia del cine argentino*. Buenos Aires: Cruz de Malta. Editorial Schapire [2 tomos].

NÚBILA, Domingo di (1998): *La época de oro: historia del cine argentino I*. Buenos Aires: Ediciones del Jilguero.

NÜNNING, Vera/NÜNNING, Ansgar (eds.) (2002): *Erzähltheorie transgenerisch, intermedial, interdisziplinär*. Trier: Wissenschaftlicher Verlag Trier.

ORICCHIO, Luiz Zanin (2005): *Guilherme de Almeida Prado: um cineasta cinéfilo*. São Paulo: Imprensa Oficial do Estado de São Paulo: Cultura – Fundação Padre Anchieta.

ORTIZ RAMOS, José Mário (1990): «O cinema brasileiro contemporâneo (1970-1987)», en: Fernão Ramos (org.): *História do cinema brasileiro*. São Paulo: Art Editora, pp. 399-454.

OUBIÑA, David (1994): *Los directores del cine argentino: Manuel Antin*. Buenos Aires: Centro Editor de América Latina.

PAECH, Joachim (1997): *Literatur und Film*. Stuttgart/Weimar: Metzler.

PAZ GAGO, José María (2000): «Escritores de cine. Nuevo cine y nueva narrativa latinoamericana», en: *Anales de Literatura Hispanoamericana* 29, pp. 43-74.

— (2004): «Propuestas para un replanteamiento metodológico en el estudio de las relaciones de literatura y cine. El método comparativo semiótico-textual», en: *SIGNA: Revista de la asociación española de semiótica* 13, pp. 199-232.

PEÑA, Fernando Martín (2012): *Cien años de cine argentino*. Buenos Aires: Biblos-Fundación OSDE.

— (2003): *Generaciones 60-90: cine argentino independiente*. Valencia: Ediciones de la Filmoteca (Instituto Valenciano de Cinematografía Ricardo Muñoz Suay) [2 tomos].

PEÑA-ARDID, Carmen (1999): *Literatura y cine: una aproximación comparativa*. Madrid: Cátedra.

PÉREZ BOWIE, José Antonio (2004): «La adaptación cinematográfica a la luz de algunas aportaciones teóricas recientes», en: *SIGNA: Revista de la asociación española de semiótica* 13, pp. 277-300.

Pozuelo Yvancos, José María (2004): *Ventanas de la ficción: narrativa hispánica, siglos XX y XXI*. Barcelona: Península.

Pucci Jr., Renato Luiz (2008a): *Cinema brasileiro pós-moderno: o neon-realismo*. Porto Alegre: Sulina.

— (2008b): «Cinema pós-moderno», en: Fernando Mascarello (org.): *História do cinema mundial*. Campinas: Papirus, pp. 361-378.

Quiroga, Horacio (2007): *Cine y literatura*. Buenos Aires: Losada.

Rajewsky, Irina O. (2002): *Intermedialität*. Tübingen/Basel: Francke.

Ramos, Fernão (1991): «A dama do cine Shanghai», en: Amir Labaki (org.): *O cinema dos anos 80*. São Paulo: Brasiliense, pp. 301-317.

Rivera, Jorge B. (1985a): «Los avatares de una vieja pasión nacional: radio y teleteatro», en: Aníbal Ford/Jorge B. Rivera/Eduardo Romano (eds.): *Medios de comunicación y cultura popular*. Buenos Aires: Legasa, pp. 46-52.

— (1985b): «Radioteatro: la máquina de capturar fantasmas», en: Aníbal Ford/Jorge B. Rivera/Eduardo Romano (eds.): *Medios de comunicación y cultura popular*. Buenos Aires: Legasa, pp. 65-69.

Rodenberg, Hans-Peter (1995): «Alte und neue Bauformen des Erzählens: *Wild at Heart - Die Geschichte von Sailor & Lula* (1990)», en: Werner Faulstich/Helmut Korte (eds.): *Fischer Filmgeschichte. Band 5: Massenware und Kunst. 1977-1995*. Frankfurt: Fischer, pp. 247-269.

Rodríguez Monegal, Emir (1968): *El arte de narrar: diálogos*. Caracas: Monte Ávila.

Romaguera i Ramió, Joaquim/Alsina Thevenet, Homero (2007) (eds.): *Textos y manifiestos del cine. Estética. Escuelas. Movimientos. Disciplinas. Innovaciones*. Madrid: Cátedra [1989].

Roloff, Volker (1995): «Film und Literatur: Zur Theorie und Praxis der intermedialen Analyse am Beispiel von Buñuel, Truffaut, Godard und Antonioni», en: Peter V. Zima (ed.): *Literatur intermedial: Musik – Malerei – Photographie – Film*. Darmstadt: Wissenschaftliche Buchgesellschaft, pp. 269-309.

Rössner, Michael (ed.) (2002): *Lateinamerikanische Literaturgeschichte*. Stuttgart/Weimar: Metzler.

Rost, Andreas/Sandbothe, Mike (1998) (eds.): *Die Filmgespenster der Postmoderne*. Frankfurt: Verlag der Autoren.

RYAN, Marie-Laure (ed.) (2004): *Narrative across Media: the Languages of Storytelling*. Lincoln/London: University of Nebraska Press.

SAALBACH, Mario (1994): «La literatura en versión cinematográfica: posibilidades y límites de la transposición», en: Federico Eguíluz Ortiz de Latierro et al. (coord.): *Transvases culturales: literatura, cine, traducción 1*. Vitoria: Universidad del País Vasco, pp. 417-424.

SALVADOR, Roberto (2010): *A era do radioteatro: o registro da história de um gênero que emocionou o Brasil*. Rio de Janeiro: Gramma.

SAMMARITANO, Salvador (1970): «El nuevo cine», en: *Semana de literatura y cine argentinos*. 14 al 20 de octubre de 1970. Mendoza: Universidad Nacional de Cuyo: Facultad de Filosofía y Letras, pp. 63-68.

SÁNCHEZ NORIEGA, José Luis (2000): *De la literatura al cine: teoría y análisis de la adaptación*. Barcelona: Paidós.

SANDBOTHE, Mike (1998): «Was heißt hier Postmoderne? Von diffuser zu präziser Postmoderne-Bestimmung», en: Andreas Rost/Mike Sandbothe (eds.): *Die Filmgespenster der Postmoderne*. Frankfurt: Verlag der Autoren, pp. 41-54.

SANDERS, Julie (2006): *Adaptation and Appropriation*. London/New York: Routledge.

SÁNDEZ, Mariana (2005): «El cine de Manuel», en: *Leer Cine: Revista de cine & cultura* 1, pp. 38-42.

— (2010): *El cine de Manuel: un recorrido sobre la obra de Manuel Antín*. Buenos Aires: Capital Intelectual.

SCHLICKERS, Sabine (1995): «De la novela al cine: análisis narratológico-comparativo de *Cuarteles de invierno* de Osvaldo Soriano / *Das Autogramm* de Peter Lilienthal y *Boquitas pintadas* de Manuel Puig y de Leopoldo Torre Nilsson», en: *Iberoamericana* 4, pp. 20-47.

— (1997): *Verfilmtes Erzählen. Narratologisch-komparative Untersuchung zu* El beso de la mujer araña *(Manuel Puig / Héctor Babenco) und* Crónica de una muerte anunciada *(Gabriel García Márquez / Francesco Rosi)*. Frankfurt: Vervuert.

— (2009): «Focalization, Ocularization and Auricularization in Film and Literature», en: Peter Hühn/Wolf Schmid/Jörg Schönert (eds.): *Point of View, Perspective, and Focalization: Modeling Mediation in Narrative*. Berlin/New York: Walter de Gruyter, pp. 243-258.

Schmid, Wolf (2008): *Elemente der Narratologie*. Berlin/New York: Walter de Gruyter [2005].

— (2009): «Implied Author», en: Peter Hühn/John Pier/Wolf Schmid/Jörg Schönert (eds.): *Handbook of Narratology*. Berlin/New York: Walter de Gruyter, pp. 161-173.

Schmidt, Johann N. (1988): «Bildersprache: Über die Problematik von Literaturverfilmungen», en: Alfred Weber/Bettina Friedl (eds.): *Film und Literatur in Amerika*. Darmstadt: Wissenschaftliche Buchgesellschaft, pp. 21-44.

— (2009): «Narration in Film», en: Peter Hühn/John Pier/Wolf Schmid/Jörg Schönert (eds.): *Handbook of Narratology*. Berlin/New York: Walter de Gruyter, pp. 212-227.

Schreckenberg, Ernst (1998): «Was ist postmodernes Kino? – Versuch einer kurzen Antwort auf eine schwierige Frage», en: Andreas Rost/Mike Sandbothe (eds.): *Die Filmgespenster der Postmoderne*. Frankfurt: Verlag der Autoren, pp. 119-130.

Schwab, Ulrike (2006): *Erzähltext und Spielfilm: Zur Ästhetik und Analyse der Filmadaption*. Berlin: LIT.

Sebreli, Juan José (1966): *Buenos Aires, vida cotidiana y alienación*. Buenos Aires: Siglo veinte [1964].

Seeßlen, Georg (1998): «Die Faszination des Schreckens in *Wild at Heart* von David Lynch», en: Andreas Rost/Mike Sandbothe (eds.): *Die Filmgespenster der Postmoderne*. Frankfurt: Verlag der Autoren, pp. 106-117.

Seger, Linda (1992): *The Art of Adaptation: Turning Fact and Fiction into Film*. New York: Henry Hold and Company.

— (1994): *Making a Good Script Great*. Hollywood: Samuel French [1987].

Serceau, Michel (1999): *L'adaptation cinématographique des textes littéraires: théories et lectures*. Liège: Éditions du Céfal.

Stam, Robert (2000): «Beyond Fidelity: the Dialogics of Adaptation», en: James Naremore (ed.): *Film Adaptation*. London: The Athlone Press, pp. 54-76.

— (2008): «Introduction: The Theory and Practice of Adaptation», en: Robert Stam/Alessandra Raengo (eds.): *Literature and Film: a Guide to the Theory and Practice of Film Adaptation*. Malden/Oxford/Victoria: Blackwell, pp. 1-52.

STAM, Robert/SHOHAT, Ella Habiba (2000): "Film Theory and Spectatorship in the Age of the 'Posts'", en: Christine Gledhill/Linda Williams (eds.): *Reinventing Film Studies*. London: Arnold, pp. 381-401.

STAM, Robert/XAVIER, Ismail (1988): «Recent Brazilian Cinema: Allegory/Metacinema/Carnival», en: *Film Quarterly* 3, pp. 15-30.

STEINKE, Anthrin (2007): *Aspekte postmodernen Erzählens im amerikanischen Film der Gegenwart*. Trier: Wissenschaftlicher Verlag Trier.

STROSETZKI, Christoph (2003): *Einführung in die spanische und lateinamerikanische Literaturwissenschaft*. Berlin: Erich Schmidt.

TAN, Ed S. (1996): *Emotion and the Structure of Narrative Film: Film as an Emotion Machine*. Mahwah: Erlbaum.

TESTA, Carlo (2002): *Italian Cinema and Modern European Literatures: 1945-2000*. Westport: Praeger.

VALLES CALATRAVA, José R. (2008): *Teoría de la narrativa: una perspectiva sistemática*. Madrid/Frankfurt: Iberoamericana/Vervuert.

WOLF, Sergio (2001): *Cine/Literatura: ritos de pasaje*. Buenos Aires: Paidós.

WUSS, Peter (1993): *Filmanalyse und Psychologie: Strukturen des Films im Wahrnehmungsprozeß*. Berlin: Sigma.

YURKIEVICH, Saúl (2007): «Estética de lo discontinuo y fragmentario: el *collage*», en: Saúl Yurkievich: *A través de la trama: sobre vanguardias literarias y otras concomitancias*. Madrid/Frankfurt: Iberoamericana/Vervuert, pp. 81-97.

Diccionarios y enciclopedias

ANGERMANN, Norbert (2003): *Lexikon des Mittelalters IV: Erzkanzler bis Hiddensee*. München: DTV.

Aurélio. O Dicionário da língua portuguesa (2008). Curitiba: Positivo.

KONIGSBERG, Ira (1987): *The Complete Film Dictionary*. New York: New American Library.

RAMOS, Fernão Pessoa/MIRANDA, Luiz Felipe A. de (orgs.) (2000): *Enciclopédia do cinema brasileiro*. São Paulo: Senac São Paulo.

Real Academia Española (1992). *Diccionario de la lengua española*. Madrid: Espasa Calpe.

Prensa y otros materiales empleados

Boletín Oficial de la República Argentina:

«Nuevas Normas Legales que Regirán la Cinematografía Nacional: Decreto-Ley Número 62», 9 de enero de 1957, pp. 1-3.

«Cinematografía: Consejo Nacional Honorario de Calificación Cinematográfica» y «Decreto-Ley Número. 8.205», 3 de octubre de 1963, pp. 8-9.

«Cinematografía: Normas que regirán su funcionamiento. Créase el Ente de Calificación Cinematográfica» y «Ley Número 18.019», 7 de enero de 1969, pp. 1-4.

Diario *Clarín*, Buenos Aires:

«*La cifra impar*: una madura prueba de estilo», 16 de noviembre de 1962, p. 12.

«*Intimidad de los parques*: calidad y densidad en un film de Antín», 28 de julio de 1965, p. 19.

Diario *El Mundo*, Buenos Aires:

«Entrevista a larga distancia [a Julio Cortázar]», 14 de abril de 1964, p. 16.

Diario *La Campaña*, Chivilcoy:

«El sábado se tributará el homenaje a Tankel», 25 de agosto de 1983.

Diario *La Nación*, Buenos Aires:

«Una obra depurada y de calidad formal», 3 de mayo de 1964, p. 10. [sobre *Circe*, de Manuel Antin].

«Dos personajes en Machu Picchu: el hombre y la piedra», 26 de julio de 1965, p. 16. [sobre *Intimidad de los parques*, de Manuel Antin].

«Experiencia formal de Manuel Antín», 28 de julio de 1965, p. 10. [sobre *Intimidad de los parques*, de Manuel Antin].

Diario *La Prensa*, Buenos Aires:

«La cifra impar», 16 de noviembre de 1962, p. 10.

«Manuel Antin, un director muy elogiado y discutido», 29 de abril de 1964, p. 16.

«Intimidad de los parques», 28 de julio de 1965, p. 24.

Diario *La Razón*, Buenos Aires:

«Valiosa y retórica», 16 de noviembre de 1962, p. 11. [sobre *La cifra impar*, de Manuel Antin].

«El artificio como estilo narrativo», 28 de julio de 1965, p. 13. [sobre *Intimidad de los parques*, de Manuel Antin].

Diario *La Razón*, Chivilcoy:

«El 1° de agosto se iniciará en nuestra ciudad el rodaje de una película cinematográfica», 7 de julio de 1946.

«Culminación de una iniciativa», 1 de diciembre de 1946.

«El Estreno de *La sombra del Pasado*», 27 de mayo de 1947.

«Significación localista tiene la exhibición de la primera película de Oeste Film», 25 de mayo de 1947.

Diario *O Estado de S. Paulo*, Brasil:

«A ficção é que precisa fazer sentido. Com a realidade, a gente não discute», en: Suplemento *tv & lazer*, 13 de setiembre de 2009, pp. 4-5.

Jogo Subterrâneo. Notas de produção. (2004). Vagalume Produções Cinematográficas y «Entrevista a Roberto Gervitz», por José Geraldo Couto. [Material de difusión].

Revista Época 36, Brasil:

Eduardo, Cléber: «Filme B de grife», 25 de enero de 1999. [Le dedica algunas líneas a *A hora mágica* (1998), de Guilherme de Almeida Prado].

Revista *Tiempo de cine*, Buenos Aires:

«Pequeño reportaje a David Viñas», en: *Tiempo de cine* 7, 1961, p. 10.

«Diccionario de la nueva generación argentina. I: Realizadores», por Salvador Sammaritano, en: *Tiempo de cine* 9, 1962, pp. 3-9.

«Reportaje a Manuel Antin», por Franco Mogni, en: *Tiempo de cine* 12, 1962, pp. 4-7.

«Otra vez la censura», en: *Tiempo de cine* 16, 1963, p. 3.

«Inquieta y presuntuosa», en: *Tiempo de cine* 18/19, 1965, pp. 50-51. [sobre *Circe*, de Manuel Antin].

«Talento irregular», en: *Tiempo de cine* 12, 1962, pp. 30-31. [sobre *La cifra impar*, 1962, de Manuel Antin].

Semanario *Confirmado*, Buenos Aires:

«Antín: el difícil cine de los argentinos», 16 de julio de 1965, pp. 48-49.

Semanario *Primera Plana*, Buenos Aires:
«*La cifra impar*: película argentina con clave literaria», en: *Primera Plana*, 27 de noviembre de 1962, pp. 37-38.
«La tela de Penélope», 5 de mayo de 1964, p. 41. [sobre *Circe*, de Manuel Antin].

Fuentes consultadas en Internet

Dicionário de tradutores literários no Brasil/ Universidade Federal de Santa Catarina (UFSC): www.dicionariodetradutores.ufsc.br (28.01.2014).

Festival del Cine Latinbeat: http://filmlinccom.siteprotect.net/wrt/onsale09/latinbeat09.html (28.01.2014).

Roteiroteca Cinemabrasil: www.cinemabrasil.org.br/roteiroteca (28.01.2014).

Índice onomástico

M

N

O

P

W

Y

Z

www.ingramcontent.com/pod-product-compliance
Lightning Source LLC
LaVergne TN
LVHW101915220826
846093LV00009B/257

9788484898122